广视角 · 全方位 · 多品种

权威 · 前沿 · 原创

皮书系列为
“十二五”国家重点图书出版规划项目

印度洋地区蓝皮书

BLUE BOOK OF
INDIAN OCEAN REGION

印度洋地区发展报告（2013）

ANNUAL REPORT ON THE DEVELOPMENT OF THE
INDIAN OCEAN REGION (2013)

印度洋形势与战略

顾　问／吴建民
主　编／汪　戎　万广华
副主编／朱翠萍

社会科学文献出版社
SOCIAL SCIENCES ACADEMIC PRESS (CHINA)

图书在版编目(CIP)数据

印度洋地区发展报告：印度洋形势与战略. 2013/汪戎，万广华主编. —北京：社会科学文献出版社，2013.6
（印度洋地区蓝皮书）
ISBN 978-7-5097-4699-8

Ⅰ.①印… Ⅱ.①汪… ②万… Ⅲ.①亚洲-研究报告 ②非洲-研究报告 Ⅳ.①D73 ②D74

中国版本图书馆 CIP 数据核字（2013）第 114244 号

印度洋地区蓝皮书
印度洋地区发展报告（2013）
——印度洋形势与战略

顾　　问／吴建民
主　　编／汪　戎　万广华
副 主 编／朱翠萍

出 版 人／谢寿光
出 版 者／社会科学文献出版社
地　　址／北京市西城区北三环中路甲 29 号院 3 号楼华龙大厦
邮政编码／100029

责任部门／经济与管理出版中心（010）59367226　　责任编辑／张景增
电子信箱／caijingbu@ssap.cn　　责任校对／杨　楠
项目统筹／恽　薇　蔡莎莎　　责任印制／岳　阳
经　　销／社会科学文献出版社市场营销中心（010）59367081　59367089
读者服务／读者服务中心（010）59367028

印　　装／北京季蜂印刷有限公司
开　　本／787mm×1092mm　1/16　　印　　张／23
版　　次／2013 年 6 月第 1 版　　字　　数／373 千字
印　　次／2013 年 6 月第 1 次印刷
书　　号／ISBN 978-7-5097-4699-8
定　　价／79.00 元

主要编撰者简介

吴建民　中国资深外交官，曾任中国外交部新闻司司长、发言人，外交学院院长。1994～2003年，历任中国驻荷兰特命全权大使、中国常驻联合国日内瓦办事处及瑞士其他国际组织常驻代表和特命全权大使、中国驻法国特命全权大使、原国际展览局主席。现任国家创新与发展战略研究会副会长、印度洋地区研究中心理事长。

汪　戎　全国MBA教育指导委员会委员、教育部经济学学科教育指导委员会委员；云南财经大学党委书记、教授、博士生导师；印度洋地区研究中心副理事长、中心主任。主要研究领域包括世界经济、企业理论与实践。

万广华　亚洲开发银行主任经济学家、世界经济问题研究专家；云南财经大学特聘教授，印度洋地区研究中心副理事长、中心主任。2010年入选首批云南省“百人计划”。主要研究领域包括世界经济、国际贸易、宏观经济等。

朱翠萍　云南财经大学印度洋地区研究中心副主任、副教授、经济学博士，世界经济方向硕士生导师。近年来主要研究领域包括海洋战略、印度问题、中印关系和经济发展等。

摘 要

2012年全球新兴经济体和低收入国家GDP总值首次超过全球GDP的50%，这是世界的巨大变化，也是人类经济发展史上前所未有的巨大变化。这种变化已经并将继续引发全球政治经济和安全格局的深刻变化。与此同时，人类需要应对的各种挑战包括气候变化、海盗、恐怖主义、地区冲突等也是前所未有的。在“全球政治觉醒”背景下，在不可阻挡的世界多极化和经济一体化潮流下，印度洋地区发展形势可谓机遇与挑战并存。目前，世界和地区大国已经或一定程度上都在实施印度洋战略。印度通过实施“东向政策”推进印度洋战略，并进一步将其战略从印度洋延伸到太平洋，希望在亚洲乃至世界发挥更加积极的“有声有色”的作用。美国战略重心移向亚太地区，除了保障经济利益之外，更为重要的是维护美国在该地区的军事存在，以拓展美国的战略利益空间，维护其世界霸权的地位不受挑战。

相比而言，中国缺乏印度洋战略。伴随着世界和地区形势的变化，中国与周边某些邻国的领土领海争端不断升温。其中，既有南海主权风波，也有钓鱼岛主权风波，二者可谓“此起彼伏”。风波不断伴随充满变数的外部形势，无形之中加剧了中国周边局势的复杂性，给国家安全造成了巨大的压力和挑战，正所谓“树欲静而风不止”。尽管中国的崛起不是威胁，寻找和扩大共同利益更不是为了扩张势力，而是为了促进共同发展与繁荣，但受西方国家极力宣扬的“中国威胁论”以及子虚乌有的“珍珠链战略”影响，以美国为首的西方大国以及印度洋沿岸包括印度在内的周边国家对中国崛起的疑惧感与防范心态正在不断弥漫，中国的印度洋战略将面临巨大挑战。也许不需要多大远见就可以预言，未来世界和地区大国无论是美国、俄罗斯、中国、澳大利亚还是印度洋沿岸的大国印度，没有哪一个能够真正控制印度洋，只能在印度洋通过博弈构建一种脆弱性均势格局。虽然目前印度洋的安全环境还未受到严重威胁，但随着世界和地区大国对威胁进行防御努力的不断升级，未来可能会偏离合作与和平印度洋目标，从而使印度洋变为“冲突之洋”“麻烦之洋”。

面对当前越来越复杂的国际形势和周边环境，我们已经无法做到沉稳而淡定地进行被动性防御。中国的战略重心在亚洲，中国的挑战在亚洲，同样中国的机遇也在亚洲。过去，中国外交战略一直是基于传统的中庸理念，力求以不变应万变。随着印度洋地区大国关系与国际格局的变化，中国外交如果不能随外界环境变化而变化，如果不能对这些区域大国和印度洋沿岸国家产生积极影响，未来面临的形势会更加严峻，将直接影响中国未来发展与和平发展目标的实现。中国在印度洋有经济利益诉求，加强与印度洋地区贸易与投资合作，不仅可以实现互利共赢，也是对亚洲和整个世界经济的贡献。同时，清晰有力的发展战略，不仅是“亮剑”自己的大国自信心，也是对外明确地展示中国在印度洋上的战略利益观和中国对外部环境的判断以及中国维护海洋安全的战略底线。从这个角度，中国实施印度洋战略是寻求通过改变自己而改变周边、改变世界。中国外交战略的力量源泉在于中国自身。具体来说，中国印度洋战略的主要目标是在“构建共同价值观、寻找共同利益、促进共同发展”的原则基础上，以东南亚为基点，向西拓展至南亚、中东和非洲的环印度洋地区，加强与印度洋地区国家之间的政治互信、经济合作和文化交流，不仅要与印度洋沿岸国家一起在拥有共同利益的方面追求互利共赢，更要在拥有共同威胁的领域加强合作，在共享利益和共担风险中实现共赢，努力塑造和主动经营一个“合作、安全、共赢”的印度洋。这也是中国的印度洋战略要努力的方向。

Abstract

The total GDP of world's emerging economies and low-income countries accounts for more than 50% of the global GDP in 2012 for the first time in the history, which is a great change in the world and an unprecedented development in history. This change has and will continue to lead to profound changes in global political, economic and security patterns. At the same time, the challenges of climate change, piracy, terrorism, regional conflicts are also unprecedented. In the context of the "global political awakening" and the world of multi-polarization and economic integration, development in the Indian Ocean region faces both opportunities and challenges. At present, world and regional powers have begun to implement their strategies for the Indian Ocean to some extent. Through the implementation of the "Look East" policy, India is carrying out the Indian Ocean strategy and extending it from the Indian Ocean to the Pacific Ocean, with the aim of playing a more active role in Asia and the world. The U. S. has shifted its strategic pivot to Asia-Pacific to protect its economic interests and maintain U. S. military presence in the region with the aims of expanding U. S. strategic interests and maintaining its hegemonic position in the world.

In contrast, China does not have an Indian Ocean strategy. With the changes of the region and the world, territorial disputes between China and some neighboring countries continue to heat up. The South China Sea and Diaoyu Islands are drawing more attention. The disputes continued along with the uncertain external situation exacerbated the complexity of the situation of China's neighboring areas, which bring enormous pressure and challenges to national security of China. The rise of China is not a threat, and seeking and expanding common interests is not intended to expand influence, but rather to promote shared development and prosperity. But influenced by the "China threat theory" proposed by Western countries and the illusory "string of pearls" strategy, US led Western powers as well as Indian Ocean countries, including India, are worried about the rise of China; and China's strategy for the

Indian Ocean will face enormous challenges. We can predict no single regional powers or world powers including United States, Russia, China, Australia, India can control the Indian Ocean by itself in the future world, a fragile balance of power in the Indian Ocean will be reached after gaming of big powers. Although security in the Indian Ocean does not face serious threat yet, with the escalating defense efforts of the world and regional powers, the future of the Indian Ocean Region may turn from cooperation and peace into an "ocean of conflict and trouble".

Faced with increasingly complex international and surrounding environment, we have been unable to conduct a calm and passive defense policy. China's strategic focus is Asia, so are China's challenges and opportunities. China's diplomatic strategy has in the past been based on the traditional concept of moderation, and striven to maintain the status quo. With changes in the relations among countries in the Indian Ocean region and in the international situation, China's diplomacy should also change. If it can not have a positive impact on these regional powers and the Indian Ocean littoral states, the future situation will be even more severe, and will affect China's development and peace negatively. China's economic interests in the Indian Ocean will not only strengthen trade and investment cooperation in the Indian Ocean region but also achieve mutual benefit and win-win situation, which will be good for the economy of Asia and the world. A clear development strategy in Indian Ocean Region for China is not only a sign of China's self-confidence and also a clear demonstration of China's strategic interests in the Indian Ocean, her assessment external environment and her strategic bottom line for preserving marine security. From this perspective, China's implementation of the strategy of the Indian Ocean is intended to change the world by changing china itself. Specifically, the main principles of China's Indian Ocean Strategy are to build common values, to find common interests and promote common development. The strategy should be based on Southeast Asia, expand westward to cover South Asia, Middle East, Africa and the Indian Ocean region in ovder to strengthen political mutual trust, economic cooperation and cultural exchanges between China and the countries of the Indian Ocean Region. China should pursue mutual benefit and win-win with the Indian Ocean states and also strengthen cooperation in areas of common threat, so as to create a "cooperative, secure, win-win" situation in the Indian Ocean. This should also be the goal of China's Indian Ocean Strategy.

序

云南财经大学印度洋地区研究中心编荟出版了《印度洋地区发展报告（2013）》（简称“印度洋地区蓝皮书”）。此类报告在我国尚不多见，报告出得很及时，可喜可庆。

改革开放以来，我国各地相继成立了不少研究美国、欧洲、俄罗斯、日本的研究所。但是，专门研究印度洋地区的机构却很少。在世界大变化的今天，加强对印度洋地区的研究是十分必要的。

研究印度洋之所以十分必要，首先这是世界大变化带来的结果。国际关系的重心正在从大西洋向太平洋转移，这是几百年来国际关系中的最大变化。拉动重心转移的是亚洲的崛起，而印度洋沿岸的亚洲国家，如印度、东盟各国是正在崛起的亚洲的重要组成部分。

研究印度洋对于正在崛起的中国，也是十分必要的。我国在印度洋沿岸的邻国是我们的重要合作伙伴。改革开放以来，在平等互利的基础上，我们之间的经贸合作取得了迅猛发展，成为共同推动和平崛起的动力。中国是一个资源贫乏的国家，需要从世界各地进口各种资源和能源来支撑我们的现代化建设。我国进口的 80% 以上的资源和能源，是经过印度洋的通道进入中国的，这个通道可以说是中国的海上生命线。

印度洋对中国来讲，并不陌生。1405 年，郑和所率领的舰队下西洋时就进入了印度洋。而葡萄牙航海家达伽马进入印度洋是在 1498 年，比郑和晚了 93 年。郑和七下西洋，对所到之处进行研究，积累了大量珍贵资料。可惜的是，这些珍贵的资料，均被付之一炬。明成祖之后的皇帝，不仅没有沿着郑和七下西洋的道路走下去，而且还采取了闭关锁国的政策。此后，中国走向了封闭，这是中国在近代落后的根本原因。

我们今天研究印度洋，是在时代的主题已经发生变化的情况下进行研究。

时代已经从战争与暴力的革命时代进入了以和平与发展为主题的时代，这是一个影响深远的大变化。随着时代主题的变化，在全球范围内形成了一股和平、发展、合作、共赢的潮流，这股潮流汹涌澎湃。我们研究印度洋，必须顺应这股时代的潮流。

历史上，西方大国在印度洋沿岸进行殖民扩张的时候，对印度洋也进行了深入的研究。他们研究的目的，是为了奴役、剥削和压榨这个地区，这与我们今天对印度洋进行研究有着本质的不同。我们的研究，是为了促进中国和印度洋沿岸各国的合作不断发展。中国的经济与印度洋沿岸的经济有着很强的互补性，合作可以使双方的优势充分发挥出来，继续共同和平崛起。

毋庸讳言，在看到我们与印度洋沿岸各国有着巨大的共同利益的同时，也必须正视我们之间的分歧和问题。我们与印度的边界问题尚未得到解决。随着中国的崛起，印度洋沿岸国家对于中国的担心、忧虑乃至恐惧的情绪在滋长。外来的大国，也在插手这个地区的事务。这些分歧和问题的出现绝非偶然。有些是历史遗留下来的问题，有些是新出现的问题。我们对于印度洋地区的研究，要有助于化解我们和邻国之间的分歧，推动新出现的问题通过磋商，逐步得以缓解和解决。

今天的世界是从旧世界演变而来的，尽管和平、合作、发展、共赢的潮流已经成为时代的潮流，但是，这股潮流毕竟是一个新生事物。人们的思想往往落后于实际，落后于新生事物。因此，与和平、合作、发展、共赢相对立的，也有一股冷战、对抗、冲突、仇恨的潮流。两大潮流的较量，在今天的国际关系中，在各国国内，在关于国际事务的讨论中，几乎处处可见。前一股潮流代表着世界的光明未来和人类的希望，后一股潮流只想把世界拉向倒退，走向黑暗。这两大潮流的较量，将会决定 21 世纪人类的命运以及中国与印度洋沿岸国家关系的前景。我们的研究当然要有助于促进和平、合作、发展、共赢，抵制冷战、对抗、冲突、仇恨。

随着中国的崛起，中国人、中国的国企和民企也在走向世界。应当看到我们的企业在走向世界、走向印度洋沿岸的时候，仍然有很大的盲目性。我们对于印度洋沿岸各国的政治、社会、经济发展状况以及当地的法律、文化、风俗习惯还不了解。我们有的公司，把国内的一套做法带到国外去，当然就会水土不服，遭受挫折。印度洋沿岸是我们“走出去”的重要地区，我们对于印度洋地区的研究，应当有助于中国人和中国公司走向世界，走向印度洋。

中国企业走向印度洋，走向世界，追求的目标必须是共赢，而不是单赢。我们走向世界，加强与世界各国的合作绝非权宜之计。如何使我们与世界的合作，包括与印度洋沿岸国家的合作，能够长期、持续、稳定地进行下去？关键是互利共赢。共赢绝不能成为一句口号，共赢应当变为我们企业的具体行动。这个共赢是双方承认的，而不是单方声称的。只有对方心悦诚服地认识到，与中国的合作是共赢的，这种合作才能够长期、持续、稳定地进行下去。我希望，我们对印度洋地区的研究，能够提供我们的企业在印度洋地区取得成功和失败的案例，以帮助我们的企业更好地走向印度洋。

我们对于印度洋的研究，正如我们的国策一样，是开放的，而不是封闭的。我们自己固然要对印度洋进行深入的研究，但在研究的过程中，我们也可以邀请本地区乃至外国有名望的学者参加，与我们开展联合研究。我们追求的互利共赢的目标，为我们与外国学者开展联合研究，提供了坚实的基础。

2013 年 4 月 21 日，在昆明举行了第六届绿公司年会，我是该会议的主席。云南省委书记秦光荣在会见我们时，强调了印度洋地区对于云南进一步发展的重要性。他特别指出，印度洋地区有 25 亿人口，30 多个国家，云南省同该地区开展合作有着广阔的前景，也是云南进一步发展的需要。希望我们对于印度洋地区的研究，能够给云南省和我国西部各省区与印度洋沿岸各国之间的合作提供有力的支持。

是为序。

前驻法大使、印度洋地区研究中心理事长　吴建民

2013 年 5 月于北京

目录

𝔹Ⅰ 总报告

𝔹Ⅱ 主题报告：印度洋战略

𝔹Ⅲ 战略研究：地缘政治与国际关系

BⅣ 专题报告

BⅤ 附录

CONTENTS

𝔹 I General Report

𝔹 II Report on Indian Ocean Strategies

𝔹 III Strategy Studies: Geopolitics and International Relations

BⅣ Special Reports

BⅤ Appendix

总 报 告

General Report

B.1

印度洋地区形势分析与战略展望

汪 戎 万广华 朱翠萍 刘 鹏*

摘 要：

2012 年全球新兴经济体和低收入国家 GDP 总值首次超过全球 GDP 的 50%，这是世界的巨大变化，也是人类经济发展史上前所未有的巨大变化。这种变化已经并将继续引发全球政治经济和安全格局的深刻变化。与此同时，人类需要应对的各种挑战包括气候变化、海盗、恐怖主义、地区冲突等也是前所未有的。在“全球政治觉醒”背景下，在不可阻挡的世界多极化和经济一体化潮流下，印度洋地区发展形势可谓机遇与挑战并存，呈现新的特点和趋势。

关键词：

印度洋地区 经济形势 政治形势 特点 趋势

印度洋是世界第三大洋，面积 7491.7 万平方公里。东南以通过塔斯马尼

* 汪戎，万广华，本书主编；朱翠萍，本书副主编；刘鹏，云南财经大学印度洋地区研究中心讲师，暨南大学国际关系学院/华侨华人研究院 2012 级博士研究生。

亚岛的东南角至南极大陆的经线为界，与太平洋相连，西南以通过南非厄加勒斯角的经线同大西洋分界，南缘向南极洲敞开，北部为陆地封闭。太平洋与印度洋的界限是沿着马六甲海峡北口、苏门答腊岛西海岸、爪哇岛南海岸，经阿拉弗拉海、新几内亚岛（伊里安岛）南岸，再沿澳大利亚东海岸，通过巴斯海峡、塔斯马尼亚岛南部的东经146°51′线至南极大陆的经线。印度洋沿岸共有38个国家和地区，25.1亿人口。其中，印度洋沿岸的南亚国家主要包括印度、巴基斯坦、孟加拉国、斯里兰卡、马尔代夫，共5个国家。其中，印度、巴基斯坦和孟加拉国为临海国，斯里兰卡、马尔代夫为岛国。中国与印度、巴基斯坦拥有几千公里的共同边界；同时，南亚也是中国周边地区中陆上邻国最多的一个地区。印度洋沿岸的东南亚国家包括泰国、马来西亚、新加坡、缅甸、印度尼西亚和东帝汶，共6个国家。中国与缅甸拥有2000多公里的共同边界。位于印度洋沿岸的非洲共有15个国家和地区，包括南非、莫桑比克、坦桑尼亚、肯尼亚、索马里、吉布提、厄立特里亚、苏丹、埃及、毛里求斯、科摩罗、塞舌尔、马达加斯加、留尼汪（法）[①]、马约特岛（法）。此外，印度洋沿岸的西亚中东地区共有11个国家，包括沙特阿拉伯、也门、阿曼、阿拉伯联合酋长国、卡塔尔、巴林、科威特、伊朗、伊拉克、约旦和以色列。印度洋沿岸国家还包括大洋洲的澳大利亚。

一　印度洋地区经济增长的主要特征

（一）经济增长相对放缓，但增长势头仍高于全球水平

在过去的几年，发达经济体中美国的高失业与欧洲的高债务导致世界经济复苏步履蹒跚，增长速度整体放缓。根据世界银行的统计数据，2011年，整个世界的经济增速为2.73%，发达经济体的预计增速为1.53%，发展中经济体为6.39%。印度洋地区各国不同程度地受到美国金融危机的影响，2008年后经济增速放缓，但相比世界其他地区，特别是与北美和欧洲相比，增长回升

① 有些地方写法国，因为留尼旺是法国的一个岛。

较快，因此，总体上维持了2000年以来不断提高的经济增长势头（见图1）。其中南亚的经济增长最为显著，从2003年开始，南亚地区保持了连续5年高于7%的增长率，2007年上升到9%，2008年受金融危机影响下降到3.9%，2009年又迅速回升到7.4%，2011年有所波动，也保持在6.5%；西亚中东地区在2002~2008年的经济增长保持在4%~7%，2009年降到0.5%，然而2011年恢复到6.5%；东部非洲地区2005~2008年曾有过5%~6%的经济增长，2009年下降到1.8%，2011年又提高到3%；东南亚西部地区的经济增长呈现长期稳定的总体态势，在4%以上小幅波动，2009年受危机冲击跌入低谷，为0.54%，然而通过2010年的恢复性增长后，在2011年又回归为4.3%。很显然，印度洋地区虽然经历了全球性金融危机的短暂冲击，但在整个21世纪的第一个10年里，仍然保持了长期的较高的经济增长，就2011年而言，印度洋地区的经济增长水平也远远高于世界经济增长和发达经济体的增长，整体经济增长率从2001年的2.4%持续提高，达到5%，这一地区与发展中经济体整体经济增长速度的差距正在迅速缩小。①

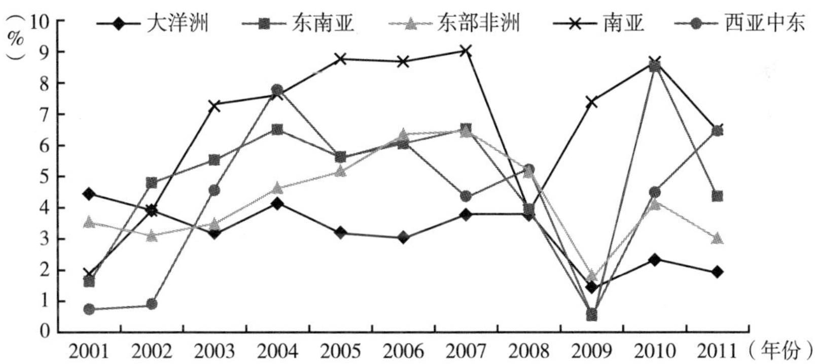

图1　印度洋地区经济（GDP）增长率

注：东南亚地区缅甸数据缺失，西亚地区伊朗数据缺失，东部非洲地区吉布提和索马里数据缺失。

资料来源：根据世界银行WDI&GDF统计数据库以2000年为基期计算而来。

随着持续的经济增长，印度洋地区经济总量不断提高，2000年，地区GDP总值为23345亿美元，到2011年已经上升到79187亿美元，高于中国的

① 资料来源：根据世界银行WDI&GDF统计数据库以2000年为基期计算而来。

GDP 总量。因此，印度洋地区的 GDP 占全球 GDP 的比重也在不断提高，从 2000 年的 7.2% 上升为 2011 年的 11.3%（见图 2）。

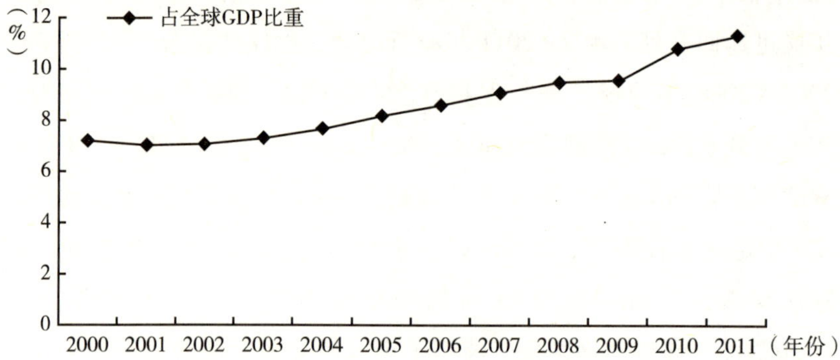

图 2　印度洋地区 GDP 占全球 GDP 的比重

注：东南亚地区缅甸数据缺失，中东地区伊朗数据缺失，东部非洲地区吉布提和索马里数据缺失。

资料来源：根据世界银行 WDI&GDF 统计数据库数据计算而来。

特别值得一提的是，2012 年年底全球新兴经济体和低收入国家 GDP 总值首次超过全球 GDP 的 50%，这是世界经济的巨大变化，也是人类经济发展史上前所未有的巨大变化。发达经济体有 10 亿人口，新兴经济体和低收入国家有 60 亿人口，60 亿人的生产活动和需求结构正在改变整个世界的生产活动和需求结构。[①] 应当肯定，在这一变化中，印度洋地区国家，特别是发展中国家是做了较大贡献的。

（二）国际贸易与外国直接投资（FDI）持续增长，地区经济开放程度不断扩大

过去 10 年来，印度洋地区的国际贸易尽管在 2009 年受到金融危机影响，形成了明显的向下波动，但长期趋势是贸易总量有相当强势的增长（见图 3）。2000 年，这一地区的 38 个国家贸易总量约 14926 亿美元（现价），到 2011 年，贸易总量已经达到 57597 亿美元（现价）。地区贸易总量占地区 GDP 的比

① 朱民：《变化中的世界》，《国际经济评论》2012 年第 6 期，第 9 页。

重从2000年的63.9%上升到2011年的72.7%。国际贸易对这一地区的经济增长形成了明显的推动。特别是东部非洲、西亚中东和南亚三个地区，国际贸易对经济增长的贡献是更为突出的：2001～2011年这11年间，东非的国际贸易占GDP的比重从35.8%上升到49.3%；西亚中东地区的这一比重增长更为明显，从75.2%上升为103.7%，超过了地区GDP总量；南亚地区国际贸易的GDP比重也迅速提升，从22.2%到41.7%，增长了19个百分点。

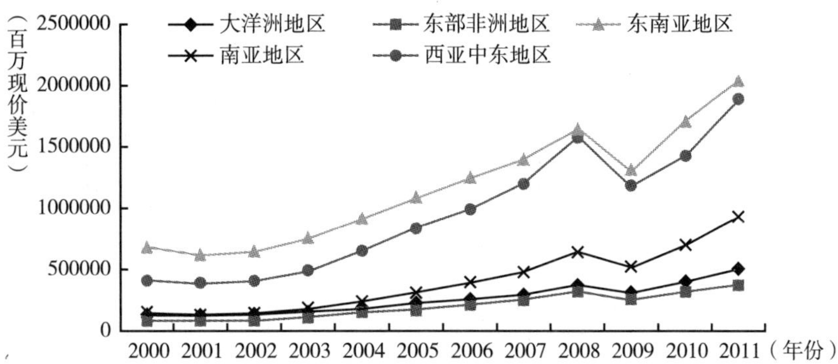

图3　印度洋地地区对外贸易增长

注：东南亚地区东帝汶数据缺失，东部非洲地区索马里数据缺失。
资料来源：根据WTO统计数据库计算而来。

与贸易总量快速增长的同时，印度洋地区的外国直接投资（FDI）也呈现迅速增长的趋势。2000年，该地区的FDI流入总量为506亿现价美元，净流入为325亿现价美元。之后，虽然增长有所波动，但平均每年都以数百亿美元的速度增长，2008年出现了这十多年来的流入高峰，FDI流入量达到2403亿现价美元，净流入也增长到1162亿现价美元。2009年遭遇全球性金融危机，FDI总流入下跌了615亿现价美元，净流入也同时下跌了202亿现价美元，但是，2010年的流入增长非常强劲，到2011年已经恢复到2009年的水平，净流入还超过2009年，达1181亿现价美元（见图4）。

正是由于经济的开放，实现了较为长期的国际贸易快速增长，加上较大规模的国际资本流入，印度洋地区在21世纪的最初十多年里，形成了较为强劲的经济增长推动力量，与中国和其他东南亚国家共同托起了全球经济增长的大

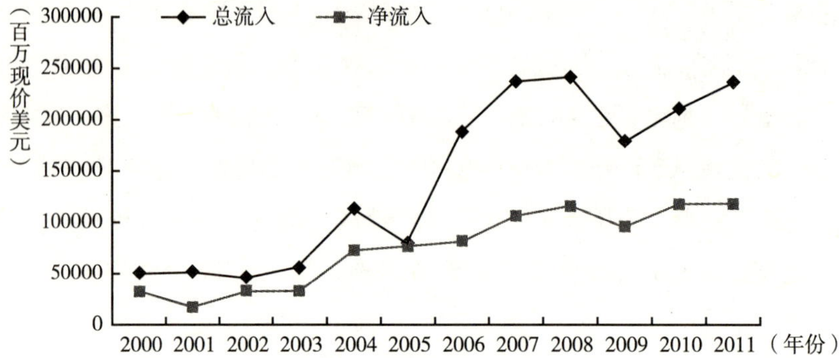

图4　印度洋地区 FDI 总流入与净流入

注：FDI 流入量缺乏东帝汶的数据，但流出量缺乏东帝汶、索马里、缅甸、科摩罗、吉布提、厄立特里亚、马尔代夫、马达加斯加 8 国的数据，考虑到这些国家的 FDI 流出量对整个地区的流出量影响不大，因此，计算净流入时，仍然使用了缺少这 8 个国家的总流出量。

资料来源：联合国 UNCTADstat 数据库。

梁。这一历史事实往往会被人们忽视，因为，这一地区长期以来都是大国角逐利益和表现实力的舞台，区域内各经济体和国家的相互融合的过程常常受到破坏，无法实现区域内有效的经济整合，因此，从来就没有在世界舞台上展现过区域经济一体化的强烈意识和有效行动。

（三）地区经济发展极为不平衡，区域间和区域内国家间存在着发展水平的巨大差距

印度洋地区有世界最富的国家，如澳大利亚，人均 GDP 高达 60642 美元，也有世界最穷的国家，如马达加斯加，人均 GDP 仅 465 美元。[①] 有后工业化特征明显的国家经济体，有基本完成了工业化过程的新兴工业经济体，还有以石油生产和输出为主的资源主导型经济体，也有新兴市场国家经济体，同时，也存在着大量的发展中国家，特别是集中了全球较多的欠发展国家经济体。除了澳大利亚，这些不同的经济体都分布于不同的地区，因而形成了复杂多变的经济发展现象，无论是发展道路的选择、发展水平的高低、发展质量的好坏，差

① 资料来源：世界银行 WDI&GDF 数据库。为 2011 年的现价美元。

别都相当大。

如果按地区板块加以比较，从经济总量来衡量，南亚排第一，为22309亿美元，依次为：西亚中东，18157亿美元；东南亚，17119亿美元；澳大利亚，13717亿美元；最后是东部非洲，7884亿美元。[①] 地区板块间的经济体量存在相当的差距。同时，区域内各国增长速度两极分化的现象也比较明显。以西亚中东为例，近几年的经济增速明显放缓。2011年卡塔尔、伊拉克和科威特的增长速度较快，超过了8%，也门经济却负增长了10.5%，伊朗由于受西方国家的制裁，经济增长率由2010年的5.9%下降至2%。[②] 可以看出，该地区经济增长的强劲动力主要来自石油价格的上涨，使得包括科威特、伊拉克和沙特阿拉伯在内的石油出口国经济增速较高。

然而，以人均GDP排序，澳大利亚第一，为60642美元，依次是：西亚中东，15580美元；东南亚，4932美元；东部非洲，2559美元；最后是南亚，为1403美元。[③] 经济总量最大的地区，却是人均收入最低的地区，而且差距非常大，最低地区的人均GDP仅仅是最高地区的9%。南亚地区人均GDP如此低下的原因是贫困人口数量太大，尽管马尔代夫进入了中低收入水平，人均GDP在6400美元，但印度和孟加拉国巨大的贫困人口，将地区的人均GDP拉到了很低的水平上。在印度洋地区，中东地区的人均GDP是比较高的，总体高于东南亚地区，然而其增长波动却非常大，特别易受国际经济环境变化的影响，在过去的11年中，曾经有3年的人均GDP增长率下降到-2%以下，因此，长期经济发展中的人均GDP增长率仅仅为0.9%，远远低于南亚地区5.3%的长期人均GDP增长率。[④]

值得注意的是，有些地区内的国家间的人均GDP差距非常大。比如东南亚地区，新加坡的人均GDP为46241美元，但东帝汶的人均GDP仅为896美元，该地区的缅甸没有统计数据，但从几种国际机构的估计数来看，比东帝汶还略低，区域内穷国与富国的人均收入差距在50倍以上。西亚中东的这一差

① 资料来源：根据世界银行WDI&GDF统计数据库数据计算而来，数据单位为2011年的现价美元。

② 资料来源：IMF（2012a，2012b）。按照IMF分类，该区域不包括以色列。

③ 资料来源：根据世界银行WDI&GDF统计数据库数据计算而来。单位是2011年现价美元。

④ 资料来源：根据世界银行WDI&GDF统计数据库以2000年为基期计算而来。

距高达46倍，东非地区也存在25倍左右的差距，南亚地区的人均GDP水平普遍不高，但国家间的最大差距也有八九倍。[①]

（四）地区经济结构相对稳定，区域间存在较大的结构差异

在21世纪的头10年里，印度洋地区五大板块的区域经济结构变化不是很大，特别是南亚、东南亚和东部非洲地区的经济结构基本是稳定的。

如图5，东南亚地区的农业产值占地区总产值的比重长期在10%～11%波动，工业产值占比徘徊在42%上下，而服务业产值多数年份都在45%～46%之间，呈现成熟的工业化国家经济结构的特征。而南亚的服务业规模很大，长年在总产值的50%以上，最高达55%，而工业和农业几乎是平分余下的产值份额，分别占26%～27%和20%左右。东部非洲的服务业占总产值比重更高，达57%～58%，而农业占比相对较低，在10%左右波动，剩下的30%左右是工业。[②]

澳大利亚的经济结构在2007年表现出较大的变化，服务业产值占总产值之比上升了8.45个百分点，达77.35%，工业比重猛跌了7.72个百分点，下降到20.28%，农业比重也跌落了0.37个百分点，为2.35%。这一结构状况在金融危机前后都没有受到影响而发生太大的变化，服务业始终在77%～78%之间小幅波动，农业和工业的比重也没有太大的变化。也就是说，2007年发生的结构性调整是具有一定意义上的产业转型价值。西亚地区的经济结构表现出相对大的波动。农业比重从2000年的6.6%下降到2010年的2.2%，服务业比重也出现了与其他地区不同的较大幅度的下降，从2000年的45.8%下降为2010年的40.5%，相对应，其工业比重却出现了较快提升，从2000年的47.6%提高到2010年的57.3%。值得注意的是，这一地区的结构波动与澳大利亚不同，受金融危机影响较大，2008年的经济结构变化最大，农业比重降至2%，服务业比重也下跌到34.3%，工业比重却突出地提高到63.7%。经济结构的短期性较大波动说明了该地区经济的脆弱性。[③]（见图6）

① 资料来源：世界银行WDI&GDF数据库。数据单位是2011年现价美元。

② 资料来源：世界银行WDI&GDF数据库。按美元当年价计算。

③ 资料来源：世界银行WDI&GDF数据库。按美元当年价计算。

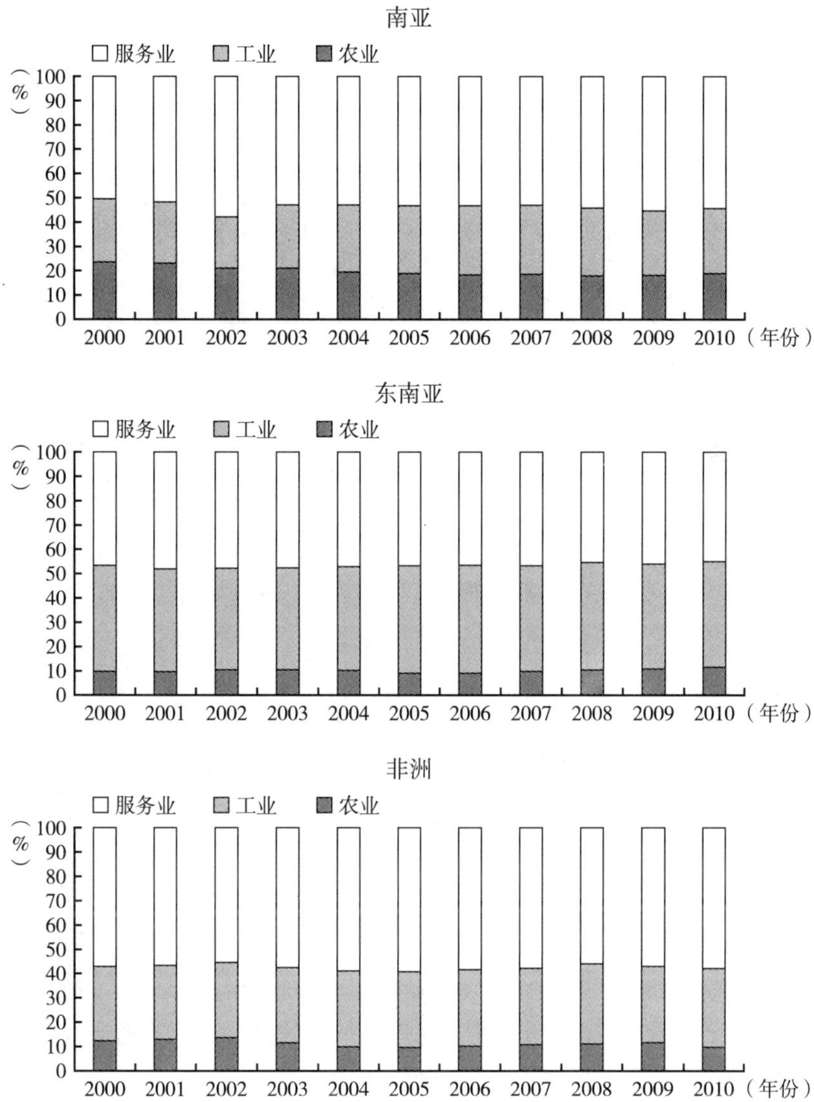

图 5　南亚、东南亚、东非的印度洋沿岸国家的经济结构变化

资料来源：世界银行 WDI&GDF 数据库。按美元当年价计算。

澳大利亚服务业的比重大幅提升表现了后工业化时代经济结构的特征，高新技术产业支撑性的发展改变了原有的工业化经济结构，是发达国家保持经济持续增长的前提条件。然而，南亚和东非国家服务业的高比例却是值得深入研究的经济结构现象。特别是南亚地区，这十多年来，实现了人均 GDP 从 400

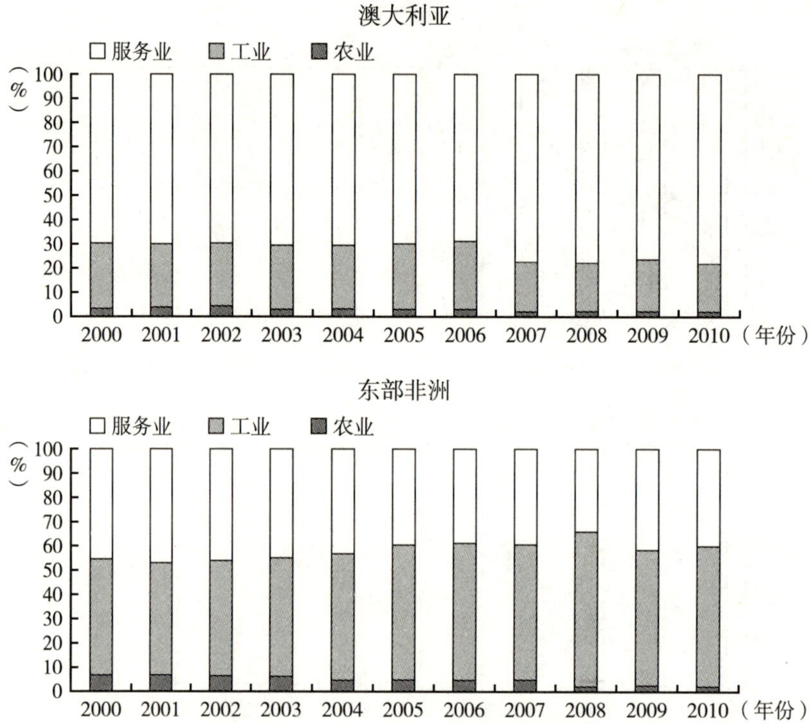

图 6　澳大利亚、东部非洲经济结构变化

资料来源：世界银行 WDI&GDF 数据库。按美元当年价计算。

美元到 1400 美元的提升，是典型的经济起飞阶段，也就是工业化初期的人均增长现象，其经济结构也应当具备工业化初期的特征，但刚好相反，工业比重，特别是制造业没有突出表现，农业比重也没有转型性的下降，然而在服务业，特别是软件外包和旅游服务业上保持了长期的高比重。难道当代发展中国家经济的增长之路可以建立在后工业的经济结构上？

（五）各地区净出口差距较大，部分地区资本短缺

近年来，印度洋地区国际贸易发展较快，但不可忽视的问题是经济越落后的地区，其贸易逆差十分严重而且还持续扩大。东南亚和西亚地区的贸易表现为长期顺差，而南亚和东非却长期存在增长的负净出口（见图 7）。

到 2011 年，东非地区的贸易逆差为 969 亿美元，南亚的逆差为 1996 亿美元。南亚国家持续的贸易逆差，已经引起了各国政界、商界和学界的高度关

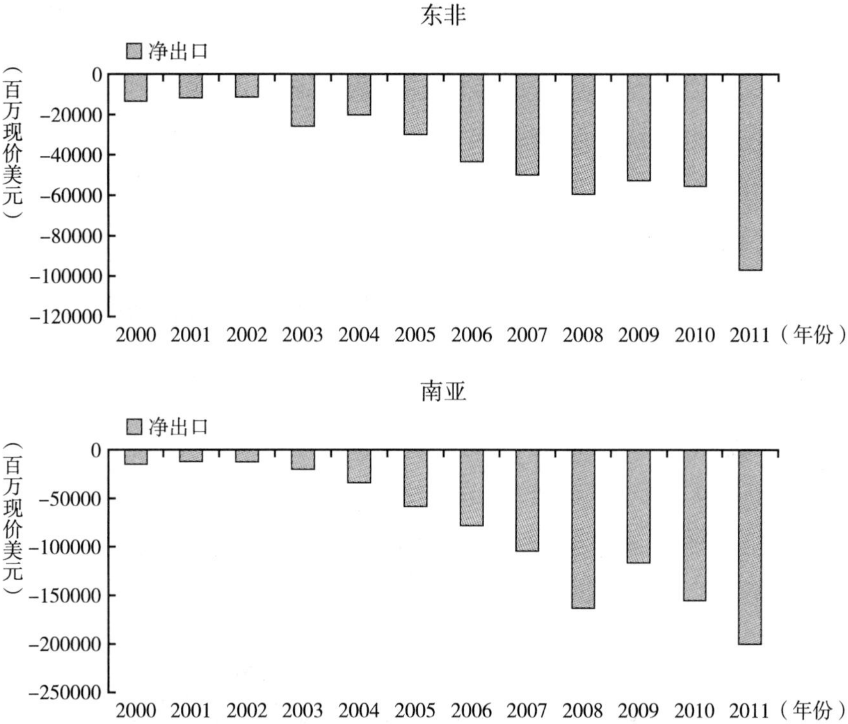

图 7　东非与南亚地区的国际贸易逆差

资料来源：WTO 统计数据库。

注，甚至对其刚刚步入快速发展的国际贸易产生了严重的顾虑。澳大利亚的国际贸易呈现先逆差后顺差的表现，从 2000 年到 2009 年持续表现为 100 亿 ~ 200 亿美元的贸易逆差，然而，2010 年以后出现连续两年的顺差，2011 年的净出口达到 268 亿美元。这也是一个值得关注的贸易现象。[①]

长期的贸易逆差，特别对于经济发展水平相当低下的南亚和东非国家，国际资本净流入根本不足以弥补不断增长的贸易逆差，必然导致国内储备和资本的严重短缺，教育卫生、科学技术、基础设施建设的投入长期乏力，现代工业和制造业发展的条件受到极大制约，这是工业，特别是制造业长期得不到充分发展的原因之一。

将印度洋地区五大板块的国内货币市场进行比较，可以发现银行贷款利率

① 资料来源：根据 WTO 统计数据库计算而来。

水平存在较大差别。澳大利亚和西亚中东地区的资金相对充裕，因此贷款利率水平相对较低。在过去的10年中，澳大利亚的贷款利率始终在6%～8%之间波动，个别年份突破9%。在中东11国中，除伊朗、伊拉克和也门3国保持10%以上的贷款利率水平，其他国家的利率水平都不高，特别是2004年之后，中东地区大多数国家的贷款利率都在5%～8%之间波动。[①] 然而，南亚和东非的市场贷款利率却长期高于10%，特别是最穷的马达加斯加，2007年之后，银行贷款利率持续高达45%～52%（见图8）。东南亚6国的银行利率波动，在10%形成了不同国家明显的分界线，印度尼西亚、缅甸和东帝汶的利率水平长期都在10%以上波动，从没有下浮过10%，而新加坡、泰国和马来西亚的利率水平又从来没有上升到10%，长期在4%～7%之间浮动（见图9）。

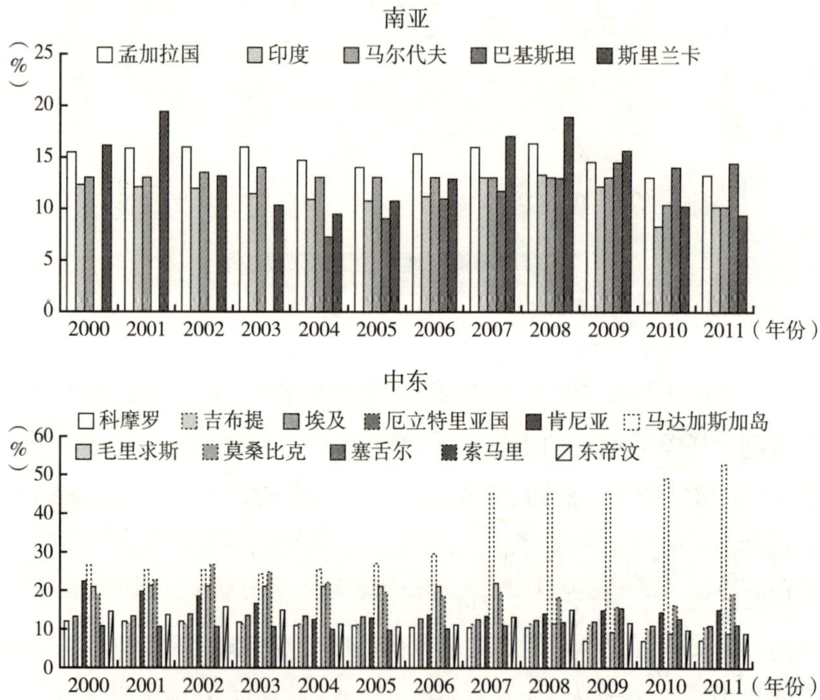

图8　南亚与中东地区银行贷款利率变动

资料来源：世界银行 WDI&GDF 数据库。

---

① 资料来源：世界银行 WDI&GDF 数据库。

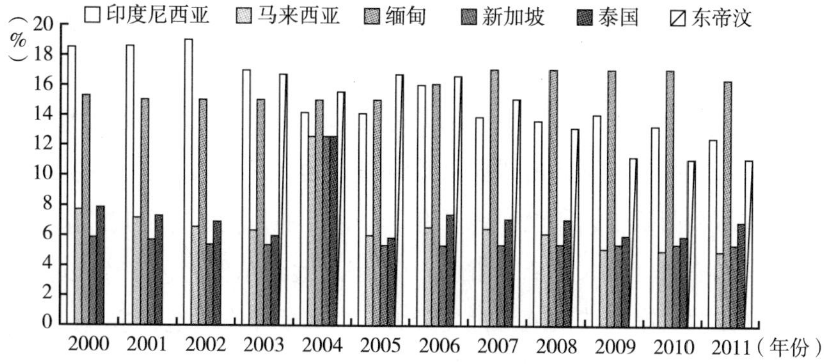

图 9　东南亚地区银行贷款利率变动

资料来源：世界银行 WDI&GDF 数据库。

二　地区的地缘经济价值和战略地位稳步提升，国际合作与区域冲突并行不悖

（一）航运和资源禀赋优势日益突出

印度洋地区的海运航线和咽喉要道的作用异常突出，这是印度洋有别于大西洋和太平洋的主要特征。在地理位置上，印度洋的主要属海和海湾有红海、阿拉伯海、亚丁湾、波斯湾、阿曼湾、孟加拉湾、安达曼海、阿拉弗拉海、帝汶海、卡奔塔利亚湾和大澳大利亚。在这些属海和海湾中，阿拉伯海和孟加拉湾是通向亚洲的大门，红海和波斯湾是插入中东的小道，阿曼湾把阿拉伯海和波斯湾锁住，亚丁湾是红海的咽喉。[①] 新加坡海峡出口处的马六甲海峡、西部红海海峡出入口处的亚丁湾以及波斯湾海峡入口处的霍尔木兹海峡是印度洋的“三个咽喉”。虽然 16 世纪以来，武器和军事技术的发展改变了战争的方式和权力的结构，但这些地理因素却仍然具有极高的战略意义。[②] 随着未来海洋战略地位与经济价值的日益凸显，印度洋地区各国经济社会发展的进一步加快，

---

① 耿引曾：《中国人与印度洋》，大象出版社，2009，第 1 页。

② 〔美〕A. J. 科特雷尔、R. M. 伯勒尔编《印度洋在政治、经济、军事上的重要性》，上海人民出版社，1976，第 7 页。

印度洋将日益成为各国关注的焦点。特别是由于这些通道狭窄，它们的脆弱性就成为全球主要关注的安全焦点。

资源利用的争夺始终是地缘政治的逻辑起点。当今世界，石油是关系到一个国家经济发展和能源安全的重要战略物资，也是具有战略意义的贸易项目。在世界 8 大油气储备中，印度洋地区有 3 个，分别是波斯湾及其沿岸、印度尼西亚沿海和大陆架、澳大利亚西北大陆架，占世界总储量的 70% 以上。特别是位于印度洋西北岸的波斯湾为世界最大石油产地和供应地，这里已探明石油储量占全世界总储量的一半以上，年产量占全世界总产量的 1/3，所产石油经霍尔木兹海峡运往世界各地，素有“石油宝库”之称。印度洋地区的波斯湾各国拥有已经探明的世界原油储藏量近 60%。中东是世界石油出口量最大的地区，约占世界总出口量的45%，所产石油 75% 用于出口。[①] 从表 1 中可以看出，截至 2010 年年底，已经探明石油储备的 54.4% 集中在中东地区，预计可开采 78 年；而亚太地区的石油资源相对匮乏，只有 3.3%，预计可开采 13.6 年。

表 1　2010 年年底世界石油储备主要分布

排名	地　区	石油储备（十亿吨）	石油储备（十亿桶）	比重（%）
1	中　东	101.8	752.5	54.4
2	中南美洲	34.3	239.4	17.3
3	欧洲及欧亚大陆	19.0	139.7	10.1
4	非　洲	17.4	132.1	9.5
5	北　美	10.3	74.3	5.4
6	亚　太	6.0	45.2	3.3
世界		188.8	1383.2	100.0

资料来源：BP 世界能源统计年报 2011。

除了能源储备外，另据估算，印度洋地区拥有全球 65% 的战略性原材料储备，已经探明的原材料包括铀、黄金、钻石、锡、煤、铁矿石、钨、锰、铜、锌等。尤其是印度洋地区的贵金属储量极为丰富，锰储量占世界的 85%，

① 张文木：《世界地缘政治体系中心区域的大国政治——兼论印度与中国安全合作的战略互补意义》，《太平洋学报》2010 年第 3 期，第 42 页。

钒储量占世界的60%，铬储量占世界的86%，铀储量占世界的50%以上。铁储量也占世界第一位，仅印度的铁储量就占世界总储量的1/4。[①] 南印度洋西岸的非洲地区储藏丰富的战略矿产资源，进一步提高了印度洋在世界地缘政治体系中的地位。世界已知铬矿的96%在南非、津巴布韦；南非占世界石棉的1/10、黄金的1/2、锰矿的1/3、铀矿的1/5、金刚石的1/3。[②]

印度洋是世界上最为繁忙的海上贸易通道之一，拥有1/9的世界海港，1/5的货物吞吐量。更为重要的是，印度洋的"石油航线"是许多发达国家和发展中国家仰仗的"战略生命线"。目前，主要石油运输线有3条：波斯湾-好望角-西欧、北美线；波斯湾-马六甲海峡（或龙目、望加锡海峡）-日本线；波斯湾-苏伊士运河-地中海-西欧、北美线。经印度洋运送的石油占世界海上石油运输量的一半以上。

不仅中国，世界和地区大国包括美国、欧洲、日本和印度等对于中东石油的依赖性越来越强。从图10可以看出，2011年从西亚中东进口石油最多的国家是日本，为1315亿美元，排在第二位和第三位的是中国和印度，分别为1025亿美元870亿美元。接下来是欧盟和美国，分别为790亿美元和753亿美

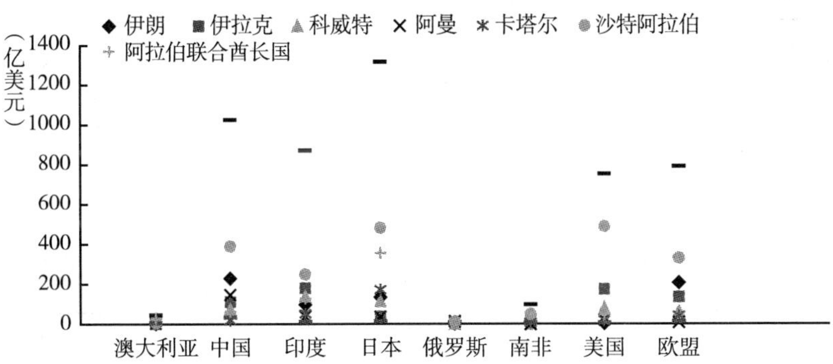

图10　2011年世界和地区大国对中东石油的依赖

资料来源：http：//unctadstat. unctad. org/TableViewer/tableView. aspx。

① 宋志辉：《美印在印度洋上的博弈对双边关系的制约与推动》，《南亚研究季刊》2008年第3期，第23页。

② 张文木：《世界地缘政治体系中心区域的大国政治——兼论印度与中国安全合作的战略互补意义》，《太平洋学报》2010年第3期，第42页。

元。分国家来看，沙特的石油出口排在首位。其中，日本从沙特进口最多，2011年为480亿美元；美国紧随其后，为474亿美元；中国居第三位，为392亿美元，欧盟为324亿美元，印度为244亿美元。在今后很长一段时间内，在世界经济和国际政治方面赋予这个地区以重大意义的，还是中东石油。①

（二）地区内国际关系得以改善，各国的“合作共赢”意愿和行为不断增强

无论在政治还是经济领域，通过加强沟通与合作而实现互利共赢的目标已经逐渐成为印度洋地区各国的普遍共识。2012年3月28～29日，“金砖国家”领导人第四次会晤在印度新德里举行，会晤的主题是“金砖国家致力于稳定、安全和繁荣的伙伴关系”。中国、俄罗斯、印度、巴西和南非五国领导人在新德里联合发布了《德里宣言》，内容包括全球经济形势、宏观经济政策、全球金融稳定、可持续发展、环保等领域，几乎涵盖了当前国际上所有的重要问题。与会各方就推进金融、经贸等领域务实合作达成基本共识，特别是印度和南非是印度洋地区的两个有影响的大国，《德里宣言》对地区内的其他国家也产生了相当大的影响。2012年5月30日，世界经济论坛东亚峰会在泰国首都曼谷举行。来自全球50个国家和地区的600余名政府首脑、商业领袖和专家学者出席，论坛围绕“通过互相连通以塑造地区未来”这一主题，就东亚和东南亚地区的经济、政治、金融等问题展开讨论。2012年7月19～20日，中非合作论坛第五届部长级会议在北京举行。中国国家主席胡锦涛在开幕式上承诺中国将向非洲国家提供200亿美元贷款用于重点支持非洲国家基础设施、农业、制造业和中小企业发展。中国还将为非洲培训3万名各类人才，提供政府奖学金名额18000个。2012年11月26日，中印战略经济对话在印度首都新德里举行。中国国家发展和改革委员会张平主任与印度计划委员会阿鲁瓦利亚副主席出席并共同主持对话。中印两国政府部门、企业界、金融机构的代表约400人出席了对话会议。此前，印度总理辛格会见了出席对话会议的中方代表

① 〔美〕A. J. 科特雷尔、R. M. 伯勒尔：《印度洋在政治、经济、军事上的重要性》，上海人民出版社，1976，第54页。

团主要成员。会议期间，双方就加强全面合作、促进双边宏观经济政策沟通与协调，深化和拓展双方在投资、基础设施、高技术、节能环保和能源等领域的务实合作展开对话与交流。双方签署了联合研究、铁路、软件、工业能效等政府部门间的合作备忘录和总额为 48 亿美元的企业间双向投资意向协议。[①] 2012 年 12 月 13 ~ 14 日，第三届海洋安全高层对话会议在斯里兰卡南部城市高尔举行，会议主题为“加强战略合作与伙伴关系，充满自信面向未来”。来自中国、美国、俄罗斯、日本、加拿大、英国、巴基斯坦等 28 个国家的海军将领、政府官员及学者近 300 人参加了会议。会议分析了印度洋在国际航运和国际战略中的地位，强调了印度洋沿岸国家就海洋安全开展合作的可能性与重要性。

不难看出，世界多极化和全球经济一体化使得各国都意识到寻找利益共同体与加强合作对于发展的重要性。特别是，在当前的国际秩序中，无论是以美国为首的西方大国，还是印度洋地区的任何一个国家，都不可能在解决各种问题尤其是非传统安全威胁领域方面单独发挥作用，也不可能有哪个国家能够独自承担维护印度洋上所有公共产品的责任。因此，印度洋地区外的大国纷纷与地区内各国开展对话与合作，这对于地区内的对话与合作产生了积极的作用，在很大程度上改善了地区内的国际关系。

2012 年年初，一向紧张的印巴关系出现了些许转机。据《印度时报》2012 年 1 月 15 日报道，印度内政部部长信德与到访的巴基斯坦内务部部长马利克于 14 日共同签署了一份旨在促进双方人员往来便利化的新签证协议。为此舆论认为，双方开放签证政策有利于印巴民间交流，也为两国关系进一步正常化释放积极信号。[②] 同时，印度外长克里希纳于 9 月 7 日对巴基斯坦进行了为期 3 天的正式访问。这是继巴基斯坦总统扎尔达里与印度总理辛格 8 月底在德黑兰会晤后（共同出席不结盟峰会）两国高层的再次会面。这次印度外长对巴基斯坦的访问，使得印巴两国关系有了新的改善。克里希纳在回答巴基斯坦记者提问时强调，印度希望一个繁荣和稳定的巴基斯坦，强调两国要用对话

① http：//news. hexun. com/2012 - 11 - 27/148386613. html.

② 印度内政部长巴基斯坦内务部长共同签署新签证协议，http：//www. indiacn. com/news/shehui/10006. html/2012/1/15。

方式解决一切争端。而卡尔外长则强调，过去两年两国关系的改善完全是因为两国政治家不再沉陷于历史宿怨。扎尔达里总统在接见印度外长时强调，巴基斯坦十分愿意为南亚地区实现持久和平与繁荣而努力。根据双方外长在新闻发布会上的表态，双方都认为两国外长、外秘及8个专家小组之间的会晤和会谈是在诚挚和热烈的气氛中进行的。此次印度外长访巴的最大收获，是两国终于就放宽对各自公民的签证限制达成了协议。这是印巴两国关系的一个突破，尤其是对两国跨境离散的亲属团聚是一个福音。

在印度洋沿岸国家中，国际关系改善方面最吸引眼球的当属缅甸，这与缅甸地处连接东南亚与南亚的要塞位置以及美国的全球战略调整密切相关。缅甸的地理位置使其具有战略重要性，各主要大国为此纷纷竞争在缅甸的影响力。首先是美国和缅甸关系的改善。随着2010年年末缅甸举行大选并组建民选政府后，美缅关系加速“解冻”。特别是随着2011年11月成功举行多党派民主选举，缅甸的军政权逐渐“退出”政治舞台。缅甸新政府接二连三地采取了一系列改革措施，包括民主派领袖昂山素季获释并备战议会补选，颁布大赦令，宣布解除对“美国之音”、英国广播公司、自由亚洲电台以及“缅甸民主之声”网站的管制等。缅甸新政府的“民主改革七点路线图”，得到了以美国为首的西方国家的积极认可。2011年11月17日，在印度尼西亚巴厘岛举行的峰会上，东盟国家领导人一致同意缅甸担任2014年的轮值主席国。接着，11月30日，美国国务卿希拉里对缅甸进行了为期三天的正式访问，会晤了缅甸总统吴登盛和民主派领袖昂山素季。这是继1962年缅甸发生军事突变，美国对缅甸实施长达56年的经济制裁以来美国国务卿首次访问缅甸。2012年初，美国政府随即宣布要与缅甸恢复全面外交关系，并将互派大使。7月11日，22年来美国首位驻缅甸大使米德伟飞抵缅甸正式赴任。同日，美国总统奥巴马宣布，继续放宽对缅甸的经济制裁。不仅如此，2012年11月19日，奥巴马连任后首次出访了东南亚的泰国、缅甸和柬埔寨，是历史上第一位访问缅甸的美国总统。

值得关注的还有缅甸与印度关系的改善。2012年5月29日，印度总理辛格访问缅甸，与缅甸总统吴登盛在缅甸首都内比都举行会谈并签署了12项合作协议，内容涵盖国家安全、边界地区发展、贸易投资协定以及交通运输等领域。这是印度总理25年来首次访问缅甸。同时，辛格还在仰光会晤了反对派领导人昂山素季，并转交了国大党主席的访印邀请函。昂山素季于2012年11月13日抵达印度进行访问，这是其阔别印度近50年后故地重游。昂山素季此行受到印度方面高规格礼遇，所获待遇达到“准国家领导人”级别。媒体分析称，着眼于2015年缅甸大选后可能出现的新局势，新德里正全力修补与它的关系。同时，印度外交部部长库尔希德及空军上尉布朗（A . K. Browne）曾于2012年11月和12月分别访问了缅甸。根据2013年1月5日《印度时报》的报道，印度国防部部长安东尼在1月22日访问缅甸，重点是针对缅甸武装部队的边境管理和能力建设。这充分显示缅甸在印度战略蓝图上所占有的重要分量。

（三）地区内各国和各地区间的竞争加大，地区冲突持续不断

也必须看到，在合作意愿越来越强的同时，各国之间的竞争行为却日益激烈。

印度洋地区的中东、南亚和非洲东北部是全球武装冲突最集中的地区。由于中东和南亚地区政局动荡、恐怖主义严重等现实，使得印度洋地区的安全在一定程度上有赖于整个中东和南亚的区域安全。印度洋地区许多国家由于种族和宗教众多，且不同种族和宗教之间冲突频繁，导致政局不稳，依然是制约各国乃至整个印度洋地区发展的一大障碍。特别是中东和南亚地区的形势更加复杂。在南亚，除了印度以外的其他南亚国家无论在国土面积、人口规模还是经济总量方面都远远不如印度，加上印度伸入印度洋1600公里，在印度洋地区占据着极为有利的战略位置的现实，使得印度具有足以威慑其他南亚次大陆国家的力量。但是南亚地区的一个显著特点是，分裂与极端相互依存，民族矛盾和宗教冲突此起彼伏。2012年7月下旬，在印度东北部阿萨姆邦的西南部地区，土著与伊斯兰移民爆发了种族冲突并酿成大规模流血事件，造成将近80人死亡、40多万人流离失所的悲剧。在短短不到两周的时间里，400多个村庄化为灰烬。在印度，绝大多数人都信奉宗教。根据1991年的人口普查数据，印度人口的82%左右信奉印度教，12%左右信奉伊斯兰教。此外，还有基督教徒，占人口的2.32%；锡克教徒，占1.99%；佛教徒，占0.77%；耆那教

徒，占0.41%；其他宗教如拜火教、犹太教的信仰者约占0.43%。[①] 目前，各种宗教信徒的人口构成虽然已经发生了一些变化，但基本格局却依然如故。宗教矛盾与种族矛盾互为因果，相互交织，严重影响着印度社会的安定。

大西洋地区或西半球的冲突起因于经济因素，东亚的冲突源于战略竞争，而中东和南亚地区的冲突起因于意识形态和宗教。[②] 受意识形态和宗教因素的影响，2012 年整个中东地区笼罩在冲突与动荡的阴霾中，且恐怖主义活跃。这一年，北约接受了美国总统奥巴马关于2013 年停战、2014 年底前完成阿富汗撤军的计划。2012 年7 月，美国正式启动了撤离阿富汗行动，9 月，奥巴马撤离了其就任后向阿富汗增派的3.3 万名士兵。但阿富汗依旧驻扎着大约6.8 万名美国军方人员和大约4.4 万名北大西洋公约组织驻阿富汗国际安全援助部队人员。当然，美国撤离阿富汗行动并不意味着未来阿富汗局势将会变得稳定。过去一年值得关注的中东地区动荡还包括叙利亚冲突、巴以动荡、西方制裁伊朗出口原油等地缘政治因素。特别是为了迫使伊朗放弃核计划，西方国家逐步加大对伊朗的制裁力度。但面对制裁，伊朗表现强硬。2012 年7 月3 日，伊朗议会国家安全与对外关系委员会成员易卜拉欣·阿迦·穆罕穆德说，该委员会已起草议案，呼吁政府禁止"向制裁伊朗的国家运输原油的油轮"通过霍尔木兹海峡，以回应欧盟对伊朗实施的石油禁运。[③] 中东地区政局不稳，将不断影响石油价格波动，进而对全球经济波动产生了一定影响。据统计，目前全球超过40%的石油供应依赖波斯湾地区，而波斯湾地区石油出口的90%需要经过霍尔木兹海峡。有分析称，由于伊朗局势动荡导致危机升级，有可能影响霍尔木兹海峡的航运通道，全球石油价格2012 年曾一度不断走高。目前，伊朗核僵局还没有缓解的迹象。

中东北非的局势也值得关注，其中人口最多的阿拉伯国家埃及的政治动向最引人瞩目。2012 年6 月24 日，埃及总统大选在波折中落下帷幕，埃及最高选举委员会总部宣布伊斯兰主义者穆罕默德·穆尔西赢得前总统穆巴拉克下台

① 马加力：《印度宗教问题》，《国际资料信息》2002 年第5 期。

② 〔美〕亨利·基辛格：《美国的全球战略》，海南出版社，2009，第9 页。

③ 《伊朗呼吁封锁霍尔木兹海峡　六国再启专家级会谈》，国际石油网，http：//oil.in－en.com/html/oil－15051505301460838.html。

后的首次总统大选，当选新任总统。穆尔西成为埃及首位没有军方背景的总统，终结了埃及长达60年的军人专权，也意味着具有宗教色彩的穆斯林兄弟会80多年来首次掌管国家最高权力。更令外界意外的是，2012年8月12日，埃及总统穆尔西宣布解除军方多位领导人的职务并取消了宪法补充声明。穆尔西此举被认为是“去军事化、去穆巴拉克化、巩固自身权力”的中东步骤，也是总统与军方斗争延续和激化的表现。[①] 穆尔西的支持者是世界上最大的伊斯兰组织穆斯林兄弟会，目前看来，穆斯林兄弟会执掌政权后并没有迎来真正的民主和带来经济的复苏，而是与军方的明争暗斗，短暂的和平之后似乎预示着更大的混乱。

在印度洋沿岸的非洲地区，局势不稳的还有索马里。一方面，索马里政府军和青年党之间的冲突与对抗不断，而且还伴随恐怖主义活动。2012年3月14日，在索马里过渡政府办公楼发生了自杀式恐怖袭击活动，袭击者引爆了随身携带的炸弹，造成包括本人在内至少三人死亡、六人受伤，反叛武装青年党宣称对袭击负责。另一方面，索马里沿海海盗和武装抢劫事件日益增多，特别是海盗的能力增强，对该地区贸易和航行自由构成巨大挑战。早在2008年12月16日，联合国安理会就打击索马里海盗问题通过决议，邀请在索马里沿海打击海盗行为的所有国家和区域组织与愿意羁押海盗的国家订立特别协议或安排，让这些国家特别是区域各国的执法人员登船，以便调查在打击行动中被拘留人员的海盗和武装抢劫行为并进行起诉。[②] 2012年12月4日，联合国在索马里首都摩加迪沙呼吁世界各国为2013～2015年将在该国开展援助行动发出募捐，其中2013年的资金需求是13亿美元，涉及联合国各机构177个国际和国内非政府组织计划开展的369个援助项目。[③] 持续不断的冲突伴随恐怖主义袭击，使得索马里面临严重的安全与人道主义危机。

印度洋沿岸不断发生冲突的国家还有东南亚的缅甸。尽管缅甸的民主化进

---

① 中国新闻网：《埃及局势突变前景难测　权力之争进入白热化阶段》，《人民日报》2012年8月14日第3版，http：//www. chinanews. com/gj/2012/08－14/4104896. shtml。

② 《关注索马里局势》，http：//www. un. org/chinese/focus/somalia/。

③ 《联合国为2013～2015年在索马里的援助行动发出募捐呼吁》，http：//www. un. org/chinese/focus/somalia/。

程让世界瞩目，但缅甸东部的种族斗争从来没有停止过。迄今为止，战争已经导致60多万人死亡。虽然政府已经和克伦族达成停火协议，但缅甸士兵仍然一再袭击村庄并迫使当地人劳动。冲突源的中心位于北方的克钦邦。克钦族是迄今为止仍然拒绝和新政府达成和平协议的唯一少数民族，那里的冲突还有继续升级的迹象。西部局势正变得紧张，因为佛教徒和穆斯林爆发了冲突。如果政府控制不了局势，缅甸在最坏的情况下有可能陷入常年内战。[①] 自从2012年6月以来，缅甸政府军和克钦独立军之间冲突不断，造成缅甸部分居民陆续涌入中国境内，特别是2013年新年的气息还未散去，缅甸政府与该国最强大的反叛组织克钦族独立军发生武装冲突，致使1万多人逃亡至云南省避难。缅甸政府与少数民族武装冲突不仅威胁到缅甸国内民众的安全，对中缅两国边境贸易和投资活动的影响也非常大。

三　2013年印度洋地区政治经济形势展望

（一）美国将稳步推进“重返亚太”战略，印度洋地缘政治的复杂性将继续上升

考量印度洋的战略格局离不开外部势力的影响。作为全球唯一的超级大国，美国全球战略的主要目标是维护其霸权地位不受挑战，保持以美国为中心的世界秩序。随着亚洲的逐渐崛起，这一目标的实现首先是要保证美国在亚太地区的支配地位，并且未来能主导印度洋事务。2012年新年伊始，从十年伊战泥潭中走出的美国便迅速将目光转向亚太地区，并做出了具体的行动部署。1月5日，奥巴马会同国防部部长帕内塔和参谋长联席会议主席邓普西一道在五角大楼举行记者会，公布了一份酝酿七年之久的美国新军事战略报告——《维持美国的全球领导地位：21世纪国防的优先任务》。该报告不仅综合评估了亚太、中东、欧洲、非洲及拉美地区的安全形势，而且根据该报告，美国将拿陆军和海军陆战队等地面部队“开刀”来裁军50万人，并计划在未来10

① 《七大威胁事态或成2013年冲突源》，《参考消息》2013年1月2日，第3版。

年削减4870亿美元军费开支。紧接着，2012年6月2日，美国国防部部长帕内塔在新加坡参加香格里拉对话会时表示，美国削减国防预算并不会妨碍美国增加在亚太地区存在的战略部署，美国将在2020年前向亚太地区转移一批海军战舰，届时将有60%的美国战舰部署在太平洋。2012年2月7日，美国在泰国举行了为期11天的“2012年金色眼镜蛇军演”活动①，是亚太地区迄今为止规模最大的多国军事演习。参加这一军演的国家除了美国、泰国、新加坡、日本、韩国、印度尼西亚和马来西亚7个国家外，还有澳大利亚、法国、加拿大、英国、孟加拉国、意大利、印度、尼泊尔、菲律宾和越南10国参加，参演总人数达1.3万多人。特别是，军演位于靠近“多事之秋”的南海附近，与南海有主权争议的国家都在演习国之内，只有中国被排除在外，针对性不言而喻。而且，美国拟邀请缅甸参加2013年的“金色眼镜蛇”联合军事演习。如同众多国际媒体所评述的那样，“中国或许不是美国重返亚太的唯一原因，但却是最重要的原因”。4个月以后，2012年6月29日~8月7日，美国主导的“环太平洋－2012”联合军演则是世界上规模最大的海上军事演习，来自22个国家的42艘军舰、6艘舰艇、200多架飞机和2.5万名士兵参加了此次军演。时间之长、规模之大、范围之广实属罕见。而且，俄罗斯首次参加，而中国依然被排除在外，其主要意图不言自明。

2012年11月6日，奥巴马战胜罗姆尼而赢得大选，将再执掌白宫4年，这也意味着他将继续稳步推进在第一个任期启动的“重返亚太”战略。为了减弱中国在亚太的势力并进一步遏制中国的崛起，对于印度这样一个在南亚甚至是印度洋地区实力最强的国家，美国一定不会放弃“借用”。印度洋战略是美国为了利用印度钳制中国而实施“重返亚洲”，从而维护其世界霸权地位的重要支点之一，是其现实主义战略的具体体现。

早在2000年3月，美国总统克林顿“历史性”访问了南亚的印度与巴基斯坦，这是美国总统22年来首次访问印度，30年来首次访问巴基斯坦，而且明确表示要把美国南亚政策的重点放在印度。双方同意建立“持久的、政治

① 自1982年以来，“金色眼镜蛇”联合军演每年举行一次，2012年是第31次军演。这一军演最初由美泰两国举行，近年来已发展成为多国联合军演。

上有建设性的、经济上有成果的”新型伙伴关系。这不仅是美国调整亚太战略的里程碑，而且是促使印美关系升温的重要标志。2006 年 3 月，美国总统布什访问印度和巴基斯坦，美国南亚政策由克林顿时期的“亲印疏巴”调整为“印巴并重”，标志着美巴关系进入了实质性改善阶段。2009 年 11 月底，美国总统奥巴马在白宫会见了他就任之后到访的第一位外国领导人印度总理辛格，时隔一年后的 2010 年 11 月 6 ~ 9 日，美国总统奥巴马访问亚洲四国（印度、印度尼西亚、韩国、日本），这是奥巴马上任以来第一次访问印度。同时，美国通过加强与印度以军售为核心的军事技术合作，使其成为美国在南亚的战略支点，完成其“重返亚洲”战略和制衡中国的目的。特别是随着 2011 年 5 月 2 日本·拉登被击毙后，美巴关系迅速降温，巴基斯坦被冷落的同时，印度则得到了美国进一步的“青睐”。美国在全球战略布局中需要印度，希望印度在南亚以外的地区，就贸易、政治和安全合作问题发挥“更积极的作用”，以制衡中国崛起。印度则希望有效地借助美国在南亚的力量打击巴基斯坦，实现其称霸南亚的目标。无疑，这种“实用主义战略”未来将会影响到南亚乃至印太两洋战略格局的走向。

（二）“平衡外交”与“机制化”合作将成为各国调整战略的核心

考量印度洋战略格局更离不开内部势力的影响。2012 年印度经济增长势头减弱，除了要解决贸易与投资领域的诸多问题外，种姓对立和民族宗教冲突也是未来印度必须面对的难题，而日益拉大的贫富差距、基础设施建设等问题同样不可小觑。据印度官方公布的数字，24% 的印度人生活在贫困线下，而印度权威杂志《经济与政治周刊》最新的调查数据显示，印度的贫困率可能高达 68%。[①] 然而，印度是南亚和印度洋上最具影响力的国家。1947 年印度赢得独立后，继承了英国的大国抱负，迫切希望能够在世界舞台上扮演重要角色。作为南亚大国的印度，拥有与南亚各国合作的先天优势，其战略目标是成为南亚甚至是印度洋上“有声有色的大国”，进而成为世界强国之一。2012 年 4 月 19 日，印度成功试射了自主研制的射程超过 5000 公里并可载核弹头的远

① http：//www. indiacn. com/news/shehui/9938. html.

程导弹“烈火－5”。同时，以安达曼－尼科巴群岛为中心而建设军事基地和码头，大规模扩充军备以加强在印度洋的军力部署。印度还与美国、日本等国不断加强在军事领域的合作，相互借力实现各自的战略意图。除此以外，印度多年来高调实施“东向政策”。如果说第一阶段的目标是加强与经济相对发达的东南亚地区的经贸联系，实现互利共赢的经济利益目标，则目前第二阶段的主要目标则是走出南亚和印度洋，通过实施平衡外交战略与亚太国家进行实质性的政治与安全方面的务实合作，不断拓展战略利益空间，增加印度在亚太的影响力，提高其国际地位。

同时，印度为了实施印度洋战略和“东向政策”，除了使用平衡外交战略提升与美国、日本、澳大利亚以及东南亚国家的政治与安全合作之外，更加重视扩展与周边国家以及亚太地区的多边合作，并努力促使多边合作更加“机制化”。早在 1997 年，印度就与南亚、东南亚邻国成立了孟印缅斯泰（BIMSTEC）合作组织；2000 年，印度与湄公河流域国家泰国、缅甸、老挝、柬埔寨和越南建立了湄公河－恒河合作论坛（MGC）；2002 年，印度与东盟举办了首届印度－东盟峰会。2009 年 8 月 13 日，在曼谷举行的第 7 届东盟－印度经济部长会议上，由东盟 10 国经济部长与印度商业和工业部部长夏尔马共同签署了东盟－印度自由贸易区《货物贸易协议》以及相关文件，该协议在 2010 年 1 月 1 日正式生效。协议规定，2013～2016 年，东盟成员国和印度之间将实现对 80% 以上的交易产品取消进口关税，敏感产品关税将在 2016 年降至 5%，489 项高度敏感产品的关税将保持不变。印度是继中、日、韩后与东盟建立“10＋1”合作机制的第四个国家。正是因为实施“东向政策”，使得印度与东盟的关系有了质的飞跃。也正如曼莫汉·辛格总理所言：“东向政策旨在向我们在东南亚和东亚的文明的邻邦伸出友谊之手。”① 未来，印度会通过机制化合作加速推进“东向政策”，积极参与并努力构建与亚太地区的多边合作机制，通过加强与周边国家的经济融合提升其综合实力。在此过程中，中国与印度在经济领域特别是在制造业方面的竞争也是不可避免的。基于对全球

① 《辛格总理在东盟经济顾问委员会领导人特别对话会议上的主题演讲》，印度驻华大使馆：《今日印度》2005 年第 11 期，第 2 页。

550 家制造业公司高级官员的调查，全球著名管理咨询公司德勤提出其全球指数和全球制造业竞争力指数报告。报告显示，印度将在五年内成为全球第二大最具竞争力的制造业经济体，排名仅次于中国。[①] 尽管中印两国无论是贸易额还是投资额都在迅速增长，经济合作前景广阔，但中印原本就脆弱的关系受美国因素影响，未来相当长时间内依然会显现矛盾心态和防范心理，将倾向于在政治上实施平衡外交战略，在经济上也不会“把鸡蛋放在同一个篮子里”，与中国保持合作的同时，会进一步加强与区域内各国特别是与东南亚国家的经贸合作。

缅甸是印度继续推进“东向战略”、与东南亚各国建立“互补和不可或缺的全面关系”的前沿，也是美国实施“重返亚太”战略的重要支撑点。尽管目前缅甸政府军与缅北少数民族的冲突依然不断，但缅甸国内民族矛盾总体上有所缓解，这是缅甸民主化改革的结果。未来缅甸将在 2013 年和 2014 年分别担任东南亚运动会主办方和东盟轮值主席国，这些都将对缅甸持续推进民主化改革和政局稳定发挥重要作用。从现状来看，随着缅甸政局逐渐走向稳定，加上美国、日本、印度等国积极改善与缅甸的关系，缅甸正迎来投资的历史性机遇，发展前景良好。目前，泰国、新加坡、印度尼西亚等国的企业正全力准备进入缅甸。其中，泰国宣布将对缅甸土瓦项目投入 80 亿美元的初期投资，其中包括对未来的经济开发区建造一个深水港。同时，印度、巴基斯坦、孟加拉国等国家也在加大对缅投资力度，特别是印度正与缅甸进行多领域投资合作，合作领域遍及公路和铁路建设、无线电通信、信息交流、科技合作和能源开发项目等。

2013 年，印度－东盟自贸区建设进入实质性阶段，中国、印度和东盟的战略性经济合作关系将随着三方合作更加机制化而逐步升温。而印度洋沿岸的东南亚国家除了在政治上依赖美国，经济上依靠中国之外，也将努力采取“平衡外交”和“机制化合作”模式应对不断变化的外部环境。同时，东盟由于其在亚洲地缘政治中具有举足轻重的作用而成为各国战略竞争与互动的平台。

---

① 中国、印度将成为全球最具竞争力的制造业经济体，印度中文网，http：//www. indiacn. com/news/keji/10805. html/2012/12/23。

（三）地区冲突与安全威胁预示印度洋地区安全局势日趋复杂

首先，在印度洋沿岸的南亚地区，两个主要大国印度和巴基斯坦之间关系存在不确定性，一定程度上增加了南亚战略格局的复杂性。目前虽然印巴关系有改善迹象，但彻底改善还有难度。自从1947年8月印度和巴基斯坦分治以来，印巴关系一直跌宕起伏，克什米尔问题始终是横亘在印巴之间的最大障碍。印巴分治后到现在，印巴之间分别在1948年、1966年和1971年因为克什米尔问题而爆发了三次战争，战争给两国留下了难以抹去的阴影。特别是为争夺克什米尔，印巴长期对抗，互不信任，导致南亚区域一体化缺少基本的根基。克什米尔问题实际上是印度和巴基斯坦无法解开的一个“死结”，未来印巴克什米尔争端如何演变很大程度上也将影响南亚形势的走向。印巴冲突一定程度上会对南亚其他国家产生压力，也增加了印度洋地区战略格局的不稳定性。

其次，中东地区的战略动荡使得印度洋地区的战略形势面临诸多不确定性。伊朗核问题依然是地区冲突的源头。伊朗似乎越来越接近有关核武器计划的“红线”状态，一种可能性是通过谈判促使伊朗妥协从而停止制造核武器或放弃迅速制造核武器的能力，但是这样的谈判出现的可能性有多大不得而知。况且，即便出现谈判局面，谈判能不能成功也是未知的。因此，2013年以美国为首的西方国家是否会以武力迫使伊朗放弃核武器？如果出现一系列类似于伊拉克和阿富汗战争造成的后果问题，伊朗又将如何应对？随着美国2014年完成在阿富汗的撤军，阿富汗和巴基斯坦的安全形势不容乐观，加上伊拉克的紧张局势，都为引发地区冲突提供了可能。同时在印度洋，随着索马里绰号“大嘴巴”的著名海盗头目穆罕穆德·阿布迪·哈桑宣布“金盆洗手、弃恶从善”后，索马里海盗活动的频率是否会继续下降从而带来印度洋海域的安全性上升？事实上，美国虽然调整了反恐战略，但印度洋地区特别是中东地区依然面临严峻的海盗、恐怖主义、种族冲突、贫穷、疾病、经济动荡等一系列的非传统安全威胁，将使印度洋安全局势日益复杂。同时，西亚中东地区宗教组织的信徒不断增多，伊斯兰政治化倾向日益明显，都将意味着2013年印度洋地区安全局势不容乐观。

再次，缅甸的国内局势充满变数。缅甸是一个有135个少数民族的国家，少数民族占全国人口的1/3以上。缅甸独立以后，10多个较大的少数民族都先后组建了民族武装如克钦独立军、克钦新民主军、缅甸果敢同盟军、佤联军和掸东同盟等与以缅族为主的中央政府对抗。缅甸少数民族武装数量之多，与政府对抗之激烈和持续时间之长，在东南亚都是绝无仅有的，在世界上也是非常罕见的。这说明缅甸民族问题的尖锐性和复杂性，未来各种力量的磨合结局如何，始终让人难以预料。缅甸的民族问题无论过去、现在和将来都将是影响缅甸政治、经济和社会发展的一个关键因素，是影响缅甸改革之路不可忽视的重要因素，也是影响地区繁荣和稳定不可忽视的因素。

（四）中印关系是决定未来印度洋战略格局走向的关键

受西方国家“中国威胁论”的影响，印度担心崛起的中国与印度洋沿岸国家交往的意图是扩张性的，有谋求对印度洋控制权的企图。所以印度一方面想借助美国这唯一的超级大国削弱中国在南亚以及印度洋地区的影响力，另一方面印度也并不希望美国未来真正主导印度洋事务，挑战印度在南亚的霸权地位。与美国在印度洋实施灵活多变的“实用主义”战略不同，中国发展与南亚各国关系以及与印度洋沿岸国家的关系，是为了实现互利共赢和促进地区繁荣，是“现实主义”战略的体现。中国与南亚大国的合作更多集中在经济领域，而美国在南亚地区与印度在战略和安全领域有着更多更广泛的共同利益。相比中国在印度洋的战略目标是保障能源通道与贸易通道基础上的经济安全以及共同维护海洋安全，美国涉入印度洋除了保障能源和经济安全外，更为重要的是维护美国在该地区的军事存在，以拓展美国的战略利益空间并维护其盟国的利益。

目前，中国与印度的利益交会点逐渐突出，挑战和威胁逐渐趋同。很显然，美国不希望看到中国强大到能够挑战自己世界霸权的地位，也同样不能容忍印度未来能够有能力控制印度洋，中印两国均有改变目前不合理国际秩序的意愿。同时，两国已经达成了一定程度的共识，那就是增强国际竞争力和追求大国地位必不可少的先决条件是实力基础，而实力需要共谋互利共赢的发展战略。要想增强实力，注重能力而非威胁是一种更先进的理念。因为威胁可能是短暂的并且可以不断采取不同的形式，而且一个宏伟的战略或军事化部署如果被局限于预先设定的威胁，则最终我们会发现这个战略或部署是跟不上形势发展的。相反，注重能力的策略将具有更大的灵活性，可以审时度势地改变或运用国家政策工具来处理那些随机发展的意外威胁。[①] 而能力的培育和提高既需要稳定的经济增长，更需要稳定的周边环境。与这种大国地位追求相伴随的还有战略互信的构建，建立在实力基础上的战略互信必将成为两国外交政策新的逻辑起点。此外，中印同是中等收入国家以及美国战略重心移向亚太表现出的对崛起中大国制衡的事实，都注定了“竞合型伙伴关系”将是中印关系发展的主流趋势，也是影响未来印度洋地区战略格局走向的关键因素。

① Zorawar Daulet Singh, Should India ‘Be East’ or Be Eurasian? Strategic Analysis, Jan 2012。http：//www. tanfonline. com/loi/rsan20.

B.2

2011 ~2012 年印度洋地区安全形势与安全合作机制

汪 戎 万广华 朱翠萍 刘 鹏

摘 要：

公共产品的提供和制度的构建才能为中国在该地区的利益提供长期、持续和合法的保证，当前印度洋地区安全合作机制供给不足为我们发起创建印度洋地区安全机制提供了机遇，而以当前本地区共同利益汇集点的部分非传统安全议题作为切入点，以合作安全为模式则为我们发起创建印度洋地区安全合作机制提供了思路。

关键词：

印度洋地区 安全形势 安全合作机制

一 安全是什么？

安全是国际问题研究领域最重要的概念之一，是国际政治的起点和归宿[①]，也是传统的研究地区形势的三大支柱之一（政治、经济、安全）。安全是国际问题研究中最广泛使用的概念之一，但对安全概念的界定却一直存在争议。在国际关系的语义下，安全至少包括三个不同的层面：安全是一种状态，即免于危险，没有恐惧；安全是一种能力，即保持国家统一和领土完整，维持本国在世界其他地区的合理利益[②]；安全是一种感觉，即“安全首先是一

① Arnold Wolfers, *National Security as an Ambiguous Symbol*, *Political Science Quarterly*, 67/1952。转引自倪世雄等《当代西方国际关系理论》，复旦大学出版社，2001，第434页。

② 傅勇：《非传统安全研究与中国》，复旦大学博士学位论文，2005。

种主观感觉，是人类对自己生命和生命条件的无忧，是对自己前途和未来的一种自信”[①]。国际关系理论英国学派代表人物之一巴里·布赞教授认为：安全无论从纵向还是横向方面都是多层面的。在纵向上，安全分为国际体系、国际子系统（国际组织）、单元（如国家、民族、跨国公司等）、子单元（如官僚机构、院外集团等）、个人这五个层次。在国际体系中，尽管国家仍是安全的主体，但不是唯一的主体，安全的主体由国家向内（即个人）和向外（即全球）两个方向延伸。在横向方面，安全包括了经济、环境、社会、军事、政治五个方面。[②]

主权民族国家是安全研究的主要对象，国家安全和地区安全是安全的纵向延伸。国家安全包括主观安全和客观安全两个层面：客观安全是指从物质方面来界定不存在确切的威胁，主观安全是指从心理方面来界定不存在被威胁的感觉。[③] 经典现实主义注重客观安全，认为国际社会处于无政府状态，各国都处于自助状态，要实现安全依靠军事和均势。它认为安全是以国家为中心，以军事手段维护安全为特征，主要研究战争、和平、权力和均势等问题。国家安全也主要限于军事领域，军事实力是维护国家安全的主要手段。当前的安全研究大部分已经将主观安全纳入安全的概念。国际安全研究中的“地区”，是指存在于一系列由地理上的接近性以及因此而产生密切的安全相互依存而联系起来的国家间的安全次体系。[④] 而地区安全则是指一个地区相对完整的，没有威胁、危险和恐惧的状态，以及具有保障这种状态的能力，在地区内，国家之间不构成相互威胁，彼此都具有足够的安全感和安全保障。[⑤]

传统安全和非传统安全的区别可以从以下四个方面进行区分：①与传统安

---

① 夏保成：《国家安全论》，长春出版社，1999，第 3 页。

② Barry Buzan, Ole Waver and Jaap de Wilde, *Security – A New Framework for Analysis*, London: Lynne Rienner Publisher, 1998, pp. 10 – 11.

③ 巴里·布赞、琳娜·汉森著《国际安全研究的演化》，余潇枫译，浙江大学出版社，2011，第 37 页。

④ 王帆、卢静主编《国际安全概论》，世界知识出版社，2010，第 123 页。

⑤ 李志斐：《东亚安全机制构建：国际公共产品提供与地区合作》，社会科学文献出版社，2012，第 56 ~57 页。

全强调“国家与国家之间”的安全互动或安全问题不同，非传统安全主要指“跨国家”的安全互动，以及国家内部产生的安全威胁；②与传统安全将“国家行为体”视为主要安全威胁不同，非传统安全着重强调“非国家行为体”所带来的挑战；③与传统安全侧重安全议题中的军事安全不同，非传统安全侧重“非军事安全”对国家和国际安全造成的影响；④传统安全倾向于将“国家”视为安全的主体，非传统安全更多地将“人”和人类整体视为安全的主体和实现安全的目的。[①] 非传统安全是随着全球化的发展而逐步兴起的一个概念，它突破了传统安全观在研究对象上主要关注民族国家安全、在维护安全方法上主要依赖军事手段的限制，转而指代除此之外的安全问题。[②] 非传统安全的外延包括经济安全、环境安全、文化安全、能源安全、水资源安全等领域；而与此相对应的非传统安全威胁则包括诸如恐怖主义威胁、海盗、种族宗教冲突、水资源短缺、武器扩散、人口贩卖、毒品走私、非法移民、“洗钱”、海洋安全等。

鉴于以上对传统安全和非传统安全概念的分析，在对印度洋地区安全形势进行分析时本文主要关注民族国家及民族国家间的军事问题；而在对印度洋地区非传统安全进行分析时则侧重国家行为体和非国家行为体面临的来自非国家行为体、跨国行为体的非军事威胁和问题。

二　印度洋地区传统安全形势

（一）印度洋地区地缘政治地位提升

欧洲殖民者曾经认为该地区和该地区的人是非常适合被殖民和被剥削的，因此在可预见的将来仍将依附于其他地区。[③] 所以，尽管印度洋地区有

① 朱锋：《非传统安全解析》，《中国社会科学》2004 年第 4 期，第 140 页。

② 在西方学者的理论研究中，他们较少使用非传统安全一词，而是倾向于使用非军事安全、全球安全、跨国安全、综合安全、人的安全、新安全等。

③ Editorial Essay，“Research agendas for the Indian Ocean Region”，*Journal of the Indian Ocean Region*，Vol. 6，No. 1，June 2010，p. 3.

着悠久的历史和文明，并且占全球人口和国家的近1/4，但印度洋地区在政治和国际权力场上并没有得到重视，西方主导的学术界也对印度洋地区的研究没有足够的重视，被视为远离全球权力和冲突中心的边缘地区。印度学者Chaturvedi认为，从地缘政治学①的角度来看，印度洋地区一直被西方学术界所忽视至少有以下五个原因：第一，该地区主要由第三世界国家组成，因此与大西洋和太平洋地区相比，印度洋地区重要性无法和前两者相比；第二，西方以北方国家和英语为中心的知识体系倾向于忽视印度洋地区；第三，该地区曾是欧洲殖民者的竞技舞台，对前殖民国家在政治、经济、军事甚至价值观方面的依附仍然存在；第四，国际问题学者对印度洋地区和该地区国家研究的成果并不多；第五，由于政治经济不稳定，该地区国家的地缘政治战略倾向于依附其他大国或关注内部事务，而不是面向印度洋。②

进入21世纪之后，全球地缘政治的天平开始向印度洋地区倾斜，印度洋地区战略地位得到提升。第一，这是因为全球经济中心的东移，传统的大西洋两岸主导全球经济命脉的格局开始发生转变，受困于经济金融危机的大西洋两岸国家自顾不暇，曾经的全球经济发动机转向太平洋和印度洋地区。印度洋地区依附于大西洋地区国家的格局开始发生转变，随之印度洋地区重要性被重新认识和发现。第二，印度洋地区丰富的石油资源和印

① 亦称“地理政治学”，是关于国际政治现象制约于各种地理要素和人文要素共同作用结果的理论，于19世纪末20世纪初形成。它采用整体论的研究方法，把诸如疆域、气候、资源、地理位置、人口分布、文化属性、经济活动等现象综合起来，分析、解释和预测世界或地区范围的战略态势和国家的政治决策。1897年德国拉采尔提出“国家有机体学说”，1917年瑞典谢伦首先提出“地缘政治学”一词。此后各种地缘政治理论相继出现，如美国马汉的“海权论”、英国麦金德的“陆心说”、美国斯皮克曼（N. J. Spykman，1895—1943）的“陆缘说”等。第一次世界大战后，德国豪斯霍弗尔利用和歪曲国家有机体学说、生存空间论和陆心说，提出“大空间经济”论：德国为“工场”，其他国家则为大日耳曼农业原料生产地，公开为纳粹德国的对外侵略张目和辩解。20世纪60年代以来，地缘政治学研究有所发展，美国学者沃勒斯坦提出“世界体系论”、布热津斯基提出“大棋局论”等。参见王邦佐等编《政治学辞典》，上海辞书出版社，第473页。

② Chaturvedi，S.，“Indian Ocean”，in R. Kitchin and N. Thrift，eds.，*International Encyclopedia of Human Geography*，Volume 5. Oxford：Elsevier，2009，pp. 344－351.

度洋成为世界最主要的海上通道成为各大媒体和学界经常谈论的两大核心“卖点”，使印度洋地区的战略地位对全球而言变得尤为重要。第三，印度洋地区新兴大国和石油强国的崛起是该地区地位提升的内部因素。印度崛起成为世界大国，并成为世界各主要大国争相拉拢的对象。澳大利亚、南非、埃及、伊朗、印度尼西亚、泰国等域内中等强国也为全球地缘政治天平向该地区倾斜加了很重的“砝码”。第四，印度洋地区不仅拥有全球新兴大国印度和中等强国澳大利亚，也聚集了全球最主要的“失败国家”和“不稳定因素”。索马里多年名列全球“失败国家”第一，而西亚和北非地区则一直是冷战之后全球的“火药桶”。宗教和种族冲突成为该地区“主旋律”之一，全球化的兴起特别是恐怖主义危害的全球性使得该地区不得不吸引全球各大力量的关注。

（二）印度洋地区国家的军备竞赛[①]

冷战期间，印度洋地区基本维持美苏互相争夺和共管的局面。“二战”结束至20世纪70年代初，印度洋地区的基本态势是美国、英国及其盟友是海上力量大国，而苏联和印度则是陆地力量大国，印度洋基本上是美英控制。到20世纪70年代，苏联阵营在印度洋地区的海上力量发展壮大，导致这一变化的原因有两个。一是英美阵营发生变化，实力相对下降，1967年英国将迪戈加西亚租给美国，1968年1月，英国首相威尔逊宣布英国政府将在1971年年底前撤出苏伊士运河以东的所有英国军队；美国陷于越南战争，实力相对下降。二是70年代勃列日涅夫的苏联开始实行积极进攻战略，大规模扩军，特别是海军，到1980年，苏联已经成为世界第二海军强国，海军实力已经与美国接近（见表1）。70年代一直到冷战结束，印度洋地区都是美苏争夺，其他国家“站队”。

① 一些国家或集团不断扩大军事装备的生产与储备、竞相增加军事力量和提高军备质量的特殊过程，其目的是取得和维持军事优势，并把它作为推行外交政策的工具与手段。军备竞赛受政治、社会、经济、军事、科学技术及其军事战略思想等诸多因素的影响。军备竞赛给本国社会经济、国际社会和国际关系的发展带来严重后果。参见刘金质、梁守德等编《国际政治大辞典》，中国社会科学出版社，1994，第1047页。

表 1　1980 年苏美两国海军主要战舰实力比较

舰种	美国	苏联
航空母舰	13	0
航空母舰(垂直短距起降)	0	2
航空母舰(直升机)	7	2
两栖攻击舰	5	0
常规动力潜艇(多用途)	5	179
核动力潜艇(多用途)	74	87
常规动力潜艇(战略导弹)	0	19
核动力潜艇(战略导弹)	41	71
巡洋舰	28	39
驱逐舰和护卫舰	153	213

资料来源：E. B. 波特主编《世界海军史》，李杰等译，解放军出版社，1992，第 605 页。

冷战后，该地区的军备竞赛并没有因此而结束。印度洋地缘政治地位的提升使该地区再次成为各大国角力的舞台之一，由于缺乏合理的国际安全机制，大国之间的角力使该地区军备水平不断提高，形成了一个从埃及、印度尼西亚到澳大利亚的军备竞赛弧。2011 年，印度洋地区的印度军费开支达 489 亿美元，居世界第 7 位；沙特军费开支为 485 亿美元，居世界第 8 位；澳大利亚军费开支达 267 亿美元，居世界第 13 位。① 此外，几乎一半以上的印度洋地区国家军队数量超过 10 万人或者军费开支超过本国 GDP 的 3%（见表 2）。在印度洋国家中，有 6 个国家的军队数量超过 40 万人，分别是印度、巴基斯坦、越南、伊朗、缅甸和埃及。此外，还有 5 个国家的军事化程度即军队人数占人口总数百分比超过了 1%，分别是文莱、新加坡、阿曼、巴林和吉布提（见表 2）。在表 2 所列的 19 个国家中，有 10 个国家的军费开支超过了本国 GDP 的 3%。② 从军事开支和军队数量我们可以看出印度洋地区的多数国家依然认为当前面临着较大的军事威胁。

① 斯德哥尔摩国际和平研究所（SIPRI），http：//milexdata. sipri. org/result. php4（上网时间，2012 年 4 月 17 日）。

② 2010 年，中国军费开支占 GDP 的比重为 1.4%，美国同年军费开支占 GDP 的比重为 4.8%。

表 2 印度洋地区国家传统安全*

国别	军队数量（2003 年，万人）	军事化程度（2003 年）（军队人数占人口总数百分比）	军费开支（占 GDP 百分比，2008 年）
印度	120.0	0.10	2.5
巴基斯坦	61.0	0.34	3.1
伊朗	44.0	0.59	2.9
缅甸	43.9	0.89	1.3
埃及	42.3	0.51	2.5
泰国	31.4	0.46	1.3
印度尼西亚	30.2	0.13	1.2
斯里兰卡	15.2	0.75	2.8
孟加拉国	12.6	0.08	1.1
沙特阿拉伯	10.6	0.41	9.3
苏丹	10.5	0.25	4.4
马来西亚	10.4	0.41	2.1
新加坡	7.3	1.55	4.1
也门	6.7	0.28	5.1
布隆迪	4.5	0.54	4.9
阿曼	4.2	1.5	10.7
科威特	1.6	0.53	3.9
巴林	1.1	1.38	3.4
吉布提	1.0	1.11	4.1

* 军队数量超过 10 万人或军费支出占 GDP 3% 以上的国家。

资料来源：整理自 FIRST 数据库 3.0，http://first.sipri.org/。

（三）印度洋地区的和平与冲突

虽然目前对发生在印度洋地区的战争和冲突没有确切的统计数据，但毫无疑问仅从媒体的报道我们就可以看出目前该地区是世界战争和冲突的主要发生地，特别是“阿拉伯之春”以来，中东北非地区更是成为全球动荡的聚集地。根据经济学与和平研究所发布的 2012 年全球和平指数①，按

① 和平指数是由澳大利亚科学家 Steve Killelea 提出的，目前对其科学性还存在争议，但该指数是目前唯一的量化评估安全形势的指标，因此在此处引入该指数力图量化评估印度洋地区的安全形势。

照地区分布来看，2007 年以来，撒哈拉以南非洲和中东北非地区一直是世界上安全形势最差的两个地区，2012 年中东北非取代了撒哈拉以南非洲成为世界上最不安全的地区（见图 1）；而印度洋地区的国家主要位于这两个地区。

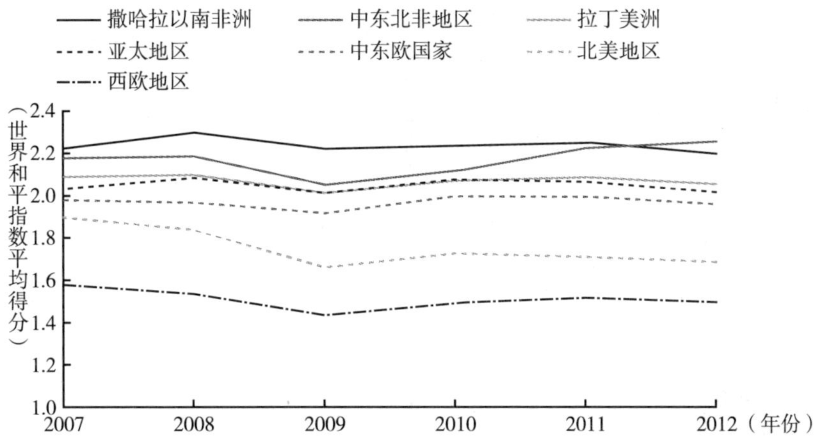

图 1　2007 ~2012 年世界和平指数各地区变化（得分与安全形势成反比）

资料来源：《2012 年世界和平指数报告》，http：//www. visionofhumanity. org/info - center/media - pack/2012 - gpi - media - pack/（上网时间：2012 年 9 月 15 日）。

在 2012 年全球和平指数最低的 10 个国家中，印度洋国家占 5 个，分别是索马里、苏丹、伊拉克、以色列和巴基斯坦。在 2012 年的年度报告中共列出了 159 个国家的和平指数，其中有 28 个国家属于印度洋地区国家。在这 28 个国家中，有 18 个国家的得分低于全球平均分（见表 3）。和平指数作为应用量化指标是衡量全球安全形势的一种尝试，虽然可能不尽确切，但也可以反映国际安全的总体形势。

根据和平指数排名得出的印度洋地区安全形势严峻，这一现状同时也可以从冲突数据中得到印证。根据德国海德尔堡国际冲突研究所（HIIK）[①] 发布的年度报告，2011 年，全球共发生各类冲突事件 388 次，229 次发生在印度洋地区，占全球总数的 59%；全球升级为战争的冲突有 20 场，17 场战争发生在该

① 该研究所将冲突分为五类并对全球的冲突情况进行研究，发布全球冲突年度报告。

表3　2012年印度洋地区国家和平指数全球排名

国别	排名	国别	排名
卡塔尔	12	巴林	118
马来西亚	20	肯尼亚	120
澳大利亚	22	厄立特里亚	121
新加坡	23	泰国	126
阿联酋	46	南非	127
科威特	47	伊朗	128
莫桑比克	48	缅甸	139
赞比亚	51	津巴布韦	140
坦桑尼亚	55	印度	142
印尼	63	也门	143
孟加拉国	91	巴基斯坦	149
斯里兰卡	103	伊拉克	155
沙特阿拉伯	106	苏丹	156
埃及	111	索马里	158

资料来源：翻译整理自《2012年世界和平指数报告》，http：//www.visionofhumanity.org/info－center/media－pack/2012－gpi－media－pack/（上网时间：2012年9月15日）。

地区，占全球的85%。[①]

印度洋地区安全形势动荡的原因非常复杂，除了宗教、民族因素之外，还涉及种族、外部势力干涉、国家治理失败等众多原因。

一个值得进一步研究的问题是伊斯兰世界与当代西方文明的冲突性和融合性。发生在印度洋地区的战争和冲突从表象上看表现出两种形式：伊斯兰世界与西方世界之间、伊斯兰内部不同派别之间。伊斯兰内部的派别包括开明派、保守派、原教旨主义、激进派、温和派、什叶派、逊尼派等，这些派别之间有时也因宗教问题以及现代化问题发生冲突，并经常因政治操纵而演变为暴力冲突。在印度洋地区，伊斯兰世界与其他文明接壤的国家和地区如苏丹、肯尼

① 德国海德尔堡国际冲突研究所（HIIK）发布的年度报告中的战争包括国内战争和国际战争，2011年的20场战争主要发生在也门、利比亚、叙利亚、伊拉克、阿富汗、巴基斯坦、索马里、墨西哥、尼日利亚、埃及、科特迪瓦、南苏丹、北苏丹、缅甸等国。2011年全球冲突报告全文请参见：http：//www.hiik.de/en/index.html（上网时间：2012年9月5日）。

亚、巴以地区、克什米尔地区、泰国南部、印尼等地冲突也时有发生。原教旨主义者发起的针对西方文明的全球圣战是对西方国家及其盟友的重要威胁。这两种形式的冲突预计在短期内都不会消失。

传统安全另外一个重要方面核武器威胁及核武器扩散问题在本地区也相当突出。本地区除了有两个处于敌对状态并有可能爆发战争的核武器大国印度和巴基斯坦外，还存在着“准”核武器拥有国以色列以及正在争取成为核武器国家的伊朗。与其他拥有核武器国家所在的地区不同，印度洋地区的核武器拥有国所处环境都不稳定并有可能与他国发生战争；再加上本地区广泛存在的恐怖主义势力，更是令核武器问题在该地区变得更为敏感。总体而言，本地区的战争和冲突仍然频发，传统安全形势不容乐观。

三　印度洋地区非传统安全形势

印度洋地区不仅传统安全形势不佳，非传统安全形势也不容乐观，甚至更差。本地区的非传统安全不仅影响本地区的和平与发展，而且向全球输出“不安全因素”。当前，本地区较为突出的非传统安全问题包括国家治理能力低下造成的“失败国家”、海盗和海洋运输安全问题、恐怖主义、难民问题和人类生存发展能力低下等。

（一）“失败国家”弧

“失败国家”[①] 是在当今的民族主权国家语境下出现的问题。作为现代意义上的国家必须履行一些基本的职能，对内为本国国民提供公共物品，包括为

① 关于“失败国家”这一提法国内是存在争论的，一种看法认为“失败国家”是一个当代现象，但它应该与“国家失败”区分开来。“国家失败”表示任何一个国家都可能面临的不断受挫的正常过程，而“失败国家”则表示一种耻辱的身份。另一种看法是“失败国家”是美国新干涉主义的产物，是在为美国干涉他国内政辩护。但自从冷战结束后，不断出现的非传统安全威胁，特别是非洲等地多次出现的大屠杀、索马里的无政府状态等事件表明“失败国家”虽然可能是由美国提出并带有为自己证明的色彩，但无疑是客观存在的。关于这一问题的探讨可参看甘均先《国家失败与失败国家——关于“失败国家”现象的一些批判性思考》，《国际论坛》2007 年第 5 期。

国民的人身与财产安全提供保障的法律与秩序，以及一些基本的经济与社会服务，如基础设施、医疗卫生、教育、社会福利等；对外国家作为国际社会中的基本政治单元，能够维护本国的主权独立，履行国际义务。从这个角度来定义的“失败国家”就是，在国内它无法提供基本的秩序，无法垄断对武力的行使；行政机器无法有效运转，司法制度形同虚设；经济衰退，人民生活急剧恶化；贪污盛行，暴力冲突不断。在国际上无法履行基本的国际义务，成为跨国犯罪和恐怖主义的温床。① 庄礼伟教授将“失败国家”的特征归结为四点：公权私人化、军队派阀化、暴力合法化、公共商品趋零化。② 印度洋地区“失败国家”出现的根源可以归结为两个方面：第一，民族主权国家建构的不充分导致国内对主权国家本身缺乏基本的认同。民族国家的建构不管是“想象的共同体”还是事实上联系在一起的共同体都需要得到认可。第二次世界大战结束后很多国家在民族独立的浪潮中取得了独立，建立了现代意义上的主权民族国家，但这些国家本身的民族认同并没有真正建立。第二，国家内部治理不善与对外依附并存，经济基础薄弱，内部治理混乱。执政当局除了先天不足外，并没有通过公共物品供应而逐步确立执政合法性和权威；在冷战期间由于全球都在关注美苏争霸并且在两极格局中可以选择依附一边而生存，因此问题被忽视或被压制。冷战结束后，两极体系的结束加上新一波民族主义浪潮的兴起，使“失败国家”问题凸显。

“失败国家”之所以成为问题并引起全球关注，是因为全球化时代世界各国的相互依存和“失败国家”强大的“外溢”效应。全球化时代的相互依存不仅体现在经济贸易投资领域的相互渗透，而且还表现在安全方面的相互依存。“失败国家”的问题不仅是其本身的问题，也会成为全球的问题。“失败国家”的外溢效应体现在两个方向上：横向和纵向。横向外溢的结果就是“失败国家”具有“传染性”，特别是在同为伊斯兰文明的中东北非地区。一个国家的动荡往往能很快在其他国家得到再现，动荡的根源、方式、思想根基和宗教学说能以较快的方式“复制粘贴”。纵向外溢的结果是“失败国家”成

① 韦宗友：《“失败国家”问题与国际秩序》，《现代国际关系》2005 年第 3 期，第 15 页。

② 庄礼伟：《后冷战时代的失败国家课题》，《东南亚研究》2003 年第 1 期，第 53 页。

为传统安全和非传统安全威胁的发源地。“失败国家”所具有的军队派阀化、暴力合法化、国家陷入无政府状态等特征是暴力冲突和战争的温床。印度洋地区国家和撒哈拉以南非洲地区的军事冲突与内战很多就是从“失败国家”的内部冲突发展而来的。同时由于“失败国家”所具有的公共服务趋零化、经济衰退、秩序崩溃等特征使其成为海盗、恐怖主义、难民、疾病传播、武器扩散、有组织犯罪等非传统安全威胁的来源地。

“失败国家”问题是印度洋地区不稳定的根源之一，如何衡量这一问题？我们可以参考美国和平基金会的“失败国家”指数报告，这是目前全球唯一的该类问题的量化分析报告。自 2005 年以来，该机构每年都会发布“失败国家”指数报告，该指数由两大类共 12 个指标构成，通过对这些指标的加权赋值得出最终的结果。这两大类指标包括社会经济指标和政治军事指标。① 2012 年的“失败国家”指数报告包括了 177 个国家。

全球“失败国家”排行榜前 10 位中，有 4 个国家是印度洋地区国家（见表 4）。此外本地区还有 8 个国家处于“警戒”线以上。两者合计该地区处于“失败国家”或警戒线以上的国家达 12 个。而本地区只有 5 个国家在该报告中被认为是稳定或可持续发展的国家。可以看出，本地区 30% 以上的国家被认为是“失败国家”或者有较高可能成为“失败国家”，如果将这些国家复原到地图上，我们就可以看到印度洋国家构成了一个“失败国家”弧。

---

① 社会经济指标包括六项分指标：人口压力（自然灾害、营养不良、疾病、缺水、环境、人口增长、环境污染、食品安全、死亡率等）、难民和流离失所者、经济发展不平衡（基尼系数、城乡服务差距、收入差距、平民窟人数等）、群体差异（歧视、大规模犯罪、宗教暴力、宗族暴力、种族暴力）、人口流动和人才流失（移出数、移入数、人力资本、教育）、贫困和经济衰退（财政赤字、购买力、外债、人均 GDP、失业率、通货膨胀率、GDP 增长率）。政治和军事指标也包括六项分指标：国家合法性（腐败、民主、政府效率、政治参与、权力斗争、游行示威、毒品贸易等）、公共服务（维护治安、健康医疗、打击犯罪、通信、教育、网络、文盲率、道路和基础设施建设等）、人权和法制（媒体自由、宗教迫害、公民自由、酷刑、政治犯、人口贩卖等）、安全（国内冲突、军事政变、武器扩散、动乱等）、精英的派系斗争（权力斗争、政治竞争、叛逃、选举舞弊）、外部干涉（外援、外部军事干预、维和部署、制裁等）。关于这些指标的详细说明可参见《2012 年失败国家指数报告》，http://www.fundforpeace.org/global/（上网时间：2012 年 9 月 16 日）。

表 4　2012 年部分印度洋地区“失败国家”指数报告*

序号	次区域	国别	排名	程度
1	中东非	索马里	1	极度危险
2	中东非	苏丹	3	高度危险
3	中东西亚	也门	8	高度危险
4	中东西亚	伊拉克	9	高度危险
5	南亚	巴基斯坦	13	高度危险
6	中东非	肯尼亚	16	警戒
7	东南亚	缅甸	21	警戒
8	中东非	厄立特里亚	23	警戒
9	东南亚	东帝汶	28	警戒
10	南亚	斯里兰卡	29	警戒
11	南亚	孟加拉国	29	警戒
12	中东非	埃及	31	警戒
13	中东西亚	伊朗	34	严重警告
14	中东非	赞比亚	44	严重警告
15	中东非	吉布提	53	严重警告
16	印度洋岛国	科摩罗	57	严重警告
17	印度洋岛国	马达加斯加	58	严重警告
18	中东非	莫桑比克	59	严重警告
19	中东西亚	以色列	61	严重警告
20	东南亚	印尼	63	严重警告
21	中东非	坦桑尼亚	66	严重警告
22	中东西亚	阿联酋	139	稳定
23	中东西亚	卡塔尔	142	稳定
24	印度洋岛国	毛里求斯	147	稳定
25	东南亚	新加坡	157	非常稳定
26	大洋洲	澳大利亚	165	可持续发展

*《失败国家指数报告》根据各国排名将“失败”程度分为 11 个层次，分别为极度危险（Very High Alert，第 1~2 名）、高度危险（High Alert，第 3~14 名）、警戒（Alert，第 15~33 名）、严重警告（Very High Warning，第 35~67 名）、郑重警告（High Warning，第 68~107 名）、警告（Warning，第 108~125 名）、基本稳定（Less Stable，第 126~138 名）、稳定（Stable，第 139~154 名）、非常稳定（Very Stable，第 155~164 名）、可持续发展（Sustainable，第 168~176 名）、高可持续发展（Very Sustainable，第 177 名）。

资料来源：编译整理自《2012 年失败国家指数报告》，http：//www. fundforpeace. org/global/（上网时间 2012 年 9 月 15 日）。

（二）海盗和海上安全

海盗①问题是近年来印度洋地区关注度最高的非传统安全问题之一。根据国际海事组织（IMB）发布的《2011 年度海盗和武装抢劫船只报告》（Piracy and Armed Robbery Against Ships Report-Annual Report 2011），2011 年全球共发生海盗和武装抢劫船只事件 439 起，其中发生在印度洋沿岸的达 298 起，占全球总数的 68%，仅索马里海域发生的海盗事件就达 160 起，占全球的 36%。在海盗事件频发的 7 个地区中（索马里海域、红海、马来西亚、印度尼西亚、亚丁湾、贝宁湾/几内亚湾、南中国海），有 5 个地区位于印度洋地区（见图 2）。2007 年以前，印度洋地区的海盗问题并不严重，当时海盗主要存在于马六甲海峡、新加坡海峡、印尼领海和马来西亚领海；孟加拉湾和印度恒河口附近海盗事件也有发生。2006 年发生在红海、亚丁湾和索马里海域的海盗事件只有 20 起，2007 年达到 40 起，2008 年达到创纪录的 113 起，此后一路飙升至 2011 年的 236 起。② 2011 年的海盗事件中，有 39 艘由中国运营管理的船只（含中国香港 27 艘）遇袭，是仅次于新加坡、德国、希腊的第四大受害国。

目前国际社会对海盗问题基本上以鼓励各商船加强自卫和各国出动军舰护航为主，缺少根本性的解决办法。2011 年，全球各国约有 35～45 艘战舰部署在印度洋海域进行打击海盗活动，这些战舰由 28 个国家组成。③ 目前打击海

---

① 根据 1982 年《联合国海洋法公约》第 101 条的规定：下列行为中的任何行为构成海盗行为：（a）私人船舶或私人飞机的船员、机组成员或乘客为私人目的，对下列对象所从事的任何非法的暴力或扣留行为，或任何掠夺行为：（1）在公海上对另一船舶或飞机，或对另一船舶或飞机上的人或财物；（2）在任何国家管辖范围以外的地方对船舶、飞机、人或财物；（b）明知船舶或飞机成为海盗船舶或飞机的事实，而自愿参加其活动的任何行为；（c）教唆或故意便利（a）或（b）项所述行为的任何行为。国际海事组织对"武装抢劫船舶"的定义如下：在某国水域内，群岛水域和领海的船舶上，出于私人目的，对船舶或对人员或财产的，任何非法的暴力行为，或拘留行为，或任何掠夺行为，或不是海盗的威胁行为；任何教唆或故意促成上述行为的行为。参见 http：//www.un.org/zh/events/maritimeday/background.shtml（上网时间：2012 年 9 月 18 日）。

② 数据收集整理自 IMB：*Piracy and Armed Robbery Against Ships Report-Annual Report*（*2006－2011*）。https：//www.cimicweb.org/cmo/medbasin/Documents/Horn%20of%20Africa/IMB%20Reports/2011%20Annual%20IMB%20Piracy%20Report%5B1%5D.pdf（上网时间：2012 年 9 月 1 日）。

③ The Henry L. Stimson Center，*Indian Ocean Rising*：*Maritime Security and Policy Challenges*，www.stimson.org.（上网时间：2012 年 9 月 10 日）。

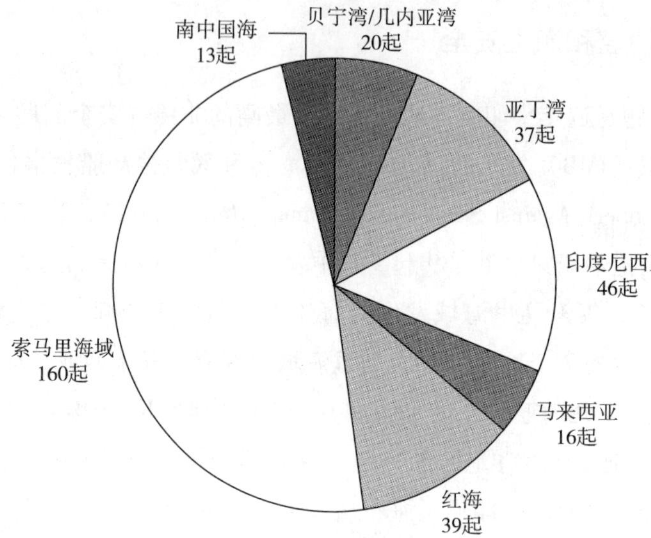

图2　2011年全球海盗事件频发地区分布

资料来源：IMO：*Piracy and Armed Robbery Against Ships Report-Annual Report 2011*，https：//www. cimicweb. org/cmo/medbasin/Documents/Horn% 20of% 20Africa/IMB% 20Reports/2011% 20Annual% 20IMB% 20Piracy% 20Report% 5B1% 5D. pdf（上网时间；2012年9月1日）。

盗的海军主要有三支力量：欧盟海军索马里－阿塔兰塔行动（EU NAVFOR），北约海洋守护行动（TF－508），联合特遣部队（CTF－151），中国海军未参加上述联合部队。2011年各国海军至少瓦解了20个索马里海盗团伙。[①] 索马里作为一个多年的“失败国家”，经历了20多年的混乱和无政府状态，因此若不解决“失败国家”问题，就很难解决海盗问题。

除了海盗问题，广义的海上安全（Maritime Security）还包括因海盗问题威胁海洋运输安全而产生的能源安全问题、海洋资源争夺问题、环境和气候变化问题等。海洋温度上升以及随之而来的极端气候增多、洪水等问题将对印度洋沿岸人口密集的东南亚和南亚地区造成巨大影响。到21世纪末，即使是最保守的估计，海平面都将上升40厘米，这将使全球因洪水受灾的人口从当前

① IMB：*Piracy and Armed Robbery Against Ships Report-Annual Report 2011*，p24. https：//www. cimicweb. org/cmo/medbasin/Documents/Horn% 20of% 20Africa/IMB% 20Reports/2011% 20Annual% 20IMB% 20Piracy% 20Report% 5B1% 5D. pdf（上网时间：2012年9月1日）。

每年约 1300 万人增加到每年 9400 万人；而新增受灾人口中南亚地区将占 60%，东南亚地区将占 20%。[①] 同时海平面的上升还将导致低海拔国家印度、孟加拉国、巴基斯坦、缅甸、印尼、马尔代夫等国的沿海地区面临严重的可持续发展压力。可以说这些方面的非传统安全问题影响将更大、更持久。

（三）恐怖主义

“9·11”之后恐怖主义势力受到了世界各国的严厉打击，但 2012 年的恐怖主义形势似乎并没有显著好转，特别是印度洋地区更是成为全球恐怖主义的摇篮。2012 年全球恐怖主义的主要滋生地包括：①巴基斯坦和阿富汗；②阿拉伯半岛；③非洲之角（索马里半岛）；④马格里布地区。[②] 这四个地区都属于印度洋地区。根据欧盟官方的标准[③]，恐怖主义组织可以分为宗教恐怖主义组织、种族民族恐怖主义组织、分裂势力、左翼恐怖主义组织、右翼恐怖主义组织、其他诉求的恐怖主义组织。虽然当前这些恐怖主义组织都有存在，但穆斯林发起的带有宗教性质的恐怖主义袭击是当前全球恐怖主义的主体。

击毙本·拉登和“阿拉伯之春”的发生使印度洋地区的恐怖主义形势发生了两大转变。第一，恐怖主义组织碎片化和本土化。鉴于西方对恐怖主义的强力打击，大的恐怖主义头目已经被抓获或被击毙，较大势力的恐怖主义势力已经被消灭或正在被围剿；以基地组织为代表的恐怖主义组织将从相对有组织性转化为更为碎片化和本土化。他们除了自己制造恐怖主义活动外，更多地将转向蛊惑其他组织和个人发动恐怖主义袭击，为其他恐怖主义组织提供精神支持。由于发动对西方的恐怖袭击难度加大，恐怖主义的对象将更多地转向本土与西方关系密切的目标。第二，本地区的恐怖主义有可能与海盗势力结合，两大恶势力合二为一将对地区安全和海上安全产生巨大的负面影响。当前，海盗和恐怖主义的主要区别在于动机不同，海盗主要是“劫财”，而恐怖主义则具

---

① Lee Cordner：“Rethinking maritime security in the Indian Ocean Region”，*Journal of the Indian Ocean Region*，Jul 2010，pp. 67 –85.

② Rohan Gunaratna，*The Global Landscape of Terrorism 2012*，International Center for Political Violence and Terrorism Research：Counter Terrorist Trends and Analysis，Volume 4，Issue 1，2012.

③ 该标准根据恐怖主义的动机将恐怖主义进行了分类，但实际上很多恐怖组织的动机是多重的，因此这种分类下的恐怖主义有重叠的可能。

有更为复杂的政治和宗教动机。发动海上恐怖袭击的资金要求和技术含量更高，当前大部分恐怖组织都不具备发动海上恐怖袭击的设备和能力。[①] 海盗势力却具备在海上对大型船只发动袭击的能力并多次成功。该地区是全球恐怖主义势力和海盗势力最集中的地区，虽然当前并没有证据证明两者之间结盟或存在内部联系，自2004年以来也没有发生过海上恐怖袭击[②]，但本·拉登被击毙和“阿拉伯之春”以及当前动荡的叙利亚形势所造成的动荡扩散有可能促成这种组合。除了因海上恐怖袭击可能造成的海洋运输受阻和能源安全问题所带来人员和财产损失，一旦海上输油管道或海上大型油轮遭到袭击造成石油泄漏，其造成的环境污染也将是无法弥补的。

此外，就国别而言，印度洋沿岸的南亚和中东地区是恐怖主义的重灾区，特别是阿富汗、巴基斯坦、也门和索马里四国。索马里多年来是全球饥荒最严重的国家；也门是阿富汗塔利班被推翻后基地组织的主要据点；而阿富汗和巴基斯坦，特别是两国交界的部落地区则活跃着大量的塔利班残余势力和基地组织成员。

（四）难民问题

印度洋地区冲突频发和动荡不安使该地区成为世界上最大的难民[③]来源地和收容地，2011年全球前6大难民来源国有4个是本地区国家，分别是伊拉克（143万人）、索马里（108万人）、苏丹（50万人）、缅甸（41万人）；2011年全球最大的3个难民收容国有2个是本地区国家，分别是巴基斯坦（170万人）、伊朗（88.7万人）。[④] 该地区难民问题不仅涉及人道主义救助问题，而且还涉及该地区的整体安全。因为难民是恐怖主义组织和海盗组织招募

---

① Amit A. Pandya, Rupert Herbert-Burns, Junko Kobayashi, *Maritime Commerce and Security: The Indian Ocean*, The Henry L. Stimson Center, pp. 105 - 106.

② Amit A. Pandya, Rupert Herbert-Burns, Junko Kobayashi, *Maritime Commerce and Security: The Indian Ocean*, The Henry L. Stimson Center, pp. 105 - 106.

③ 根据1951年联合国通过的《难民地位国际公约》第1条的规定，难民是指因种族、宗教、国籍、特殊社会团体成员或政治见解，而有恐惧被迫害的充分理由，置身在原籍国领域外不愿或不能返回原籍国或受该国保护的人。一般的操作过程中成为难民但没有跨出国界的人称为国内流离失所者（Internally Displaced Person, IDP），也属于广义的难民。

④ 联合国难民署2011年年度报告，UNHCR GLOBAL TRENDS 2011，http://www.unhcr.org/pages/4a02afce6.html（上网时间：2012年9月20日）。

的主要对象，另外难民问题还容易导致地区秩序混乱，难民的涌入使收容国问题更为激化，从而形成难民来源国和收容国的纠纷和冲突。

该地区难民问题持续时间最长的是巴勒斯坦难民问题，而规模最大的则是伊拉克难民。这里简要分析伊拉克的难民情况，根据联合国难民署的统计，伊拉克难民约为143万人（见表5），因为联合国难民署只统计了在难民署注册的难民人数，因此实际数字远远大于这一数字，约有500万人左右。[①] 难民的涌入不仅可能造成人道主义灾难，也使收容国的安全形势和政治形势不确定性增加，此类问题的典型是约旦。约旦人口约618万人[②]，其收容的伊拉克难民数约45万人[③]，占其总人口的7.28%。伊拉克难民的涌入使约旦的政治形势更为不稳定。很多约旦人视伊拉克难民为威胁，约旦政府担心发生暴乱，而伊拉克难民也担心因伊拉克籍基地组织成员发动袭击而自身遭到报复。约旦90%以上的人口为逊尼派穆斯林，而伊拉克70%的人口为什叶派穆斯林，约旦的主体民族逊尼派穆斯林担心伊拉克什叶派穆斯林的暴力倾向。因此针对伊拉克难民的排斥事件在约旦也曾发生，一旦形势恶化或发生其他突发事件，两

表5　伊拉克难民分布

难民收容国	难民数量(万人)	在联合国难民署登记的难民数量(万人)
土耳其	0.7	1.26
埃及	4.0	2.70
黎巴嫩	5.0	2.16
伊朗	5.8	10.44
海湾国家	15.0	0.486
约旦	45.0	11.70
叙利亚	120.0	42.48
国内流离失所者IDP	277.0	72.00
合　计	472.5	143.226

资料来源：翻译整理自联合国难民署难民统计数据库，http：//apps.who.int/globalatlas/default.asp。

① 联合国难民署2011年年度报告，UNHCR GLOBAL TRENDS 2011，http：//www.unhcr.org/pages/4a02afce6.html（上网时间：2012年9月20日）。

② 世界银行数据库，http：//data.worldbank.org/（上网时间：2012年9月20日）。

③ 联合国难民署2011年年度报告，UNHCR GLOBAL TRENDS 2011，http：//www.unhcr.org/pages/4a02afce6.html（上网时间：2012年9月20日）。

者之间的暴力冲突就有可能发生。迫于民众压力，约旦国王和议会曾多次讨论该问题。类似情况在伊拉克难民较多的叙利亚、黎巴嫩、伊朗等国都不同程度存在，为这些原本就不稳定的国家增加了新的变数。

（五）人的安全

人的安全①是非传统安全中关注的核心。自 1994 年联合国开发计划署发布第一份《人类发展报告》并明确界定人的安全这一概念后逐步得到了广泛认可。联合国开发计划署为此专门设计了反映人的安全的量化衡量指标体系并发布人类发展指数年度报告。传统安全和非传统安全威胁影响下的印度洋地区成为全球发展水平最低的地区之一。2011 年，在全球纳入统计的 187 个国家中，人类发展指数属于低发展水平的国家有 54 个，其中印度洋地区国家就达 24 个，占全球的 48%。

印度洋地区国家不仅综合发展水平低，而且非常不平衡，澳大利亚的人类发展指数全球第二，而在人类发展指数最低的 10 个国家中，该地区国家有 5 个，分别是津巴布韦、厄立特里亚、莫桑比克、布隆迪、索马里（见表 6）。

表 6　2011 年人类发展指数排名

序号	次区域	国别	排名	发展水平
1	大洋洲	澳大利亚	2	极高人类发展水平
2	中东西亚	以色列	17	极高人类发展水平
3	东南亚	新加坡	26	极高人类发展水平
4	中东西亚	阿联酋	30	极高人类发展水平
5	中东西亚	卡塔尔	37	极高人类发展水平
6	中东西亚	巴林	42	极高人类发展水平
7	印度洋岛国	塞舌尔	52	高人类发展水平
8	中东西亚	沙特阿拉伯	56	高人类发展水平
9	东南亚	马来西亚	61	高人类发展水平
10	中东西亚	科威特	63	高人类发展水平

① Human Security 也译为人类安全和个人安全，非传统安全关注的人包括个体的人、群体和人类三个部分；人的安全关注的是对个人、群体和整个人类的生存与发展构成的各种威胁，这种威胁可能来自国内也可能来自国外，可能是自然的也可能是人为的。联合国开发计划署认为人的安全主要指两个方面：一是免于饥饿、疾病和压迫等多种威胁的安全；二是免于日常生活方式的突然的和有害的破坏——不管这种破坏发生在家庭、工作还是社会中。关于人的安全的详细分析参见傅勇《非传统安全与中国》，上海人民出版社，2007，第 87～108 页。

续表

序号	次区域	国别	排名	发展水平
11	印度洋岛国	毛里求斯	77	高人类发展水平
12	中东西亚	伊朗	88	高人类发展水平
13	中东西亚	阿曼	89	高人类发展水平
14	中东西亚	约旦	95	中等人类发展水平
15	南亚	斯里兰卡	97	中等人类发展水平
16	东南亚	泰国	103	中等人类发展水平
17	印度洋岛国	马尔代夫	109	中等人类发展水平
18	中东非	埃及	113	中等人类发展水平
19	中东西亚	巴勒斯坦	114	中等人类发展水平
20	中东非	南非	123	中等人类发展水平
21	东南亚	印尼	124	中等人类发展水平
22	中东西亚	伊拉克	132	中等人类发展水平
23	南亚	印度	134	中等人类发展水平
24	中东非	肯尼亚	143	低人类发展水平
25	南亚	巴基斯坦	145	低人类发展水平
26	南亚	孟加拉国	146	低人类发展水平
27	东南亚	东帝汶	147	低人类发展水平
28	东南亚	缅甸	149	低人类发展水平
29	印度洋岛国	马达加斯加	151	低人类发展水平
30	中东非	坦桑尼亚	152	低人类发展水平
31	中东西亚	也门	154	低人类发展水平
32	印度洋岛国	科摩罗	163	低人类发展水平
33	中东非	吉布提	165	低人类发展水平
34	中东非	苏丹	169	低人类发展水平
35	中东非	津巴布韦	173	低人类发展水平
36	中东非	厄立特里亚	177	低人类发展水平
37	中东非	莫桑比克	184	低人类发展水平
38	中东非	索马里	—	无资料来源

注：排名第1～47名为极高人类发展水平，第48～94名为高人类发展水平，第95～141名为中等人类发展水平，第142～187名为低人类发展水平。

资料来源：编译自联合国开发计划署《2011年人类发展报告》，http：//hdr. undp. org/（上网时间2012年9月15日）。

除了上文提到的5个方面的非传统安全威胁，印度洋地区的轻型武器①走私、毒品贩卖也非常严重。轻型武器走私和毒品贩卖都不是新问题，但冷战结

① 可由单兵和小组携带使用的武器。亦称轻兵器。最初仅指单兵使用的武器，如手枪、步枪及冲锋枪等。以后，随着科学技术及武器装备的发展，轻武器又扩大到各种机枪、榴弹发射器和近程反坦克火箭等班组武器。详细说明请参见陈德第等主编《国防经济大辞典》，军事科学出版社，2001，第356页。

束后在印度洋地区这一问题却成为重要的非传统安全问题。这是因为除了这两个问题本身所带来的犯罪率上升外，这两个问题还与该地区日益严重的恐怖主义威胁、海盗问题、地区冲突、“失败国家”等问题紧密相连，成为助推这些问题的幕后黑手之一。毒品种植和贩卖成为恐怖主义的重要资金来源，轻型武器成为恐怖主义和海盗的主要作战工具。武器的扩散使各国政府的治理难度加大，此外还会造成暴力的扩散。阿富汗和巴基斯坦交界地区被认为是世界上非法武器最集中的地区，而阿富汗和缅甸也是世界上最主要的鸦片生产国。①

四　印度洋地区安全形势的特点

（一）传统安全与非传统安全交织下的“安全真空”

如前所述，不论是在传统安全所涉及的军备竞赛、战争与冲突以及核武器方面，还是在非传统安全所涉及的“失败国家”、海盗、恐怖主义、难民和人的安全方面，印度洋地区的安全形势都不容乐观。可以说安全成为该地区最稀缺的资源，印度洋地区成为全球的“安全真空”。

（二）安全问题诱因的复杂性

印度洋地区众多安全问题的背后是复杂纠缠而又互相重叠的各种矛盾。在分析该地区安全形势时我们可以发现几乎每个问题的背后都存在着非常复杂的原因。除了冷战的遗产、外部势力的干预等原因之外，还存在着宗教、种族、宗族、民族、国家治理失败、腐败、资源争夺、经济畸形、历史因素等众多原因。安全诱因的复杂性使该地区安全问题的解决困难重重，因此任何试图一劳永逸解决该地区安全问题的方案都很难实现。

（三）区域国际组织交叉重叠下的“组织缺失”

印度洋地区面临纷繁复杂的地区形势，国际组织②是应对和处理地区安全

① Aparajita Biswas, *Small Arms and Drug Trafficking In the Indian Ocean Region*, Centre for African Studies University of Mumbai, Working Paper: No. 4.

② 此处的国际组织指的是政府间国际组织。

问题的重要载体。印度洋地区虽然存在着多达 20 余个各种类型的政府间国际组织，但这些国际组织却存在着三个不足。第一，缺乏统一的区域组织。该地区大量存在着次区域的国际组织并且存在着较大的重叠性。如图 3 所示，组成印度洋地区的各国分属于次区域的国际组织，如东南亚地区的东盟、南亚地区的南盟、波斯湾地区的海湾合作委员会、北非地区的阿拉伯联盟、东非地区的非盟等。第二，印度洋地区应对安全问题的专门性或综合性国际组织尚属“空白”。从表 7 可以看出，目前本地区虽存在着非盟、东盟、南盟等综合性国际组织，但这些组织并不专门针对印度洋地区；此外专门针对印度洋地区的国际组织环印度洋地区合作联盟代表性不足，只有 18 个国家参与，占印度洋地区国家总数不足 1/2，而且主要关注经济领域的合作问题。海盗和海上运输安全是本地区近年来最受关注的非传统安全问题，目前也存在一些国际机制应对这一问题，如吉布提行为守则、东南非印度洋地区国家合作协定。但从实践来看这些带有倡议性质的缺乏主权国家强力支持的协定效力有限。

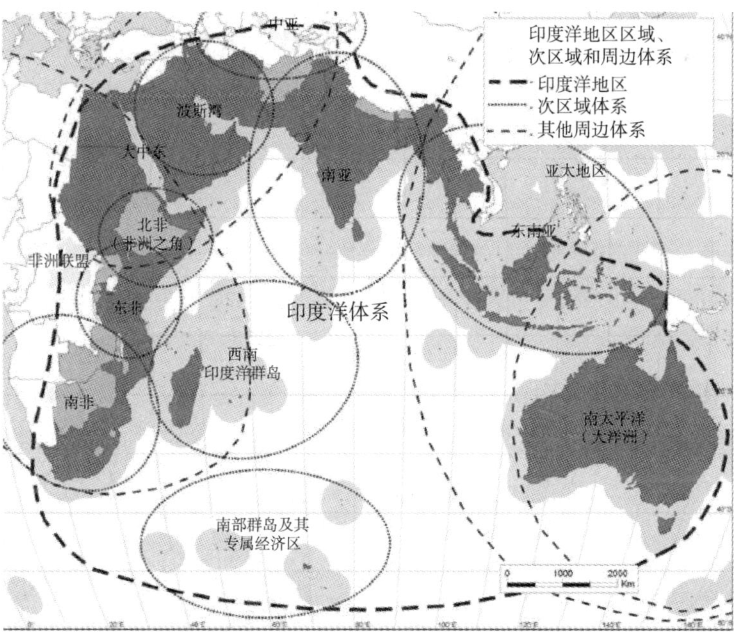

图 3　印度洋地区区域和次区域交叉图

资料来源：本图引自 David Alexander etc，*Indian Ocean: A Sea of Uncertainty*，Future Directions International（FDI），2012，p. 29。

表7　印度洋地区现有政府间国际组织和制度安排

序号	名称	成立时间	总部	涉及议题	成员国	与印度关系	与中国关系	与美国关系
1	南亚区域合作联盟(South Asian Association for Regional Cooperation, SAARC)	1985年	尼泊尔加德满都	经济合作为主,其他议题	8国	创始成员国	观察员国	观察员国
2	东南亚国家联盟(Association of Southeast Asian Nations, ASEAN)	1967年	印尼 雅加达	全面合作	10国	对话伙伴国	对话伙伴国	对话伙伴国
3	非洲联盟(the African Union)	1963年	埃塞俄比亚 亚的斯亚贝巴	全面合作	54国	伙伴国	伙伴国	伙伴国
4	东盟地区论坛(ASEAN Regional Forum, ARF)	1994年	印尼 雅加达	全面合作	27国	成员国	成员国	成员国
5	非洲发展银行(African Development Bank, AFDB)	1964年	科特迪瓦 阿比让	发展	78国	成员国	成员国	成员国
6	亚洲开发银行(ADB)	1966年	菲律宾 马尼拉	发展	67国	成员国	成员国	成员国
7	环印度洋地区合作联盟(The Indian Ocean Rim Association for Regional Cooperation, IOR – ARC)	1997年	毛里求斯马可瓦市	经济合作,安全问题	18国	创始成员国	观察员国	
8	孟印缅斯泰经济合作组织(BIMSTEC)	1997年	孟加拉国 达卡	多领域合作	7国	创始成员国		
9	南部非洲发展共同体(Southern African Development Community, SADC)	1992年	博茨瓦纳 哈博罗	全面合作	15国			
10	海湾合作委员会(the Gulf Cooperation Council, GCC)	1981年	沙特 利雅得	全面合作	海湾6国			
11	印度洋委员会(Indian Ocean Commission)	1984年	法国	全面合作	5国			
12	亚太经济合作组织(Asia-Pacific Economic Cooperation, APEC)	1989年	新加坡	全面合作	21国、地区		会员国	会员国
13	阿拉伯国家联盟(Arab League, AL)	1945年	埃及 开罗	全面合作	22国	观察员国	伙伴关系	

续表

序号	名称	成立时间	总部	涉及议题	成员国	与印度关系	与中国关系	与美国关系
14	亚洲合作对话(Asia Cooperation Dialogue, ACD)	2002年	泰国	经济合作	31国	成员国	成员国	
15	科伦坡计划(Colombo Plan, CP)	1950年	斯里兰卡 科伦坡	人力资源、经济	27国	创始成员国		成员国
16	印度洋海军论坛(The Indian Ocean Naval Symposium)	2008年		海军合作	33国	发起国		
17	印度洋海洋事务合作组织(Organisation for Indian Ocean Marine Affairs Co-operation, IOMAC)	1985年	斯里兰卡 科伦坡	环境保护	5国			
18	保护海洋环境区域组织(Regional Organization for the Protection of the Marine Environment, ROPME)	1981年	科威特	防治污染	海湾8国			
19	西南印度洋渔业委员会 South West Indian Ocean Fisheries Commission	2004年	肯尼亚	渔业管理	东非9国			
20	马来西亚、新加坡及印尼海上联合巡逻(The Malaysia, Singapore, Indonesia Organization, MALSINDO)	2004年		马六甲海峡海盗	3国			
21	关于打击西印度洋和亚丁湾海域海盗和武装抢劫船只的吉布提行为守则(The Djibouti Code of Conduct)	2001年		打击海盗	20个签字国			
22	亚洲地区反海盗及武装劫船合作协定(Regional Cooperation Agreement on Combating Piracy and Armed Robbery against Ships in Asia, ReCAAP)	2006年		打击海盗	16国	签字国	签字国	
23	东南非印度洋地区国家合作协定(The ESA-IO Regional Cooperative Framework)	2010年		海上安全与合作				

注：本报告只收集了部分政府间国际组织和近年来影响较大的涉及印度洋地区的国际制度安排的情况，非政府间国际组织和全球性政府间国际组织的情况并不包括在内。

资料来源：收集编译整理自各组织的官方网站。

五　地区安全机制及其在印度洋地区的适用性

（一）地区安全机制

从实践层面来看，现有的创造和维持安全的地区安全机制①主要有以下几种。

1. 均势、联盟求安全

均势（Balance of Power）是自现代国际关系威斯特伐利亚体系诞生以来就一直被讨论和实践的用以实现安全的方式。联盟是在均势政策下形成的一种安全机制。均势作为一种政策追求，国家将通过对内提高政治、军事和经济实力并制定有效的战略策略，对外争取与其他国家结盟或调整结盟关系来实现安全。② 均势成为寻求安全的政策选择是建立在国际社会的无政府状态和"国家自助"原则上的假设之上的。均势理论曾是19世纪和20世纪欧洲国际安全维护的主要支柱，直到现在仍然是部分国家制定对外政策的主要出发点。但均势和联盟所能达到的安全仅仅是"脆弱和不完整"的安全，这是因为：第一，通过增强自身力量或与他国结盟的方式来寻求安全会导致"安全困境"，即一国暂时的安全很快被他国的扩军和结盟政策所打破；第二，由于无法判断各国的意图，因此国家从心理上感到的是对他国的恐惧而不是安全（如前文所述，安全除了是一种状态外还是一种不被威胁的感觉）；第三，联盟是建立在共同安全利益的基础上的，一旦实现安全利益之后，联盟成员国内部就会因绝对收益和相对收益等问题产生分歧并导致联盟破裂③；第四，均势和联盟机制在解决非传统安全威胁方面是低效的。

2. 霸权维护安全

霸权就是一个单一强国对国际体系内弱国的控制和支配，但是这种控制和

① 国际机制是指一系列围绕行为体的预期所汇聚到的一个既定国际关系领域而形成的隐含的或明确的原则、规范、规则和决策程序。原则是指对事实、因果关系和诚实的信仰；规范是指以权利和义务方式确立的行为标准；规则是指对行动的专门规定和禁止；决策程序是指流行的决定和执行集体选择政策的习惯。参见 Stephen D. Krasner, *Structural Causes and Regime Consequences: Regimes as Intervening Variables*, In Krasner, 1983, pp. 1 – 22，转引自罗伯特·基欧汉《霸权之后：世界政治经济中的合作与纷争》（增订版），苏长和等译，上海人民出版社，2012，第57页。

② 詹姆士·多尔蒂等著《争论中的国际关系理论》，阎学通等译，世界知识出版社，2003，第88页。

③ 徐能武：《国际安全机制理论与分析》，中国社会科学出版社，2008，第94页。

支配是相对的，因为没有一个国家曾经完全控制过一个国际体系。[①] 利用霸权维护安全的机制[②]同样承认国际社会的无政府状态和安全困境的存在，但霸权国的存在不仅为世界带来秩序与稳定，而且还提供和平与安全。这是因为霸权国与其他国家之间存在权力差距（Power Gap），霸权国的相对权力优势使霸权对抗不再是世界政治中的难题，为威望和安全而进行的竞争也处于低烈度状态。[③] 霸权不仅能阻止战争的发生，而且还能通过提供公共产品来实现国际安全合作。吉尔平从中央权威干预国内市场的分析中得到启示，认为国际社会虽然不存在一个中央政府，但如果存在一个起绝对主导作用的霸权国家，其功能相当于国内的中央权威，而且愿意为国际社会提供公共产品，则霸权之下的国际安全合作是可以实现的。[④] 但以霸权来维护安全面临这样几个难题：第一，霸权机制维护的安全是消极的和平与安全，缺乏必要的正义性和公平性。[⑤] 霸权本身是一种极不平等的权力结构，利益分配也是极不公正的，霸权国的利益往往凌驾于他国之上。第二，依靠霸权维护安全常常导致权力的滥用和对主权的侵犯。霸权国是因为与他国的权力差距才可能维持安全，因此其政策的首要目的是维持本国的“超然”地位不受损害。支配地位表现为一个大国经常对构成自己腹地的小国使用武力，并且习惯性地蔑视有关国家主权、平等和独立地位的普遍的国际行为规范。[⑥] 第三，非传统安全问题的大量涌现和解决这些问题的成本之巨是霸权国“不能承受之重”。

3. 集体安全机制

集体安全机制（Collective Security Regime）旨在国际社会内以集体力量威慑或制止可能出现的侵略或扩张行为，维护每一个国家的安全，因而是一种“人人为我、我为人人”（one for all and all for one）式的普遍化的权利体

---

① 关于霸权存在着很多不同的概念和界定，此处引用了美国学者罗伯特·吉尔平的概念，参见 Robert Gilpin, *War and Change in World Politics*, Cambridge University Press, 1981, p. 144。

② 该理论因其侧重点不同而有不同的称谓，如霸权稳定论、霸权合作理论等。

③ William Wohlforth, *The Stability of a Unipolar World*, *International Security*, Vol. 24, No. 1, Summer 1999, pp. 5 -41.

④ Robert Gilpin, *War and Change in World Politics*, Cambridge University Press, 1981, p. 148.

⑤ 潘忠岐：《世界秩序：结构、机制与模式》，上海人民出版社，2004，第 226 页。

⑥ 赫德利·布尔：《无政府社会：世界政治秩序研究》，张小明译，世界知识出版社，2003，第 171 页。

系。[①] 集体安全思想坚持的是普适主义和国际主义的安全观。[②] 集体安全思想从根本上不同于之前的均势和霸权安全，认为国际体系不是自助的体系，各国的安全不是靠自己而是靠集体来保证，自助体系下出现的安全困境也不会出现，世界会形成各国互助、共同维护安全的局面。集体安全机制具有以下五个方面的特征：集体安全组织的成员国来源具有普遍性；集体安全的目的是防止内部成员国发生的侵略行为，是为了实现内部的和平而设计的，因此具有内向性的特点；作为维护国家安全的一种手段，集体安全内成员之间的安全合作是建立在国家安全相互依存的观念之上的，协调性和非竞争性是集体内成员之间安全合作的重要特征，均势威慑和诉诸武力是这种安全合作的重要内容和最后手段；集体安全内大小国家、强弱国家之间在安全上是平衡和共享的；集体安全要求建立一套合法有效的安全机制。[③] 集体安全机制在实践中最为典型的就是国联和联合国的出现。虽然理论上集体安全机制是实现各国安全的理想模型，但在实践过程中集体安全的实行却面临很多问题，摩根索指出了集体安全必须满足的三个条件[④]，米尔斯海默罗列了成功实现集体安全必须具备的九个条件[⑤]，满足这些条件是非常困难的。出现这些情况的根源是各国是否存在普

① 潘忠岐：《世界秩序：结构、机制与模式》，上海人民出版社，2004，第254～255页。

② 杨光海：《国际安全制度及其在东亚的实践》，时事出版社，2010，第124页。

③ 详细说明请参见李学保《当代国际安全合作的探索与争鸣》，世界知识出版社，2006，第98～99页。

④ 这三个条件分别是：（1）集体体系必须在任何时候都能够聚集到压倒性的优势力量，反对潜在的侵略者和侵略者联盟，使后者永远不敢对集体所维护的秩序进行挑战；（2）联合起来的各国要对它们所保卫的安全具有共同的认识；（3）那些国家必须使它们相互冲突的政治利益服从共同利益，这种共同利益是从所有成员国集体防务的角度来定义的。详情请参见汉斯·摩根索著《国际纵横策论：争强权，求和平》，卢明华等译，上海译文出版社，1995，第533页。

⑤ 这九个条件分别是：（1）国家必须明确区分侵略者和受害者，并据此采取反击行动；（2）集体安全理论假定所有侵略都是错误的，但在个别情况下针对他国的武力行为很可能被认为是正当的；（3）由于历史或意识形态的原因，国与国之间会结为非常友好的关系，在此情况下，一旦友邦被贴上侵略者的标签，与其友好的国家一般不愿意参与旨在反对它的联盟的行动；（4）国家之间的历史积怨会严重阻碍它们在集体安全的旗帜下开展合作；（5）即使各国能够在共同制止侵略这一点上达成共识，它们如何分摊负担这一问题上也会面临难题；（6）集体安全体系很难保证对侵略做出迅速的反应；（7）集体安全体系倾向于把地方性的冲突转化为国际性的冲突；（8）集体安全要求各国自动对侵略做出反应，这从根本上侵害了国家主权；（9）集体安全一方面憎恨战争，另一方面又要求国家随时准备使用武力以挫败侵略，这种对待武力的矛盾态度使人们对负责任的国家是否愿意向被侵略国提供援助产生了怀疑。详情请参见 John J. Mearsheimer，*The False Promise of International Institutions*，*International Security*，Vol. 19，No. 3，Winter 1994/1995，pp. 5－49。

适主义的安全观、各国是否愿意参与、各国是否愿意当国家利益与集体安全出现矛盾时做出暂时的牺牲、是否有能将集体安全的意愿转化为维护集体安全的行动并建立执行机构。

4. 合作安全机制

合作安全（Cooperative Security）这一理念是 20 世纪 80 年代出现的一个新的安全概念，作为一种安全机制进行实践则是在 20 世纪 90 年代开始提倡的。[①] 合作安全的核心有三重含义：第一，包容性。这包括两个方面：①参与者的包容性，即安全合作要求在安全安排问题上既要包容观点一致的行为体，也要包容观点不一致的行为体，合作安全的概念强调国家和其他行为体都可参与到合作安全的进程中；②探讨议题的广泛性，合作安全是基于综合安全的理念来设定对话与讨论的议题的。第二，建立对话的习惯。各国应定期进行对话，因为建立正式的讨论进程将带来长远利益。第三，通过合作实现安全。因为当今的一些安全问题已无法通过单边行动来处理，要求国家间以及国内的相关行为体采取合作行动。[②] 合作安全与之前的安全合作机制的区别在于合作主体包括国家和非国家行为体，合作领域包括军事和非军事领域，合作目标包括防止军事冲突和维护共同安全[③]，合作性质是非排他性的，合作方式包括非武力、对话与磋商、增加军事透明度、预防性外交等，合作机制不仅包括正式机制也不排斥非正式机制。[④] 亚太地区是合作安全的积极倡导和实践的地区。从

① 关于合作安全的提出的详细论述请参看苏浩《从哑铃到橄榄：亚太安全合作研究》，世界知识出版社，2003，第 52～54 页。

② 苏浩：《从哑铃到橄榄：亚太安全合作研究》，世界知识出版社，2003，第 55 页。

③ 共同安全的概念是在 20 世纪 80 年代初东西方关系进入新一轮紧张对抗的背景下产生的。帕尔梅委员会在 1982 年发表的《共同安全：一个生存蓝图》的研究报告认为，在核时代，随着各国在经济、文化、政治和军事上的相互依赖的加强，单方面的安全已经不再可能，结盟对抗和军备竞赛只能加剧核战争的危险，因此必须用相互合作取代相互竞争，用确保共同生存取代威胁相互毁灭，共同安全的核心是通过与对手合作而不是对抗的方式来谋取安全。参见 Independent Commission on Disarmament and Security Issues, *Common Security: A Blueprint for Survival*, New York: Simon and Schuster, 1982，转引自杨光海《国际安全制度及其在东亚的实践》，时事出版社，2010，第 146～147 页。

④ 关于合作安全与其他安全机制区别的详细分析可参看苏浩：《从哑铃到橄榄：亚太安全合作研究》，世界知识出版社，2003，第 58～62 页；李学保：《当代国际安全合作的探索与争鸣》，世界知识出版社，2006，第 99～100 页。

亚太地区的实践来看，合作安全机制就是通过建立一种使安全利益存在矛盾的国家相互交流的场所，进行多层次的交流和对话，增进相互了解和信任，化解安全利益上的矛盾，并制定各方都能接受的行为规范来约束各方，减少因误解发生冲突的危险。[①] 目前地区合作安全机制的典范是东盟地区论坛。东盟地区论坛自 1994 年开始以来，已连续举办 19 届，成员国达 27 国，除东盟 10 国外还包括美国、中国、日本、印度等国。[②]

（二）印度洋地区安全合作机制面对的四大难题

合作和合作机制的建立都需要一定的条件，与其他地区的合作机制相比，印度洋地区的安全合作机制的建立面临更大的困难。

1. 内部的巨大差异性

合作一直是国际关系研究的重要议题之一。在某些方面的共性是国家建立合作和合作机制的基础，而差异性的存在则使合作难度加大。印度洋地区的国家在政治制度、文化、宗教、民族、种族、发展水平等方面都存在巨大的差异，关注的重点也各有不同，这些差异的存在造成了地区合作的基础薄弱。

2. “主权”难题

非传统安全问题是印度洋地区安全合作必须应对的主要问题之一，但“失败国家”这一问题的存在使这一地区在安全合作中存在着“主权”难题：一方面要应对非传统安全和“失败国家”问题最根本的办法是必须使该国的自身治理能力得到提高，使其成为一个能够有效对主权范围内实施管理的主权国家；另一方面，不依靠外部力量帮助或干涉仅仅依靠这些国家自身的力量要实现自身治理能力的提高似乎需要较长的时间，而在这些国家实现这一目标之前以及地区安全机制在帮助这些国家实现这一目标的过程中印度洋地区的合作机制必须超越“主权”，而维护主权本应该是国际安全机制的目标之一。例如当前各国打击索马里海盗的行为已经扩展到索马里领海。这种既要维护主权又要超越主权对地区安全机制的合法性和公正性提出了很高的要求。

---

① 苏浩：《从哑铃到橄榄：亚太安全合作研究》，世界知识出版社，2003，第 61 页。

② 关于东盟地区论坛的详细分析可参看万雪飞《合作安全：冷战后亚太地区安全模式的理性选择——以“东盟地区论坛（ARF）”为例》，华中师范大学硕士学位论文，2003。

3. 安全困境与“公地悲剧”、“搭便车”并存

在传统安全方面，印度洋地区更多地表现为安全困境问题，即由于国际社会无政府和信息不对称、缺乏互信，军备竞赛和安全恐惧同时存在。印巴之间、海湾国家之间、中印之间都存在着这种情况。在非传统安全方面，印度洋地区的问题是“公地悲剧”和“搭便车”问题共存。在生态环境方面的主要问题是“公地悲剧”，突出表现在环境和气候变化问题上。① 在其他非传统安全问题上，“搭便车”问题更为严重，地区内国家或不愿或不能或其他原因不能形成有效的公共产品供给来应对难民、“失败国家”等问题。

4. 地区安全合作机制合法性困境

国际或地区安全机制的合法性一方面取决于其在全球或地区范围内提供公共物品的能力，另一方面取决于主权国家的认可。② 从印度洋地区的安全形势来看，建立地区安全合作机制势在必行，但基于当前国际形势的现状，印度洋地区安全合作机制如果没有域外大国，特别是没有美国和中国的参与要发挥其应有的作用难度较大。这是因为，一方面域外大国都在该地区有自己的利益诉求，其要求参与地区安全合作机制是不可避免的；另一方面印度洋地区安全形势的严峻，域内国家即使有意愿也没有能力依靠自身的力量来应对这些问题。因此域外大国必然会介入印度洋地区安全机制。有域外大国参与的安全合作机制，如果没有本地区国家的认可，其合法性就会面临质疑。

（三）合作安全机制在印度洋地区的适用性

从上文分析我们可以得出，在均势联盟、霸权、集体安全和合作安全四种安全机制中，合作安全机制能够较好地解决当前印度洋地区的安全问题。这是因为，第一，合作安全机制是包容性较强的安全机制，能够满足域外大国参与该地区安全机制的需求，有利于缓解上文所提到的“合法性困境”；第二，合作安全机制议题广泛，符合本地区传统安全和非传统安全问题众多的现实；第三，合作安全机制鼓励建立对话习惯和多层次的合作，起点较低，符合印度洋

① 熊玠：《无政府状态与世界秩序》，余逊达、张铁军译，浙江人民出版社，2001，第 187 页。

② Martha Finnemore and Stephen J. Toope, *Alternatives to Legalization: Richer Views of Law and Politics*, *International Organization*, Vol. 55, No. 3, Summer 2001, p. 743.

地区内部差异巨大的现状；第四，合作安全机制注重对话与磋商、预防性外交等致力于互信积累的措施，同时鼓励多层次、正式和非正式合作，因此其对安全困境与“公地悲剧”、“搭便车”等问题都会有所缓解。

六　建立 G3 推动下的印度洋合作安全机制

区域安全合作机制的产生，除了具备共同利益、相近的理念或具有相同的历史文化背景之外，在实际操作过程中还必须具备事实上的推动该机制产生和运转的主导国家。国联、北约、华约、联合国、欧盟以及东盟地区论坛等历史上出现和现在正在运行的安全合作机制都存在着一个或几个主导国家，建立印度洋合作安全机制也需要主导国家进行推动。

（一）G3（美中印）的意愿、能力和作用

前文已经对印度洋地区的重要性和安全形势做了分析，要成为推动印度洋合作安全机制的力量，这些国家必须具备这样的意愿和能力，在当前的国际形势下只有 G3（美中印）可承担此重任。

1. G3（美中印）在印度洋地区利益的重叠性

美国作为当今唯一的一个全球性国家，其政策目标是要维持现有国际秩序和美国的经济军事主导。其在印度洋地区的利益主要有以下几项：保证美国战略目标不受他国威胁；防止极端势力危及美国和盟国在印度洋地区的利益；维护美国与该地区的外交、贸易和影响力；保证美国在该地区的市场、能源和原材料供应；保证海上运输安全。①

中国奉行以“互信、互利、平等、协作”为核心的新安全观。② 中国在印度洋地区的追求主要有以下几项：防止在印度洋地区出现反华国家，影响中国的国

① Future Directions International, *Strategic Objectives of United States in the Indian Ocean Region*, Workshop Report, Sep 2011, p. 2.

② 中华人民共和国国务院新闻办公室：《中国的和平发展》白皮书，全文请参见新华网 http://news.xinhuanet.com/politics/2011-09/06/c_121982103_4.htm（上网时间：2012 年 10 月 2 日）。

家安全；保证中国在印度洋地区的贸易、外交和国家形象；保证中国的利益不被他国威胁；保证中国在本地区的市场、能源和原材料供应；保证海上运输安全。[①]

印度作为印度洋地区最大的国家，其在该地区的追求主要有以下几项：通过贸易、投资、外交和建立战略伙伴关系在整个印度洋地区扩展印度的影响；要与非洲、中东和东南亚地区国家建立更密切的关系，因为这些地区有对印度经济发展和实现大国崛起至关重要的矿产和能源；在未来几十年内使印度成为该地区的主导性国家；避免中国在该地区取得战略立足点；通过与印度洋沿岸国家合作保证印度对印度洋关键点的影响和控制。[②]

通过上文的分析，我们可以看出美中印三国在印度洋地区至少存在着三个方面相同或相似的目标：第一，保证能源、资源、市场的供应；第二，保证印度洋地区海上运输的安全；第三，保证印度洋地区不出现威胁本国安全的国家或其他行为体。三国的共同利益使三国在印度洋地区具备合作和推动印度洋地区安全的基础。

2. G3 共同安全利益需要安全制度的保证才能实现各自的目标

基欧汉通过对合作和国际机制的研究得出有时即使有共同利益存在，合作也并不必然产生。合作不单是一个利益起作用的问题，特别是在不确定性很强时，以及行为者接触信息的能力存在差别时，集体行动和战略估测的障碍也会阻止它们认识彼此存在的共同利益。在这种情况下，必须要有制度的存在才行，这些制度可以减少不确定性，并限制信息的不对称性。国际机制对相关的政府来说是有价值的，不是因为相关的政府可以强迫其他国家遵守这些规则，而是因为它们为政府彼此达成相互有利的协议提供了可能。国际机制赋予政府以权力而不是束缚政府的行动。[③] 就印度洋地区的情况而言，三国在以上三个方面的共同安全追求只有通过地区安全机制才能得到相互保证，而整个地区也将因三国的推动而受益。

---

① Future Directions International, *China's Strategic Objectives in the Indian Ocean Region*, Workshop Report, May 2011, p. 2.

② Future Directions International, *India's Strategic Objectives in the Indian Ocean Region*, Workshop Report, Oct, 2011, p. 2.

③ 罗伯特·基欧汉：《霸权之后：世界政治经济中的合作与纷争》（增订版），苏长和等译，上海人民出版社，2012，第 11 ~12 页。

3. G3 在印度洋合作安全机制中的作用

G3 在印度洋合作安全机制中的作用主要包括以下三项：促进机制建立、供应公共产品和应对核心难题。

G3 的首要作用是要以合作安全思想为指导促成印度洋合作安全机制的建立，初期可以首先以“印度洋地区安全论坛”等较为松散的形式启动，逐步发展成为较为严密的“印度洋安全组织”。机构的建立只有通过作用的不断发挥才能逐步巩固其合法性，“现今国际安全机制合法性的基础表现为向国际社会提供公共物品的能力”[①]，当然设立机构或组织本身就是一种公共产品。具体的公共产品应该包括合作安全理念的倡导、和平行为的构建、双边或多边谈判、调停、和解的促成、行为规范的确立、能力建设的支持、技术发展援助的提供和非传统安全领域威胁的应对。应对核心难题是在合作安全机制运行之后按照由易到难的顺序逐步涉足的一个领域，主要包括核裁军和核不扩散、印巴问题的解决、“失败国家”的干预等问题。

（二）印度洋合作安全机制的议程设置

印度洋合作安全机制的议程设置应坚持由易到难、由一般到特殊的原则。在合作方式上可以将正式制度与非正式制度结合，一轨为主，多轨并行。[②]

按照这一原则笔者认为近期的议程可以包括以下几个方面：第一，可以首先从海上安全和海洋运输安全这一非传统安全议题开始，这是 G3 国家和本地区国家共同的需求，可以通过设立“印度洋地区安全论坛”对这一问题进行官方和非官方的探讨和实践；第二，打击本地区的恐怖主义和极端势力也是各方的共同需求，在这方面可以尝试在印度洋地区安全论坛机制下建立“名人小组”这一第二轨道非官方形式的合作，对恐怖主义产生的界定、产生的根源、根除的途径等进行先期研究；第三，能源的稳定供应也是各方共同的需

① 徐能武：《国际安全机制理论与分析》，中国社会科学出版社，2008，第 203 页。

② 目前学术界对第二轨道外交并没有形成公认的界定。如果把政府间的官方渠道定义为“一轨外交”、官方外交，则“二轨外交”是指运用非官方人物，包括学者、退休官员、公共人物、社会活动家、非政府组织等多种渠道进行交流，通过民间友好往来加强相互信任，待政治氛围成熟后，进一步将民间成果和经验向官方外交的轨道转化，从而推动真正影响大局的“一轨外交”的顺利进行。

求，G3 国家可以考虑通过建立与产油国和欧佩克组织等产油国集团对话磋商的机制，就稳定的能源供应等问题进行对话；第四，本地区国家特别是动荡频发国家的稳定和发展是根除难民、海盗等问题的根本性措施，在现有科伦坡计划[①]的基础上，应该将该计划进一步扩充到涵盖相关国家能力建设、金融支持，印度洋地区发展银行或印度洋地区稳定与发展基金的成立可以纳入议程范围内；第五，设立印度洋地区安全年度高峰论坛，为各方提供对话和增进了解的平台，逐步积累互信，消除误解和缓解地区紧张局势。

印度洋地区安全的实现和维护是各方共同的需求，中国的印度洋安全战略必须从单纯地关注通道安全和能源安全转变为发起和参与地区安全机制的构建；在安全相互依赖（Security Interdependence）的情况下，单个议题的安全和单个行为体的安全是不可能实现的。公共产品的提供和制度的构建才能为中国在该地区的利益提供长期、持续和合法的保证，当前印度洋地区安全合作机制供给不足为我们发起创建印度洋地区安全机制提供了机遇，而以当前本地区共同利益汇集点的部分非传统安全议题作为切入点，以合作安全为模式，则为我们发起创建印度洋地区安全合作机制提供了思路。

① “南亚和东南亚合作经济发展科伦坡计划”的简称。1950 年 1 月在斯里兰卡首都科伦坡召开的英联邦外长会议上制定，次年 7 月开始执行，并成立科伦坡计划组织。设有咨询委员会、技术合作理事会和常设局等机构。总部设在科伦坡。当时决定由英国、加拿大、澳大利亚和新西兰在资金和技术方面援助巴基斯坦、印度、斯里兰卡和英属殖民地马来亚等国发展经济。以后越南、老挝、柬埔寨、缅甸、尼泊尔、印度尼西亚、泰国和菲律宾等国也参加该计划。到 1977 年，该计划“受援国”扩大至包括阿富汗、孟加拉国、不丹、巴布亚新几内亚、斐济等 26 国，“援助国”新增了美国和日本。20 世纪 70 年代，“受援国”间也在互援。原定 1957 年 6 月底计划期满，后几度延期。1980 年在雅加达举行的第 28 次咨询委员会会议上又决定无限期延长。参见科伦坡计划官方网站：http：//www. colombo – plan. org/。

主题报告：印度洋战略

Report on Indian Ocean Strategies

B.3

中国的印度洋战略：原因、目标与关键

朱翠萍

摘　要：

尽管中国的崛起不是威胁，寻找和扩大共同利益不是为了扩张势力，而是为了促进共同的发展与繁荣。但受"中国威胁论"以及子虚乌有的"珍珠链"战略影响，以美国为首的西方大国以及印度洋沿岸包括印度在内的周边国家对中国崛起的疑惧感与防范心态不断弥漫，助推美印海洋战略不断向"印－太平洋"地区延伸，中国经营周边将面临巨大挑战。中国必须在危机与挑战中把握机遇和主动性，努力寻找中国与印度洋沿岸国家在印度洋上的现实和潜在的共同利益，特别是通过挖掘对称性相互需求而放大共同利益，主动推动与印度洋沿岸国家的双边和多边合作机制，谋求与印度洋沿岸国家在冲突中合作，在合作中增长，在增长中共赢，在共赢中实现国家战略利益诉求、维护海洋安全和促进亚洲和平崛起。

关键词：

中国　印度洋　战略　美国　印度

经济全球化和区域经济一体化是当前世界经济格局变化的主要趋势。一定程度上，世界经济与地区安全格局的变化、全球市场的不稳定性以及更加频繁的经济波动对各国经济带来的挑战更增强了区域经济一体化建设的紧迫感，成为推动区域经济合作进一步向纵深发展的“催化剂”。无论从理论还是实践来看，国家安全首要的是睦邻友好，国际合作首要是相邻国家和地区的互利合作。中国作为发展中国家，在未来相当长时期的根本利益关切还在于谋求发展。中国建立贸易网络的基础是海上运输通道的构建与畅通，特别是中国进口石油与对外贸易战略通道主要集中于印度洋地区，印度洋海上通道是中国经济的血脉。可以预见在不久的将来，印度洋将成为世界地缘政治的中心。①

一　中国为什么需要印度洋战略：外部因素推动

全球的竞技场变平了，世界变平了，这是当今世界发生的最重要的事件。② 世界在改变，变化主要来自全球化力量。全球化一方面深化了相互依存，将世界连为一体，另一方面也将世界撕成碎片。③ 世界的变化，一方面促使许多经济规模庞大、经济增长迅速的新兴经济体加入全球俱乐部，迈进全球经济整理的前沿阵地；另一方面，发达国家长期主导的等级式全球经济治理结构正在被打破，财富、工业制造能力和技术创新能力正逐渐向新兴经济体流动和扩散，国际社会的权威日益分散，并不断朝着去中心化方向发展。④ 但是，世界扁平化所带来的相互依存并没有使大国之间的冲突变得不可想象，也没有使合作成为必然。今天，越来越清楚的是，在缺乏国际秩序的情况下，我们的相互依存正在产生冲突，主要大国在寻求它们各自的需要时彼此碰撞，在共同

① 朱翠萍：《印度洋战略与中国海洋安全》，《中国社会科学报》2012 年 9 月 12 日。

② 〔美〕托马斯·弗里德曼：《世界是平的》，何帆等译，湖南科学技术出版社，2012，第 1 页。

③ 〔美〕布鲁斯·琼斯、卡洛斯·帕斯夸尔、斯蒂芬·约翰·斯特德曼：《权利与责任——构建跨国威胁时代的国际秩序》，秦亚青译，世界知识出版社，2009，第 10 页。

④ 徐秀军：《新兴经济体与全球经济治理结构转型》，《世界经济与政治》2012 年第 10 期，第 50 页。

威胁面前彼此分裂，不能团结，从而导致挫败感不断上升。[①] 在外部环境充满变数和不确定性的情况下，我们能否适应并顺应时代潮流来拥抱这个扁平的世界而不与之发生冲突呢？

（一）世界与地区形势变化

在过去的200年里，世界出现过两个霸主，分别是1850～1914年的英国和1945年至今的美国。在以西方为主导的国际体系中，世界经济的中心一直属于大西洋和太平洋。近几十年来，亚洲在世界经济中的地位逐渐突出。20世纪50～70年代，印度、日本和中国在全球总产量中的比重加起来增长了约1/3，从1952年的12%增长到1978年的16%。在这一时期，大多数增长是因为日本表现突出。1978～1995年，随着中国成为增长的先锋，亚洲三大经济巨头加起来几乎占到全球国内生产总值（GDP）的25%。如果把其余地区包括在内，亚洲1995年在全球的比重为34%，美国和其他资本主义国家为45%。根据一系列估计数字，到2015年，这些比例可能会出现逆转：亚洲为43%，美国和其他发达国家为36%。[②] 到2032年，所谓的"金砖四国"，即巴西、俄罗斯、印度和中国占世界GDP的比例，可与美国、加拿大、英国、德国、法国、意大利和日本组成的G7集团的相应份额等量齐观。预计到2027年，中国将超越美国成为世界上最大的经济体。紧接着，2030年以后，印度将超过日本成为世界第三大经济体。[③] 同时，根据IMF扔出的"重磅炸弹"，中国取代美国成为世界最大经济体的时间为2016年。IMF未使用现行名义汇率比较中美国内生产总值，而是使用购买力平价理论（PPP）概念，比较两国公民在国内的赚钱和消费能力。计算结果显示，中国经济总量将从现在的11.2万亿美元上升至2016年的19万亿美元，占世界经济总量的18%。而美国经济总量将从现在的15.2万亿美元增至18.8万亿美元，占世界经济的份额

① 〔美〕布鲁斯·琼斯、卡洛斯·帕斯夸尔、斯蒂芬·约翰·斯特德曼：《权利与责任：构建跨国威胁时代的国际秩序》，秦亚青译，世界知识出版社，2009，第269页。

② 〔美〕阿伦·弗里德伯格：《中美亚洲大博弈》，洪漫等译，新华出版社，2012，第18页。

③ 〔英〕马丁·雅克：《当中国统治世界：中国的崛起和西方世界的衰落》，中信出版社，2010，第115页。

滑落至 17.7%。[①] 同时，普华永道 2006 年发布了《2050 的世界》的报告指出，根据购买力平价，七大新兴经济体的经济规模将在 2020 年之前超过七国集团，中国最快可在 2017 年超过美国；到 2050 年，中国、美国和印度将成为前三大经济体。[②]

一方面，经济重心向亚洲转移推动了世界格局的变化；另一方面，各个权威机构对世界经济未来发展趋势的种种预测，成为多极化趋势日渐清晰的"催化剂"。从以上预测不难看出，从现在开始的 20 年，美国的霸权地位必然受到挑战，美国将会越来越清晰地感受到其在维持霸权力量所构建的东亚秩序上力不从心。美国绝对的权力优势会逐渐随着世界秩序的重构由单极化让位于多级化，这是美国完全不能适应的一个新现实。事实上，美国和中国今天已经陷入一场悄无声息但日益剑拔弩张的竞争状态之中——不仅在亚洲，而且在全世界争夺影响力。这场竞争自 20 世纪 90 年代初苏联解体之后形成雏形，自世纪之交后速度显著加快。[③] 虽然权力分散导致美国失去了绝对优势，但美国在世界依然具有很强的竞争优势和比较优势，依然是这个世界上拥有最主要话语权的国家。但无论如何，2012 年，以购买力平价计算，新兴经济和发展中经济占全球国内生产总值的比重已经达 50% 以上，发达经济和新兴经济在全球经济中的比重首次实现平衡，21 世纪的世界重心的确正在迅速东移。未来世界最大的四个经济体中有三个位于亚洲，到 2020 年，中国将占亚洲经济总产出的 44%，而印度和日本分别占 17% 和 15%。这三个经济体的规模加在一起，将比美国大 20%。[④] 新兴经济体力量的变化将不可避免地对全球地缘政治结构带来冲击。20～30 年之后，世界经济格局将被重塑，新的全球化动能将呈现向新兴国家转移并在新兴国家进行积聚的趋势。但国际体系转型还远未达到定型的阶段，且酝酿着从量变到质量的能量，同时，各种积压的矛盾浮现以

① 《IMF 预测 2016 年中国超过美国成世界最大经济体》，http：//www.s1979.com/caijing/guoji/201104/2713481927.shtml。

② 《普华永道预计中美印将成全球前三大经济体》，http：//finance.jrj.com.cn/opinion/2013/02/05064915041651.shtml。

③ 〔美〕阿伦·弗里德伯格：《中美亚洲大博弈》，新华出版社，2012，第 1 页。

④ 温迪·道伯森：《亚洲新势力——2030：世界经济重心转移》，中国金融出版社，2010，第 183 页。

及新旧矛盾频发，是体系转型期的一大特点。① 亚洲这一未来“重心”不可避免地成为国际关系中的“权力场”，美国、中国、日本和印度将为各自在这个“权力场”中的影响力而相互竞争。特别是，中国和印度两个经济大国的出现，将使得两国之间、两国各自与美国、日本等国之间展开争夺地区影响力的“多寡头”博弈。但是在世界多极化和“力量的平衡”中很难有哪个特定的国家能够像19世纪的欧洲和20世纪的美国一样鹤立鸡群，中国和印度的总体规模将决定未来世界格局的走向。当然，也没人会忽略这样一个重要事实，即中印两国将如何处理相互之间的发展关系，这一点对未来世界秩序演变的影响也同样重要，西方学者更是将这个问题视为观察两国崛起和世界变化的重要变量。就经济实力来说，中国远远高于印度。2012年，以美元计算的中国经济总量为8.3万亿美元，印度为1.8万亿美元，印度的GDP只有中国的1/5左右；但在国际环境中，中国面临的威胁和挑战似乎并不比印度少。2013年初，卡内基国际和平研究院发布了《奥巴马的十大机遇和挑战》的报告。其中，五大挑战包括：储蓄、医保和收入不平衡；如何避免在阿富汗撤军导致的灾难性失败；伊朗核威胁；与中国的新型大国关系；新阿拉伯世界的觉醒。五大机遇包括：管理非传统石油和天然气资源；美俄导弹防御系统合作；美印新伙伴关系；努力发展民主；美中安全合作。② 很显然，中美关系被列入挑战之中，而印美关系则被认为是发展机遇。受美国为了维护霸权而寻找“敌人”的影响，很多国家纷纷把目光转向了中国。对很多亚洲国家来说，中国经济的崛起已经成为一个事实。中国崛起或中国因素于是被视为改变亚洲地缘政治格局最重要的因素。但事实上，亚洲地缘政治的最主要特点是同时存在多个大国。③

无论如何，全球化正在造就一个全新的国际秩序，世界上所有的国家都不再是这一秩序的旁观者，而是掌握自己命运的博弈方了。这个新时代的另一个

---

① 苏长和：《在新的历史起点上思考中国与世界的关系》，《世界经济与政治》2012年第8期，第6页。

② Jessicat. Mathews, “Global Ten——Challenges and Opportunities for the President in 2013”, CarnegieEndowment. org/pubs.

③ 郑永年：《通往大国之路——中国与世界秩序的重塑》，东方出版社，2011，第62页。

方面是，权力正在从国家流散到其他行为体。[①] 一般而言，历史上大国的崛起，都要走一条扩张的道路，虽然中国要走的是和平发展的道路。但无论中国如何低调，如何强调和平发展，大国崛起必然伴随着对国际上既得利益集团的触动。同时，世界在两极格局解体后正在走向新格局，新格局形成的过程本质上是一个权力和利益再分配的过程。世界上没有哪个国家愿意放弃已经到手的权力和利益。[②] 可以预见在未来 10～20 年后，世界的变化势必引发大国地位发生变化，亚洲－太平洋问题将会逐渐演变成印－太平洋问题，特别是将会形成中美印在印－太平洋上的“三国演义”格局。

过去，中国外交战略一直是基于传统的中庸理念，力求以不变应万变。中国崛起之后的外交困境被老子之言“福兮祸所伏”准确地概括。随着中国综合国力不断上升，中国拓展利益边疆的内在驱动力愈发加强，但对自己在国际地缘政治中缺乏清晰的战略定位。[③] 未来随着印度洋地区大国关系与国际格局的变化，中国外交如果不随外界环境变化而变化，如果不能对这些区域大国和印度洋沿岸国家产生积极影响，未来面临的形势会更加严峻，将直接影响中国未来和平发展目标的实现。中国要想树立大国地位，就需要战略思想的变革，必须要有一个包括政治战略、经济战略和文化战略在内的“印－太平洋”战略特别是印度洋战略。

（二）中国周边形势变化

众所周知，中国有 2.2 万公里长的陆地边界线，与中国接壤的国家共有 14 个。其中，南面有缅甸、越南和老挝；西南有印度、尼泊尔和不丹；西部与阿富汗和巴基斯坦相邻；正北面是蒙古国；西北与俄罗斯、哈萨克斯坦、吉尔吉斯斯坦和塔吉克斯坦为邻；东北与朝鲜接壤。同时，中国有 1.8 万公里的大陆海岸线，海上邻国包括日本、韩国、菲律宾、印度尼西亚、文莱和马来西

① 〔美〕法理德·扎卡利亚：《后美国世界：大国崛起的经济新秩序时代》，中信出版社，2009，第 1 页。

② 吴建民：《外交与国际关系——吴建民的看法与思考》，中国人民大学出版社，2006，第59 页。

③ 陈雅莉：《美国的“再平衡”战略：现实评估和中国的应对》，《世界经济与政治》2012 年第 11 期，第 65 页。

亚等国。此外，还有没有接壤但是关系密切的近邻国家如柬埔寨、泰国、新加坡、孟加拉国等，使中国成为世界上邻国数目最多、周边情势最为复杂的国家。一方面如果邻里关系经营得好，则“远亲不如近邻”，很容易创造出合作共赢的局面；另一方面，邻居多，也意味着事情多、麻烦多、摩擦多，稍有不慎，便会制造出“老死不相往来”的紧张气氛。中国与相邻国家虽然在20世纪50~80年代也曾涟漪不断，发生过大大小小的武装冲突，但是在最近20多年总算风平浪静，基本保持了和睦共处的状态。

树欲静而风不止。近一个时期以来，随着中国综合国力的不断上升，中国与周边某些邻国的领土领海争端不断升温。其中，既有南海主权风波，也有钓鱼岛主权风波，二者可谓“此起彼伏”。风波不断和伴随充满变数的外部形势，无形之中加剧了中国周边局势的复杂性，给国家安全造成了巨大的压力和挑战。尽管中国的崛起不是威胁，寻找和扩大共同利益更不是为了扩张势力，而是为了促进共同发展与繁荣。但受西方国家极力宣扬的“中国威胁论”以及子虚乌有的“珍珠链”战略影响，以美国为首的西方大国以及印度洋沿岸包括印度在内的周边国家对中国崛起的疑惧感与防范心态正在不断弥漫，中国经略印度洋将面临巨大挑战。① 日本评论家宫崎正弘曾经花了一年时间去了印度、越南、巴基斯坦、中亚五国等中国周边邻国，通过深入调查后发现：中国是一个“完全被地缘政治包围的国家”。②

仔细观察不难发现，中国周边环境的变化总是与美国活动形影相随。特别是自2008年开始，中国在国际环境尤其是周边环境中不断遭遇严重的排斥和挑战，而中国的这一外交困境在美国2011年“再平衡”战略高调出台后更为凸显。③ 在限制中国的时代，华盛顿在中国东海岸建立了“新月形包围”，现在这个包围圈的一部分又被重新启用了。“9·11”事件以后，美国更进一步取得了渗透中亚的“历史性突破”。美国聪明地“以反恐为名，在中亚、南亚

① 朱翠萍：《印度洋战略与中国海洋安全》，《中国社会科学报》2012年9月12日。

② 梁辉：《中国周边环境复杂度世界罕见或将阻碍中国崛起》，《国际先驱导报》2009年8月31日。

③ 陈雅莉：《美国的“再平衡”战略：现实评估和中国的应对》，《世界经济与政治》2012年第11期，第65页。

和东亚地区建立了新的军事基地和中转站”，通过这些布局点从各个方向对中国施压。通过把美国在太平洋地区的活动与美国在阿富汗、多个中亚国家的存在结合起来，再加上美国与印度、蒙古国迅速升温的关系，美国正在试图“完全包围遏制中国”。[①] 同时，从未离开过亚洲却高调宣称“重返亚洲”的美国，其战略重心转移的目的性已经非常明显：那就是希望加强区域内影响力并通过“政治围堵”来遏制中国崛起，维护其独一无二的霸权地位。尽管美国有专门针对中国的“空海一体战”，但美国并不想和中国公然对抗，造成两败俱伤的结果。因而最终采取“迂回战术”，通过“搅局”中国周边环境而谋求“曲线制胜”。历史遗留问题与现实利益冲突产生的碰撞，伴随西方大国的阴谋搅局，使得中国周边环境的复杂性超越了以往任何一个时代。中国周边环境正面临前所未有的挑战，极大地考验着中国外交的智慧与战略。

如果说中国正处于被地缘政治包围的境况中，则这种包围的形成不仅与美国战略重心东移是一致的，而且与印度“东向政策”也是一脉相承的。为此，应对政治围堵，我们确实需要努力改善中美关系，同时又不能寄希望于通过改善中美关系来解决周边问题。但是，周边问题一定要解决，否则南海问题、钓鱼岛问题、黄海问题等都可能愈演愈烈，并有复杂化、国际化发展趋势，进而会阻止中国和平发展的进程。假如中美关系难以改善，则从另一个角度考虑，如果能扼制美国在亚洲的势力，不仅周边问题同样可以得到有效缓解，而且有利于在倾斜的世界中寻找平衡，促进亚洲崛起。如果要做到这一点，中国必须居安思危，未雨绸缪，重新定位和考量自己在周边和在亚洲的定位，与时俱进地构筑自己的国家安全战略。

过去相当长的时间里，中国实施邓小平“韬光养晦”的政策最大限度地为国内经济发展赢得了时间和空间，很好地利用了“战略机遇期”[②] 发展实力并保障国家安全，经济取得了举世瞩目的成就。特别是对外贸易规模不断扩大，不仅促进了国内经济增长，也对亚洲和整个世界经济增长做出了巨大贡

① 〔美〕阿伦·弗里德伯格：《中美亚洲大博弈》，新华出版社，2012，第112页。

② “战略机遇期”是江泽民主席在2002年10月中国共产党第16次全国代表大会上正式提出的思想。

献。中国一方面是向世界展示一个负责人大国的形象，特别是努力对潜在的竞争对手说明中国并没有霸权野心，中国的发展战略是为了实现自身的发展、促进亚洲的崛起以及维护世界的和平；另一方面，中国努力与其他国家搞好双边和多边关系，努力阻止敌对联盟网络变得更加巩固。但这种有利的环境不会一直延续下去。当前，以美国为首的西方大国以及印度洋沿岸包括印度、缅甸在内的周边国家对中国崛起的疑惧感与防范心态正在不断弥漫。面对越来越复杂的国际形势和周边环境，我们已经无法做到沉稳而淡定地进行被动性防御。中国的战略重心在亚洲，中国的挑战在亚洲，同样中国的机遇也在亚洲。邓小平提出的“韬光养晦”的外交政策，本质上是“增加信任，减少麻烦，发展合作，不搞对抗”。[①] 但外界认为北京采取避免冲突战略的背后，是更大的目标。在过去的许多年里，在亚洲以及世界上其他地区，中国一直在努力扩展其影响力，巩固应对潜在对手的着力点。[②] 事实上，“中国军事现代化的意图是不明的，而且中国一直在扩张其在南亚和印度洋的存在和影响力”[③]。“中国内心到底打的是什么算盘，早晚有一天会显露出来”[④]。只要中国政府继续封闭、遮遮掩掩，外界就难免对其真实的一面产生疑虑。[⑤] 当前，应对美国对于中国的“接触＋遏制”的进攻性战略，中国坚持“韬光养晦、有所作为”的战略依然具有很强的现实性。但是，顺应变化的时代和充满不确定性的世界，中国应该超越“韬光养晦”而以“主动接触＋积极合作”的主动性防御战略积极应对。否则，在目前相互依存又充满矛盾的世界中，不仅不能应对挑战，还会增加各国对中国战略意图的猜测和怀疑，并助推基于威胁的战略延伸甚至是战略对抗，从而失去昔日的战略伙伴。以地缘经济为核心和突破口构建清晰而有力的印度洋战略，不仅是“亮剑”自己的大国自信心，也是对外清

---

① 吴建民：《公共外交札记》，中国人民大学出版社，2012，第59页。

② 〔美〕阿伦·弗里德伯格：《中美亚洲大博弈》，洪漫等译，新华出版社，2012，第118～124页。

③ Rumel Dahiya，Ashok . K. Behuria，“India's Neighbourhood—Challenges in the Next Two Decades”，*Pentagon Security International Press*，New Delhi，2012，p. 55.

④ 〔美〕亨利·基辛格：《美国的全球战略》，胡利平、凌建平译，海南出版社，2009，第127页。

⑤ 〔美〕阿伦·弗里德伯格：《中美亚洲大博弈》，新华出版社，2012，第95页。

晰、明确地展示中国在印度洋上的战略利益观和表明中国对安全环境的基本判断。

二　中国为什么需要印度洋战略：内部因素拉动

根据国际货币基金组织（IMF）公布数据显示，2011 年全球 GDP 总量为 69.66 万亿美元，中国 GDP 总量为 7.298 万亿美元，占全球 GDP 的比重超过了 10%，中国对世界经济的贡献越来越大，如果从增量角度分析则贡献会更大，中国需求将是未来世界总需求的主要来源。中国虽然不是印度洋国家，但需要印度洋战略，这首先是为了保障通道安全的需要。中国作为世界第二大经济体、第一大贸易国、第一大外汇储备国、第二大能源消费国，超过 50% 的外贸依存度以及对进口石油的高度依赖等现实，助推了中国经济对于全球资源和贸易的依赖。特别是中国进口石油与对外贸易的战略通道主要集中于印度洋地区，决定了中国是与印度洋有密切关系的国家。[①] 中国经略印度洋的主要目标是与印度洋沿岸国家一起共同营造一个“合作与安全的印度洋”，以保障能源和贸易通道的安全，实现互利共赢。

（一）通道价值

事实上，任何对印度洋有价值的研究，将从评价贸易联系的对外性质分析它的海洋通道——贸易所必须通过的那些至关重要的门户。[②] 中国是世界头号贸易大国，建立贸易网络的基础是海上运输通道的构建与畅通，海上通道是中国经济的血脉。特别地，中国是能源需求大国，50% 以上能源依赖进口。当前中国主要的进口能源航道有四条：一是中东航道，即波斯湾 - 霍尔木兹海峡 - 马六甲海峡 - 台湾海峡 - 中国；二是非洲航道，即北非 - 地中海 - 直布罗陀海峡 - 好望角 - 马六甲海峡 - 台湾海峡 - 中国；三是东南亚航道，即马六甲海峡 - 台湾海峡 - 中国；四是太平洋航道，即美洲 - 巴拿马运河 - 西太平洋 - 南

---

① 朱翠萍：《中国的印度洋战略：动因、挑战与应对》，《南亚研究》2012 年第 3 期，第 3 页。

② 〔美〕A. J. 科特雷尔、R. M. 伯勒尔编《印度洋在政治、经济、军事上的重要性》，上海人民出版社，1976，第 8 页。

中国海。从波斯湾经北印度洋穿越马六甲海峡的航线，进口石油占中国进口石油总量的50%；从西非、东南非经南印度洋穿越马六甲海峡的航线，进口石油约占中国进口石油总量的30%。“印度洋航线占世界集装箱运输量的一半以上，石化产品运输的70%要从中东通过印度洋运往太平洋，途经世界主要石油运输线亚丁湾和阿曼湾以及主要咽喉曼德海峡、霍尔木兹海峡和马六甲海峡等”①。每年约有超过1550万桶的原油，约占全球原油贸易的40%经过霍尔木兹海峡（Hormuz），1100万桶经过马六甲海峡（the Straits of Malacca's）。每年有近20000艘轮船经过苏伊士运河（Suez Canal）横越亚丁湾（Gulf of Aden），33000艘货轮经过好望角，55000艘货轮经过马六甲海峡（the Straits of Malacca's）。平均来说，每年经过印度洋地区的船只超过60000艘。全球1/10的原油途径亚丁湾（Gulf of Aden），价值超过2000亿美元的石油取道霍尔木兹海峡（Hormuz），其中一半是运往东方。因为这些通道很狭窄，它们的脆弱性成为近来最主要的安全议题。② 对于任何一个大国来讲，谁能在印度洋上获得战略优势，不仅能确保自己的海上石油命脉不受控于人，同时还可以将通道脆弱性带来的“威胁”转嫁他人，并有效影响西亚、中东以及南亚地区。对于中国来说，印度洋是重要的海域，与中国的经济利益息息相关。

（二）资源价值

石油是印度洋地区最具有战略意义的贸易项目，是关系到一个国家经济发展和能源安全的重要战略物资。世界已探明的石油储量将近2/3集中在海湾地区，其中沙特阿拉伯的储量超过总储量的1/4，伊拉克和科威特加起来的储量略低于总储量的1/4。这三个国家控制着世界已知石油储量的一半。该地区潜在的另一个产油大国是伊朗，它的储量略低于世界石油总储量的1/10。预计到2020年，中国的石油进口量将占其总需求的57%～73%。③ 从目前来看，

① Robert D. Kaplan，2009，“Center Stage for the 21st Century：Power Plays in the Indian Ocean”，*Foreign Affairs*，Vol. 88，No. 2，pp. 19－20.

② 谢钢：《印度洋地区与中印崛起》，《印度洋地区研究》2012年第1期。

③ 〔英〕马丁·雅克：《当中国统治世界：中国的崛起和西方世界的衰落》，中信出版社，2010，第262页。

中国经济增速仍处于较快阶段，是世界第二大石油消费国。从 2006 年开始，中国的石油进口量就超过了生产量，目前石油对外依存度超过 50%，而且在生产量保持基本稳定的情况下，进口量稳步上升（见表 1）。

表 1　2006～2010 年中国石油进出口量、生产量与消费量

单位：百万吨

项目＼年份	2006	2007	2008	2009	2010
生产量	184.8	186.3	190.4	189.5	203.0
进口量	191.7	203.1	217.8	253.3	294.5
出口量	23.2	19.2	18.8	34.1	31.5
消费量	351.2	369.3	376.0	388.2	428.6
对外依存度 I(%)	48.0	49.8	52.9	56.4	61.4
对外依存度 II(%)	47.4	49.6	49.4	51.2	54.8

资料来源：2000～2011 年《中国统计年鉴》。

注：对外依存度 I =（进口量 - 出口量）/消费量；

对外依存度 II =（消费量 - 生产量）/消费量。

从表 2 可以看出，我国进口石油的主要来源地是中东，其次是西非，增量主要来源于中东地区。分国家来看，沙特是中国在中东地区最大的石油进口国，2011 年超过了 5000 万吨；其次，2011 年从伊朗进口石油 2775 万吨，从阿曼进口 1815 万吨，从伊拉克进口 1377 万吨。此外，从非洲的苏丹进口 1299 万吨，排在第 5 位。[①]

表 2　2006～2010 年中国石油进口及来源

单位：百万吨

年份＼进口	中南美洲	前苏联	中东	北非	西非	中南非洲	澳大利亚	日本	新加坡
2006	12.9	24.1	73.9	3.7	37.0	5.3	2.1	3.2	5.3
2007	13.7	26.3	78.8	4.6	35.8	12.7	1.4	3.1	3.3
2008	16.5	22.4	92.0	4.2	39.1	10.6	0.9	4.9	4.5
2009	17.7	26.6	103.0	8.9	41.7	12.2	1.6	3.6	6.6
2010	24.1	33.3	118.0	10.1	43.7	12.7	7.2	2.7	7.0

① 朱翠萍：《中国的印度洋战略：动因、挑战与应对》，《南亚研究》2012 年第 3 期，第 5 页。

不仅中国，世界和地区大国包括美国、欧洲、日本和印度等对于中东石油的依赖性越来越强（见图 1）。从图 1 可以看出，2011 年从西亚中东进口石油最多的国家是日本（1315 亿美元），排在第二和第三位的分别是中国（1025 亿美元）和印度（870 亿美元），其次是欧盟（790 亿美元）和美国（753 亿美元）。分国家来看，沙特的石油出口排在首位。其中，日本从沙特进口最多，2011 年为 480 亿美元；美国紧随其后，为 474 亿美元；中国居第三位，为 392 亿美元；欧盟为 324 亿美元；印度为 244 亿美元。

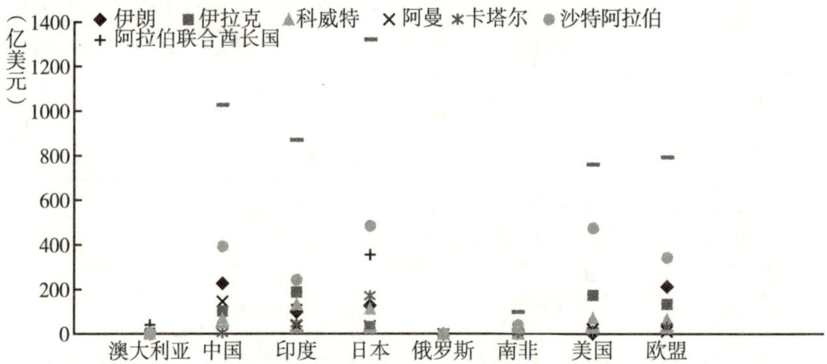

图 1　2011 年世界和地区大国对中东石油的依赖

除了能源储备外，另据估算，印度洋拥有全球 65% 的战略性原材料储备，已经探明的原材料包括铀、黄金、钻石、锡、煤、铁矿石、钨、锰、铜、锌等。尤其是印度洋的贵金属储量极为丰富，锰储量占世界的 85%，钒储量占世界的 60%，铬储量占世界的 86%，铀储量占世界的 50% 以上。铁储量也占世界第一位，仅印度的铁储量就占世界总储量的 1/4。① 南印度洋西岸的非洲地区储藏丰富的战略矿产资源，进一步提高了印度洋在世界地缘政治体系中的地位。世界已知铬矿的 96% 在南非、津巴布韦；南非占世界石棉的 1/10，黄金 1/2，锰矿 1/3，铀矿 1/5，金刚石 1/3。② 除此以外，印度洋的渔业资源非

① 宋志辉：《美印在印度洋上的博弈对双边关系的制约与推动》，《南亚研究季刊》2008 年第 3 期，第 23 页。

② 张文木：《世界地缘政治体系中心区域的大国政治——兼论印度与中国安全合作的战略互补意义》，《太平洋学报》第 3 期，第 42 页。

常丰富，鱼产量从 1950 年的 86.1 万吨显著上升到 2010 年的 1150 万吨。① 2010 年中国海洋经济产值占 GDP 总值的 9.7%，其发展速度略高于平均速度，凸显海洋战略的重要性。海洋战略不仅事关军事和海防，而且与政治、经济、贸易和资源密切相关。

（三）经济潜力

过去，印度洋地区内部的贸易量非常少，贸易主要集中于印度洋沿岸以外的欧洲市场。即便是现在，印度洋地区内部的贸易联系依然比较薄弱，印度沿岸国家还没有形成一个明显的印度洋经济体系（见图 3）。首先，从大洋洲的澳大利亚与印度洋沿岸各区域的贸易来看，澳大利亚与东南亚的贸易最多，2011 年超过了 600 亿美元（601.02 亿美元），澳大利亚与印度洋沿岸南亚各国的贸易总额为 186.77 亿美元，与西亚中东为 126.81 亿美元。相比而言，澳大利亚对非洲的贸易量最少，仅有 39.16 亿美元。其次，从南亚国家与印度洋沿岸其他地区的贸易来看，南亚与西亚中东的贸易额最多，2011 年超过 2000 亿美元（2142.92 亿美元），与沿岸东南亚国家的贸易总额为 879.38 亿美元。相比而言，沿岸东南亚国家的贸易主要集中在东南亚国家，2011 年东南亚沿岸国家之间的贸易总额超过 4000 亿美元，达到了 4374.06 亿美元；与沿岸非洲国家贸易最多的沿岸地区是西亚中东，2011 年为 318.51 亿美元。与西亚中东的贸易额最高的沿岸国家是南亚，2011 年超过了 2000 亿美元，为 2180.68 亿美元。其次，贸易集中在西亚中东内部，2011 年为 1718.63 亿美元。

印度洋由于其丰富的资源和巨大的经济潜力，未来将不断吸引地区外国家特别是世界和地区大国对印度洋的密切关注。目前世界和地区大国对印度洋沿岸国家的贸易情况见图 3。

分五大区域来看，中国是澳大利亚第一贸易伙伴国，同时，中国与印度洋沿岸东南亚国家的贸易总额也处于第一位。欧盟与印度洋沿岸其他三个区域包括南亚、西亚中东和非洲国家的贸易总额排在第一位，中国排在第二位。

---

① David Michel, Halae Fuller and Lindsay Dolan, "Natural Resources in the Indian Ocean: Fisheries and Minerals", "Indian Ocean Rising: Maritime Security and Policy Challenges", Edited by David Michel and Russell Sticklor, July 2012, Stimson, Washington.

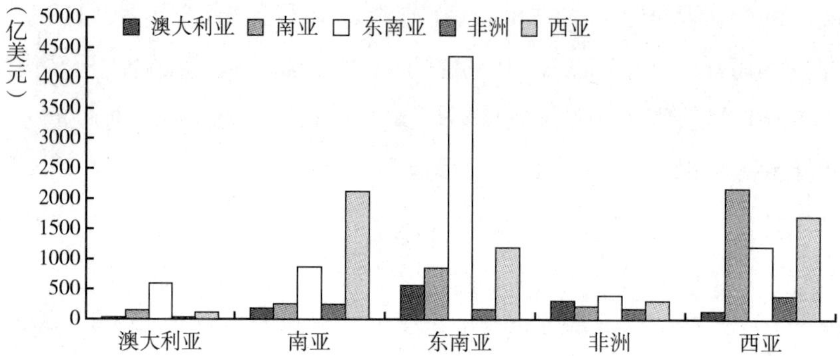

图2　2011 印度洋五大区域之间总体贸易

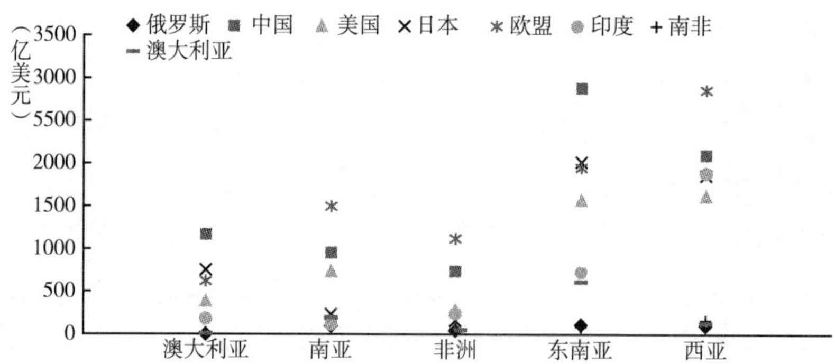

图3　大国对印度洋沿岸五大区域的贸易额

图4 是 2011 年中国与主要贸易区和国家的双边贸易总额及增长情况。2011 年中国与东盟的双边贸易额首次超过日本，而且增长速度为 23.9%。同时，2000 年南亚国内生产总值占世界总产值的比重只有 1.91%，2011 年这一数值上升到了 3.25%。2011 年，中国与南亚的双边贸易额接近 1000 亿美元（974 亿美元），但增长速度为 20.9%，高于欧盟、美国、日本等国的增长速度，凸显印度洋沿岸国家对于中国经济发展的重要性。

近年来，中国与印度洋沿岸国家的双边贸易增速较快，增长潜力巨大，决定了中国是与印度洋有密切关系的国家。印度洋沿岸国家对于中国经济发展与贸易扩张的影响正在不断扩大。凸显中国与印度洋沿岸国家在贸易、投资和海洋公共产品领域建立双边和多边合作机制实现互利共赢的重要性，以及在海盗和打击恐怖主义等共同威胁方面加强合作以确保海洋运输通道畅通的必要性。

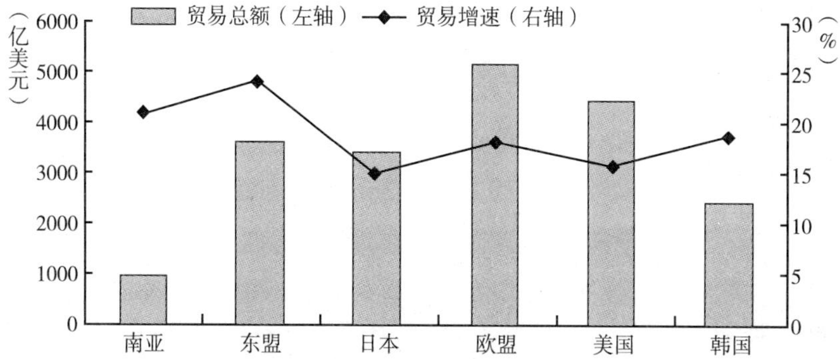

图4　2011年中国主要国家和地区的贸易额与增长速度

虽然经济和安全合作不一定能推动政治互信和促进国际关系发展，但经济和安全合作可以为增进政治互信产生积极的影响。

（四）海洋安全

近年来，印度洋由于其特殊的地缘因素，使得其在非传统安全领域包括海盗、恐怖主义和水资源等方面面临更为严峻的挑战。根据美国国家反恐中心的统计，2011年世界范围内共发生恐怖袭击10283次，分布在70个国家，造成12533人死亡，遭受恐怖袭击的重灾区主要集中在南亚和中东，其中阿富汗、伊拉克和巴基斯坦三国遭受恐怖袭击的数量占全球总数的64%。尽管数据显示这是五年来全球反恐形势最好的一年，但从目前发展趋势来看，非洲国家、巴基斯坦和土耳其的恐怖袭击数量均比上一年有较大幅度的增加。[①] 而且随着南亚、中东局势的不稳定性，恐怖主义对于地区安全的整体威胁依然不容忽视，反恐形势依然严峻。同时，亚丁湾局势也充满了不确定性，索马里海盗问题严重干扰着各国海上运输安全。根据国际海事局统计，2012年共有297艘船只遭到海盗袭击，低于2011年的439艘；2012年有585人被扣为人质，2011年的这一数字为802人。2012年海盗案件中有237艘袭击发生在东非，25%的海盗袭击（75起）发生在索马里沿岸和亚丁湾。[②] 中国货轮在印度洋

① 李慎明、张宇燕主编《全球政治与安全报告（2013）》，社会科学文献出版社，2013，第10页。
② 《2012年全球海盗袭击事件降至五年来最低水平》，人民网，2012年1月17日。

海域遭遇海盗袭击和劫持的情况时有发生。

可以预见在不久的将来，随着美国、澳大利亚和印度相继实施“印－太平洋”战略，印度洋将成为世界地缘政治与地缘经济的中心，中国在印度洋维护经济利益将面临巨大挑战。同时，随着新兴经济体市场潜力的逐渐凸显和经济力量的不断加大，国际政治格局的多极化趋势也更加突出，经济合作也更加趋向于多元化，这为提升中国与印度洋地区经济合作提供了良好的机遇。作为互邻的地区，彼此建立互利共赢的合作关系，不仅符合各自的利益需求，而且对于促进中国与印度洋地区共同繁荣和稳定也具有重要意义。

三　中国如何实施印度洋战略：目标、原则与关键

当今世界有两股潮流在较量，一股是冷战、对抗、冲突的潮流；另一股是和平、发展、合作的潮流。前一股潮流代表过去，想把世界拉向黑暗的深渊；后一股潮流代表未来，会把21世纪的世界引向美好的明天。中国坚决坚持和平、发展、合作的潮流，这是中国的利益所在，也是世界的利益所在。① 多年来，海洋战略缺失一直是中国维护海洋安全和周边稳定的短板。中国如果不能通过全面持续的国际合作抑制各种负面因素，世界和平与发展将面临重大障碍，甚至可能遭受更大灾难。② 顺应时代发展需要，中国开始重视海洋战略，首次在十八大报告中提出，“提高海洋资源开发能力，坚决维护国家海洋权益，建设海洋强国”。此次报告中明确提出了“建设海洋强国”，在当前国际形势日益复杂的情况下具有重要的现实意义和战略意义，是中华民族永续发展、走向世界强国的必由之路。由此也说明“海洋强国”的战略目标已被纳入国家大战略中，海洋战略上升至前所未有的高度，是未来中国实现和平发展目标的战略主线。

（一）中国实施印度洋战略的目标

随着中国的崛起、美国重返亚太战略的不断深入以及印度“东向政策”的不断推进，中国无论在周边环境还是“印－太平洋”都将面临越来越严峻

① 吴建民：《公共外交札记》，中国人民大学出版社，2012，第110页。

② 《中国的和平发展》白皮书，国务院新闻办公室，2011年9月。

的挑战。毫无疑问，中国就像在激流与巨浪中行进的航船，只有小心行事才能保障安全并获得行动的自由。[①]

对于中国来说，虽然不是印度洋国家，但却是与印度洋沿岸国家在政治、经济、文化安全等领域有着密切联系的国家。面对越来越复杂的周边环境和一超多强的多极化世界格局，中国必须在危机与挑战中坚持“两个把握和三个努力”。“两个把握”包括把握机遇和把握主动性，把握世界变化带来的机遇，并在“韬光养晦”和“有所作为”中把握主动性，通过实施印度洋战略应对复杂的周边环境与突破美国的“政治围堵”。“三个努力”包括努力寻找中国与印度洋沿岸国家在印度洋上的共同利益，通过扩大利益汇合点和一定程度的“利益捆绑”形成利益共同体；努力挖掘中国与印度洋沿岸主要国家的对称性相互需求，缩小相互之间的分歧，推动与印度洋沿岸国家的双边和多边合作机制；努力根据当前中国与地区发展中面临的冲突和挑战提出防患于未然的战略定位与战略见解，促进周边地区稳定。从这个角度，中国“合作印度洋”战略目标是在“构建共同价值观、寻找共同利益、促进共同发展”的原则基础上，促进中国与印度洋沿岸各国之间的政治互信、经济与安全合作以及文化交流。不仅要与印度洋沿岸国家一起在拥有共同利益的领域谋求互利共赢，更要在拥有共同威胁的领域加强合作，在共享利益和共担风险中实现共赢，努力塑造和主动经营一个“合作、安全、共赢”的印度洋。[②]

（二）中国实施印度洋战略基本原则

中国谋求与印度洋沿岸国家在冲突中合作，在合作中增长，在增长中共赢，在共赢中实现国家战略利益诉求和维护海洋安全，需要主动构建并实施印度洋战略以减少外界的揣测和怀疑，应对印度洋上的安全困境。鉴于中国周边地区普遍存在着安全两难情势和诸多不稳定因素，在区域范围内通过多边机制对力量进行制度化运作，不仅可以借助合力来确保战略目标实现，而且还能赢得合法性、认可和追随。[③] 但是，中国构建与实施印度洋战略要把握以下几个

① 〔美〕阿伦·弗里德伯格：《中美亚洲大博弈》，新华出版社，2012，第118页。

② 朱翠萍：《中国的印度洋战略：动因、挑战与应对》，《南亚研究》2012年第3期，第12页。

③ 宋德星：《战略现实主义——中国大战略的一种选择》，《世界经济与政治》2012年第9期。

基本原则：

第一，中国在印度洋谋求通过“改变自己而改变周边”。中国多年来实施了邓小平提出的“韬光养晦”战略，这一战略的主要目标是争取一个和平有利的外部环境，集中精力搞经济建设，一心一意谋和平发展。从策略上说，该战略主要谋求两方面的效果：一是谋求中国实力较为迅速地增长；二是试图在实力增长过程中尽可能避免在地区或全球范围内引起不良反应，降低崛起过程中其他国家对中国的制衡，避免出现因中国崛起造成战略上的自我包围。这一策略试图在不挑战现有国际秩序、降低对现有国际秩序冲击的情况下，寻求自身的发展空间，避免成为国际斗争的焦点，以减小发展的阻力，即力图在现有秩序不发生根本性变化或动摇的情况下，实现中国自身的“和平发展”。[①] 当前，破解大国政治与权力纷争所造成的安全困境，战略力量的源泉与核心还在于中国自身力量的发挥。中国主动实施印度洋战略是寻求通过改变自己而改变周边、改变世界。正如我国资深外交家吴建民先生所言：“在国际关系中，你要改变别人是非常困难的。别人的行为，是由多种因素决定的，外部力量要去改变它，很困难。但有一种办法可以改变别人，就是通过改变自己，来影响别人，让别人认识到他们也需要改变，这种努力可以达到事半功倍的效果”。[②] 中国战略专家章百家也表达了相同的观点：“世界上其他国家往往寻求通过改变世界而改变自己，而中国是寻求通过改变自己而改变世界。”也正如马丁·维克所言：“中国的崛起对世界不是一种威胁，相反，中国的崛起——伴随着印度的崛起，是过去两个世纪以来对世界民主化进程最大的贡献。英国，即使是帝国辉煌时期，也仅统治了世界1/5的人口；美国，在其最强盛时期，也没有真正统治过世界……中国将来不会实行西方国家多个世纪以来惯行的扩张主义军事政策，这在中国历史上几乎没有先例，即使中国有能力和机会”。[③] 中国既没有主导印度洋的意图，也不具备主导印度洋的实力。但是，中国需要一个和平安定的国际环境特别是周边环境来集中精力处理国内问题，一心一意谋

① 周方银：《中国崛起、东亚格局变迁与东亚秩序的发展方向》，《当代亚太》2012年第5期，第7页。

② 吴建民：《再来一个十年》，中国人民大学出版社，2011，第14页。

③ 吴建民：《再来一个十年》，中国人民大学出版社，2011，第14页。

求和平发展，中国不会以牺牲他国利益来追求自身增长和加强在国际上的影响力。另一方面，中国在印度洋有经济利益诉求，主动加强与印度洋地区贸易与投资合作，不仅有利于推进互利共赢，也是对亚洲经济和世界经济的贡献。同时，与印度洋沿岸国家一起共同维护海洋安全也是中国应尽的责任。

面对当前以美国为首的西方国家对中国崛起的“制衡”以及中国周边以印度为首的国家对中国崛起的“防范”，中国需要超越“韬光养晦”，主动构建和实施印度洋战略，努力与印度洋沿岸各国建立新型合作伙伴关系。建立新型合作伙伴关系意味着必须从构建战略互信和推进经济合作这样的“老问题”着手，来寻求解决问题的新思路和新方法。否则，中国缺乏印度洋维权与开发战略，未来将危及海洋权益和国家安全。事实上，清晰有力的印度洋战略既可以毫不隐晦地表达本国意志，避免引起他国猜测和歧义，也可以充分展示中国作为大国的自信心，并对外表明中国在印度洋维护国家权益和安全的战略底线。

第二，互利共赢与和平发展始终是中国印度洋战略的主旋律。和平与发展是当今世界的主题，互利共赢是实现和平与发展目标的唯一出路。中国自1978年改革开放以来，经济增长取得的成就举世瞩目。特别是十六大以来的最近10年，中国的经济总量在世界的排名由第6位上升至第2位，中国经济总量占世界的份额由4.4%提高到10%左右，对世界经济增长的年平均贡献率则超过20%，中国成为全球最大的出口国和第二大进口国，当之无愧成为世界经济增长的引擎。在全球化的今天，中国改革开放取得的巨大成就带来的不仅仅是中国的发展，而是亚洲乃至整个世界的共同发展与繁荣。中国在提高自身综合实力的同时，也稳步推进了中国－东盟（“10+1”）、东盟与中日韩（“10+3”）、东亚峰会、金砖国家等区域合作机制，维护了周边稳定。多年来，尽管“中国威胁论”肆意弥漫，干扰了中国与周边国家关系的正常发展。但几十年过去了，应该可以清楚地看到，中国其实一直在为和平而努力，走和平崛起的发展道路一直都是中国国家战略的核心。大国地位，带来的不仅仅是全球影响力和综合实力的较量，更意味着责任和义务。中国要进入印度洋，保障印度洋能源和贸易通道安全，离不开与印度洋沿岸国家打交道。没有永远的敌人，只有永恒的利益，共同经济利益始终是双边与多边关系的强大推动力，这也是中国实施印度洋战略的核心所在。毕竟人的经济利益走向哪里，人的关注和焦点就会在哪里。中国与印度洋沿岸各国都有发展需求和相互合作的意愿，在发展经济、合作反恐和地区安全等方面拥有共同利益，互利共赢与和平发展符合各国根本利益和相互需求。

第三，承担与中国能力相匹配的国际责任。中国制定和实施印度洋战略，应该充分考虑在能力所及的范围内为印度洋提供公共产品的现实性和可能性，这也是中国维护海洋安全必须付出的代价。中国是印度洋自由通航的受益者，也自然应该成为印度洋海洋安全的维护者，而目前中国在这方面的安全承诺与实际行动明显不足。中国作为区域大国的必要“代价”就是要成为区域秩序、安全、制度等公共产品的提供者，不仅要与印度洋沿岸国家一起在拥有共同利益方面追求互利共赢，更要在拥有共同威胁的领域加强合作，在共享利益和共担风险中实现共赢，努力营造一个“合作印度洋”。首先，中国要在印度洋支付一定的公共产品，承担与自己能力相匹配的国际责任。其次，为了弥补中国在印度洋的地缘劣势，应该大力提升远洋海军实力并建立远洋补给基地，最大限度地保障“能源通道”与“贸易通道”的畅通，维护国家安全。再次，从战略高度，中国实施印度洋战略还应借助原有“金砖国家”这样的战略平台，不断创造新的合作平台，促使中国与印度洋沿岸主要国家之间的合作更为机制化、更具开放性。当然，还需要加强与利益相关国的军事合作，除了加强与太平洋国家的军事合作，更要加强与印度洋沿岸国家特别是印度方面的政治对话、军事与安全合作，包括建立各种区域与次区域层次的对话机制，参与太平洋、印度洋上非传统安全领域的军事合作以共同应对海盗、恐怖主义、宗教和民族极端主义对本地区的挑战和威胁。一方面通过“走出去”在主动合作中体现中国自身在海洋安全利益方面的考虑，另一方面也展示中国负责任大国的使命感和责任感以及为世界和平而付出的努力。

（三）中国实施印度洋战略的突破口

中国经营印度洋首先要经营印度洋沿岸国家，利用陆权优势改变海权劣势。从地缘政治价值来看，南亚是中东的侧翼，也是世界石油中心的侧翼，在印度洋战略乃至大国全球战略中具有举足轻重的地位。其中，印度直接插入印度洋1600多公里，是南亚次大陆的重心；巴基斯坦是中亚国家进入波斯湾、阿拉伯海以及中东和西非的重要门户。巴基斯坦和阿富汗与具有丰富能源的中亚地区相连，但两国都是恐怖分子猖獗的国家。同时，南亚次大陆还是连接欧洲、中东和东亚、澳大利亚的枢纽。在西方国家占主导地位长达两个多世纪以后，历史的“接力棒”正在转向亚洲，能否接住，很大程度上取决于两个东方大国——中国和印度未来的经济发展和两国关系的未来走向。[①] 因此，印度洋战略的第一阶段应该在继续推进与东南亚区域合作基础上，把南亚次大陆区域经营好，而南亚的关键在印度。

1. 以深化中印关系为突破口实施印度洋战略

近年来，中国与南亚各国在贸易、投资方面的双边合作进展很快，但进一步深化合作一方面受制于国际因素以及南亚各国政治、经济、安全、社会等内部因素影响，另一方面也受制于缺乏制度性的区域经济合作组织和协调、解决争端机制，导致中国与南亚国家双边关系不确定性大且多边合作机制稳定性差，总体上还处于区域经济合作的初级阶段。

首先，通过互补性贸易和互利性投资深化合作。贸易与投资不仅是互利的，也是通向和平的“金钥匙”。目前深化中印经济合作依然是发展两国关系的重中之重。虽然说深化经济合作不一定能促进政治关系，但经贸发展一定是解决政治关系不畅或阻止政治关系下滑的重要力量。如果中印两国加强经济合作，将有希望再一次成为世界贸易的“领头羊”。毕竟中印相互之间是最重要的邻国，都是人口大国和正在崛起的发展中国家；中印两国市场发展潜力巨大，有超过 25 亿的消费者；都先后进行了经济体制改革，也都是未来世界经济增长的引擎。有人甚至预测，中国经济会继续保持快速增长，到 2030 年中国的国民生产总值将超过美国而成为全球最大经济体。至于印度，如果基础设施得以改善，能够充分利用人口优势（印度人口平均年龄比中国小 8 岁），也将成为世界经济增长的引擎。届时，中印两国将占到世界一半的国内生产总值。如果中印合作，未来将共同引领全球经济增长并成为构建世界经济新秩序和促进世界平衡发展的重要力量。因此，加强与印度洋沿岸国家特别是南亚各国的合作，需要以中印关系为突破口，以点带面，通过扩散效应带动中国与南

① 朱翠萍：《中印经济关系：洞察与展望》，社会科学文献出版社，2012，第 114 页。

亚各国的双边与多边合作关系发展。目前南亚国家开放度总体较低，关税水平普遍较高，非关税壁垒也有进一步强化的趋势。2005 年中国成为南盟观察员，为中国与南亚多边合作奠定了基础。尽管南亚各国并不希望区域外大国对南亚施加太多影响，但毫无疑问不会拒绝从中国的发展以及与中国的合作中受益。基于此，中国应该本着渐进性原则，除了加强中印贸易互补性和投资互利性研究外，要尽快建立健全投资的法律法规，逐渐从经济领域包括经贸合作、能源合作、消除贫困等方面以及安全领域包括抵御自然灾害、打击恐怖主义等方面，全面构建与南亚各国的多边合作基础，以最大的诚意推动“中印自由贸易区”建设。同时进一步发挥中国 - 东盟“10 + 1”自由贸易区的示范效应，主动推动建立中国 - 南盟“8 + 1”自由贸易区互动合作机制，逐渐形成互利多赢的良好局面。除此以外，应尽快建立健全有关边界管理、合作磋商和交流会晤的战略对话机制，建立争议或冲突的预警机制，努力在竞争中推进合作，在合作中增长，在增长中共赢。

其次，通过重构认知和加强沟通交流培育政治互信。中印分别作为南亚和亚太地区的两个人口大国，都希望在多元化、多极化基础上构建力量均衡的世界经济新秩序。中印双边关系的发展对南亚和亚太地区的政治、经济和安全方面发展具有重要影响。因此，除了通过提升贸易依存度和增加相互投资加强中印两国之间的合作外，中国要努力寻找与印度在印度洋上的共同利益和利益分歧点，放大共同利益，缩小相互之间的分歧，加强两国之间的政治互信和文化交流，从长远共同考虑一个大的战略来促进中印两国共同发展，这也是中国经略印度洋要努力的主要方向。特别是，积累和培育战略互信是一个长期过程，是一个系统工程。即便双方在经济上开展务实合作的意愿很强，但缺乏政治互信的合作愿望往往是乏力和脆弱的，而且缺乏政治互信的经济依赖也不能确保两国关系的长期稳定发展。虽然目前中印之间培育战略互信仍然困难重重，但深化中印关系、培养政治互信需要中印两国本着务实合作的原则，以最大的诚意和足够的耐心去解决当前横亘在中印之间的“喜马拉雅”问题。同时，培育政治互信需要双方努力改变以往错误的认知和判断，通过加强相互了解和沟通交流重构认知，奠定政治互信的基础。政治互信不足，要么是因为存在错误的认知和判断，要么因为缺乏相互沟通。除了高层互访外，通过学者交流、企业投资和自下而上的民间文化交流无疑也有助于解决问题，有利于推动中印建设型战略伙伴关系形成与发展。

再次，推动中印在印－太平洋地区开展合作。近年来，整个世界政治经济格局发生了巨大变化。其中最大的变化莫过于今天的美国开始衰落，今天的欧洲开始走下坡路，而今天的中国和印度等新兴经济体开始迅速崛起，这意味着今天的亚洲正逐渐走向繁荣。目前亚洲在全球经济的总量大约为25%，20年后将有可能超过50%。亚洲的崛起将不可避免地导致世界发展重心开始从大西洋逐渐移向太平洋，美国正是在这样的情势下提出“重返亚太”。2013年美国将稳步推进亚太战略，印度的“东向政策”进入第三阶段后，海洋战略将从印度洋向太平洋延伸，而澳大利亚也期待能够在“印－太平洋”（Indo-Pacific）地区发挥“轴心国”作用。“印－太平洋”概念将迅速浮出水面，并助推世界和地区大国竞相争夺在“印－太平洋”的影响力。在这样的情况下，中国应该选择静观其变还是主动介入？

从根本上来说，周边国家与一个正在崛起中的最大邻国保持和平共处，符合各国基本利益。但是由于中国经济的“强势崛起”或多或少地使周边国家心理上产生了一定失衡并伴随一定的压力，加上美国为了遏制中国崛起而全方位进行“苦心经营”，周边国家也的确从美国的“苦心经营”中尝到了甜头，一定程度上在中国周边逐渐形成了“中国威胁论”的“准共识”，正所谓“三人成虎”。中国与周边国家在海洋领土方面的冲突不断加剧，不能不说与美国“重返亚太”战略目标有关。中国周边环境面临巨大挑战意味着主动经营和积极介入不一定能使事态向更好的方向发展，但至少能够为阻止双边与多边关系倒退发挥积极作用。“树欲静而风不止”，如果中国静观其变，一定程度上相当于把合作机会拱手相让，使中国在周边、在印－太平洋地区处于更为被动的状态。

另一方面，从“印－太平洋”经济整合的角度考虑，中国具有很大竞争优势，作为西太平洋主要国家的中国与东印度洋地区的经济依存度最大，特别是与印度的经济合作潜力巨大。可以通过中印合作争取在构建“印－太平洋”伙伴关系（IPP）中获得的主动权。当前，印度不仅把中国视为经济发展中的竞争对手，还把中国视为其维护印度洋安全和保持南亚次大陆中区域大国地位的威胁。为此，推进中印合作，除了加强与印度在贸易和投资领域的经济合作，更要加强中国与印度在“印－太平洋”海洋领域中“共同利益”与“共同威胁”方面的合作，特别加强在海洋资源共同开发、公共产品供给和非传统安全领域的相互合作。中国关注印度洋和实施印度洋战略不仅是出于对自身国家安全的考量，更是为了营造一个和平稳定的周边环境。从战略高度思考，无论大国还是小国，崛起要靠实力，更要靠和平稳定的周边环境。即使国际形势风云变幻，而地理环境是永远不变的。如果中印发生冲突，则一定是“鹬蚌相争，渔翁得利”。印度的“东向政策”和中国面向印度洋的“西向政策”能够在“印－太平洋”地区为中国与印度构建合作机制奠定坚实基础。

2. 缅甸是中国“西进”印度洋的战略基点

缅甸是云南通向印度洋的出海口，是中国实施海洋战略的立足点，缅甸比任何周边国家都更加具有推动云南实现跨越发展的国际战略价值，是中国必须长期重视和重点经营的国家。缅甸人口接近6000万人，国土面积60多万平方公里，市场潜力巨大。云南是中国唯一与缅甸接壤的省份，缅甸又是云南在湄公河流域国家甚至东南亚国家中最大的贸易伙伴。特别是2011年以来缅甸新政府采取了一系列的改革措施，各国对缅甸保持了高度的关注并预期如果缅甸进一步推进改革，一旦缅甸的潜力被激发并爆发，将成为下一个创造亚洲经济增长奇迹的“亚洲虎”。缅甸的皎漂港是印度洋上的重要的港口之一，从昆明到皎漂的距离大约1500公里，如果加上通关时间，最快可实现24小时内到达，是中国进入印度洋最具有贸易通道价值的港口。在战略地位上，中国想要打开一扇通向印度洋的出海口，保持新的能源供应渠道，缅甸是非常重要的。美、印等大国正是看到了这一点，才加速改善与缅甸的关系，除了有平衡中国影响力的因素外，更有能源、资源和地理多方面的战略考量。

随着美国战略重心向亚太转移，特别是缅甸开始加速推行民主化改革以来，中缅关系出现了波动。2011年9月30日，在缅甸北部伊洛瓦底江由中国承建的水力发电工程，达36亿美元折合人民币230亿元的大坝，被缅甸总统吴登盛宣布停建，原因是“违背了缅甸人民及代表的意愿”。随着密松水电站项目叫停，中缅关系一时间风云突变，曾经广阔的发展前景却“一石激起千层浪”。媒体对于密松水电站停建原因的分析主要包括四个观点：生态环境问题、利益分配问题、缅甸国内形势问题以及西方国家特别是美国煽动的结果。说到西方煽动，似乎也并非捕风捉影，缘于美国对缅甸多年来保持的制裁政策开始明显而快速地松动。近期美国开始加快了这种松动，极有可能这种松动会向更加积极的方向发展。美国的主要媒体最近在报道，美国政府正在考虑大幅度的调整对缅甸的政策，包括放宽甚至取消一些严厉的制裁措施，对缅甸的财政援助和基础设施援助等。对于美国的政策转向，缅甸政府自然是积极回应。一度被国际社会孤立的缅甸似乎有“久旱逢甘霖”之感，他们寄希望于通过加强与美国的联系来解除多年来的制裁，摆脱尴尬境地。

这一时期，印缅关系也迅速升温。缅印边界长 1331 公里，缅甸历史上与印度有密切的关系，它曾有半个多世纪是作为英属印度的一个省而存在。缅甸军政府 1988 年执政后，缅印关系一度冷淡。自 20 世纪 90 年代初以来，两国逐步调整了彼此的外交政策，印缅关系的僵局逐渐被打破。特别是 2000 年 11 月，缅甸国家和平与发展委员会副主席貌埃副大将应邀访问印度被广泛认为是破冰之旅。之后的 2003 年 11 月，印度副总统谢卡瓦特访问了缅甸，这是 16 年来印度领导人第一次访问缅甸。印度出于经济战略和安全战略的考虑提出“向东政策”，而缅甸不仅是“印度寻求能源安全的重要伙伴”，也是印度“东向政策”的“东大门”。对于缅甸来说，一面是美国外交和经济方面的制裁压力，一面是印度主动地与缅甸靠拢，缅甸自然会积极地迎合并奉行“睦邻优先”的外交策略。自此，缅印政治关系、军事关系明显改善，军购增加，军事访问也逐渐增多。而缅甸清楚自己的区位优势，也正渴望以此谋取最大的国家利益。

目前，对于缅甸政府来说，有美国和印度这样的大国有意靠拢，诱惑之下“外交政策”的天平开始发生倾斜，毕竟谁也不想吊在一棵树上或者把鸡蛋放在同一个篮子里。在利益面前，中缅能够维持往日“胞波”之情吗？无论如何，印度和美国对缅甸外交策略上的变化，在给印度洋地区的局势带来新影响的同时，也对中缅关系提出了挑战。长期以来，美国单方面实施的对缅制裁措施实际上对中缅关系的友好发展起到了积极的作用。现在美国放松对缅甸的制裁并且一旦进一步表现出积极的态势，将会对中缅关系产生负面影响。中国需要在经营中缅关系时，重新思考与缅甸打交道的方式包括投资合作方式，也需要转变观点反思中国的投资方式和外交政策，做到未雨绸缪。尽管中国在缅甸投资多年，包括基础设施、石油管道和油轮码头等，近水楼台的优势有利于经营中缅关系。但是，为了争取解除西方制裁，缅甸的外交策略即便不会因为中缅"胞波"之情而全面倒向西方，至少也会由于利益关系而实施"平衡外交策略"。希拉里访缅后，缅甸领导人也公开宣布要和美国保持正常关系，也会和其他所有国家和平共处。中国已经不是缅甸唯一重要的伙伴，密松坝水电项目叫停就是明显的例子。

无论缅甸民主化改革之目的是"真心"想通过民主化改革促进发展，还是为了解除制裁而"假意"迎合西方胃口，一个必然的结果是：缅甸通过民主化政府改革拓展了发展空间，结束了缅甸长期被国际社会孤立的状态。我们当然有理由为缅甸取得的进步而高兴，但同时也应该看到美国助推缅甸民主化改革背后的企图，要意识到缅甸政治改革对中国产生的影响，特别是美缅关系"解冻"和印缅关系升温后中国外交面临的挑战。要适时创新和变革外交策略，主动调整和拓展投资合作领域，积极、坦荡地应对缅甸转型以及逐渐演化的平衡外交战略。无论如何，印度的基础设施本来就落后，为了推进"东向政策"而拉拢缅甸，缅甸不可能获得长期的经济利益，而印度要想从缅甸获得经济资源也不得不倚仗中国的基础设施。另一方面，缅甸有足够的空间可以容纳中印两国，积极的竞争并非零和博弈。如果中印缅能够在共同利益和维护和平稳定的局面上达成共识，则能在双边和三边合作机制中实现共赢。

3. 云南是中国实施印度洋战略的重要门户

在不断升温的经济全球化和区域经济一体化浪潮中，地处西南边陲的云南逐渐显露出独特的区位优势和巨大的发展潜力，成为面向东南亚、南亚开放的重要门户和前沿。云南是连接东南亚、南亚的地缘经济板块，有"东连黔贵通沿海，北经川渝进中原，南下越老达泰柬，西接缅甸连印巴"的独特区位优势。中国到东南亚、南亚和印度洋的各个通道都从云南出境，云南是我国唯一能够从陆路连接"三亚"（东南亚、南亚、西亚）和沟通"两洋"（太平洋、印度洋）的省份。实施印度洋战略，首要的是打通对外的陆路通道，形成以东南亚、南亚为重点，拓展到印度洋沿岸并延伸至中东以及非洲东部广大区域的战略通道。因此，云南能够成为加强中国与印度洋沿岸国家经贸合作的前沿和桥梁。

2009 年 7 月，国家主席胡锦涛考察云南后提出把云南建成中国面向西南开放的重要桥头堡。此后，加快桥头堡建设，把云南建成中国沿边开放经济区已成为云南发展的重要目标之一。2011 年 5 月，国务院正式出台关于《支持云南加快建设面向西南开放重要桥头堡的意见》（以下简称《意见》），标志着云南桥头堡建设这一战略正式上升到国家战略层面。2011 年 11 月，《云南省加快建设面向西南开放重要桥头堡总体规划（2012～2020 年）》（以下简称《规划》）已获国务院批准，五年内建成印度洋通道。根据国家“‘十二五’规划建议”编制的《云南省国民经济和社会发展第十二个五年规划纲要（第九节，云政发〔2011〕133 号）》指出：以战略通道、合作平台、产业基地、交流窗口建设为突破口，构筑面向西南开放的合作平台，促进云南与国际国内区域联动，开放开发并重，培育具有内陆特点的开放型经济，着力构建云南作为中国面向西南开放国际发展空间的新格局，实现内外区域合作共赢发展，提升云南在全国开放开发格局中的战略地位。

把云南建成我国面向西南开放的重要门户和前沿，是党和国家在新时期推进我国陆上开放、提升沿边开放水平的重大战略部署，突出了云南在国家对外开放战略中前沿性、重要性和带动性的作用，给云南实现跨越式发展带来了千载难逢的历史机遇。目前云南已经在硬环境建设方面包括通道路网、口岸基础设施和国际物流体系建设等方面做了大量工作。同时，云南参与的主要合作组织包括中国 - 东盟自由贸易区、大湄公河次区域合作组织、东盟“10 + 3”（中国、日本、韩国）以及孟中印缅地区经济合作组织等。这些机制无疑对于中国与印度洋沿岸各国开展富有成效的经贸合作发挥重要作用。在东南亚各国中，缅甸的地缘价值决定了它在中国印度洋战略中具有举足轻重的作用；在南亚诸国中，印度是影响南亚各国之间关系和南亚战略格局的核心国家。2011 年 1 月 19 日，孟中印缅地区经济合作论坛第九次会议在昆明开幕，中国外交部部长助理程国平、云南省省长秦光荣，孟加拉国外交秘书穆罕默德·米贾鲁尔·凯耶斯、孟加拉国驻华大使孟什·法亚兹·艾哈迈德，印度代表团团长、前外交秘书埃里克·冈萨夫，缅甸外交部副部长吴貌敏，国务院发展研究中心副主任卢中原等出席开幕式并致词。各国政要们一致认为论坛对于加强四国之间的合作发挥了重要作用。目前孟中印缅合作机制是中国与印度洋沿岸主要国家印度、缅甸和孟加拉国之间的区域合作机制，已经比较成熟。特别是2012年，孟中印缅合作论坛第十次会议在印度加尔各答举行，孟中印缅地区合作论坛经过12年的发展，已经成为本地区重要的次区域合作机制，为增进四国友好交流、深化务实合作、促进本地区国家共同发展做出了重要贡献。孟、中、印、缅互为友好邻邦，随着经济全球化和世界多极化深入发展，四国发展面临重大机遇，合作前景广阔。孟中印缅合作机制为中国实施印度洋战略奠定了坚实的基础。

目前虽然在硬环境建设和机制建设方面取得了一定成绩，但是切实推动印度洋战略，还需要进一步构建软环境。也就是说，平台与机制这样的“软环境”建设更加重要，关系到架“桥”的成本能否有效转化为经济收益。换句话说，通道建设只是桥头堡战略的基础，密切发展与周边国家的经贸关系，实现互利共赢，促进共同增长与繁荣才是桥头堡战略的核心。加快推进印度洋战略，发挥云南在中国印度洋战略中的前沿和桥梁作用，急切需要为云南与印度洋沿岸国家经贸合作搭建平台，借助平台使云南成为四通八达的交通网络中对外开放的经济枢纽，使得来自国内和印度洋沿岸国家的资源、资金、人流、物流在这庞大的网络中自由、畅通地流动，促进中国与印度洋地区政治、经济、文化等方面的合作与发展。借助平台来促进机制的规范化、日常化运作，从而减少制度构建中的交易成本，推动印度洋战略的具体实施。具体来说，发挥云南在中国印度洋战略中“桥核心”的作用，需要走好以下三步。

第一步：加快硬环境建设。加快云南连接东南亚和南亚大通道建设。云南是我国唯一能够从陆路连接“三亚”（东南亚、南亚、西亚）和沟通“两洋”（太平洋、印度洋）的省份。桥头堡建设的基础是打通对外的陆路通道，形成以东南亚、南亚为重点，拓展到印度洋沿岸，并延伸至中东以及非洲东部广大区域的战略通道，使云南成为加强中国与印度洋沿岸国家经贸合作的前沿和桥梁。随着泛亚铁路、昆明国际航空港和昆曼、昆仰、昆河公路的建成，昆明作为中国连接印度洋地区重要枢纽的地位逐渐凸显，桥头堡建设中“桥”的打造已经初具雏形。未来在开辟区域大通道的背景下，云南将成为四通八达的交通网络中对外开放的经济枢纽，使得来自国内和印度洋沿岸国家的资源、资金、人流、物流在这庞大的网络中自由、畅通地流动，促进中国与印度洋地区政治、经济、文化等方面的合作与发展。

第二步：创新合作方式与合作机制。云南如果不能改善与东南亚、周边国家的道路通行条件，发挥地缘优势和区位优势便无从谈起。但是，在架“桥”的基础上，如何将区位优势转化为经济优势“堡”的作用则更加重要，关系到架“桥”的成本能否有效转化为经济收益。换句话说，通道建设只是实施印度洋战略的基础，密切发展与周边国家的经贸关系，实现互利共赢，促进共同增长与繁荣才是印度洋战略的核心。云南作为实施印度洋战略的前沿，贸易和投资方式都比较单一，出口商品附加值小，且市场占有率低，区位优势并没有得到有效发挥。因此要在大通道建设的同时，深入挖掘与印度洋沿岸周边国家贸易、投资等方面的合作潜力，将“桥”沿岸经济体的经济互补性（包括资源互补性、贸易互补性）和产业结构整合性等潜力激发出来，在深化经贸合作与形成投资网络中推进区域合作，提高中国与周边国家经济上的相互依赖，最终实现利益共享和合作共赢的目标。

第三步：将企业“引进来”和“走出去”战略落到实处。近年来，在企业相互投资方面，云南企业无论“走出去”还是“引进来”都显得十分薄弱。除了人才、资金匮乏等因素外，企业尚缺乏充分利用国外资金、技术和市场的能力和实力。同时，政府与企业、研究机构与企业、商会与企业之间尚缺乏有效互动与务实推进，缺乏制度化和规范化的合作机制。印度洋沿岸的东南亚、南亚、非洲是企业“走出去”的主要市场，但目前有限的合作主要集中在工程承包方面，咨询与技术服务不到位，相应的法律法规不健全，高技术人才引进和输出非常少。特别是当前风云变幻的国际关系和错综复杂的周边环境，加大了企业投资风险，许多问题需要通过政府、企业和科研机构的协同与创新加以思考和解决。云南可以借助国家实施 2011 年协同创新项目的契机，将政府、科研机构、国内外企业和商会等紧密联系起来，通过制度创新与组织模式创新，为企业提供咨询与技术服务，帮助企业进行投资评估和风险预测，促进更多科研成果的转化，将企业“引进来”和“走出去”战略落到实处，切实推进贸易和投资便利化，加强经贸合作的实效性。

B.4

印度“东向政策”：发端、演变、新趋向

吕昭义*

摘　要：

印度20世纪90年代初提出的“东向政策”迄今经历了两个阶段。第一阶段以加强和扩大与东盟及东南亚国家的经济联系为主，旨在挤进世界经济发展的中心地带。21世纪初在加强经济联系的同时，强调海上军事力量东进西太平洋，加强与东南亚国家、东亚国家的军事安全合作。美国提出“重返亚洲”战略后，印度“东向政策”有新的发展趋向，与美国、日本军事安全合作升温，牵制中国的因素增长。印度“东向政策”与美国“重返亚洲”战略的契合，仅是出于短期目的、针对特定对象的权宜之计，而双方的分歧则是长期的结构性因素。印度只能充当美国“重返亚洲”一段时期内的同路人，不可能完全投入美国的战略轨道。

关键词：

印度　东向政策　新趋向

印度的“东向政策”自20世纪90年代初提出以来，一直是印度对外战略与外交政策的重点之一。迄今20余年间，该项政策大体上经历了两个发展阶段，即从20世纪90年代初到21世纪初，“东向政策”的主要目的为挤进亚太地区这一世界经济发展中心地带，解除苏联解体后印度面临的困境；21世纪初至今，“东向政策”成为印度大国战略的重要环节，在加强经济联系的同时，强调印度在亚太海域内的军事存在和军事影响力的加强。近年来，尤其是在美国提出“重返亚洲”战略后，印度的“东向政策”出现了新的趋向，或

---

* 吕昭义，云南大学人文学院历史系教授。

者说原来不明显的因素凸现出来，并成为印度政府“东向政策”实际操作的主要内容和目标指向。这种新趋向在相当程度上与中国的周边安全，尤其是与我国在南海、东海的维权斗争紧密相关，应当引起我们的高度关注。

一 印度“东向政策”的提出

（一）冷战时期印度对外战略

1. 尼赫鲁对外战略的两重性

两桩重大的历史事变对印度独立后对外战略的形成具有重大的影响。其一为地区性的，即英国从南亚次大陆撤离后的印巴分治及第一次印巴战争。另一桩是全球性的，即第二次世界大战后冷战格局的形成。

尼赫鲁审视国际与南亚地区局势，根据印度经济社会发展、国家安全的需要和实现大国理想的愿望，制定了以强权政治为主要内容的地区对外战略和以不结盟为核心的全球对外战略。

在南亚地区打压巴基斯坦，监控喜马拉雅山南侧诸小国，干预斯里兰卡，建立印度在南亚地区的支配地位，排斥区外势力的进入。

在全球层面不加入任何军事同盟，对帝国主义与社会主义两大对峙阵营不选边站队，支持亚非拉反帝反殖民族解放运动，奉行和平外交政策。尼赫鲁制定的不结盟政策就其目的来看，有双重含义：一重是使印度在两大阵营的对垒中左右逢源，建立在亚非拉新独立国家中的领导地位，从而使印度外交选择性最大化，有利于实现其大国理想；另一重是在发展道路上既不重蹈资本主义覆辙，也不走社会主义道路，从而使印度国家发展道路的选择最大化。尼赫鲁设计的印度国家体制力图博采资本主义与社会主义之长，走一条印度独特的道路。在经济上建立国有与私有兼备的混合经济，实行计划经济，以建立社会主义类型社会为发展目标；在政治上以西方的民主政治、政党政治为范本，建立议会民主制。

20 世纪 50 年代初，印度谋求在两大阵营之外另立旗帜均遭东西方阵营抨击。1954 年美国发布反对“中立主义”的 NSC5409 号文件，在南亚地区重巴轻印，将巴基斯坦拉入“遏制共产主义”的《东南亚条约组织》和《巴格达条约组织》，军事援助巴基斯坦。在克什米尔问题上支持巴基斯坦。50 年代初，斯大林领导下的苏联支持印共发动革命；赫鲁晓夫执掌苏共和苏联国家大权后，调整对外政策，推行“和平共处”“和平竞赛”“和平过渡”的对外政策，发展与不结盟国家关系，鼓励和支持这些国家走“非资本主义道路”。1955 年底赫鲁晓夫和布尔加宁访印奠定了苏印关系友好发展的方向，两国关系在此后的 30 余年间发展迅速，日益密切。在苏共领导人的眼中，印度是走“非资本主义道路”的典范和“领头羊”，是苏联的“天然盟友”。苏联为印度提供经济、军事援助，支持印度在克什米尔问题上的立场。美国后来虽然中止了 NSC5409 号文件，在中印边境战争后一度为印度提供军事援助，但在整个冷战期间，印度对苏、对美关系呈现“苏热美冷”的特征。

2. 冷战时期印度对外政策中的中国因素

对华关系不仅是印度外交的一个重点，而且在印度对外总体战略的制定与施行中，中国因素是一个极其重要不可或缺的考量。中华人民共和国成立后，尼赫鲁关于对华关系的基本立场出于三点考虑：第一，中国发生的巨变是一个历史事实，印度必须承认和接受这一历史巨变；第二，独立后的印度承袭了英国关于次大陆的战略思想及其编织起来的防务体系，将南亚视为其禁脔，加之印度右翼势力的反共反华政治倾向，及尼赫鲁本人对共产主义意识形态及社会主义政治体制的厌恶，印度认为中国对其国家安全构成主要的外部威胁，是印度需要防范的主要对象；第三，出于印度的总体国家利益和自身军事力量不足的考虑，印度不能加入美国包围、对抗中国的集体安全体系，印度只能采取与中国友好的方式，通过支持中华人民共和国恢复在联合国的合法席位等友好行为，使中国接受国际组织约束，并感受到印度的好意，从而放弃“世界革命”，解除对印度的威胁。

对华友好与防范中国是尼赫鲁时期对华政策的两个方面。这就决定了中印关系有朝友好方向发展的动力，但这种发展不会是一帆风顺的，而是一个曲折的甚至跌宕起伏的进程。

从 1950 年中印建交至 1988 年拉·甘地访华，两国关系大起大落，从争吵到友好如兄弟，再到反目成仇，以至兵戎相见、战略对峙。独立之初的印度继承了英国的在藏特权，秉承了英国的对藏政策，中华人民共和国成立后，印度政府仍然希冀将西藏作为印度与中国间的一个缓冲。1950 年，中国人民解放军进军西藏，印度政府无理抗议，引发中印间第一轮外交争辩。1954 年，中印达成《中华人民共和国和印度共和国关于中国西藏地方和印度之间的通商和交通协定》。该协定宣布将“和平共处五项原则”（印度方面称为潘查希尔，panchsheel）作为处理双方关系的基本准则，消除了“英国过去侵略中国过程中遗留下来的痕迹”，正式结束印度从英国继承下来的对藏直接交涉的不正常关系和在藏特权，印度承认中华人民共和国对西藏的主权，两国间有关西藏事务的交涉纳入国家关系的渠道。中印友好迅速发展，中印新兄弟的口号深入两国民众。但 1959 年 3 月西藏发生叛乱，印度政府接受达赖避难，并支持其反华和分裂活动，两国间再度爆发外交争辩。该年中印边境局势恶化，发生朗久、空喀山流血冲突，印度方面在边界问题上固执单边主义立场，不承认中印间存在边界问题，不与中国方面进行边界问题谈判，关闭谈判大门。1962 年 10 月，中印边境战争爆发，印军边境全线溃败。

中印边界争端、中印边界战争对双方对外战略均产生重大影响。印度政府调整对外战略和对外政策，接受美国军事援助，与美国中央情报局合作，招募、训练流亡印度的分裂分子，渗入中国西藏地区，进行颠覆和破坏活动，实际上放弃其不结盟立场。中国也调整南亚政策，与巴基斯坦达成边界协定，推动两国战略合作关系的发展。在第二次印巴战争中，紧急军事援助巴基斯坦，向印度发出严正警告。自此，中巴向全方位、全天候友好关系良性发展。在对苏关系方面，中苏间关于共产主义运动的分歧扩大到国家关系，苏联在中印边界问题上偏袒印度，无端指责中国。而印苏关系日渐密切。尤其是在苏联的斡旋下，印巴两国达成《塔什干宣言》后，印苏关系迅速升温。1969 年，中苏爆发边境冲突后，印苏联手牵制中国的战略意图更为明显。20 世纪 70 年代，国际格局急遽变化，苏联加紧对外扩张，中美战略调整均以苏联为主要威胁展开，双方有了共同的战略结合点。1971 年 7 月，美国国家安全事务助理基辛格访华，次年 2 月尼克松访华，双方达成《上海公报》。与此同时，印苏关系又有新的发展，1971 年 8 月，印苏签订带有军事同盟性质的《和平友好条约》。该年，印度发动第三次印巴战争，肢解巴基斯坦，苏联大力支持印度，而中美严厉谴责印度的战争行为。在南亚形成美中巴与印苏对峙的战略格局。印度的战略设想是利用苏联牵制中国，对中国构成南北压制态势。

概以言之，冷战时期的印度对外战略展现出明显的两重性特征：一方面反帝反殖，倡导不结盟，宣扬和平主义道义外交；另一面又在南亚地区推行强权政治，打压巴基斯坦，欺凌周边小国，与超级大国建立带有军事同盟性质的关系。这一两重性的根源是多方面的，其中印度政府对中华人民共和国的认知及立场是极其重要的方面。如上所述，印度政府既把中华人民共和国视为印度必须与之建立友好关系的周边大国，但又将它看作印度国家安全与印度称雄南亚的主要外部威胁；既向中国表示友好，同时防范之心须臾未减；既放弃了从英帝国继承来的在藏特权，但又继承了英帝国关于南亚次大陆的战略思想与体系，在边界问题上采取蛮横的单边主义立场。正因为如此，在整个冷战期间，即便在中印友好如兄弟之时，双方并未建立真正的战略互信。也因为如此，印度违背不结盟政策，寻求超级大国的援助，以平衡和牵制中国。

可以这么说，在整个冷战期间，中国因素是印度制定其对外战略的重要考量，也是印度对外战略调整的重要依据和目标指向。

（二）印度外交战略的调整与“东向政策”的提出

20 世纪 80 年代末 90 年代初，世界格局巨大和深刻的历史变迁使印度遭受沉重的冲击。苏联解体，东欧剧变，印度失去了支撑其经济发展的外援和国际舞台上长期合作的密友。印度的经济、外交困难重重，举步维艰。改弦更张，推行经济改革和调整对外战略是印度摆脱困境的不二法门。

中国因素也是推动印度经济改革和调整对外战略的重要因素。

与坐困于斯大林“社会主义经济模式”的苏联相反，自 1978 年 12 月中国共产党召开十一届三中全会，决定将全党工作的重点转移到社会主义现代化建设，坚持把经济搞上去，坚持改革开放后，国民经济迅速增长，到 1988 年，全年国民生产总值 13853 亿元，比上年增长 11.2%；国民收入 11533 亿元，比上年增长 11.4%。[①] 中国改革开放，经济实力上升，而此期间还在坚持计划经济模式的印度经济陷入困境。据专项研究，中国的“五五计划”（1976～1980年）与印度大体同期的 1974～1979 年相比较，中国年均发展速度为 6.3%，人均国民生产总值年均发展速度为 4.9%，印度分别为 5.0% 和 2.7%；而“六五计划”（1981～1985 年）与印度 1980～1985 年相比较，中国年均发展速度为 10.1%，人均国民生产总值年均发展速度为 8.8%，印度仅为 5.4% 和 2.7%；“七五计划”（1986～1990 年）与印度 1985～1990 年相比较，中国年均发展速度为 8.6%，人均国民生产总值年均发展速度为 5.6%，印度分别为 5.5% 和 3.1%。根据联合国计划开发署 1990 年关于各国人文发展报告，按购买力平均计算，1987 年中国的人均国民生产总值为 2124 美元，印度为 1053 美元，中国比印度高 1 倍多。[②]

在中国经济迅速增长的带动下，亚太地区正在成为世界经济增长的中心。世界经济格局的这一变化为印度提供了难得的历史机遇，挤入这个中心是印度摆脱经济困境、开辟外交活动空间的出路。

1991 年，印度大选，国大党依靠其他小党的支持得以组阁，拉奥政府上台之初即面临国内严峻的经济、外交局面。经济上，通货膨胀，财政赤字，外汇储备锐减。该年 5 月仅有 10 亿美元外汇储备，仅够支付两周进口费，难以支撑。外交上，东欧剧变，苏联解体，印度外交空间顿时被挤压，几近无回旋余地。迫于国内外形势，拉奥政府开启印度改革之门。在经济方面实行自由化、市场化、私有化、全球化改革。外交上，逐步推行全方面多层面的现实主义外交以拓展外交空间，寻求有利于经济改革的外部条件。“东向政策”即是印度外交政策调整的产物。

1991 年 9 月，拉奥政府在“外交政策决议”中明确提出调整印度外交政策，加强发展与东南亚、东亚的关系，该文件称：“一直以来，印度主要面向

---

① 中华人民共和国国家统计局：《关于 1988 年国民经济和社会发展的统计公报》，1989 年 2 月 28 日。公报各项数据是年度的初步统计，都没有包括台湾省。公报所列国民生产总值、国民收入和各项总产值数据，都是按当年价格计算的；比上年增长速度是按可比价格计算的。国民生产总值是指物质生产部门和非物质生产部门的增加值以及来自国外的净收入，不包括中间消耗的产品、劳务价值。

② 以上数据和比较见孙培均主编《中印经济发展比较研究》，北京大学出版社，1991，第 56～59 页。

西方，加强与西方国家在政治、经济、商业和文化上的联系；现在是转向注重东方，发展同东南亚、远东国家间的投资贸易关系、政治对话和文化联系的时候了。”[①] 20 世纪 60 年代后期后，印度对外政策偏向苏联及东欧国家，与东盟国家及日本、韩国等东亚国家关系平淡疏远。拉奥政府提出“东向政策”，大力发展与这些国家的关系，力图挤进东南亚、东亚及太平洋，搭乘世界经济增长中心的快车。

二 印度“东向政策”的实施

迄今为止，印度推行“东向政策”大体上经历了两个阶段。

第一阶段：从 20 世纪 90 年代初到 21 世纪初，“东向政策”的主要目的为挤进世界经济发展的中心地带，解除苏联解体后印度面临的困境。

第二阶段：21 世纪初至今，“东向政策”成为印度大国战略的重要环节，在加强经济联系的同时，强调印度在亚太海域内的军事存在和军事影响力的加强。

（一）“东向政策”的第一阶段

从 1991 年正式提出“东向政策”至 21 世纪初，印度“东向政策”的主旨是增强与东南亚、东亚的经济联系与交流，挤进世界经济增长的中心地带——亚太地区，为激活印度经济寻求新的外部动力，主要活动领域是东盟和东盟国家。1992 年，印度打开了与东盟合作的渠道，成为与东盟进行贸易、投资、旅游方面的“部分对话伙伴国”。此后，印度多方扩大与东盟的合作领域。1996 年，印度与东盟建立“全面对话伙伴国”关系；1997 年，组建孟印缅斯泰经济合作组织；2000 年，与泰、缅、越、老、柬共同达成湄公河 - 恒河合作计划。在开展与东盟组织的区域多边合作的同时，印度与东南亚国家的双边关系及经贸合作也得到大力推进。与泰国、菲律宾、越南、马来西亚、缅甸和老挝签订了经贸合作协定，在印度主要的出口市场和外资来源中，东南亚国家所占比重日益上升。东盟和东南亚国家成为印度挤进亚太地区的切入点。

① 杜朝平：《论印度“东进”政策》，《国际论坛》2001 年第 6 期。

在防务与安全合作方面，印度与东盟国家举行联合军事演习、军事人员交流、互换装备、军舰互访等活动，得到东盟国家积极响应。但在这个阶段，防务与安全合作规模较小，影响有限。

（二）“东向政策”的第二阶段

印度推行经济自由化改革后，经济增长加速，国力增强。凭借其改革带来的国力的增强，印度在外交方面推行“印度无处不在”的全方位外交，极力打造经济、政治、军事强国地位。“东向政策”随之有所变化，突出军事力量向亚太的推进。

2002 年，印度与东盟建立“10 + 1”对话机制，双方合作进入新阶段，拉开了印度实施第二阶段“东向政策”的序幕。2003 年 9 月 4 日印度外长纳·辛格在第二届印度东盟商务高峰会高调宣称：“印度的‘东向政策’已经进入第二阶段。第一阶段主要以东盟国家及贸易和投资关系为重点。第二阶段将从单纯的经济问题转移到经济及包括共同努力以保护海上通道、协调反恐等在内的安全问题。”同年 10 月，印度与东盟签署《东盟 - 印度全面经济合作框架协议》，就 10 年内成立自贸区、印度加入《东南亚友好合作条约》达成一致，双方还签署反恐联合宣言，印度与东盟政治关系、安全合作的条约化、机制化和经济一体化进程正式启动。

印度通过与东盟签署打击国际恐怖主义联合宣言，与东盟国家在信息分享、司法和执法等领域加强合作。印度还与东盟在保卫海上通道安全，联合搜救，打击海盗、毒品走私等跨国犯罪活动方面开展合作。从 2002 年开始，印度和印尼海军在安达曼海域联合巡航。此后，印度与新加坡、缅甸进行联合海军演习，与新加坡联合空战演习。印度海军的对外合作领域从印度洋穿过马六甲海峡，进入南中国海，北上至北太平洋海域。

印度“东向政策”第二阶段的推进呈现如下特点：陆上推进鹅步鸭行，海上推进长足发展；经济合作成果有限，军事合作影响深远。①

① 参见吕昭义《美国重返亚洲与印度的东向》，载《印度洋地区研究》，社会科学文献出版社，2012。

印度东北地区地处印度最东端。印度政府多次声称该地区是推行“东向政策”向东看的门户，要给东北地区优惠政策，促进经济发展和对外开放。但是 20 余年过去了，印度东北地区落后贫困依然如故，对外封闭依然如故。

印度推行“东向政策”以来，与东盟国家的经济交流取得一定进展，但成果有限，规模较小。2010 年，印度与东盟双边贸易额达到 500 亿美元。双方拟定力争在 2012 年增至 700 亿美元。而中国与东盟的双边贸易额，2002 年为 547.67 亿美元，2011 年双边贸易额达到 3628.5 亿美元，比 2002 年增长了 5.6 倍，年均增长率超过 20%。2009 年后，中国连续 3 年成为东盟的第一大贸易伙伴。东盟成为中国第三大贸易伙伴、中国第四大出口市场和第三大进口来源地。

相比较之下，印度海上军事东向堪称有声有色，成效显著。在此期间，印度与美国签订《印美 10 年合作防备框架》（2005 年），与越南签订《印越战略伙伴关系联合宣言》（2007 年），与日本签订《印日安保联合宣言》（2008 年）；与东盟及新加坡、马来西亚、菲律宾等国多次会谈马六甲海峡与南中国海的安全问题；与美国、日本、东盟国家、澳大利亚等国海上军事合作日益扩展，海上联合军演更为频繁。

印度历来的海军军力部署“重西轻东”，“东向政策”进入第二阶段后，印度调整海军部署，加强海军东部司令部的军力，将其所有的 5 艘拉其普特级驱逐舰均划归东部司令部指挥，并决定印度海军新增战舰和军机优先提供给东部舰队。2005 年东部司令部作战舰艇仅有 30 艘，2011 年增为 50 艘，主力战舰包括 5 艘拉其普特级（Rajput Class）驱逐舰、1 艘塔尔瓦尔级护卫舰、3 艘希瓦利克级（Shivalik Class）护卫舰和 1 艘辛杜格霍斯级潜艇。印度政府还计划将西部舰队的现役旗舰维拉特号航母转移至东部舰队；在东部舰队母港维萨卡帕特南港以南 50 公里处新建专用军港，并使新建港口成为东部舰队的未来中枢和印度核潜艇的基地。

三　印度海上战略的新思维与“东向政策”的新定位

2012 年，印度的一个研究小组发布了一份题为《不结盟 2.0：21 世纪印度对外与战略政策》的战略报告。[①] 该研究小组虽然自称这份研究报告是独立研究成果，但研究小组的八位成员多为现任或前任印度政府外交与国防的资深官员，不少印度政府官员参加了研究过程中的讨论会，研究还得到印度国防学院与政策研究中心（National Defence College and Centre for Policy Research）的支持，显然具有深厚的官方背景，在相当大的程度上反映了印度外交与战略的新思维，并将对今后一段时间内印度的外交与战略产生重大影响。该份报告对于我们研究印度今后海上战略与“东向政策”的走向也具有重要的价值。

该报告声称其宗旨是确定未来 10 年指导印度外交和战略政策的基本原则。报告分别从亚洲局势、国际秩序、硬实力、国内安全、知识与情报、国家与民主等方面，列举印度在国际舞台上的机遇；确认可能会遭遇的挑战与威胁；阐释广阔的前景及印度应当采取的方法，以便在未来一段时期内仍然是变化不定的全球形势下提升印度战略自主能力。报告对印度的外交与战略提出了诸多新思维和新的政策与战略选择。这里仅论述海上战略和“东向政策”及与之关系密切的方面。

（一）坚持不结盟准则，建设“印度范式大国”

该报告以极其鲜明的语言指出印度的大国目标是建设一个印度范式的大国（the power of its example）。报告认为，当前印度正处于关键的历史时刻和决定其未来的十字路口，是成为一个与过去的强权类似的大国，还是“在道德和意识形态领导权方面建立新的标准”？印度不能走过去的大国道路。印度成功的根基在于它采取什么样的发展模式，印度的未来如何？在很大程度上取决于它走什么样的道路。由于圣雄甘地、泰戈尔、尼赫鲁、安倍德卡尔等人的努力，由于其民族主义运动留下的意识形态遗产，印度已经拥有大量的依照公认的行为标准认可的合理性，印度“必须继续忠诚于建立新型的可取代旧有的普世原则”，“印度不仅应当强大，而且应当为强大者必做的事建立新标准”。该报告站在道德与意识形态的高度，强调印度不能走西方国家强权政治的老

① Sunil Khilnani, Rajiv Kumar, Pratap Bhanu Mehta, Lt. Gen. (Retd.) Prakash Menon, Nandan Nilekani, Srinath Raghavan, Shyam Saran, Siddharth Varadarajan, *Nonalignment 2.0: A Foreing and Strategic Policy for India in The Twenty First Century*, Published 2012, Printed in India.

路，要开创历史，建立“印度范式大国”，重新树立大国标准，在世界历史上留下印度深重印迹。

对建立“印度范式大国”来说，采取什么样的外交与战略至为重要。如何利用有利的国际因素，避免伤害其自身经济发展、社会组成和民主政治的有害的国际因素？报告指出，印度战略手段的核心目的应是使印度在与外部世界的关系中最大化其自主选择的空间，即扩大和增强印度独立自主的战略空间和战略能力，并以此来最大化印度自身发展模式与道路的选择空间。这种战略手段继承“不结盟”的这两个核心目标（即在与外部世界关系中最大化印度的选择，在自身发展模式与道路方面最大化印度的选择），因此可描述为“不结盟2.0”（意为不结盟的新版本），是当前条件下的印度独立以来不结盟基本原则的再运用。

（二）亚洲——构建“印度范式大国”的核心舞台

“投入亚洲舞台将是印度外交和战略政策极其重要的关切”。该报告将亚洲置于印度实施外交和战略政策的首要位置，第一章即论述亚洲对构建“印度范式大国”的重要性：

——亚洲经济具有极不寻常的活力。亚洲市场将对印度极为重要，印度市场对于亚洲其他经济体也同样重要。亚洲仍将是对印度投资的重要来源。在所有经济活动层面强化对亚洲的经济投入，对于印度的利益而言至关重要。印度的“东向政策”及其对亚洲自由贸易协定的追求是朝向这一方向的重要步骤。印度必须将亚洲视为获取经济机遇的首要地带。

——亚洲还将成为一系列体制创新的发源地。这些体制创新既将对亚洲的经济活动，也将对其政治关系进行规范和协调。……许多关于影响力的竞争将在该体制的进入权及成员地位的层面展开。一些制度，如可能产生的亚洲货币基金将是经济的，而另外一些，如东亚峰会将会具有巨大的战略和政治重要性。继续以饱满的外交专注投入这些体制是印度的利益所在。

——亚洲还将是众多战略竞争者的舞台。亚洲有诸多突出的领土争端，其中许多与中国相关。这些争端，绝大部分已得到处理，但仍有可能被当作某种军事主张或在从台湾和南中国海到印度自身边界的地区显示力量的借口。

——亚洲将仍然是大国竞争的舞台。中国在亚洲的经济和战略力量是巨大的，与此同时，许多亚洲的强国竭尽努力防备过度依赖于某个主要大国。美国重新获得在亚洲的重要作用，具有极大的好处。必须审慎地观察中美在亚洲竞争的形态。许多国家也指望印度在亚洲承担更为积极活跃的战略与经济作用。印度通常并不对形形色色的亚洲国家的防务战略所提供的机遇作出回应。

——亚洲以其辽阔的海域，还将会是激烈的海上竞争舞台。这是一个极其令人关切的领域，但也是一个（印度）可能具有相对优势的领域。

——最后，亚洲还将是争夺意识形态主导权的舞台。该地区存在大量各种各类的、相互推挤着争夺主导地位的、成功的发展模式。该地区具有众多的文化生命体和人们思想的潮流。在该地区围绕民主政治的斗争还将持续。印度将通过对亚洲其他部分的文化和思想的投入而大获利益。

总之，对于印度实现建立“印度模式大国”目标来说，亚洲的不同地区具有不同的地位与作用。大体而言，南亚与印度洋是印度的根基所在，西亚是印度能源的主要来源地，东南亚与东亚则是印度加入国际竞争、向外扩展的主要空间，是印度拓展外部市场、争取外来投资、获取经济发展机遇的重要地区；是印度参与体制创新、显示“印度模式”的活动平台；是印度参与大国竞争、海上竞争，通过其海上战略获取战略优势的舞台。投入东亚、东南亚及其相连的海域是印度外交和战略政策的重要关切。

（三）中国——印度的首要外部“挑战”

该报告以“中国挑战”为主题展开对印度对华关系与对华战略的论述。报告的中国部分开篇第一段即以不加任何掩饰的语言写道：

> 在可预见的未来，中国仍然将是印度外交与战略的重大的挑战。它是直接冲击印度地缘政治空间的一个主要大国。

该报告认为，应对来自中国的“挑战”是印度对华关系与对华战略，甚至印度整个对外关系和全球战略的核心问题；中国之所以成为印度的主要“挑战”的最重要的原因在于中印边界问题。该报告不顾中印关于边界问题谈判的基本事实，有意曲解中方的立场与态度，无端宣称中国总理温家宝 2010 年访印时所表示的中印边界问题的解决尚须较长的时间是中国方面对以前立场的背离。中国此前的立场是通过特别代表机制，利用两国关系现在已经达到战略和全球层面使边界问题尽早解决既是可能的也是必要的有利条件，从而使边界问题得到政治解决。该报告认为在中国迄今为止已经努力解决了与其他小邻国间的边界问题的情况下，与印度的边界争议显得极其突出。

该报告认为，在国际政治层面，中国并不将印度视为威胁，但将它视为一个“摇摆不定”的国家，它与潜在的敌对者的合作将牵制中国。在经济层面，中印经济关系也呈现复杂的、在某种程度上模糊不定的画面。双边贸易上升迅速，但是不对称，带有日益上升的有利于中国的贸易盈余；经济关系方面印度的最大忧虑是受到中国政府支撑的中国国有企业进入中印双方的经济交流。

该报告认为，中印双方实力对比是不对称的，中国总体实力优于印度，而且“随着其经济和军事能力的扩展，印度与它的实力差距将扩大”。如何在双方力量对比不对称的情况下应对来自中国的“挑战”？该报告提出了包括政治、经济、军事在内的若干对策。这里简述政治与经济对策，关于军事对策另立专条论述。

在国际政治层面，印度要着力构建与若干主要大国的关系网，并通过这一关系网迫使中国在处理与印度关系时保持克制。但是在发展与主要大国关系之时，要避免建立那些在中国人观念中超越“肯定无疑的威胁”底线的关系，也就是说不能与其他大国建立那种被中国人认为是现实“威胁”的关系。否则，“如果中国认为印度是一个不可改变的甘心情愿地遏制中国的一个环节，这将最终导致对印度采取公开敌对的负面政策，而不是努力使印度保持在更为独立的道路上”。

在经济方面，印度必须努力限制中国对印度市场，尤其是对印度基础设施市场的渗透。即便允许中国进入，但必须带有各种保护和在其他领域推进印度利益的条件。

该报告还提出重新审查和调整印度在西藏问题上的政策。利用达赖牵制中国政府，是该报告提出的印度关于西藏问题政策的核心。该报告认为劝说中国谋求与达赖喇嘛及流亡藏人团体的和解也许有助于缓和印中关系的紧张，并声称：在流亡藏人中，由于出现了向民主选举产生的西藏流亡政府的过渡而复杂化了，中国曾在某种程度上期望藏人集团继承传统的选任达赖喇嘛的方法，这种方法顺从中国的摆布；印度应使中国政府承认达赖喇嘛在他自己人中的广泛合法性这一事实。

该报告得出的结论是：

> 印度的中国战略必须审慎地关注合作与竞争、经济与政治利益、双边关系与地区背景间的平衡。在当前和未来印度与中国在能力和影响力方面不对称的情况下，我们恢复平衡，已刻不容缓。这也许是在未来的岁月中唯一最重要的挑战。

（四）“崛起为海上大国”——印度军事战略的转移与海上战略新思维

该报告批驳印度历年来关于中印边境的战略方针，认为加强中印边境的军事部署，投入更多的“山地打击特种部队”，只会重复和加重目前恶劣条件下后勤保障的困难，另行提出“非对称战略设想”。它指出中印边境发生冲突的两种可能局势。一种是小规模的攫取领土的军事行动，一种是大规模武装进攻。无论是哪种情况，印度应对的目标都是恢复原状，但采取的对策是不相同的。应对前者，印度应采取“补偿替代战略”（a strategy of quid pro quo），即预先选定若干有利于印度的地方，加强军事设施及交通通信的建设，一旦发生小规模的攫取领土的军事行动，印度即在这些地方发起进攻，攫取领土。应对后者，该报告提出了一个可以称为“三叉戟”的应对策略。第一个叉尖是在被占领地区发动“起义”，展开游击战；第二个叉尖是通过加快和改善与内地的交通与通信的基础设施以促进边境地区及其居民的一体化；第三个叉尖将是海军方面的，即利用印度海军在印度洋的优势地位。无论是哪种情况，都需要印度在军事基础设施和能力建设方面有超出现有的追加投入。前者，除加强边境的防御投入外，还需要在选定发动进攻的地方，加强运输和集结部队的基础设施投入。后者，就第一个叉尖而言，要招收本地人到准军事部队和警察机构中，并在需要时训练他们转变成游击队员，要搜集所有从西藏到占领区的后勤供给道路的情报，要发展破坏中国在西藏的后勤和军事行动的基础设施的能力，要加强在指定给“起义”后勤和行动支援的地方交通运输的能力等；就第二个叉尖而言，要加快和改善与内地的交通与通信的基础设施；第三个叉尖，需要加强近海岛链，特别是在安达曼和尼科巴群岛的海军基地和水陆两栖作战的能力，需要专门化的专职两栖部队，要增强海港基础设施及与内地的连通及船舶的修理。

该报告以上述应对中巴挑战新思维为依据，提出了以“崛起为海上大国”为目标进行军事战略调整的主张：“应对巴基斯坦和中国制造的挑战需要对我们的国防和安全结构作出若干决定性的改变。”该报告指出：印度发展硬实力（这里主要指军事力量）的主要政治目标是确保创造一个稳定的和平的环境，尤其是与印度亚洲大陆邻国及印度洋海岛国家等战略邻居间的和平，以便有助于经济发展的最大化与合理增长。军事战略目标必须与政治目标一致。就目前局势来看，尤其是在中、印、巴目前都具有核威慑能力的条件下，在北方由于与中国、巴基斯坦边界争端尚未解决，印度与这两个国家的边界继续处于僵局，限制了印度的发展，印度应采取防御战略。而印度有更大的规划与发展自由的唯一方向是朝向印度洋。据此，该报告提出将印度建成一个海上大国的战略目标：

> 因此，加强印度军事力量建设的基本思路是：在对抗中国、巴基斯坦保卫陆地边界的同时，必须借助来自位于印度洋的半岛地理位置的潜在机遇。因此，军事力量的发展必须获得一个重大的海上定位。……因此，崛起为海上大国应当成为印度的战略目标。

该报告宣称，“这一战略考虑到目前中国在陆地边界军事部署和态势所具有的优势，以及边界问题在近期不大可能解决”等因素。因此，在北方，中印陆上边境中国具有优势，印度应采取“固守防线”战略；在南方，印度海军具有优势，因此印度“在南边的海洋应维持，如果可能还要扩大印度目前的优势”。

该报告认为，建立和扩大印度在印度洋上的主导地位，提高印度海军的能力，是制止“来自中国任何重大袭击”的有效战略。关于这方面，该报告着墨不多，语调含蓄，但意味颇深。该报告称，“加速和提升我们的边界基础设施（尤其是居住和供给线方面的）以缩小我们在能力和部署方面的不对称性是重要的，但与此同时，我们必须以适宜的行动观念与能力去制止来自中国任何重大的袭击”；“印度海洋战略，如果继续充满活力地推行，将为它在亚洲获得相当的战略优势”。在这些言论中，该报告提出的印度军事战略调整及海上战略的新思维已初显轮廓：

崛起为海上大国是构建“印度范式大国”的战略目标，印度必须抓往今后10～15年内稍纵即逝的战略机遇将军事战略部署的重点从应对印巴对抗转移到中印较量，同时将与中国的军事较量重点从中国具有优势的北方陆地边境，转移到印度占有优势的南方印度洋，从而将目前不利于印度的“非对称”对抗，转变为印度占优的“非对称”对抗；加强印度在印度洋的军事设施、海军装备和行动能力，占据印度洋主导地位，控制印度洋海上运输线，形成一种战略态势，使中国难以承受对印度的陆地战争而付出的海上代价，从而达到不战而屈人之兵的战略目的。

该报告指出，将印度硬实力的构建与在核威慑下可能达到的政治目标协调一致，就可能实现朝向发展海上力量的转移。由于巴基斯坦陷入内部纷争，阿富汗在未来10年左右处境艰难，而中国仍将集中精力建立一个有利于维持经济增长和内部稳定的外部环境，这个机遇是可以获得的。

> 在巴基斯坦被纠缠之时，印度就可以通过使硬实力逐渐与其政治目标一致而进行转移。这将有利于将某些资源从巴基斯坦边境转移出而在中印边境沿线壮大防御能力。与此同时还可将资源配置到发展海上能力，并着手进行军事力量向海上的转移。随之而来的是对空军装备的投入与发展。

概而言之，以印度洋战略来对付中国的“挑战”是该报告“富有想象力”的战略设想的“精髓”。

（五）海上战略新思维之下的“东向政策”

该报告指出，虽然印度在海上具有优势，但中国正在迅速赶上。如何维持与扩大印度的优势？如何延缓中国海军的发展势头？这是印度的印度洋战略能否顺利实施并取得成功的关键所在。

该报告分析说，中国目前正专注于获取黄海、台湾海峡、东中国海和南中国海的优势。在优先顺序的排列中，印度洋列在第二位。该报告称“中国专注于它的第一层级紧邻的海上舞台是我们的利益所在”。换言之，中国越是被牢牢地、越是被长时间地束缚在黄海、台湾海峡、东中国海和南中国海，对于印度抓住机遇扩大其对印度洋的优势地位和控制能力，实现其印度洋战略就越是有利。

上述海上战略新思维赋予印度“东向政策”新的战略定位。这就是以印度对东亚、东南亚和与所属陆地、岛屿相连的太平洋水域的活动，使中国纠缠在太平洋不得脱身，尽量长时期地延缓中国向印度洋的推进，为印度维护和扩大在印度的优势，加强其海军基础设施、军事装备和行动能力赢得时机。要将中国牵制在太平洋，仅靠印度一家之力是远远不够的，需要印度通过外交，多方位地开展与有关国家的政治、军事、安全合作，借助他国力量将中国束缚在太平洋。报告称：

> 美国强大的海上部署重返亚太舞台，日本更为先发制人和果断坚定的海军计划，诸如印度尼西亚、澳大利亚和越南之类的海岸国家海军能力的加强，所有这一切将有助于延迟——如果不是制止的话——中国海军对印度洋的计划。我们必须利用这一难得的良机，加强我们自身的海上能力。我们的地区外交必须通过培育与这些“制衡”力量的更为亲密关系来支持上述步骤。这包括与这些国家的安全合作协议的联络网和与这些国家的定期海军演习。

简而言之，该报告所设计的印度“东向政策”的战略目的就是与制衡中国的力量联合行动（包括建立安全合作协议的网络关系、联合海上军演），或明或暗地支持、协助那些与中国存在海上领土纠纷的国家与中国抗衡，使中国海军纠缠在西太平洋。在该报告看来，东向进入太平洋虽然不是印度海上战略的重点，但却是其不可或缺的组成部分，是应对中国“挑战”的起牵制作用的侧翼进攻方向。

综上，“不结盟 2.0”所提出的构建“印度范式大国”及其关于不结盟的思想表明，印度在发展模式上坚持印度自身特点，在对外政策上坚持独立自主，不与包括美国在内的任何国家结成军事同盟关系。同时，该报告以应对中国“挑战”作为印度对外政策与战略的主要考量，提出建立海上大国的战略目标，以印度洋战略来对付中国“挑战”，以“东向政策”来牵制中国，以争取建立印度洋主导地位的战略机遇，而在推行“东向政策”时则借助诸多制衡中国的力量。这又表明：“东向政策”具有浓厚的针对中国的军事战略色彩，美、日、越等国虽然不是印度的盟友，但却是印度需要借助的“制衡”中国的战略伙伴。

“不结盟 2.0”虽然不是印度的官方文件，但却为我们打开一道窥测与解读印度政府战略意图的窗口。

四　“东向政策”的新趋向

印度“东向政策”的第二阶段出现了一些新的趋向，这些新趋向在 2008 年曼莫罕·辛格总理访华两国边界谈判未能取得实质性进展和美国提出“重返亚洲”战略后更为显著明朗。

（一）美国实施“重返亚洲”战略及对印度的拉拢

1. 美国“重返亚洲”战略

在冷战期间，美国对外战略有一次重大的调整。在尼克松上台以前，美国对苏联及东欧社会主义国家，对东亚的中国等社会主义国家，实行全面封锁、遏制，在战略上按照“两个半战争”的设想来部署与准备，“两个战争”即在针对以苏联为首的华约集团的欧洲战场和主要针对中国的亚洲战场两线作战，打两个大战。“半个战争”指在东北亚或中东打一场小战。20 世纪 60 年代中后期，深陷于越南战争中的美国面临严重的经济政治危机，难以支撑“两个半战争”战略设想。尼克松上台后提出以伙伴关系、实力基础、和平谈判为主要内容的尼克松主义，调整全球战略，提出“一个半战争”，放弃在亚洲与中国作战的设想，集中力量对付苏联。美国从越南撤军，收缩针对中国的战略包围部署，打破对华关系僵局，谋求与中国关系正常化，利用中苏的对抗关系和中国对苏联的牵制，成功地防止了苏联在美国撤出后填补“真空”。另一方面，加强针对苏联的战略部署，着力防堵苏联在勃列日涅夫时期奉行的“进攻战略”，并将苏联拉入拼综合国力的军备竞赛。苏联经济遭受沉重的军备压力，丧失改革经济、改善民生的历史机遇，矛盾日积月累，困难重重，日甚一日，昔日的超级大国顷刻瓦解。

冷战格局以两极中一极崩溃而结束，美国成为冷战的最大赢家，是冷战结束后世界上唯一的超级大国。尼克松的战略调整取得巨大成功，与此同时美国又面临进行新的战略调整。2001 年“9·11”恐怖袭击延误了美国的战略调整，打了 10 年的反恐战争。在此期间，中国抓住难得的历史机遇，加大改革步伐，加快经济增长速度，国力高速增强，成为仅次于美国的第二大经济体。中国在全球的地位迅速提高，对亚洲国家，尤其是中国周边的东亚、东南亚、南亚国家的影响力、辐射力日益增强，具备了在亚洲居于主导地位的实力。这一变化凸显美国战略调整的迫切性，并使美国战略调整的针对性更为明朗化。

奥巴马上台后，美国启动战略调整，一方面决定从阿富汗撤军，不再将反恐战争作为对外战略的重点；另一方面对西太平洋海域、东亚、东南亚的关注度迅速上升，“重返亚洲”战略渐显端倪。关于美国的这次战略调整，有不同的提法，有“重返亚洲”“重返亚太”“亚太地区再平衡”等称谓。不过从奥巴马及美国政府高官对这些不同提法的阐释及美国实际的作为，可以看出以下主要内容及特征：

第一，讲“重返”，强调了这次调整是尼克松提出“一个半战争”战略部署以来美国又一次最为重要的战略调整，将“一个半战争”战略设想的从东亚、东南亚和西太平洋收缩的战略部署，改为将这一地带作为美国的战略重点，强化在这一地带的战略部署。

第二，不论讲“重返亚洲”，还是讲“重返亚太”，都不甚准确，从美国的实际作为来看，美国并非重返整个亚洲或整个亚太地区，美国所要重返的是东亚、东南亚及西太平洋水域，更确切地说，是围绕中国的周边地区、周边水域，有着特定的地域、水域指向。

第三，讲“再平衡”，暗含着耐人寻味的但又是心照不宣的特定含义，引诱人们理解这一特定含义所指的美国战略调整的特定对象。说穿了，美国所要再平衡的实际上就是由于中国经济的发展及军事力量的增强而导致该地区政治、经济、军事格局的变化及美国支配力的下降。

第四，不论讲“重返”，还是讲“再平衡”，其核心内容都是指军事力量、军事部署。这一点在希拉里论述美国“重返亚洲”战略的文章中说得十分明白：

> 亚洲经济在过去10年里的非凡增长及其在未来持续增长的潜力依赖于长期的安全与稳定，美国军队为提供这项保障做出了贡献。今天这个快速变化的地区所面临的各种挑战——领土和海事争端、对航行自由的新威胁等，都要求美国奉行一个在地理分布上更合理、运作上更具弹性、政治上更可持续的军力态势。①

2012年6月，美国国防部部长帕内塔在新加坡举行的第十一届香格里拉对话暨亚洲安全会议上，也着重阐述“美国在亚太地区再平衡”战略。

美国决定调整海军战舰部署，到2020年前将部署在太平洋舰只增至美国海军总舰只的60%，而在大西洋的部署降至40%。

第五，纠合美国在东亚、东南亚、太平洋地区的盟友及战略伙伴是美国进行战略再平衡的主要方式。近几年来，美国增多、增强了与日本、韩国、澳大利亚、印度、越南、菲律宾等国的联合军事演习。2012年上半年，美国与东亚、东南亚国家举行的联合军演就多达15次。“环太平洋演习”参演国家多达22个，规模及出动战舰、兵器的先进程度均超过以往。与越南、菲律宾、新加坡的军事合作近几年来明显加强，在菲律宾和新加坡的军事基地得到巩

① Clinton, Hillary, America's Pacific Century, *Foreign Policy*, Nov. 2011, 189.

固，在金兰湾军港得到越南提供的有偿维修服务，初步形成在南海地区的军事网络。

综上所述，美国“重返亚洲”的战略意图在于维护美国在东亚、东南亚地区和西太平洋的领导地位，强化在美国军事控制之下的安全与稳定。美国的这一战略意图包含着明显的针对中国的用意，试图扭转因中国崛起而带来的该地区地缘经济、地缘政治、地缘军事格局变化的趋向。

虽然，美国实施“重返亚洲”战略凭借其独占世界鳌头的军事力量，但今非昔比，美国的经济力量已不足以支撑美国实施“重返亚洲”战略。此外，虽然“重返亚洲”在很大程度上是针对中国的，但美国与中国的经济联系，中国经济在世界经济中的牵引作用是美国摆脱经济低迷所要依赖的，因此美国的此番战略调整不能损坏美国的对华经济利益，不能直接与中国全面对抗。

因此，美国之“重返亚洲”战略虽然在很大程度上包含着中国因素，但并不是一项与中国直接对抗的战略，而是对中国进行牵制的平衡战略，是通过其同盟者、伙伴、同路人来牵制中国的战略。要他们出面来制造事端、出头来挑衅中国，要他们来出钱维持联合军事活动开支与购买美国军火，美国予以一定程度的支持与怂恿，但维持居间调停、平衡的姿态，从而获取和巩固支配地位。

2. 美国怂恿支持印度加大“东向”力度

印度并非东亚、东南亚国家，但对于美国实施“重返亚洲”战略来说，是一支可借助的重要力量。美国提出“重返亚洲”战略后，多方拉拢印度，扩大双方军事合作，怂恿和支持印度加大“东向”力度。

奥巴马政府上台后向印度提供巨额美元军售，将印度的多家机构从军售管制的“黑名单”中删除；两国签署《反恐合作倡议》，启动两国间战略级别的国土安全对话；高调支持印度成为联合国安理会常任理事国。2011 年 7 月，美国国务卿希拉里·克林顿出席第二轮美印战略对话，在访问印度金奈时发表讲话称：“现在该是领导的时刻了。印度不应该只是‘向东看’，而应该有所行动。”《印度斯坦时报》2011 年 7 月 21 日对此评论说，在所有新兴国家中，美国对印度成为“全球性玩家”的潜力倾注了最多的热情。

美国拉拢印度，怂恿和支持加大“东向”力度，其战略考虑并不在于与中国全面对抗，而是使印度加入防范中国的战略网络中，造成印度与日本等国牵制围困中国的态势。只要造成这个态势，它就可以将日本继续捆在其战略轨道上，就可以将印度编织在其“重返亚洲”的战略网络中，就可以使日本、印度及其他国家依赖于美国提供的安全保障，大量购买美国军火，向美国提供军事基地；就可以延缓、阻止中国崛起的势头，限制中国对周边地区的影响力和辐射力。印度也不愿卷入对中国的战争，它也只想凭借这一态势使中国纠缠在西太平洋，从而获得经营印度洋的历史机遇。“引而不发，跃如也”，这正美国与印度所需要的战略态势。

（二）印度官方“中国威胁论”的提升

1. 中印边界谈判面临的困境

1988 年拉・甘地访华是中印关系演变进程中的重要转折点，被称为破冰之旅。自此中印关系走出僵局，朝向稳定成熟、友好合作的方向发展。之所以出现这一转折，主要得益于双方达成的两点共识：第一，双方同意通过和平友好方式协商解决这一问题，并寻求双方都能接受的边界问题解决办法；第二，双方同意在寻求解决边界问题办法的同时，积极发展其他方面的关系，努力创造有利于合情合理解决边界问题的气氛和条件。双方建立关于边界问题的联合工作小组和经贸、科技联合小组分别展开商谈与交流。

20 余年来，中印在经济贸易、教育文化方面的合作与交流直线上升，推动两国关系进入稳定的、全面的战略伙伴关系的发展轨道。

在边界问题谈判方面，中印双方围绕稳定边界地区局势，推进边界问题的解决，进行了旷日持久的谈判，付出了坚持不懈的努力。1988 年拉・甘地访华时双方协商建立的边界问题联合工作小组共进行了 14 轮谈判，先后达成《关于在中印边境实际控制线地区保持和平与安宁的协定》《关于在中印边境实际控制线地区军事领域建立信任措施的协定》。这两个协定有效地维护了中印边境地区实际控制线两侧的和平与稳定。2003 年 6 月，瓦杰帕依访华，双方决定任命特别代表“从两国关系大局的政治角度出发，探讨解决边界问题的框架”。至 2010 年 11 月，共举行了 14 轮特别代表会谈，2005 年双方签署《解决边界问题的政治指导原则的协定》。应该说在边界问题上，经过双方的努力，维护了边界的稳定与和平，取得了重要的阶段性成果，但是，与经贸关系直线增长相比较，仍显曲折艰难，要取得实质性的突破最终解决边界问题尚须作出高瞻远瞩的政治决断，既需要作出政治决断的勇气，还需要高超的智慧与耐心。

2. “中国威胁论”再度提升

2008 年 1 月，印度曼莫罕·辛格总理访华，在双方达成的《中华人民共和国和印度共和国关于二十一世纪的共同展望》中表示：（双方）决心以 2005 年 4 月共同达成的关于《解决边界问题的政治指导原则的协定》为基础，寻求公平合理和双方都能接受的方式解决问题，构建和平与友好的边界。双方特别代表应在该协定基础上尽早达成解决框架。[①] 然而，就在结束访问后的两天，印度政府就宣布曼莫罕·辛格总理访问中印双方存在领土争议的阿鲁纳恰尔。访问期间，在阿鲁纳恰尔首府伊塔纳加尔的群众集会上，曼莫汉·辛格宣称“太阳首先在阿鲁纳恰尔邦亲吻印度”，“它是我们太阳升起的地方”，以比喻的方式阐述阿鲁纳恰尔是印度的一个组成部分的立场，在边界问题发出一个明确和强硬的信号，表明印度政府在阿鲁纳恰尔和达旺问题上的立场。随后，印度在边境地区增兵，提升边境地区武器装备。印度一些主要媒体登载文章，指责中国，要求印度政府在边界问题、达赖问题上采取强硬立场。

从总体上来说，中印关系是友好的和成熟的，边境地区是和平的和稳定的。但是，在边界谈判未能取得实质性突破、边界问题长期悬而未决的阴影下，印度官方“中国威胁论”调子的分贝提升了。2011 年、2012 年印度国防部年度报告突出“中国威胁”，声称中国的强盛是对印度安全的“潜在威胁”，要“警惕和留心”中国在印度周边国家部署军队，防止中国影响向印度的扩展。[②] 印度陆军总司令 V. K. 辛格在印度陆战研究中心组织 2010 年 10 月举行的“印度陆军：新兴的角色与任务”（India Army：Emerging Roles and Tasks）研讨会上称，印度“与中国的边界或许是稳定的，但陆军不能心存侥幸，因为争议仍未解决”；“印度需要留心北京的意图及其增长的军事和经济能力”[③]。

① 《中华人民共和国和印度共和国关于二十一世纪的共同展望》，《人民日报》2008 年 1 月 16 日。

② Military of Defence，Government of India，*Annual Report 2011 – 12*，http：//mod. nic. in/reports/AR – eng – 2012. pdf，p. 6.

③ Rahul Singh，“China，Pak major security irritants”，*Hindustan Times*，October 15，2010，http：//www. hindustantimes. com/India – news/NorthIndia/China – Pak – major – security – irritants/Article1 – 613345. aspx.

（三）印度“东向政策”中制衡中国因素的增长

近年来，印度的“东向政策”中制衡中国的因素显著增长。表现为：

第一，以“航海自由”为名，干扰中国维权。在印度对华战略互信的负面因素方面，印度最为疑惧的是中国海上实力的增强，尤其担忧随着中国在西太平洋海上地位的巩固，中国海上军力向印度洋推进，挑战印度在印度洋的优势，进而动摇印度对南亚次大陆的主导。在第二阶段的“东向政策”中，印度海上军事力量的“东进”西太平洋的目的之一就是将中国牵制在东海、南海等西太平洋水域，而无暇西进。为此，印度鼓吹“航海自由”的法螺，配合与中国存在海岛与海域争端国家，为中国实施“搁置争议，共同开发”制造难题与困难，干扰中国的维权。2012 年，印度不顾中国不要插手南海问题的劝告，与越南在有争议海域联合开发石油，4 月 6 日印度外长克里希纳发表讲话称“印度主张南海是全世界的财产，其航道必须不受任何国家的干扰，被用于促进相关国家的贸易行为”。[①] 印度将维护“航海自由”视为其权利，并将之作为插手南海问题、制衡中国的行为“依据”。

第二，印度将与美国、日本、韩国、澳大利亚、越南、菲律宾、马来西亚、新加坡等国的军事合作作为进入太平洋的所要获得的外部支撑与“制衡”中国的战略伙伴，尤其令人瞩目的是，印度与日本的接近，及在美国驱动之下的美、印、日三国在亚太地区及西太平洋的防务合作关系的建立。

近年来印日防务合作，尤其是海上的防务合作进展迅速。2011 年 11 月，印度国防部部长安东尼访问日本，与日防卫相举行会谈，双方表示确保海上航路安全是两国共同利益，并就举行双边军事演习，促进印度陆军、空军与日本陆、空自卫队军事合作等达成一致。12 月，日本首相野田佳彦与印度总理辛格会谈，进一步讨论拓展两国打击海盗和海洋安全的合作问题。2012 年，印日按照安东尼访问时与日本达成的共识，举行首次印日海军联合演习。与此同时，美、印、日三方防务合作也在紧锣密鼓中推进。2011 年、2012 年，美、日、印就亚太地区问题尤其是海上安全问题连续举行首次和第二次三方会谈。

① 印度外长克里希纳 4 月 6 日讲话，环球时报－环球网，2012－04－07。

印度与美、日在亚太地区及西太平洋的防务合作关系的建立，使印度“东向政策”的实施从马六甲海峡跃进至日本海，有了长足的推进；而美国则通过三方的防务合作，“重返亚洲”战略形成东、北、西南三个方向合力并进的态势；除其军事盟友日本外，美国还获得了在亚非发展中国家具有重要地位和影响的印度的辅助，壮大制衡中国的声势。

当然在分析印度的“东向政策”与美国的“重返亚洲”战略之间的关系时，还应当指出，印度作为崛起中的发展中国家，与当今执掌世界霸权的美国有着结构性差异和重大的利害差别及价值观分歧。说到底，印度与美国的分歧是崛起中的第三世界国家与力图维持现有支配地位的超级大国之间的矛盾，此消彼长是这种矛盾演变的不可避免的结果。而在这些方面，中印间有着更为相近观点和立场，有着共同的利益和目标。因此，印度“东向政策”与美国“重返亚洲”战略的契合，仅是双方出于短期目的、针对特定对象而采取权宜之计的结果，而双方的分歧则是长期发生作用的结构性因素。印度只能充当美国“重返亚洲”一段时期内的同路人，而不可能完全投入美国的战略轨道。

对于中印这两个共同崛起的大国来说，当前双方关系又来到了一个重大的历史转折点。从印度独立至今，中印关系经历从20世纪50年代到1988年拉·甘地访华近40年的跌宕起伏期和拉·甘地访华后将近25年的稳定合作期。后25年的稳定与合作不仅为中印开创了有利的周边环境，同时也对中印两国经济发展和自身国力的增强做出了积极的贡献。经过25年的发展壮大，中印都开始朝着世界强国的目标迈进。中印关系已经走出双边范畴而具有全球意义，双方的利害关系格局也随之发生巨大变化而具有全球性。走向深蓝色的远洋是走向世界强国的必然途径。印度之走出印度洋东进太平洋如同中国走出太平洋西进印度洋一样都是势所必至、理所当然的。问题在于以什么样的方式扬帆远航。从世界历史来看，在新兴强国崛起的历史进程中，与国际格局中既成大国的关系对于决定其命运固然是极其重要的，但是与其他同时崛起大国的关系也具有同样重要的意义。是同舟共济、合作共赢，共同开创新的世界格局，还是被分化离间，目标相同却分道扬镳，以至鹬蚌相争？当前，中印关系正处于这样一个历史性的十字路口。在某种程度上，这又是一个敏感易变的过渡性关口，考验着双方政治领导人和一般民众的政治远见、胆识、气度和智慧。

B.5

“印-太平洋”：印度海洋战略的建构与拓展

王敏梓　章节根*

摘　要：

随着印度-太平洋地区战略地位的日益凸显，印度的外交战略也希望实现从“东向政策”到印-太平洋战略的转变。印度的印-太平洋战略是基于多方面的考虑，如实现印度的大国抱负，遏制中国的崛起，特别是中国在印度洋地区影响力的增长。印度的印-太平洋战略还具有明显的层级性，印度洋是该战略的核心层，主要是防止域外大国对“印度之洋”的干涉。太平洋是该战略的外层，主要是通过发展与该区域的大国或关键国家的合作来实现印度影响力的存在与拓展，保证印度洋与太平洋间的战略通道安全，并牵制、抵消中国在印度洋地区的影响。尽管印度的印-太平洋战略无疑为印度的发展提供了新机遇和空间，但是印度的印-太平洋战略面临内外两方面的挑战。内部挑战是受自身所限，因为即使在印度洋地区，印度也不能实现绝对的控制；外部挑战源于印度的印-太平洋战略与该区域的其他大国的战略出现交叠，容易出现竞争和冲突。

关键词：

印度　印-太平洋战略　东向战略

一　引言

2011年9月15日，印度外长克里希纳访问越南期间，《印度斯坦时报》

* 王敏梓，复旦大学国际关系与公共事务学院2010级硕士研究生；章节根，复旦大学国际问题研究院南亚研究中心助理研究员。

报道，印度国有石油天然气公司（ONGC）计划进入南中国海争议海域开发油气资源，并称有关计划已获越南许可。16日，印越两国决定加强在油气资源领域的开发合作，并决定继续ONGC合作项目[①]，这使得本就处于紧张状态的南中国海形势进一步复杂化。这一事件再次表明印度正积极向东进取，其在海洋方面也表现出日益强烈的“东向”趋势。

印度的“东向政策”始于冷战结束后，其初衷是为了摆脱国内严重的经济危机，同时改变印度日趋边缘化的国际地位，以服务于其大国战略。因此印度政府提出了以经济为核心的“经济外交”和“全方位外交”，将东盟和东南亚国家作为战略重心，加强政治、经济、文化的对话与合作。这本是一个以对外经济政策为出发点的战略，但经过近20年的发展，印度的“东向政策”逐步超越了经贸、文化的范畴，开始向军事、安全领域扩展，同时伴随着印度本身军事实力，尤其是海军实力的迅速增强。印度对于海权的重视一方面来源于其地理位置的优势，另一方面则是长期以来的历史经验和地缘政治理论，尤其是马汉海权论的影响。印度半岛深入印度洋，扼有重要的海上交通线，拥有超过1000个岛礁，无论是经济发展、资源供给还是战略安全方面，印度洋对于印度都有着至关重要的影响。在印度学者的著作中，随处可见马汉的那句经典论述“谁控制了印度洋谁就控制了亚洲”，“21世纪世界的命运取决于这片水域”。印度的海权论者据此认为，印度的地缘优势决定了它必将寻求海洋为其国家拓展空间的突破点，在实践中海洋安全战略也越来越多反映立足印度洋并向外拓展的趋势。

“印－太平洋”（Indo-Pacific）原本是一个地理概念，包括从印度洋到中部太平洋的广阔热带水域，这一海域也因其丰富的海洋生物与鱼类栖息资源而成为生态学、气象学以及生物学研究的重点。然而这一地理概念越来越多地被引入到地缘政治的领域，将原本独立的两片水域——印度洋与太平洋整合为一。尤其是印度的“东向政策”进入第二阶段后，其海洋政策的外延不断拓展，战略化的趋势增强。在海洋安全方面，印度表现出越来越强的向外拓展的

① 李向阳主编《亚太地区发展报告：崛起中的印度与变动中的东亚（2012）》，中国社会科学院亚洲太平洋研究所，社会科学文献出版社，2012，第223页。

趋势，即依靠印度洋为中心，呈同心圆状向外辐射，辐射范围包括从东南亚到太平洋的区域。由此，不仅在太平洋区域呈现大国间（主要是中国、美国与印度）的战略交叠，而且这种战略的交叠也同样出现在印度洋区域。宣布“重返亚太”的美国开始从地缘与战略的角度，频繁地使用这一概念，提出“印－太平洋”区域已经成为新的地缘政治的中心。而在此条件下，印度成为美国在这一区域维持安全与稳定的潜在伙伴。

“印－太平洋”概念也开始为印度政府所使用，反映在官方讲话中，更多地是作为对美国的回应。但是，对于这一区域的重视也逐渐体现在印度自身的战略设计和政策方针中。印度在西太平洋水域活动的增加，一方面展示了印度不断增长的海军投射能力，另一方面也是“印－太平洋”地区影响力增加的写照。随着中国海军现代化以及建设蓝水海军的进程发展，美印两国开始将中国因素看作在这一广阔区域所面临的主要挑战。因而，太平洋地区逐渐浮现，“印－太平洋”区域出现由地缘概念转变为战略观的趋势，开始逐渐形成以军事、外交、经济等因素为支柱，包括美国及其盟友、中国与印度的战略交叠图景。

但是印度实现“印－太平洋”地区的战略抱负并非一帆风顺。印度在发展海军军力的过程中，曾一度引起东南亚国家的猜忌，尽管其采取外交手段最终平复，但是依然显示了海洋安全战略在东向过程中有可能遇到的阻力。同时，一些非传统安全的现象出现，使印度在打击恐怖主义与海盗的问题上急需进行海上合作。传统的以印度为中心，将印度洋作为“后院”的海洋观也面临着相应的挑战。

对于“印－太平洋”概念和区域战略的研究，中国相比国外研究而言存在着时滞性。这一概念由美国提出并在官方讲话中频繁使用，取代了其一贯使用的“亚太地区”的概念。这样一个新的地缘政治概念的出现，也开始吸引国际关系学界的注意，对于这一区域的研究逐渐升温。詹姆斯·R. 福尔摩斯和吉原俊井在文章中就提到“‘印－太平洋’舞台是一个没有缝隙的完整区域”[①]，麦克·

① James R. Holmes and Toshi Yoshihara, “Don't expect much from Japan in the Indian Ocean”, *Journal of Military and Strategic Studies*, Vol. 13, No. 2, 2011, p. 10.

奥斯林（Michael Auslin）在《“印-太平洋”地区的临界点》（*Tipping points in the Indo-Pacific*）一文中讨论了更为广阔的“印-太平洋”区域的概念化，以及在这一区域存在的共识和主要势力之间的争夺。在这一区域中，西方学者普遍倾向于认为美国所面临的最大挑战来源于中国的崛起，而美国倾向于接纳存在共同认知和利益的国家加入以牵制中国的崛起，印度就是其中之一。

印度著名的战略学家拉贾·莫汉（C. Raja Mohan）在他的新书《“印-太平洋”地区的中印对立》（*Sino-India Rivalry in the Indo-Pacific*）中提出，中印两国的崛起和海上对峙轮廓的显现一定程度上改变了现有的较为熟悉的地缘政治概念，而伴随着“印-太平洋”这样一个新的地缘政治舞台的显现，中印有机会共同塑造地区秩序。

二 印度与印度洋海洋安全

（一）印度洋——印度海洋安全战略中的地缘因素

印度毫无疑问是一个海洋国家，但是和其他国家所不同的是，印度的领土呈楔形状插入印度洋内，并将其划分为东西两个区域。延伸至印度洋的印度半岛被阿拉伯海和孟加拉湾所包围，印度洋的广阔空间即展示在印度面前。在这片广阔的区域内，印度拥有超过1000个岛礁，长达1300公里的海岸线，以及由此带来的广阔的专属经济区。印度洋赋予印度绝佳的地缘属性，既有专属经济区内丰富的能源资源，也有印度洋本身的地缘因素，这两方面决定了印度洋在印度海洋安全战略中的地位。

首先，印度洋有着丰富的战略与能源资源。据分析，印度洋沿岸地区油气储量丰富，全世界有40%的石油产品源于这里，而且占据65%的石油与35%的天然气矿藏，以及超过世界60%的铀、40%的金矿和80%的钻石资源，此外，矿物资源如锂、铍、镍、钴及磷酸盐也十分丰富。① 这些丰富的能源资

① P. K. Das, “Maritime Dimensions of Indian Security”, *Indian Defense Review*, Vol. 18, No. 2, 2003, pp. 43-47.

源，对于印度的经济发展有着重要的意义。

其次，印度洋的海上交通线在国际航运业中的地位十分突出，全世界的海运中大约有1/2需要经由印度洋，而其中20%是能源运输。由于地理位置的因素，在印度洋上所进行的贸易运输有3/4是石油和天然气，预计到2020年，仅波斯湾产出的石油即占到全世界的35%。因此海上运输线对于世界经济而言有着至关重要的影响，随着各国对于原油需求的增加，波斯湾经由印度洋运输原油的交通线，一旦被切断，就会对国家乃至世界经济造成致命的影响，这不仅是印度在印度洋存在的国家利益所在，也是历史上主要大国争夺印度洋、现在的美国不断增强在印度洋上的军事存在的关键。

在印度洋地区主要的海上交通线上，分布着为数较多的“咽喉”（chokepoint），这些狭窄的海峡或通道由于本身的限制，相比较开阔的海域而言对过往船只造成了极高的风险。一旦这些“咽喉”被关闭，船只就必须选择更远且更昂贵的替代航线，因此，这些“咽喉”也同样是控制经由印度洋的主要海上交通线的关键。

表1列出了经由印度洋的9条海上通道以及控制这些通道的“咽喉”。在9条通道中有5条是关键的海上交通线，这些关键的运输线由于海域狭窄而在战略意义上的作用极为重要。马汉在《海军战略》一书中指出：“狭窄海域中的位置比起那些大洋中的位置更为重要，因为很少有可能迂回绕过它们。假如这些海域不只是旅程的目的地——‘终点’——而是连续航程的‘公路’的一部分，就是说，假如贸易船只不只是到达此处，而是途经该处驶往以外的其他各地，则过往船只的数量必然增加，从而各控制据点的战略价值也必然增大。”[①] 而随着近年来一些区域的非传统安全威胁上升，这些通道所面临的来自非国家行为体的威胁远远大于来自其他国家的威胁，最主要的是恐怖主义和海盗的猖獗。一方面，非传统安全威胁的上升使印度在印度洋的海洋安全战略面临更多的挑战，单凭其现有的国力并无法实现其战略设想；另一方面，印

① 〔美〕马汉（Mahan，A. T.），《海军战略》，蔡鸿幹等译，北京：商务印书馆，2009年5月，第130页。

度洋的安全问题则持续升温，主要大国需要通过加强合作的方式，来维持地区稳定，保障海上通道的安全畅通。

表1　印度洋上9条主要海上交通线

编号	路线	咽喉(chokepoints)	备注
1	欧洲和南美洲经好望角路线	好望角	关键的石油海上交通运输线 主要是无法通过苏伊士运河的大型船只经过
2	欧洲经苏伊士运河路线	苏伊士运河 曼德海峡	关键的石油海上交通运输线 受苏伊士运河本身限制,最大吃水量不超过58英尺
3	波斯湾	霍尔木兹海峡	关键的石油海上交通运输线
4	东亚经由马六甲海峡路线	马六甲海峡	关键的石油海上交通运输线 受马六甲海峡本身的限制,最大吃水深度72英尺
5	东亚经由巽他海峡路线	巽他海峡	作为马六甲海峡和龙目海峡的替代路线,通行较困难
6	经过龙目海峡到达东亚路线	龙目海峡	关键的石油海上交通运输线 主要由无法经由马六甲海峡的大型船只通行
7	经过托雷斯海峡到达东亚路线	托雷斯海峡	船只最大吃水深度为36英尺,较难通行,经济价值较低
8	通往南太平洋路线	塔斯曼海	经济价值较低
9	拉克沙群岛路线	九度海峡	对船只无限制

可以说，印度洋极端重要的地理位置和资源优势与这一地区的不安全性和不稳定性形成了鲜明的对照。除了非传统安全威胁，在印度洋区域内存在的失败国家现象比较多，大多数国家处于分裂或贫困的状态，而这种状态进一步加剧了非传统安全威胁如恐怖主义的滋生。因此，印度洋上没有也暂时无法形成一种相对成熟稳定的地区秩序。面对这种情形，主要的大国如美国，必然会加强对这一区域的介入，作为主要亚洲国家以及美国能源利益的交会点，保证印度洋地区和海上交通线的安全是美国的利益所在。

（二）门罗主义——印度的印度洋战略及其驱动力

印度洋在印度当前的海洋安全战略中处于核心位置，很多学者指出，印度长期以来均致力于将印度洋变为“印度之洋”。印度洋对于印度的重要意义，最初可以追溯到马汉那句著名的论断，“谁控制了印度洋谁就控制了亚洲。印度洋是七大洋中的关键。21 世纪世界的命运决定于这片水域"[①]，而潘尼迦那本著名的《印度与印度洋：略论海权对印度历史的影响》一书中，也提出"印度的前途不决定于陆地的边境，而决定于从三面围绕印度的广阔海洋"[②]。这样的论断深深地影响了印度的战略精英以及海权思想家，印度总理辛格在谈到海洋安全战略时说，"我们的战略考虑应该包含整个印度洋，明白这个事实就可以指导我们的战略思考和防务计划。"[③]

门罗主义发表于 1823 年，时任美国总统的詹姆斯·门罗在对国会演讲的国情咨文中提出："美国大陆要维持其自由和独立的地位，而不应该被任何欧洲强国当做殖民的对象。"[④] 而这一宣言，成为美国外交的重要基石。由此引申出的印度版的门罗主义，是覆盖印度洋地区、旨在遏止区外大国干涉或染指地区事务的战略原则，被许多学者用来形容印度在印度洋的海洋安全战略。在印度独立之初，由于国力虚弱加之多年殖民的历史，印度急需稳定的内部和外部环境发展经济。因此，门罗主义为印度外交提供了借鉴。当时的印度总理尼赫鲁即强调，"任何外部势力的干涉都是印度所不能容忍的"，尽管印度十分弱小，但是"印度会尽其所能予以回击"[⑤]。在尼赫鲁时期，受制于国力等现实因素，门罗主义发挥的范围和作用十分有限，但是依然在其外交政策中留下印记。一些学者指出，印度长期奉行的不结盟政策，即带有门罗主义的色彩，而这一思想也逐渐扎根于印度的战略思想中。随着印度国力的增长，后尼赫鲁时期的门罗主义逐步拓展到印度周边乃至印度洋区域，并且表现出排他性、针对性和扩张性的特点。

在 2007 年印度发布的海洋安全战略中，印度提出其首要的海洋利益是

---

① G. S. Khurana, "Maritime Security in the Indian Ocean: Convergence Plus Cooperation Equals Resonance", *Stratefic Analysis*, Vol. 28, No. 3, July-September 2004, pp. 411 -426.

② 〔印〕K. M. 潘尼迦：《印度和印度洋——略论海权对印度历史的影响》，世界知识出版社，1966，第 1 页。

③ Manmohan Singh, "PM's Address at the Combined Commanders Conference" [EB/OL], October 24, 2004. URL: http://pmindia. nic. in/speech/content. asp? id = 37.

④ James R. Holmes, Toshi Yoshihara, "Strong Man, Constable, or Free Rider? India's 'Moroe Doctrine' and Indian Navy Strategy", *Comparative Strategy*, Vol. 28, No, 4, September 17, 2009, pp. 332 -348.

⑤ Jawaharlal Nehru, *India's Foreign Policy: Selected Speeches, September 1946 - April 1961*, New Delhi: Government of India, 1961, pp. 113 -115.

“确保国家安全，防止域外势力的干涉”①。这一海洋安全战略的官方文件，以“自由使用海洋”为标题，其中不仅涵盖了海上交通通道的安全，而且包括人道主义救援、救灾、护航等公共物品的提供，在印度洋地区提供国际公共物品，则可以对区域外的干涉势力形成缓冲，确保国家安全和国内的经济发展。印度对于印度洋地区的门罗主义倾向，不仅是历史的产物，更有着现实的考量。印度洋地区对于印度的至关重要的作用，源于印度对于能源进口的严重依赖。能源对于保持经济增长有着至关重要的作用，而在未来的20年中，印度的能源需求量将以每年3%～4%的速度增长，而印度本身只拥有大概0.4%的石油资源，仅靠国内根本无法完全满足需求，对外依存达到70%，而这一比例在2025年则会扩大至95%（参考图1）。而从石油进口的来源看，有67%的原油来源于中东地区（参考图2）。这就意味着，控制印度洋以及其中的海上交通线，即可保证印度能源供应的稳定性，不至于出现因为能源进口不足而打乱经济发展秩序，从而影响国家安全。因此，任何域外大国的染指都会引发印度的不安，在印度洋地区表现出的海洋安全战略的排他性，更多是战略思想影响下维护国家利益和国内安全的需要。但是，以印度当前的国力，并无法完全实现对印度洋的独控，因此它采取了一种威慑的姿态来防止域外大国的干涉。

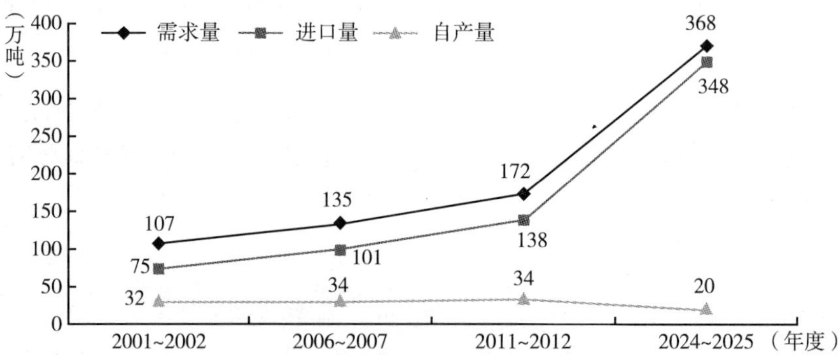

图1　2001～2025年印度国内石油需求

资料来源：India Hydrocarbon Vision（IHV）2025，网址：http：//petroleum. nic. in/vision. doc。

① Sureesh Mehta，in Government of India，Freedom to Use the Seas：India's Maritime Military Strategy，New Delhi：Headquarters，Ministry of Defence（Navy），May 28，2007，p. 3.

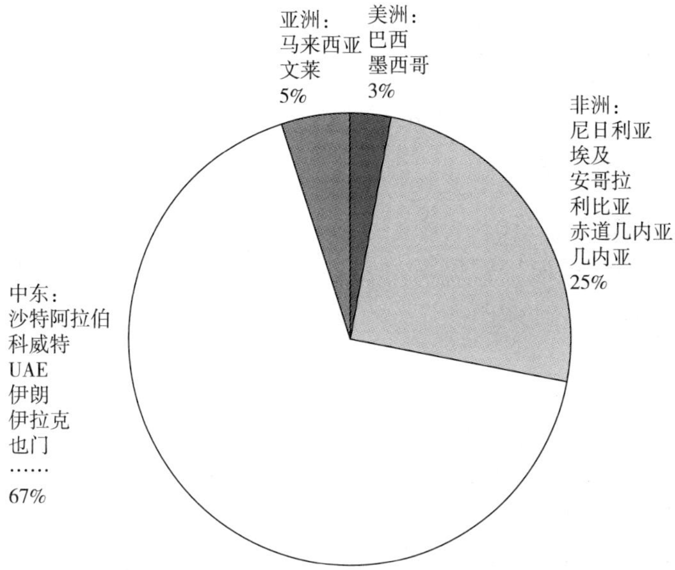

图 2　印度石油进口来源构成

资料来源：MoPNG（Ministry of Petroleum and Natural Gas），网址：http：//www. petroleum. nic. in/。

但是，印度洋在赋予印度强大的地理优势的同时，也带来了安全上的隐患。印度领土有一部分直刺入印度洋，形成了三面环海的形势。印度在坐拥广阔的专属经济区的同时，也面临着来自海上的威胁。1971 年印巴战争期间，美国的第七舰队长驱直入抵达孟加拉湾，这样的历史很长一段时间都影响着印度的战略走向。印度对于控制印度洋的孜孜不倦的追求，实际上更多是受防御性现实主义理念的驱使，控制印度洋即控制了进入印度洋区域的直接威胁印度安全的势力。在印度政府看来，这未尝不是一种现实的考虑。

印度洋是印度实现大国梦的战略依托。通过覆盖印度洋的海上交通线，印度得以将其战略触角延伸至印度洋以外地区，以马六甲海峡为例，作为连接太平洋和印度洋的关键通道，为印度创造了同东南亚国家进行安全合作的战略环境及需求。同时，在印度洋上的绝对优势，可以排除主要的威胁因素，推动印度向太平洋方向的战略拓展，从而将影响力逐步推进到世界范围。

印度将自己定义为印度洋区域天然的大国，自 20 世纪 70 年代起，伴随着海军实力的上升，印度开始将印度洋纳入海洋安全战略中，并努力阻止任何区域外势力的渗入。

印度的战略抱负首先是由印度洋地区的现状所决定的。在印度洋沿岸国家中，一些印度洋上的岛国和非洲国家，领土面积有限且经济贫困，军事实力几乎可以忽略不计，失败国家的比例极高；而在中东，领土争端取代了海洋战略在国家安全考量中的位置；其他如东南亚国家，它们的地缘战略利益主要面向亚太方向，而非印度洋。印度确实是沿岸国家中最有实力的海权国家。

其次，印度对于印度洋的战略抱负同自身的海军能力密切相关。在冷战期间，印度由于缺少经济资源以及两个超级大国在印度洋上的对抗状态，限制了印度对于印度洋梦想的追寻。然而在印度实行海军现代化以及打造“蓝水海军”的计划以来，海军规模不断增加，并逐渐开始强调“控海”（sea control）能力。伴随着海军实力的不断增长，印度开始在印度洋区域增强影响力，并试图限制中国在这一区域发挥作用。印度在印度洋地区的战略目标可以概括为：扩大在整个印度洋地区的影响力，作为印度洋地区的大国发挥领导作用，保证海上交通线的安全，阻止中国向印度洋地区的战略拓展以及维护与印度洋周边国家的双边关系。与在次要利益领域的小心谨慎不同，印度在印度洋地区表现得十分野心勃勃，试图创造一种阻止或限制域外大国军事存在的情境。

印度洋在印度的战略设计中处于核心地位，这是由印度洋本身的地缘因素、印度对于能源的巨大依赖、海军能力的不断增强以及逐渐成形的海洋观决定的。但是，目标的设定无法等同于具体的实施，即使是在能够发挥影响力的印度洋地区，印度也遭遇到挑战。

（三）印度在印度洋面临的新情况

1. “珍珠链战略”

“珍珠链战略”是美国创造的，用以推定中国在印度洋地区战略的概念。这一概念最早出现于2004年提交给时任美国国防部部长拉姆斯菲尔德的名为《亚洲能源未来》的内部报告中。报告指出，中国正努力建设一支远洋海军和海下报复能力以“保护海上通道”，并“正在从中东到南海的海上通道沿线建立战略关系，从而显示保卫其能源利益和实现广泛安全目标的一种防御和进攻性态势"①。报告中所提的"珍珠链"见表2。

表2　美国提出的"珍珠链"概念

名　　称	内　　　容
孟加拉国	在吉大港修建港口设施
缅甸	建立海军基地
柬埔寨	2003签订军购协议
南中国海	强调主权归属，在海南岛进行军力建设，增强投射能力
泰国	考虑在克拉地峡投资修建运河

资料来源：《华盛顿邮报》，http：//www.washingtontimes.com/news/2005/jan/17/2005－01－17－11550－1929r//print/。

在这一概念诞生后，经过美国战略学家和主要政府报告的渲染，已经固化为中国向马六甲海峡及印度洋地区投射力量、增强军事存在的专有词汇，并开始频繁见诸媒体甚至官方文件。这对于极度关注印度洋地区的印度而言无疑是个敏感的信号。一些印度学者开始对"珍珠链战略"进行研究，并对其实施结果进行评估。在2004年印度发布的海军战略报告中就尤其强调了中国对印度进行战略包围的企图，指出中国正在指涉印度的海洋区域。② 此外，印度官方也对中国增强印度洋军事存在的可能与趋势高度关注。2011年，中国航母海试即引发了对中国海军势力增强的担忧，认为这是"对印度后院——印度洋的主要挑战"③。但与此同时也有学者认为，该战略根本不存在，只是美国哗众取宠的渲染而已。

此外，中国对于印度洋区域国家的访问，如马尔代夫、毛里求斯、塞舌岛等，都可能被解释为包围印度的"珍珠链战略"。同样，还有2008年中国在亚丁湾进行的护航行动以及2011年购入首艘航母并成功海试。这些举动无疑不在牵动印度一些战略家敏感的神经。但是毫无疑问，中国发展蓝水海军的动

① 刘庆：《"珍珠链战略"：印度的认知与应对》，《南亚研究季刊》2010年第2期，第21~27页。

② Indian Navy, *Indian Maritime Doctrine*, New Delhi: Ministry of Defense, 2004, p. 54.

③ "China's Aircraft Carrier Begins Sea Trials", *Times of India*, August 10, 2011, URL: http://articles.timesofindia.indiatimes.com/2011－08－10/china/29871560_1_aircraft－carrier－admiral－gorshkov－sea－trials.

机无论为何，其实力的增长已是不争的事实。而为了提升海军的投射能力，海外基地是无法绕开的问题。

事实上，关于中国发展海外基地一直是美印两国关心的敏感问题之一，这不仅是拓展势力范围以及军事存在的一种潜在信号，更有改变现有海洋秩序的趋势。与此同时，在中国国内也同样存在两种声音，一种认为在海外建立军事基地会对中国和平崛起的形象造成损害，激起敌意，无异于自杀式行为；而另一种观点则认为中国并无须回避建立海外军事基地的意图与想法，因为中国同样需要一支蓝水海军，并依靠这些基地降低补给成本。[①] 而无论是哪一种观点最终占据主导，将中国扩大影响与存在理解为试图控制印度洋有些牵强，毕竟除了在巴基斯坦的民用基地、在瓜达尔港的海军基地以及对缅甸的海军设施提供帮助外，其他的“基地”仅仅是源于对中国加入商业港口的基础设施建设所作出的推断。在发展军力方面，中国长期以来表现出相对的谨慎，以不损害所提出的“和平崛起”的口号。即使排除历史的因素，就现实考虑而言，“珍珠链战略”不仅不是优先的选择，反而可能造成双输的局面。首先，和印度一样，中国对于能源进口的依赖，使得它对于保障海上交通线的安全问题十分重视，尤其是马六甲海峡。因此，中国在印度洋地区要保护的，首先是经济利益。其次，从理性选择的角度而言，鉴于印度在印度洋所拥有的地理上的优势，中国要和印度在这一区域进行对抗，明显是不明智的，因为目前看来，仅就保护海上交通线这一目标，中印之间的战略利益是重合的，中国没有必要冒挑战印度在印度洋地位的风险来实现目标，相反，两国之间的互利合作才是实现目标的双赢模式。

针对美国提出的中国“珍珠链战略”，印度也开始培养自己的“珍珠”，与中国展开了争夺盟友之战。同时，印度海军投射能力进一步增强，有很多学者提出，印度介入南中国海问题，一定程度上是为了抵消中国介入印度洋区域的成果，利用领土争端牵制中国，限制中国在印度洋地区的战略角色。

中印两国在印度洋区域的交锋，现实地阐述了国际关系领域的经典问

① 参见复旦大学沈丁立教授，“Don't shun the idea of setting up overseas military bases”，网址：http：//www. china. org. cn/opinion/2010 -01/28/content_ 19324522_ 3. htm. 沈丁立教授在文中提出建立海外军事基地需要处理的三类国际关系：（1）基地军队与东道国；（2）基地军队与东道国的邻国；（3）大国之间。上网时间：2013 年 1 月 8 日。

题——安全困境，即一国军事实力的增加必然会引起其他国家的担忧，即使是出于防御目的增强军备，也会被认为对于其他国家的威胁从而做出反应。尽管中国一再强调，在巴基斯坦的基地属于民用性质，但印度始终认为，该基地具备随时可以转换为军事基地的能力，也存在这种可能。而中国从20世纪80年代开启的蓝水海军计划，也使印度处于十分紧张的状态，中国介入印度洋地区，对于缺乏双边互信的中印关系而言，是沉重的打击。

2. 马六甲海峡

马六甲海峡位于东南亚马来半岛与苏门答腊岛之间，并在一个多世纪以来都是连接印度洋与太平洋最为重要的海上通道，是位于印度洋上众多“咽喉”之一。海峡为东南－西北走向，全长550海里，适合通航最窄处甚至不足1海里。历史上，它是阿拉伯世界、罗马帝国以及众多印度王朝通往东南亚及西太平洋沿岸国家的贸易通道，在冷战时也被当作阻止苏联的舰艇进入印度洋的关键地区。如今，更是作为连接东亚和欧洲的贸易通道，成为中、日、韩三国的海上经济及战略生命线。马六甲海峡是世界上最繁忙的水道之一，仅2009年就运送超过71000艘船只，涵盖了中国70%～80%的能源进口量和日本90%的能源进口。[①] 卡普兰在描述未来马六甲海峡战略意义的时候，甚至将其形象地比喻为冷战时期的富尔达峡谷。[②]

马六甲海峡作为通往印度洋的“咽喉”，对于印度而言的重要性不言而喻，而印度也多次声称其利益范围覆盖要从亚丁湾延伸至马六甲。此外，对于印度而言，一定程度上对该海峡的控制可以不动声色地监视中国在印度洋区域的动向。印度试图增强在马六甲海峡影响力和存在主要是通过提供公共物品和联合巡航来实现的。2002年，印度便开始执行在马六甲海峡为美国舰队护航的“长久自由行动”（Operation Enduring Freedom）。而在2004年年末的海啸袭击过后，印度海军迅速反应，同美国、日本和澳大利亚一起加入到东南亚国家救援中去。此次事件展示了印度令人瞩目的海军成熟运作能力，以及参与人

① Ian Storey, “Securing Southeast Asia's Sea Lanes: A work in progress”, *Asia Policy*, No. 6, July 2008, pp. 95－128.

② 富尔达峡谷是冷战时期苏联坦克入侵西德的可能路线。参见 Robert D. Kaplan, “Centre Stage for the Twenty-first Century”, *Foreign Affairs*, Vol. 88, No. 2, March/ April 2009, pp. 16－32.

道主义救援活动的巨大潜力。[①] 另一方面，印度在巡航中的表现与提供公共物品时的谨慎低调大相径庭，2005 年印度航空母舰维拉特号首次造访马来西亚、新加坡和印度尼西亚的港口，并穿越马六甲海峡，尽管时任海军司令的普拉卡什上将声称此次巡航目的在于加强与三个国家的海军合作，并无单独管控马六甲海峡的意图[②]，但是展示力量的背后是印度在这一区域逐渐增强的利益，这一点是不言而喻的。印度已经开始将巡航作为对马六甲海峡安全性表示关注的重要手段，而其在构建马六甲地区海上安全的机制中也开始发挥越来越重要的作用。

马六甲海峡在印度洋的重要地位还表现为它是印度在印度洋地区遭遇挑战的一个缩影。归纳说来，在该地区的挑战主要分为传统安全和非传统安全。就传统安全而言，印度拓展战略利益首先遭遇的是美国。20 世纪 80 年代，美国就开始寻求“海上控制”，提出要掌握全球 16 条海上要道[③]，确保在战时可以封锁敌国海上运输及海军力量，同时维护美国航道，确保全球战略的实施。而马六甲海峡恰是美国在亚太地区的海上要道中极为重要的一条。毫无疑问，无论是印度洋地区还是马六甲海峡，美国均占据主导地位。因此印度在这一领域的活动必然要考虑美国因素。事实上，美国一直试图通过多边合作的形式实现对马六甲海峡的“软控制”。如 2002 年美国发起的“长久自由行动”，为过往的商船提供护航。而对于印度，美国一直持接纳的态度，不仅表示“对于印度在海峡安全方面提供帮助表示欢迎”[④]，而且直接邀请印度加入“长久自由

---

① Vijay Sakhuja, “Indian Naval Diplomacy: Post-Tsunami” [EB/OL], New Delhi: Institute for Peace and Conflict Studies, February 8, 2005. URL: http: //www. ipcs. org/article/navy/indian - navy - diplomacy - post - trunami - 1640. html. 上网时间：2013 年 1 月 13 日。

② Sujan Dutta, “Navy Touches Up Friendly Face”, *Telegraph*, July 23, 2005, p. 4. See C. Raja Mohan, “Is India an East Asian Power? Explaining New Delhi's Security Politics in the Western Pacific”, Institute of South Asian Studies in National University of Singapore: ISAS Working Paper, No. 11, August 11, 2009, p. 9.

③ 这 16 条海上要道包括：大西洋地区：加勒比海和北美航道、佛罗里达海峡、斯卡格拉克海峡、卡特加特海峡、好望角海峡、巴拿马运河、格陵兰 - 冰岛 - 联合王国海峡；地中海地区：直布罗陀海峡、苏伊士运河；印度洋地区：霍尔木兹海峡、曼德海峡；亚太地区：马六甲海峡、望加锡海峡、朝鲜海峡、巽他海峡和太平洋上通过阿拉斯加湾的北航线。来源：新华网，网址：http: //news. xinhuanet. com/mil/2001 - 07/09/content_ 9001. htm，上网时间：2012 年 12 月 11 日。

④ “Indian Navy awaits Regional Nod for Patrolling Malacca Strait”, *Hindustan Times*, June 7, 2006.

行动”中来。与此同时，印度对于美国的态度却莫衷一是。2004 年美国发起所谓地区海洋安全计划，通过同沿岸国家发展伙伴关系保证马六甲海峡的安全，但是遭到马来西亚和印度尼西亚的强烈反对。印尼和马来西亚对于保持领土独立和安全有极高的警惕性，不容许任何外来势力以任何形式存在于海洋安全问题上。基于这种因素的存在，印度并没有贸然投向美国方面，而是更多地顾及印尼和马来西亚的因素，在地区海洋安全主动权存在矛盾的情况下，印度甚至公开与美国拉开距离。2006 年美国召集各国在加利福尼亚开会讨论马六甲海峡的安全问题，印度则公开称反对美国这种单边主义行径，提出任何会议提出的方案都必须得到沿岸国家的全体一致。① 这种夹杂在矛盾双方之间的角色，一度使印度在这一区域的战略看起来束手束脚而且带有间歇性。

其次，围绕马六甲海峡，中国的因素也十分突出。2003 年 11 月，胡锦涛在党内会议的讲话中首次提出了“马六甲海峡困局”的概念②，提出鉴于国家对进口能源的依赖日益增长，保证海上运输线的安全性和畅通无阻成为中国面临的新的挑战。根据预测，到 2020 年中国的石油净进口量将达到至少 4.5 亿吨，对外依存度接近 60%，其中 80% 的进口石油需要经过马六甲海峡进行运输。而一旦海上运输线被封锁。那么中国将面临对外贸易和能源供应中断的危险，这是中国政府所不愿见到的局面。而与日韩等同样依赖马六甲海峡的国家比起来，中国在这一区域受到的限制明显较多，这是由于中国无法完全靠美国实现海上安全。因此，在美国主导马六甲海峡的情形下，美印两国间的海上合作对中国而言也是不断增强的潜在威胁。这反映的不仅仅是双边战略互信的缺乏和意图模糊性的误判，而更多是随着国家战略安全重要性的上升，地缘的脆弱性进一步加大。为此，中国提出了解决马六甲海峡困局的三个方案，即通过提高能源利用效率以及增加可替代能源来减少对进口能源的依赖、通过投资铺

① Grupreet S. Khurana, “The Malacca Straits ‘conundrum’ and India”, in N. S. Sisodia and Sreeradha Datta (Ed.), *Changing Security Dynamics in Southeast Asia*, New Delhi: Magnum Books, 2008, p. 134.

② Marc Lanteigne, “China's Maritime Security and the ‘Malacca Dilemma’”, *Asian Security*, Vol. 4, No. 2, May 2008, pp. 143－61; You Ji, “Dealing with the Malacca Dilemma: China's Effort to Protect its Energy Supply”, *Strategic Analysis*, Vol. 31, No. 3, May 2007, pp. 467－489.

设管道绕开马六甲海峡以及确保海军力量以保卫中国的海上交通线。① 但是无论哪一种替代方案，都不是短期内可以实现的，同时铺设管道所要花费的巨额开支也是方案可行性受阻的症结所在。2009 年，中国与缅甸签署铺设油气管道的协议，在缅甸的皎漂镇和云南省之间建造两条管道，预计将花费 25 亿美元。② 面对如此高昂的支出，加上缅甸政府受到来自异见者的反对，在未来很长一段时间，马六甲海峡依然是中国关注的重点，只要印度致力于拓展这一区域的军事存在和影响力，就存在引发双边关系紧张的可能。

最后，作为马六甲海峡实际拥有者的东盟国家，也并非印度亲密无间的合作伙伴。历史上，围绕马六甲海峡的归属问题，东盟内国家印度尼西亚、马来西亚和新加坡存在长期的纷争。而 1982 年的《联合国国际海洋法》对“岛国内海原则”概念的确认和限定，则认定马六甲海峡不属于国际海峡，同时给予三国对该海峡安全的主权和管辖权。③ 这就意味着在这一领域，外国的船只仅有通过权，即使巡航也不能装载任何军备。而三国中，印尼和马来西亚两国对于外国势力的介入极为敏感，在拒绝美国关于地区海洋安全的提议后又拒绝加入日本发起的“亚洲打击海盗及武装抢劫船只区域合作协定组织”④ 这一多边行动（Regional Cooperation Agreement on Combating Piracy and Armed Robbery，ReCAAP）。因此，在印尼的发起下，三国宣布建立“海上协调游弋机制”（MALSINDO co-ordinated naval patrol），但是机制有效性的发挥受到其本身海洋能力的限制。虽然印度的存在所带来的威胁远没有美国因素大，但是三国中除了新加坡一直对印度加入持积极态度外，印尼和马来西亚对待印度的态度则更多表现为摇摆不定。2005 年 7 月，印尼外交部发言人公开回绝了印度对马六甲海峡安全提供协助的请求，并称只有拥有主权的三国才要担负起保

① Ian Storey，“China's ‘Malacca Dilemma’”，*China Brief*，Vol. 6，No. 8，April 12，2006.

② “Construction of Sino-Myanmar Pipeline Starts”，*China Daily*. September 10，2010. URL：http：//www. chinadaily. com. cn/china/2010 - 09/10/content_ 11288046. htm.

③ 钱忠礼：《马六甲海峡安全机制及其特征分析》，《世界经济与政治论坛》2010 年第 3 期，第 118 ~ 125 页。

④ 这一组织由日本发起，2006 年 9 月 4 日生效，在新加坡成立信息共享中心，主要是实现缔约国之间海盗与武装抢劫事件信息的交换，促进缔约成员的能力建设，以进一步推动区域合作。

障海峡安全的责任。[1] 但是时隔两年后，印尼防长在谈到印度加入海峡的巡航时则表示，非常乐于见到印度、韩国、中国和日本加入为海峡提供安全保障中来[2]，并在2009年的东盟地区论坛上发出邀约，希望印度可以与三国一起努力，保障国际通航的顺利。而起初极力反对马六甲海峡区域任何印度的军事存在或行动的马来西亚，也于2008年同意印度加入“天空之眼”计划（Eye in the Sky project），为海峡提供空中监视。

事实上，东盟国家对印度的接纳，很大程度上是寄希望于印度能够发挥在经济和安全方面制衡中国的作用，但是很明显，同中国相比，印度缺乏有效的经济杠杆，而在安全问题上又很难掌握印度介入的程度。尤其当安全问题涉及东马六甲至南中国海范畴时，任何贸然的举动都可能将东盟长期致力于同中国进行对话的努力瓦解，而任何可能引发中国对抗的行动，“都不大可能受到东盟国家的欢迎”[3]。另一方面，新加坡、印尼和马来西亚之间关于是否应该借助外界力量实现海峡安全的问题都未达成共识，印尼和马来西亚两国矛盾的态度也使印度在这一领域的施展极为有限。至少就目前的表现而言，印度在马六甲海峡的存在形式仍是间断性的，并且是以收到沿岸国家的邀请为前提。

在非传统安全方面，由于马六甲海峡部分区域航行通道较窄，因此成为海盗和恐怖主义犯罪的高发地段。与传统安全相比，非传统安全因素是目前存在于马六甲海峡首要的安全问题，而围绕这一区域，主要国家的分歧也是由如何保障区域安全展开的。尽管随着沿岸国家经济状况的好转，近年来在马六甲海峡附近区域接到的劫持案例显著减少，但是这种担忧依然困扰着这些国家。

印度对于马六甲海峡地区的介入，很大程度上是源于自身的战略考量。马六甲海峡的地理位置，印度的首要动机是为了加强在印度洋上的领导，同时控制任何可能进入印度洋的通道，杜绝来自区域外大国，尤其是中国的潜在威胁，以达到控制印度洋的目的。非传统安全如恐怖主义和海盗问题，是印度介

① Rakesh Sinha, “Jakarta says no to Indian patrol in Malacca Straits”, *Indian Express*, July 13, 2005.

② P. S. Suryanarayana, “Indonesia for defence tie-up with India”, *The Hindu*, June 5, 2007.

③ David Brewster, “India's Strategic Partnership with Vietnam: The Search for a Diamond on the South China Sea?”, *Asian Security*, Vol. 5, No. 1, January 2009.

入这一地区的凭借，也是迫在眉睫要解决的问题，而区域外大国的势力渗透则存在于长远的战略设计中。与此同时，对于中国而言，印度向这一地区的渗透并非是“零容忍”，相反，印度相比美国而言，后者显然是中国更要担心的因素，就如中国驻印大使曾提到的那样，“从地理上，印度进入这一区域没有问题，但是如果美国的舰船进入，就是我们的担忧所在”[①]。印度在马六甲海峡充当的更多是一种折中的角色，因为对于印尼和马来西亚而言，印度相比中国、日本和美国更像是一个可以接受的存在。而印度也认识到当前的情形，并小心地将其在马六甲海峡的存在定义为“非入侵性、合作性和善意”，塑造一个谨慎的安全提供者的形象，一位印度海军官员表示，“印度在马六甲海峡呈现的是一个负责任的国家，为地区创造一种均衡。而且，我们大家都知道印度并没有称霸的野心”[②]。这样的角色塑造对于印度的战略是重要的一步，帮助印度实现军事存在的合理化。在可预计的时间内，印度仍然将依靠新加坡和美国构建在马六甲海峡的安全图景，同时和印尼与马来西亚共同合作，建设监控能力，并对中国的意图保持警惕。

三 印度海洋安全战略的拓展——太平洋

（一）“东向政策”的延伸——太平洋地区

印度向太平洋方向的战略拓展，最初可以追溯到20世纪90年代著名的“东向政策”。面临随着苏联解体而导致重大国际环境的变化，印度的内外政策急需进行大幅度的调整，“东向政策”应运而生。该政策是印度外交政策的重要组成部分，初衷是为了摆脱国内严重的经济危机，改变重工业优先发展的苏联模式，转变经济发展路径。将东南亚国家作为战略突破中心，进行政治、经济合作，发展能够与市场接轨的具有竞争优势的产业，继而将发展领域拓展

① Grupreet S. Khurana, “The Malacca Straits ‘conundrum’ and India”, in N. S. Sisodia and Sreeradha Datta (Ed.), *Changing Security Dynamics in Southeast Asia*, New Delhi: Magnum Books, 2008, p. 137.

② Grupreet S. Khurana, “Safeguarding the Malacca Straits”, *IDSA Comment*, January 5, 2005.

至亚太地区。“东向政策”以经济为出发点，其目的除去扭转经济劣势外，还包括改变印度日趋边缘化的国际地位，成为大国战略的一部分，而“经济关系是整个发展进程的基础关系”①。

这一时期西欧经济持续低迷，而东南亚国家恰恰处于经济快速增长的阶段，尤其是以亚洲“四小龙”为代表，拥有广阔的前景和新兴市场的成长潜力，成为印度进入亚太经济体系的接口。而地理上印度与东南亚天然的地缘接近，同时具有深厚的历史渊源，也是印度选择东南亚作为政策突破口的推动力。然而这一阶段的“东向政策”并未持续太长时间，1997 年东亚金融危机的爆发终结了东南亚国家持续高速增长的势头，而其所具有的优势在东亚产业链中更是为中国所替代。面对这种局面，印度扩大了其“东向政策”的地域范围，将其拓展至东亚地区。2003 年 8 月印度外长辛哈在新加坡国防与战略研究院发表演讲时提到“‘东向政策’的第二阶段”，而在同年的第二届印度－东盟峰会上正式宣布印度的“东向政策”进入第二阶段。而辛哈在谈到第二阶段的“东向政策”时，表现出印度要迈向太平洋地区的拳拳之心。

“印度第一阶段的‘东向政策’以东盟为核心，主要任务是发展经贸与投资关系。而新的阶段则以扩大的东向概念为标志，覆盖从澳大利亚到东亚，东盟是这一地域的核心。这一新的阶段同样标志着政策内涵从经贸扩大到更广泛的经济领域，同时涉足安全问题，如保护海上通道和联合打击恐怖主义。而印度在 20 世纪 90 年代同东盟在较低安全领域展开的军事合作和联合演习，如今已拓展为全方位的合作。”②

在这一阶段，“东向政策”的内涵开始超越起初政策的设定，并在东盟地区乃至东亚、太平洋地区拓展开来。2004 年，印度提出“10＋4”的设想，但由于东亚各经济体的响应寥寥而夭折。2006 年年初，印度开始与东盟谈判建立自贸区，并与 2009 年签订协议，第二年开始执行。与此同时，印度与东南亚乃至东亚国家的关系开始超越经贸合作的范畴。2004 年，印度政府同意新

① 李向阳主编《亚太地区发展报告（2012）：崛起中的印度与变动中的中亚》，社会科学文献出版社，2012，第 14 页。

② See Yashwant Sinha's speech at Harvard University, September 29, 2003, URL: http://meaindia.nic.in/speech/2003/09/29ss09.htm.

加坡提出的在印度领空举行军事演习的要求，并于2006年派出战机与新加坡空军联合进行军事演习，这也是印度战机首次进入东南亚执行军事任务。2003年，印度与越南两国成为全面合作伙伴，并启动了外交部外交秘书级磋商和国防部部长级磋商，2007年，两国正式建立战略伙伴关系并于2009年进行了首次战略对话，签订了防务谅解备忘录。印度为越南提供相关军事装备和零配件，并进行人员培训，军事交流极为密切。东亚方面，日本成为印度在战略层面的重点合作对象。2005年，印日两国开始启动高级别战略对话，并于次年建立战略和全球伙伴关系，形成首脑年度峰会机制。2007年，两国发布《战略性全球伙伴关系新维度路线图》，2008年发布《安保联合宣言》，2009年又签署《深化安全合作行动计划》。2010年，印日两国首开“2+2”对话，即外交和防务部门的副部长级对话。[①] 如果说印度向越南的靠拢有地缘政治的因素，如战略位置、军事实力、制衡中国等的考虑，那么向日本等东亚国家的扩展或多或少带有面向亚太地区乃至太平洋的战略意味。

事实上，印度并未清晰地表达其在太平洋地区的“大战略”，在未来一段时间内也不会贸然公布。但是通过对印度在这一区域范围内不断扩大的在军事与安全领域的双边乃至多边合作，依然可以勾勒出印度海洋安全战略的基本图像——通过合作来实现实力存在与拓展。

如同尼赫鲁曾经预测的那样，未来“太平洋会代替大西洋成为全世界的神经中枢，印度洋却不可避免地要在那里发挥重要作用”[②]。与此同时，美国也积极推动印度在太平洋海域扩大影响力和战略角色。2011年7月，希拉里在参加东盟地区论坛时强调，印美两国在亚太海域的合作关系是符合美国利益的，而“当双边攸关的利益不断增长，我们就需要通过共同的承诺保证海上安全以及自由通行”[③]。尽管印度同样无法确定，美国对其在太平洋区域的战略拓展有多大的接受空间，但是毫无疑问，印度在这一区域增加存在必须依靠

① See Ministry of External Affairs, “India - Japan 2 + 2 Dialogue”, *Press Release*, New Delhi, July 6, 2010. URL: http: //www. meagov. in/mystart. php? id = 530216045.

② 〔印〕贾瓦哈拉尔·尼赫鲁：《印度的发现》，齐文译，世界知识出版社，1956，第712页。

③ Hillary Clinton, “Remarks on India and the United States: A Vision for the 21st century”, speech in Chennai, India, July20, 2011. URL: http: //www. stage. gov/secretary/rm/2011/07/168840. htm.

美国及其盟友的角色，通过对印度在太平洋地区战略拓展的分析，可以得出这一趋势。

（二）印度在太平洋地区的战略拓展

根据对印度国家安全战略分析得出，印度的战略随着从核心过渡到外围，可凭借的硬实力逐渐减少，软实力相对增多。在太平洋地区，东南亚国家属于扩大的周边国家范畴，而东亚如日韩基本位于这一范畴的边缘，而进一步拓展至南太平洋如澳大利亚与新西兰，就延伸至世界范围了。

1. 南中国海区域

南中国海是印度通往太平洋的必经之路，因而被印度海军称为仅次于印度洋的“第二大战略利益领域”①。而南中国海本身由于其地理位置和丰富的自然资源，长期以来处于中国和东南亚国家的领土争端核心位置。南中国海是连接太平洋和印度洋的海上走廊，作为商业航运、石油运输和主要海军舰队用以联系东亚、非洲和欧洲的主要航道，承担了世界海运量的1/4，仅次于欧洲的地中海。此外，“由于南海海底地形极其复杂且海水极深，如果在南海有一艘核潜艇潜伏在深水中，就能抵消在菲律宾苏比克湾基地的美国第七舰队部署的大部分实力，并且能够控制半径为4000公里，包括世界1/3人口的地区”②。如此重要的战略位置，使得南海争端持续存在。

从2010年开始，随着中国宣布将南中国海纳入国家核心利益，围绕南海问题的冲突持续上升。2010年，美国国务卿希拉里在出席越南河内的东盟地区峰会时宣称，保证南中国海的自由通航与和平解决领土争端问题符合美国的利益，并称之为美国“需要优先解决的外交事务”③。2011年6月，中国渔船与越南油气勘探船发生冲突，引发两国关系紧张，而印度此时介入南中国海事

① See Indian Navy, *Freedom to Use the Seas: India's Maritime Military Strategy*, New Delhi: Headquarters Ministry of Defense (Navy), May 2007.

② 〔英〕金·戈登 – 贝茨：《在亚洲，问题成堆的海洋》，伦敦《南方》月刊1988年6月号，转引自郑泽民《南海问题中的大国因素：美日印俄与南海问题》，世界知识出版社，2010，第13～14页。

③ 陈积敏：《美国国防部2010年有关中国军力的〈报告〉评析》，《现代国际关系》2010年第9期，第57～62页。

务，无疑是对印中两国战略关系的巨大挑战。2011 年 11 月，印度总理辛格在参加巴厘岛的东亚峰会时，公开提出对南中国海的忧虑，强调中国必须按照国际法来解决领土争端。[①] 而早在峰会前，印度在接待越南国家主席时就清晰地表达了其在南中国海的利益，此时正值中越关系紧张的时刻。

印度在南中国海的利益主要表现为自由航行和保证海上交通运输线的畅通。南中国海紧靠马六甲海峡，穿过这一海域向东北可延伸至日本海，向南则可以通往南太平洋地区，是进行力量投射、实现东向太平洋战略不可逾越的关键点。同时，也有学者提出，战略考量只是印度介入南中国海领域的一个方面，另一方面可以理解为印度对于中国“珍珠链战略”的抵消战略，是对于“中国在印度洋地区不断增长的军事存在的战略回应”[②]。甚至有学者认为，印度的太平洋战略同样是针对中国的“反遏制”，而同越南深化安全伙伴关系则更多是利用越南牵制中国，使其无暇分身顾及印度洋事务。

印度在南中国海区域的战略拓展主要是依靠越南和新加坡两国进行的，其中新加坡更是被当作印度进入太平洋的支点。[③] 当印度在 20 世纪 90 年代宣布“东向政策”时，新加坡也在经历外交政策的重新定位。面对中国崛起、印度尼西亚与马来西亚的军事现代化的忧虑，新加坡对印度的东向动作予以积极回应，印度巨大的劳动力资源和未开发的市场潜力对新加坡而言是发展区域外经济的不二选择，更不用说印度在东南亚的存在可以“通过制衡政治上占有绝对优势的国家帮助实现区域的稳定”[④]。

经济因素在印度与新加坡双边关系中起到十分重要的作用，从 20 世纪 90 年代开始，新加坡便开始游说东盟集团，积极将印度纳入东盟地区论坛中。2000 年，印度没有加入东盟“10 + 3”的阵营，但却在新加坡的努力下于

① Indrani Bagchi, “PM Manmohan Singh to China's Wen Jiabao: Back Off on South China Sea”, *Times of India*, November 19, 2011.

② See Ananth Krishnan, “South China Sea Project ‘a Serious Political Provocation,’ Chinese Paper Warns India”, *Hindu*, September 17, 2011.

③ C. Raja Mohan, “Is India an East Asian Power? Explaining New Delhi's Security Politics in the Western Pacific”, Institute of South Asian Studies in National University of Singapore: ISAS Working Paper, No. 11, August 11, 2009.

④ Kripa Sridharan, “Transcending the region: Singapore's India policy”, in N. N Vohra (ed.), *Emerging Asia: challenges for India and Singapore*, New Delhi: Manohar, 2003, p. 21.

2002年成功举行东盟-印度峰会，而同样由于李显龙提出其可以作为制衡中国的角色①，印度参加了首届东盟峰会。2005年6月，印度与新加坡签署了覆盖面极广的《综合性经济合作框架协议》（Comprehensive Economic Cooperation Agreement，CECA），这也是印度首个与发达国家签署的经济合作协议。该协议超越了传统意义上的贸易范畴，而且将服务、投资和税收均涵盖其中，即使是传统贸易一项，也覆盖了新加坡超过80%的对印出口产品。如此迅速及超前的经济合作，使得印度与东盟其他国家的自由贸易合作谈判相形见绌。2009年8月，印度签署与东盟的自由贸易协议，但所涉及的范围相对较窄，一些重要的项目如钢铁、汽车、化工用品及农产品均未包含在内，这在一定程度上反而加强了新加坡在众多东南亚国家中对于印度的经济作用。

但是经济只是印度发展双边关系的跳板，新加坡位于马六甲海峡的入口，连接南中国海与印度洋，海洋安全问题不可避免地成为双边关系的核心，正如印度外长穆克吉所形容的，"新加坡是印度在整个东亚地区政治、经济以及安全战略的中心"②。新加坡在印度呈现对于东南亚以及太平洋地区的战略意向中始终扮演着关键的角色。在亚洲，新加坡是同印度进行双边海上军事演习的历史最久远的国家，从1993年开始，两国便开始举行每年一度的联合军事演习，即著名的SIMBEX演习。该演习起初的目的是反潜，此后便逐渐扩大，未来更有发展为覆盖海陆空三军的联合演习，而2005年和2009年，两国将演习推进到南中国海，使印度染指南中国海的意图愈加明显。2003年，印度与新加坡签署了防务合作协议，包括每年国防秘书级别的政策对话、联合演习、信息共享和防务技术的合作、主要通过共同打击恐怖主义和跨国犯罪所进行的信息共享以及防务技术指导委员会来确立合作的模式。如今，印度已成为新加坡最大的军备出口国，而印度向南中国海拓展海军势力的趋势也越来越明显。

由于地缘因素，印度在南中国海任何的军事存在必须依靠所在区域的国家，如新加坡。印度也开始致力于就海军舰艇造访樟宜海军基地事宜同新加坡商讨。两国关系发展如此迅速一方面是基于新加坡在经济和地理位置上的绝对

---

① Simon Elegant and Michael Elliott, "Lee Kuan Yew Reflects", *Time Asia*, December 5, 2009.

② Pranab Mukherjee, address to the 5th IISS Asian Security Summit, June 3, 2006.

优势，另一方面也源于新加坡本身清晰的外交定位，两国关系中没有历史包袱和意识形态的因素，这一点是影响印度与很多东南亚国家的重要因素。这种相对成熟且稳定的双边关系，首先推动了印度与其他东盟国家的双边贸易和经济联系，其次，从战略的角度看，两国的军事合作，包括彼此海军基地和港口的互访，无疑将印度置于绝佳的位置，既可掌控马六甲海峡，又可以向南中国海进行力量投射。

2. 西太平洋区域

日本是印度在亚太地区战略拓展的关键所在。印度在西太平洋地区的战略拓展主要反映在21世纪以来不断升温的印日关系。日本与印度重视发展相互关系，一是由于它们认为两国在信息技术方面具有合作的广泛前景；二是有牵制中国的意图。2005年，日本对印官方发展援助增加7.5%，总数达13亿美元，相当于日本对外发展援助的18%，主要集中在印度急需的基础设施建设，例如德里地铁项目、加尔各答高架桥项目和拉贾斯坦的灌溉项目等。2005年4月，印度邀请日本首相小泉访印，双方表示将大力推动“全球伙伴关系”的不断深化，在改变亚洲战略力量结构和推动联合国改革中进行密切合作。

近年来，日本和印度曾在印日美三国联合举行的“马拉巴尔”系列演习中合作过。2008年和2010年，日本海上保安厅和印度海岸警卫队还开展过旨在打击马六甲海峡海盗的联合海上巡逻行动。

自2010年下半年开始，日本和印度的关系急剧升温。2010年7月，两国举行了首次外交和防务部门副部长级对话，即“2+2”对话。2010年10月，印度总理辛格访日，两国签署了经济合作协定，并就稀土、核电等能源领域合作展开了深入商讨。

印度向西太平洋区域的拓展，一方面是作为海洋安全战略的一部分，增强在西太平洋的存在，通过与日本的合作保证西太平洋至印度洋的战略通道的安全等；另一方面，出于中国因素以及塑造地区多极秩序的考虑，印度介入这一区域也是作为平衡力量出现，这同样是美国接受印度加入太平洋地区事务的战略考量。

即使这样，印度依靠日本实现在西太平洋的战略拓展依然有着不确定因素。首先是，印日两国间的关系发展始终绕不开美国因素，可以说，印日两国间关系是伴随美印关系的发展而发展的。日本作为美国的盟国，印度不可能完全摒弃美国同日本发展双边关系，这也是印度在太平洋地区寻求战略拓展的尴尬所在。此外，尽管同美印关系相比较，印日关系处于相对独立且平等的地位，但是涉及安全关系，两国依然是不对等的，这是由于第二次世界大战后，日本依照宪法规定仅可保有自卫力量，因此，相比较印度通过两国合作获得的介入亚太区域的合法性，日本可获得的收益少之又少。此外，日本对于印度事实上有核国家的地位心存芥蒂，尽管日本能够满足印度在民用核能与防务技术方面的合作需求，但是却拒绝了向印度提供核能发电技术。印度政府坚持只有印度加入《全面禁止核试验条约》（CTBT）才能实现在民用核能上的合作。

尽管印度介入西太平洋地区事务有平衡中国崛起的因素，中国依然是无法忽视的影响力量，尤其是在钓鱼岛纷争后，中日关系从以往的“政冷经热”转变为“政冷经冷”，而在两国历史遗留问题、领土争端问题都未解决的情况下，日本会在多大程度内冒彻底激起中国的敌意及疑虑的风险，与印度在西太平洋开展积极的合作，依然是个未知数。

（三）印度在太平洋的战略抱负——动力与限制

随着“东向政策”进入新的阶段，印度逐渐在西太平洋增强存在，同时，它对于东亚安全的影响作用也在缓慢地上升，并且同主要国家形成了良性的互动机制。作为南亚地区最大的国家，尤其是近年来印度经济保持着较高水平的发展，向太平洋地区的战略拓展有其内在的动力。对于具有陆海复合型特点的发展中国家而言，在国家独立或发展的初期，国内经济发展、国家安全和稳定等是面临的主要挑战，因而资源配置的重点是陆地以及国内发展。而伴随着综合国力的稳定增长、经济的复苏以及周边环境的稳定，一国的战略目光自然会投向久被忽视的海洋，力求发挥陆海复合的优势，不断增强和巩固自身的实力，这一点不仅反映在印度向太平洋地区的战略拓展中，也同样体现在中国不断增强的海军实力。对于中国和印度而言，海权意识与海军能力的增强是它们实现大国理想的必由之路，而中印海上力量的崛起也在逐渐影响并力图塑造“印－太平洋”的权力分配格局。

根据新功能主义的“外溢”理论，国家间合作从经济等“低级政治”领域逐渐扩大并可以外溢至安全、军事等“高级政治”领域，而印度的“东向政策”进入新阶段，也可以理解为外溢效应的显现。经过近 10 年的经济发展，印度与东盟国家的双边合作也逐步增强，因此能够在增强经济联系和互信的基础上进行军事、安全领域的合作，尽管在多数学者看来，印度与东盟国家在安全领域的合作发展太过迅猛，使得印度的海洋战略显得过分野心勃勃。而印度向太平洋方向的拓展则显得更为急迫，就如现任的海军司令梅塔（Sureesh Mehta）上将所表示的那样，“印度海军的利益领域并不仅限于印度洋”①。但是要作为太平洋区域的主要大国，印度显然并不成熟，学者们还是倾向于将其作为南亚大国来看待。印度则不愿意只作为一个南亚国家，这从它积极发展海军的远洋作战和投射能力即可见一斑。

对于印度在太平洋的战略拓展，中国是不可忽视的关键因素。印度无论是同日本不断升温的双边关系，还是同越南在南中国海的频频动作，无疑都增强了中国对于周边安全的担忧。印度一些著名的战略家如 C. 拉贾·莫汉（C. Raja Mohan）就提出中印之间的海权竞争会形成地缘上的对立结构，一些实用主义者虽然强调经济合作的主流，但是由于经济互动是否能推进两国间关系的建设性发展不甚明朗，因此地缘竞争与对立大于合作的观点十分流行。配合了媒体的大肆渲染，尽管一些左翼的政党试图充当中间人的角色，但是印度人民党和国防部门所奉行的超现实主义观点依旧盛行。以 2008 年的皮尤调查为例，调查中多数印度人对中国经济和军事实力的增长持负面意见，认为这会危害到印度。② 而这样的观点同样被许多中国学者所接受，认同两国在成长为大国的过程中必然产生的竞争关系是双边关系的核心。

事实上，中国在推动印度东向过程中发挥的作用十分复杂，因为就目前而言，中印关系是历史上最为稳定的时期。政治上，两国建立了“推动和平与繁荣的战略伙伴关系”③。经济方面，中印两国的双边贸易从 1998 年的 10 亿

① “Indian Navy Modernization：6 New Submarines，33 ships to be Acquired”，*India Defence*，July 1，2007. URL：http：//www/india - defence. com/reports/3384.

② 这段表述参见 Walter C. Ladwig Ⅲ，“Delhi's Pacific Ambition：Naval Power，‘Look East，’ and India's Emerging Influence in the Asia-Pacific”，*Asian Security*，Vol. 5，No. 2，2009，pp. 89 - 90。

③ “Full text of joint statement of China，India”，*People's Daily*，April 13，2005.

美元发展到2011年的近74亿美元[1]，中国也取代美国成为印度的最大贸易伙伴。在军事安全领域，两国于2006年签署协议定期举行双边军事演习，而在构建地区多极化秩序方面，中印显然有着共同的利益。但伴随着不断发展的双边关系，是中印两国间存在的历史与现实的摩擦。自1962年边境争端至今悬而未决的边界问题，随着中印两国军事实力的增强而愈加敏感。在印巴边界依然存有潜在冲突可能的前提下，中国同巴基斯坦之间的密切关系同样困扰着印度。而更为严峻的是在能源领域的潜在对抗。近年来，中印两国对于进口能源的需求不断增长，2011年，中国原油的对外依存度达到56.5%，预计到2013年会超过60%，而印度则有3/4的原油来源于进口。[2] 中国甚至通过鼓励主要的进口国公司在中国的能源领域进行交叉投资来维持长期的供给关系，一些央企也通过在主要的资源供给国，尤其是动乱国家如苏丹、安哥拉、委内瑞拉等获得股权的形式保证原油供给，因而中国在过去10年间被形容为“外交重商主义”[3]。印度在哈萨克斯坦、厄瓜多尔和尼日利亚也无力同中国争夺能源。中国为了进一步寻求海洋资源而向印度洋拓展的动向，无疑挑动了印度极为敏感的神经，尽管中国表示向印度洋的港口建设是基于经济目的，但是这种增强在印度洋投射力量的举动仍然使印度十分警惕。此外，印度力图控制印度洋及其咽喉的举动同中国的“马六甲困局”同样是由能源运输问题引发的。由此，便不难理解为何中国崛起在印度的认知中是主要的安全挑战。

因此，印度在太平洋地区的动向被一些学者理解为对抗中国“珍珠链战略”的反包围，即与中国周边国家展开合作，以实现战略上包围中国。而中国作为亚洲地区的主要国家，尽管强调和平崛起，却因为意识形态分歧、历史包袱等因素，周边国家对其称霸的可能依然存疑，欢迎印度的介入成为它们用以平衡中国的方式。与在太平洋动作不相称的是，印度领导人则公开表示并无遏制中国的目的，但这显然无法完全解释其在太平洋地区的战略拓展。此外，也有学者认为，印度向太平洋地区的拓展也是为了规避在印度洋上同美国的潜

① C. Raja Mohan, Sino-Indian Rivalry in the Indo-Pacific, Washington: Carnegie Endowment for International Peace, 2012, p. 15.

② 资料来源：国际能源网，http://www.in-en.com。

③ David Brewster, *India as an Asia Pacific Power*, New York: Routledge, 2012, p. 37.

在冲突，而美国对印度的介入持欢迎态度，也推动了印度在太平洋的存在。

尽管印度东向太平洋的动向引人注目，并成为研究的热点问题，但是对于实际的效果却并不乐观，这是由于印度受到了内部及外部的多重挑战。就国内而言，2009 年的金融危机影响并未消散，而大规模的经济衰退则从发达国家蔓延至发展中国家，一直维持经济稳定快速发展的印度面临着严峻的挑战。伴随经济衰退的是国内基础设施的落后和低效，以及 1/5 的人口生存在国际贫困线以下，与亚洲主要国家相比，印度的人均收入接近日本的 1/10，人均 GDP 排在世界 100 多位。不可否认的是，国内的发展包括经济、教育、医疗和基础设施建设等，这些直接决定了一国的综合国力。而基础设施建设等国内社会支出不断增长却会进一步压缩国防开支，尽管这一部分仅占印度 GDP 的 2.3%，在亚洲要落后于中国、日本和韩国。而就国防开支本身来说，海军占比尽管一直处在上升阶段，但是其绝对值远低于陆军和空军，再加上低效的军事工业，使印度要实现其规模庞大的海军舰队的目标变得遥不可及，甚至维持现有的水平也显得略为吃力。作为实现其太平洋战略拓展载体的海军，如果无法实现逐年扩大的计划，那么战略就只会是一纸空文。

此外，就外部因素而言，印度所处的南亚地区，其周边国家大多国力衰弱、内乱频繁，“失败国家”的风险很大。加上印巴长期以来的紧张关系，以及印度国内恐怖主义、分离主义势力猖獗，都需要耗费大量的精力和物力，一定程度上也限制了印度向太平洋地区战略拓展的空间。这也是印度的战略抱负同现有实力间存在的落差，这些并非不可抗因素，但是要解决并实现作为一个地区大国的理想，印度还有很长一段时间。

四 “印－太平洋”：印度的战略选择

（一）“印－太平洋”概念的提出

“印－太平洋”原本是一个地理的概念，主要指的是覆盖印度洋、西太平洋和中部太平洋的广阔水域，这一区域由于物种极为丰富，是海洋生物学、鱼类学等相应学科研究的热点。对“印－太平洋”这一关键词进行搜索，98% 以上的结果都是生物地理领域的著作。从2011年至今，“印－太平洋”开始频繁出现在美国政府官员的讲话中，成为战略研究乃至国际关系理论研究中的一个专有名词。可以说，伴随着美国“重返亚洲”的举动，在从印度洋到西太平洋的区域形成了“印－太平洋”地区的话语体系，并逐渐成为热点问题。

“印－太平洋”区域的重要性，一方面来源于全球化背景下政治经济双重推动因素，使得印度洋与西太平洋逐渐整合为一体；另一方面，主要大国的战略聚焦也使得这一区域具备了外交、安全、国家战略等方面的地缘意义。事实上，在“印－太平洋”成为热点前，21世纪通常被描述为“亚洲的世纪”，就如美国前国务卿希拉里·克林顿在访问马来西亚时曾说的那样，“21世纪的历史主要在这一区域写就，因为这里有世界上最多的机遇和最大的挑战”①。而时隔一年之后，希拉里·克林顿就为推动奥巴马政府的“印－太平洋”战略而不懈努力，致力于拓展同澳大利亚的盟友关系，同时扩大与印度的合作。用“印－太平洋”这一概念取代“亚太地区”，不仅显示美国整体战略的东移，而且将印度洋纳入话语体系中。“印－太平洋”区域对于美国而言至关重要，尤其是印度洋区域，美国几乎是不可避免要涉足。美国的海军基地，从夏威夷到迪戈加西亚，覆盖范围包括了太平洋和全部的印度海岸线。而随着美印两国间军事及战略联系的逐渐增强，这种将两大区域整合为一的认知也不断加深。

“印－太平洋”开始为美国政府频繁使用，这一概念正是为了美国的全球战略服务，因为它涵盖了美国在全球要控制的主要海上通道，同时也是美国宣布“重返亚太”后的战略重点。概念上的整合加上战略设计，“印－太平洋”区域得以塑造，作为一种话语体系开始反映在分析家、战略家和政治家的论述中。

不仅仅是美国，印度官方也开始重视这一概念，早在2004年发布的印度海军学说中就已经出现“全球海洋的重心已经从大西洋－太平洋的整合变为太平洋－印度洋的整合”② 的说法。而印度政府在官方使用这一概念时，反映

① Secretary of State Hilary Clinton and Malaysian Foreign Minister Anifah Aman, remarks, Kuala Lumpur, Malaysia, 2 November 2010. URL: http://www.whitehouse.gov/the－press－office/remarks－president－barack－obama－suntory－hall.

② Government of India, *Indian Maritime Doctrine*, New Delhi: Integrated Headquarters, Ministry of Defence, 2004, pp. 65－67.

出强烈与美国进行呼应的特点，如印度外长在2011年所说的，“我们同美国在‘印－太平洋’区域的利益聚合在不断增加”①。此外，这一概念在印度的战略研究中也开始时兴，印度洋与太平洋这两个原本独立的水域在战略上统一起来，而概念的形成在一定程度上也反映了印度本身的战略考虑。可以说，美国对于在这一区域主导地位的诉求，对中国崛起的忌惮，都为印度发展“印－太平洋”战略提供了机遇和空间。

在2012年6月的香格里拉峰会上，澳大利亚外长斯蒂芬·史密斯（Stephen Smith）强调了“印－太平洋”概念的重要性，他认为“无论哪一种标签的使用，向‘印－太平洋’的转变都会在中美印三个关键力量间形成交叠”，“‘印－太平洋’已经成为一个具有全球战略意义的区域”。②

（二）“印－太平洋”：大国战略交叠

“印－太平洋”概念的出现，不仅是美国重返亚太的产物，同时也反映了印度洋地缘意义的上升。而其中的太平洋地区，因其成熟的国家间关系以及发达的经济，被许多学者认为是影响和左右世界秩序的重心。随着这一概念在官方修辞中的频繁使用，“印－太平洋”地区开始成为一个独立的话语体系。在该体系下，印度洋与太平洋在政治、经济、军事、外交等各个方面呈现战略整合为一的趋势。在这一区域，印度不仅同主要的太平洋国家尤其是美国盟国发展经贸、安全合作关系，美印之间的合作也不断拓展，为印度在这一体系中发挥作用创造了舞台。

美国与印度在“印－太平洋”的合作主要体现在联合军事演习上。2011年，美国参议院军事委员会就指出，美印两国在“印－太平洋”区域进行的联合军演，是“实现这一区域安全、稳定与贸易自由的重要支柱”③。在印度洋，美印两国的海上演习主要是自1992年以来的马拉巴双边海军演习

---

① Nirupama Rao, “India and the Asia-Pacific: Expanding Engagement”, December 5, 2011. URL: http://www.indianembassy.org.

② David Scott, “The ‘Indo-Pacific’—New Regional Formulations and New Maritime Frameworks for US-India Strategic Convergence”, *Asia-Pacific Review*, Vol. 19, No. 2, 2012.

③ US Senate (Committee on Armed Services), *National Defense Authorization Act for Fiscal Year 2012*, June 22, 2011, p. 211.

(Malabar)。尽管在印度进行核试验之后，双边海军演习因此中断了三年，但是在"9·11"事件后，军事合作关系得以迅速恢复，印度甚至在印度洋领域为美国的船只提供护航行动。2002 年，印度在由马六甲海峡到孟加拉湾的海域为美国船只进行护航，阻止塔利班与基地组织的袭击。而印度在东向南中国海的战略存在，对于保证美国海上交通线的安全畅通也具有极重要的意义。2005 年，两国签订了《美印防务关系新框架协议》(New Framework for the US-India Defense Relationship，NFDR)，次年又签订了《美印海上安全合作框架协议》(Indo-U. S. Framework for Maritime Security Cooperation)，美印海军合作进一步得到落实。

在太平洋地区，美国开始将印度纳入多边军事演习中。2006 年，印度以观察国身份参加了美国在关岛进行的"勇敢之盾"(Valiant Shield) 军事演习，而在 2004 年、2006 年、2008 年和 2010 年于夏威夷举行的"环太平洋"(Rimpac) 海军演习中，美国均邀请印度以正式观察国身份参加，而中国则没有被邀请。2011 年，美印两国将马拉巴双边军事演习的领域拓展至西太平洋地区，美国甚至出动了第七舰队。这场声势浩大的军事演习，不仅又一次巩固了两国对于"印－太平洋"的战略认知，而且被同处西太平洋的中国认为是一次"军事封锁"①。

对于美国将印度纳入其占领导地位的太平洋地区的动因，制衡中国是很多学者提出的观点，而美国似乎也并不回避这样的战略动机。中印在海上形成的对峙局面不仅无损于美国自身的利益，相反，美国在多数情形下更倾向于看到这种对峙。

美国在一定程度上鼓励印度在太平洋区域的战略拓展，主要源于对中国不断崛起以及扩大的军力的担忧。印度的战略拓展，包括与日本的合作，都可以重新塑造亚洲的战略空间，同时可以限制中国的未来扩张。② 一个显著的例子是美国鼓励印度增强在印度洋东北部的海军力量，甚至默许印度在马六甲海峡所承担的安全角色，而对于西北方向的区域则表现得更为谨慎——美国需要保

① "Indo-US Joint Naval Exercise Worries China", *Times of India*, Feb 16, 2011.

② Robert D. Kaplan, "Center Stage for the twenty-first century", *Foreign Affairs*, Vol. 88, 2009, pp. 16－32.

证自身在印度洋区域的绝对存在，同时也要维护同巴基斯坦的海军合作。

其次，尽管美国高调宣布“重返亚太”，但要维持在全球的绝对优势显然力不从心。面对新兴国家对美国覆盖全球的海权挑战，美国只能退而求其次，通过在某一区域建立伙伴关系来维持该区域的军事存在。同时，非传统安全问题日益突出，依靠单一国家力量，提供公共物品显然不现实。美国在 2007 年发布的《21 世纪海权的合作战略》中清晰地表达了这种战略主张，将美国自身定位成国际安全体系的“管家”（systems administrator），强调要通过建立长久的伙伴关系平衡现有势力的存在。[①] 根据这份报告，在接下来的数年间，美国将会推进所建立的“全球安全合作计划”，通过国家间的合作对抗非国家安全威胁。

再次，印度的存在可以实现美国对海上安全“职责共担”的设想。印度在低政治领域承担的职责，如维和、搜救、救援救灾以及护航行动，都可以保证美国关注高政治领域的问题。在太平洋地区，印度谨慎地将其角色界定为“安全合作者”而非“安全提供者”，并公开否认加入这样的联合行动可以使军事存在扩大合法化。

中国是推动美国与印度利益聚合的重要因素，同时，中国也是美国所认知的在“印－太平洋”区域的最大挑战，尤其是对“美国领导地位的挑战”[②]。美国著名学者卡普兰提出，“中国天然地会向‘印－太平洋’区域进行经济和军事拓展”，而“美国在这一区域的军事实力存在是必要的，无论是从保证中国的和平崛起还是从地区稳定的层面出发”[③]。中国开始发展“蓝水海军”，在美国所领导的海权体系中表现为新兴的海权国家，对该体系不可避免地造成了挑战。而突破“第一岛链”则是实现蓝水海军梦想的第一步。这都使得美国对于西太平洋区域保持高度关注，并频频在中国周边海域举行军演，既是展示实力，又是威慑。此外，随着中国宣布将南中国海主权归于核心利益，“印－太

---

① 参见 US Navy，US Marine Corps and US Coast Guard，*Cooperative Strategy for 21st Century Seapower*，October 2007。

② Walter Lohman，“Shaping U. S. 's future in the Indo-Pacific”，*Washington Post*，April 20，2011.

③ Robert Kaplan，“America's Pacific Logic”，*Stratfor Analysis*，April 4，2012. URL：http：//www. starfor. com/analysis/americas－pacific－logic.

平洋”区域的海上通道安全即成为美国所关注的关键问题。对于中国崛起的担忧，不仅使美国更积极地将印度纳入安全体系的战略考虑内，同时也使其更加积极地介入南中国海乃至印度洋的事务中。

在“印－太平洋”区域中，中国和印度之间长期存在着战略竞争的关系。有学者甚至提出，中印两国战略空间的重合，在事实上形成了一个“中印对抗弧”（India-China Rivalry-arc），这个对抗弧以东南亚为中点，涵盖西太平洋到阿拉伯海的广阔海域。与印度洋所不同的是，在太平洋上，中国并非是直接的军事威胁，而是潜在的挑战。如前所述，除去地缘因素之外，中印历史上长期的领土纷争、中国与巴基斯坦的关系以及中国迅速崛起的经济与军事实力，都使印度在相当长的时间内将其定位为战略竞争对手。而同样，印度在南中国海问题上的高调表示，也在一定程度上塑造了中国的认知，把印度当作“具有野心的、过分自信的军事大国”①。中国一贯将印度当作南亚次大陆国家，对于印度向太平洋地区的拓展抱有担忧和警惕。而印度与东南亚国家、日本的战略合作也触碰了中国的战略利益。此外，还应该注意的是，尽管在同东南亚、日本等国家的合作中，制衡中国的因素起了很大的推动作用，但是要联合它们加入对抗中国的同盟几乎不可能。即使是印美两国间的合作，也会尽量避免直接与中国产生冲突。2010 年，美印两国间举行的高级别战略对话就避开了对于中国的关注，而是更多地商讨地区性的组织如东亚峰会。这种情形也被一些战略家称之为静默的竞争，而印度的分析家则将印度对于中国的战略政策描绘为“平衡的遏制”②。

与印度洋相比，太平洋地区国家间经济差距较小，已经形成了相对成熟的国家间互动模式，而美国毫无疑问是这一区域的领导者。如果说印度在印度洋上是国家安全的关键所在，那么在太平洋地区则是其战略抱负的体现。但是实际上，印度在这一区域主要是作为战略平衡的力量出现的，而美国在多大程度

① Gary Klintworth, “Chinese perspectives on India as a great power”, in Ross Babbage and Sandy Gordon (ed.), *India's Strategic Future: regional state or global power?*, London: Macmillan, 1992, p. 96.

② Mohan Malik, “Eyeing the Dragon: India's China debate”, *Asia-Pacific Center for Security Studies*, Special Assessment, December 2003. URL: http://www.apcss.org/Publications/SAS/ChinaDebate/ChinaDebate_Malik.pdf.

上能够接受印度在亚太地区的安全角色，则取决于印度在这一区域寻求的国家利益在多大程度上与美国相一致。

（三）印度的角色与战略选择

作为新兴的海权国家，印度以及作为亚洲主要国家的中国的崛起开始改变现有的地缘政治概念。“印－太平洋”的出现不仅是一个新的名词，而且标志着一个新的地缘政治舞台的出现。在这个舞台上，尽管美国依然占据着主导地位，但是中国和印度也在致力于改变游戏规则。

尽管有学者关注在印度洋区域中存在的中国－美国－印度三边关系，但实际的情形是，美国依然处于主导地位，中印要单纯同美国抗衡并不现实。这种形势也拓展到太平洋。在这里，亚洲主要国家之间实力悬殊，多数国家是美国正式或者非正式的盟友。因此，在“印－太平洋”区域形成了独特的形态，即美国主导下盟国间实现的合作安全，盟国之间相互制衡，同时又警惕并力图牵制崛起中的中国这样的一种均衡体系。在美国主导的前提下，尽管中国和印度都有着推动地区格局向多极化发展的驱动力，但是依然无力实现这一最终目标。而印度被美国接纳到体系中，其角色被许多学者定义为平衡力量，而在公开的讲话中，印度则被描述为地区安全的提供者（security provider）而非主要力量。

与此同时，印度的角色还面临着一种进退两难的尴尬境地。一方面，美国及其盟国如日本需要印度的介入，发挥牵制中国的作用；另一方面，印度也要维持不触碰中国底线的原则，因为它应该清醒地认识到，亚太地区的任何国家都不会贸然加入所谓对抗中国的联盟中去，没有国家愿意冒险同中国彻底对立。值得注意的是，印度同时也在小心地维护它原本的不结盟立场，事实上，无论是日本还是新加坡，都是美国的盟友。而印度却并非美国领导下的同盟之一，因此印度所发挥的，更多表现为一种软性的、极度富有弹性的制约与平衡作用。印度在太平洋地区，主要依靠的手段是发展双边关系，同时受制于本身的实力问题，印度暂时没有能力成为这一地区的安全提供者。由于地理上的不相邻，印度需要依靠东南亚国家进行力量投射，对于印度在太平洋地区发挥影响力造成了挑战，同时也给印度未来的战略走向带来了不确定性。在内外均面临挑战、地区安全战略空间相对有限的前提下，是进一步巩固现有的向太平洋的拓展趋势还是选择一定的战略回缩，是印度需要考虑的战略选择。

路径一：仅维持在太平洋的必要存在，将主要精力集中在印度洋地区。长期以来，印度洋地区都是印度海洋安全战略的核心所在，将印度洋变为印度之洋也是其孜孜不倦的追求。在印度无法实现对印度洋的绝对控制的情况下，向太平洋的战略拓展固然有出于牵制中国的动机以及增强投射能力和存在，但是对于印度而言，守住印度洋是风险最低的选择，也是目前看来成本较低的选择。在欧洲国家深陷债务危机、美国经济依旧不景气的全球经济环境中，印度所面临的严峻经济问题，以及国内恐怖主义、分离主义的威胁，都使印度试图塑造多极秩序，实现“印－太平洋”战略变得愈加力不从心。尽管印度认为在太平洋地区同样存在自身的国家利益，但是这一利益并非与国家安全相关的首要利益。将主要精力撤回到印度洋地区，一方面缓解了印度由于战略纵深所造成的巨大压力，另一方面也可以使中国周边的紧张环境相对弱化，同时减轻对于印度发展军备的助推力量，使其将主要精力放在国内安全和经济发展上。

路径二：更积极地介入太平洋地区事务，力求塑造“印－太平洋”新秩序。从印度海洋安全战略的发展历程可以得出，这是印度极有可能选择并实现其大国理想的途径。印度继续通过发展双边关系巩固现有存在，主要依靠与美国及其盟友的合作来实现既有目标，同时更加积极地加入西太平洋地区事务。在这种路径下，有学者提出了在“印－太平洋”区域的集体安全模式。在这种模式下，印度能够迅速被接纳并加入现有的秩序中。面临的风险主要是印度的战略自主性以及中国因素。对于中国而言，印度更为积极地融入地区事务本身就是一种挑战，而为了维护自身现有的利益区域，中国会加大在南中国海地区的力量存在，就如同印度在印度洋所构建的形势类似，由此很可能会对印度通往太平洋的战略通道造成一定的阻碍，抑或激发中印之间的战略对抗趋势。然而，就目前来看，成功的地区性集体安全的产物，都带有军事同盟的色彩。印度作为美国非正式的盟友，一直奉行的是不结盟的对外政策，而要维持同美国及其盟友的良性互动，对于盟国身份的界定则需要更审慎的掌控，一定程度上，印度也面临着自身战略自主受损的可能。

五　结语

与印度洋地区相比，印度向太平洋区域的拓展产生了更多的战略选择。然而受制于本身的地缘政治因素，印度作为南亚国家享有的合法性，在太平洋地区却无法天然地获得。印度在太平洋逐渐扩大的影响力，尤其是2007年日本、美国、澳大利亚和印度四国举行的战略对话，都让中国极度敏感。同时，依靠东南亚国家向太平洋进行力量投射同样抑制了印度的安全角色，更不用说印度的战略设计往往无法在预计的时间内实现。

"印－太平洋"区域概念的不断加深，加速了印度洋和太平洋两大原本独立水域在战略、安全、经济上的整合。但如前所述，印度洋和太平洋原本存在的地区秩序大相径庭。在印度洋地区，印度毫无疑问占据领导地位，但相应的多数国家国力衰弱，地区安全形势恶劣在一定程度上限制了印度本身的发展。而在太平洋地区，一种相对稳定的地区安全秩序已经形成，对印度而言战略空间相对不足，无论是同美国盟国间的关系，还是中印、印美之间的关系，都不是单纯地通过发展海军实力、增强地区存在就可以实现的。

尽管美国强调，在"印－太平洋"这一战略区域内，印美两国在和平、安全和繁荣方面有着共同的利益。但是不可否认，这一广阔区域仍然是由美国所主导的，无论是在太平洋地区稳定的盟国体系，还是对于印度洋以及南中国海发挥的巨大影响力，印度要实现在这一区域的海洋安全战略的拓展，可供选择的路径并不多。从根本上说，印度并不愿意放弃控制印度洋的战略目标，但是这一目标不仅受到自身实力的限制，仍然要考虑美国的因素。而海洋安全战略向太平洋地区的拓展，尽管空间更大，但却需要更为强劲的综合国力的支持。大国在这一区域内战略利益的交叠，一定程度上挤压了印度的战略空间。是维持现状还是进一步寻求战略拓展，也是印度面临的战略选择。将主要精力撤回至印度洋地区在目前看来是成本相对较低的选择，尤其是在当前印度经济衰退、向太平洋地区战略拓展力不从心的情况下。但是印度洋地区美国主导的情形，短时期内也无法实现其控制印度洋的战略设想。而更积极地介入太平洋地区事务，力求发挥塑造"印－太平洋"战略格局的作用，尽管目标更为长远，但是同样面临着自身利益受损的风险，尤其是作为美国鼓励印度加入这一体系的回应。印度就要在印度洋地区做出相应的妥协，更要考虑中国因素。尽管中印两国的双边关系是历史上最为稳定的时期，但是印度在“印－太平洋”区域的力量发展，和同样致力于发展海上力量的中国，存在着一定的竞争关系，也是两国间存在潜在摩擦的原因。这些都是印度在作战略选择和战略设计时需要考虑的因素。

尽管就目前看来，印度向太平洋方向的战略拓展无法从政府文件或者官方的讲话中得到明确的证实，但依然不能阻碍印度作为一个主要力量在“印－太平洋”区域发挥作用。在这一区域，美国的主导地位无法改变，但是中国和印度实力的不断增强意味着其战略意义将进一步凸显，并有可能在未来改变这一区域的地缘战略格局。

B.6

印度的印度洋战略：内涵、演进及发展趋势*

胡　娟**

摘　要：

印度作为印度洋沿岸最大的国家，长期以来寻求一个确保自身安全和经济利益最大化的印度洋战略。印度的印度洋战略的提出、演进和未来的发展，逐步体现着印度立足南亚、面向印度洋、争做世界大国的战略图谋与进程。未来，印度在印度洋的利益诉求还会持续提升，关注其印度洋战略的发展趋势，在印度崛起成为世界大国与海洋日益成为世界各国提高综合国力和地缘战略优势的制高点时代，有着深远的意义。

关键词：

印度　印度洋战略　内涵　演进　发展趋势

印度洋是连接太平洋和大西洋的交通枢纽，贯通欧亚非及大洋洲。印度洋已经成为21世纪全球挑战的中心舞台①，而这种中心无疑正在经历前所未有的变局，无论从地缘政治、地缘经济、地缘安全哪一个角度观察，域内域外国家在这里的博弈都会愈演愈烈。印度是南亚次大陆以及印度洋沿岸最大的国

---

* 本文是国家社科基金西部项目“印度的印度洋战略研究”（项目编号：11XGJ005）的阶段性成果。

** 胡娟，云南省社会科学院南亚研究所助理研究员，云南大学国际关系学院2011级博士研究生。

① Robert D. Kaplan, “Center Stage for the Twenty-first Century: Power Plays in the Indian Ocean”, *Foreign Affairs*, Volume: 88, Issue2, March/April2009, p. 1.

家，一直寻求在印度洋的特殊战略地位，甚至视印度洋为自己的内湖。随着印度的崛起，印度对国际和地区事务的影响力也在上升。印度战略空间将日益扩大，外交的主动权进一步提高，印度洋战略在印度的国家安全战略中地位也会随之不断提升。控制印度洋、做海权强国，依托印度洋实现印度的大国构想，已经成为印度的既定战略。

一　印度的印度洋战略的提出与内涵

印度洋是连接大西洋和太平洋欧洲和亚洲航程最短的海上战略通道，素有海上生命线之称。它不仅是亚洲与欧洲贸易的重要海上航线，同时也是运送中东地区石油的海上要道，一直以来是大国竞争的场所。印度洋上分布着许多岛链：东部有安达曼群岛、尼科巴群岛、苏门答腊岛，南部有阿姆斯特丹岛、凯尔盖朗群岛，西部有索科特拉岛、马达加斯加岛、马斯可林群岛、塞舌尔群岛，中部有查戈斯群岛、马尔代夫群岛、斯里兰卡岛，均具有十分重要的战略价值。在资源竞争激烈的21世纪，控制印度洋不仅能在贸易以及能源运输上享有主导权，同时也能对邻近的国家施加影响力。①

印度位于亚洲南部，介于阿拉伯海与孟加拉湾间，突出于印度洋。北部以喜马拉雅山和喀喇昆仑山为天然屏障；东北和不丹、尼泊尔、中国交界；东与缅甸和孟加拉为邻；西北与巴基斯坦接壤；东南隔马纳尔湾和保克海峡与斯里兰卡相望。② 在经济上，以购买力平价计算，印度经济是世界第三大经济体系。若以美元为货币单位的GDP计算，印度是世界第12大经济体。在军事上，印度立足南亚，称雄印度洋，积极争当世界军事强国，推行“地区性有限威慑”的军事战略。印度海军总兵力5.3万人（含海军航空兵、海军陆战队）。编有东部、西部、南部和远东3个地区司令部，东、西2支舰队（分别驻维沙卡帕特南和孟买）。另编有潜艇司令部（驻维沙卡帕特南）和海军航空兵司令部（驻果阿）。装备各种舰艇140余艘，其中有3艘航空母舰、19艘潜艇、19艘护

① 曾信凯：《中国印度洋困境中的美国因素》，《南亚研究》2012年第2期。

② 中国驻印度商务经济参赞处网站，http：//in. mofcom. gov. cn/aarticle/ddgk/zwrenkou/200309/20030900130462. html。

卫舰、5 艘驱逐舰和战斗支援舰 20 艘，以及导弹艇、巡逻艇、扫雷艇、登陆艇等其他作战舰只。在这种背景下，印度坚持把成为“印度洋地区的主要支配力量”并最终成为“世界上举足轻重的强国”作为其基本的国策。

（一）印度的印度洋战略的提出

1. 印度洋与印度的国家安全

印度洋包括属海的面积为 7411. 8 万平方公里，不包括属海的面积为 7342. 7 万平方公里，约占世界海洋总面积的 20% 。包括属海的体积为 28460. 8 万立方公里，不包括属海的体积为 28434 万立方公里。印度洋的平均深度仅次于太平洋，居第二位，包括属海的平均深度为 3839. 9 米，不包括属海的平均深度为 3872. 4 米。其北为印度、巴基斯坦和伊朗；西为阿拉伯半岛和非洲；东为澳大利亚、印度尼西亚和马来半岛；南为南极洲。印度洋及其北岸地区一直是世界大国争霸的中心地区，海权论大师 A. T. 马汉曾强调：“谁掌握了印度洋，谁就控制了亚洲。”

印度拥有长达 6100 余公里的海岸线，在阿拉伯海和孟加拉湾分布着大大小小 1175 个岛屿，其中有的远离印度本土达 1500 余公里，加尔各答港、孟买港均是世界上少有的优良港口。在印度洋沿岸的 40 多个国家中，印度国土面积最大、人口最多、地理位置最好，是唯一深入印度洋的沿岸国家。印度依赖和利用印度洋的历史也非常悠久。鉴于这种得天独厚的战略地位，印度把印度洋视为印度天然的“势力范围”。但是印度洋为印度发展经济和走向世界提供了广阔的空间的同时也是印度防务最为薄弱的，一旦失去海上优势，沿岸的地区将无险可守，国家安全将会受到严重挑战，就连让人记忆犹新的 2008 年的孟买恐怖袭击也是从海上策动并进入印度的。这说明印度的战略利益始终与印度洋休戚相关。①

历史上印度航海业曾一度非常发达，南印度在不同时期曾出现过潘地亚、朱罗等多个强大的海军强国，并通过印度洋与罗马帝国、阿拉伯帝国建

① 胡娟：《印度的印度洋战略及其对中国的影响》，《东南亚南亚研究》2012 年第 2 期。

立起密切的贸易和文化联系。[1] 直到13世纪中期，印度的海域都控制在印度人手里，大洋上还没有出现过能够向印度的控制权挑战的强国。[2] 在16世纪以前，外部势力基本上都是通过西北方向的陆路入侵印度次大陆的。这个状况导致印度历代统治者过多看中西北方向的陆路防卫而忽略了海防，最终导致印度海防力量薄弱。为此，印度在近代遭受了惨痛的教训。西方殖民者从海上叩开了近代印度紧闭的大门，印度不得不屈从于“米字旗”的统治200年之久。[3] 独立初期，拘于当时的国力以及印巴争端的限制，印度的注意力主要集中在南亚次大陆。1965年印巴战争之后，印度决定重点发展海军，力争在短期内将其建设成为一支现代化的海上力量。特别是20世纪60年代后期，英国在全球进行战略收缩，逐步撤出一些海外军事基地，印度政府提出了“由印度海军填补英国在印度洋遗留下的真空地带”的战略，占领了印度洋一些战略要地。[4] 1971年，英国由于国力渐衰，开始在不断收缩海外庞大的殖民体系的同时也不断将势力从印度洋撤出，随后美、苏海军势力开始陆续进入印度洋填补力量真空。同年，印度通过第三次印巴战争肢解了巴基斯坦，奠定了在南亚次大陆的霸主地位。[5] 印度政府转变了“大陆防御观”，“利益范围”开始扩大，更加重视海军在现代战争中的地位与作用。[6] 20世纪90年代以来，特别是印度核试爆后，地缘战略地位、人口规模、经济发展现状与潜力、科技发展水平、政治意志、军事实力以及实际拥有的核威慑能力支撑着印度正在成为一个不容忽视的地区性大国。1998年，印度的“东望政策”把南中国海纳入其战略利益范围之中。为此，印度正整合其在孟加拉湾、孟加拉、东南亚诸国（特别是越南）以及波斯湾等地的经济和军事利益。[7] 印度仍认为，“凡是发生在印度洋区域的任何事情都会对其国

---

① 郑励：《印度的海洋战略及印美在印度洋的合作与矛盾》，《南亚研究季刊》2005年第1期。

② 〔印〕潘尼迦著《印度和印度洋——略论海权对印度历史的影响》，德隆、望蜀等译，世界知识出版社，1965，第2页。

③ 马加里、徐俊：《印度的海洋观及其海洋战略》，《亚非纵横》2009年第2期。

④ 李兵：《印度的海上战略通道思想与政策》，《南亚研究》2006年第2期。

⑤ 时宏远：《印度的印度洋安全战略》，《平原大学学报》2006年第3期。

⑥ Institute for Defence Studies and Analyses, News Review on South Asia, India Ocean, NewDelhi, 1984, pp. 78 -80.

⑦ Ashok Kapur, Regional Structure in Asia, Routledge, 2003, p. 134.

家安全造成影响，因此都应给予关注”①。

2. 印度洋地缘格局的变迁

21 世纪以来，超级大国、地区霸权主义国家在印度洋上咄咄逼人的攻势，使印度洋周边地区力量不断失衡，当前该地区处于地缘格局重构的进程中。美国学者罗伯特·卡普兰（Robert D. Kaplan），在美国《外交事务》撰写文章并出版专著《季风：印度洋和美国力量的未来》，指出印度洋是 21 世纪大国争夺的中心。从地缘安全角度来看，印度洋地区是美国“新两洋战略”的轴心，是波斯湾局部战争和印巴、巴以等热点冲突聚集地，是当代国际恐怖主义的主要策源地，也是几大文明冲突交会的地区，其复杂性和重要性可比肩任何地区。从地缘经济角度看，印度洋掌控世界油库——波斯湾及其运输线，其战略经济利益不言而喻。“谁控制了印度洋，谁就控制了亚洲。印度洋是通向 7 个海、洋的要冲，21 世纪的命运将在印度洋上见分晓”成了不折不扣的真理。在这种背景下，印度洋地区的地缘政治重构在以下几对矛盾的动态平衡中展开。

首先，域外国家和域内国家的博弈和争夺。一方面，域外大国如美国、俄罗斯、日本、欧盟、中国都在竞相加大在印度洋地区的战略投入；另一方面域内国家印度、澳大利亚、沙特、伊朗、南非等国家在本地区也呈现经济加剧的态势。美国不允许任何一个国家独自控制某个大洋，在南亚次大陆，美国同样要采取维持地区平衡、牵制地区大国的战略。随着近年来美国重返亚太的步伐加快，它对印度洋的重视程度越发提高。负责政策制定的美国国防部副部长道格拉斯·费思说：“印度洋对美国有重要战略价值，故其在这一地区的海外军事基地数量仅次于欧洲和亚太，美军将全面控制印度洋具有战略意义的航道、海峡和海域。”美军在印度洋存在的一个重要目的就是防止任何一个大国或集团力量迅速崛起，维持自己的单边优势及霸权体系不受挑战。一旦该地区国家的政策与美国的战略利益相悖，美国的军事存在就会转换成为一种真正意义上的威胁力量。② 印度海军要控制的 4 个海峡全都属于美国海军在战时必须控制

---

① Admiral Sureesh Mehta, Freedom to Use the Seas: IndiapsMar2itimeMilitaryStrategy, NewDelhi, Integrated Headquarters Ministry of Defense (Navy), 2007May, p. 59.

② 潘杰：《印度洋——你永远不会平静》，国际在线，http: //gb. cri. cn/3821/2004/08/05/149@256242. htm。

住的16个海上战略通道。因此美国不仅利用巴基斯坦和孟加拉国牵制印度，还要利用第七舰队频繁的军事行动和军事演习，对印度进行一定程度上的威慑，限制印度过于急迫的扩张。[1]

其次，域内国家之间的互动和平衡在重构。与印度海军相比，巴基斯坦海军的实力相对弱小，为了抗衡印度海军的打压，近年来巴基斯坦已大大加强了海军建设，巴前总理贝·布托曾坚决表示如果印度海军继续扩张，对巴海军构成重大威胁时，巴基斯坦海军将不惜代价购买一艘核潜艇，对印度形成反威胁。素有“伊斯兰海上弯刀”美称的伊朗海军，针对超级大国海军战略的新特点，着重加强了沿海地区的海空联合作战能力。[2] 2009年澳大利亚防务白皮书也指出：“到2030年，印度洋将同太平洋一道成为我们军事战略和防务计划的核心。”[3]

此外，新的地缘冲突和旧的地缘矛盾并行涌现。如印度与巴基斯坦依然相互敌视，印巴克什米尔问题迄今仍在僵持；印孟、缅孟之间的领海划界存在分歧；阿以矛盾难以化解中东和平进程缓慢；伊朗核问题导致美伊关系长期紧张，近期更有剑拔弩张之势。这些问题使得印度洋地区的局势动荡不安。[4] 回顾20世纪末到21世纪爆发的海湾战争、伊拉克战争、阿富汗战争、利比亚战争、无不在印度洋周边地区。巴以冲突是仍是中东地区冲突的热点之一，冲突的背后隐藏着深刻的历史根源，既有宗教的、民族的因素，更重要的是大国干预等外部因素，各种因素互相影响、激化，使得巴以冲突的复杂性非同一般。2012年3月，巴勒斯坦和以色列开始在加沙地带交火，双方的冲突达到了三年来最严重的程度。与旧的地缘冲突并行的是大国争夺加剧带来的新的矛盾。同时，传统安全问题和非传统安全问题交织紧密。当代国际恐怖主义的策源地几乎均集中在该地区。印度洋地区呈现个体化、网络化和高智商化的海上恐怖

---

① 刘江平、徐俊力：《烽火大洋——关注21世纪初印度洋的军事形势》，《国际展望》2001年第22期。

② 刘江平、徐俊力：《烽火大洋——关注21世纪初印度洋的军事形势》，《国际展望》2001年第22期。

③ Australian Department of Defense, “Defending Australia in the Asia Pacific Century: Force 2030”, 2009, p. 37. http://www.Defence.gov.au/whitepaper/docs/defence_white_paper_2009.pdf.

④ 池步云、何光强：《中国在印度洋的利益内涵挑战与维护》，《南昌航空大学学报（社会科学版）》2012年第3期。

主义、海盗和有组织犯罪等问题，国际社会治理难见成效。一些环印度洋国家的内部动荡也在不断地催生形形色色的暴力组织，包括恐怖主义组织、毒品贩卖和军火走私团伙等，印度洋成为其活动平台，成为海上有组织犯罪的高发区。在美国《外交政策》杂志 2010 年所列的 25 个“失败国家”中，印度洋地区就占了 9 个，其中索马里位居“失败国家”第一位。[①] 据相关研究统计，印度洋地区有 19% 的国家存在着不同程度的武装冲突，31% 遭到过恐怖主义的威胁，33% 遭到过海盗的威胁，39% 存在着不同程度的政治风险，53% 长期与其邻国有海上领土纠纷，56% 饱受非法枪支走私、贩卖毒品和拐卖人口的困扰。[②]

3. 印度的崛起

与印度印度洋战略的提出密不可分的另一个原因就是印度的崛起。印度崛起使得印度具备了实施印度洋控制战略的战略基础，也加剧了印度实施印度洋控制战略的战略需要。从 20 世纪 90 年代实行全面改革以来，印度已经走向崛起并步入大国行列，无论是 GDP 还是综合国力都在空前快速发展。1991 年经济改革后，印度经济增长速度加快，经济规模迅速扩大。2009 ~ 2010 年度，以 1990 ~ 1991 年度固定价格计算的印度国民生产总值增加到 446845. 4 亿卢比，20 年间约增加 3. 5 倍，促使印度经济总体实力不断增强。[③] 经济的发展带来了对资源、市场、能源同样快速增加的需求。目前印度国内消费能源的 80% 以上必须经过印度洋航线运输，其中包括海外进口原油和印度近海油田所产原油，印度本国近海所产能源的运输也有赖印度洋和孟加拉湾水道，这使得印度寻求在印度洋的特殊战略地位的愿望更加强烈。

印度洋的自然资源非常丰富，矿产资源以石油和天然气为主，主要分布在波斯湾地区，已探明的石油储量占世界石油总储量的 62%，天然气储量的 40%。印度洋的渔业占世界总量的 16. 5%。水资源也十分重要，是波斯湾地区淡水的潜在来源。在战略金属方面，印度洋地区的锰储量占世界的 85%，钒储量占世界的 60%，铬储量占世界的 86%，铀储量占世界的 50% 以上，铁

① Andrew S. Erickson, Walter C. Ladwig and Justin D. Mikolay, “Diego Garcia and the United States' Emerging Indian Ocean Strategy”, *Asian Security*, Vol. 6, No. 3, 2010, p. 216.

② 时宏远：《印度对中国进入印度洋的认知与反应》，《南亚研究季刊》2012 年第 4 期。

③ 文富德：《印度经济改革的成绩与问题》，《南亚研究季刊》2012 年第 1 期。

储量居世界第一位，且质量较好。[①] 对这些资源的开发利用，印度不仅可以解决资源不足的问题，还能带动其经济发展。因此印度政府把印度洋视为其发展的基地，把发展海洋经济作为其增强综合国力的一项基本国策，甚至作为国家战略筹划的重要内容。[②] 印度是一个能源极为短缺的国家，有些矿产资源也比较贫乏，这成为经济发展的瓶颈，而印度洋丰富的海底资源可以大大缓解这个问题。所以，印度很在意印度洋特别是大陆架的资源，并把这些资源视为印度的天然附属物，绝不能让别国攫取。印度贸易量的95%以上和贸易额的75%也都必须通过海运来完成。[③] 印度洋为印度的崛起奠定了基础和保障，印度未来的发展也将越来越多地依赖印度洋。

（二）印度的印度洋战略的内涵

印度总理尼赫鲁曾说过“历史证明，无论何种力量控制了印度洋，印度的海上贸易都会首先受到控制，随后受支配的将是印度的国家独立。”1978年，时任印度海军参谋长的 S. N. 科利（S. N. Kolhi）上将在《海权与印度洋：对印度的参考》（*Sea Power and the Indian Ocean：with Special Reference to India*）一书中明确指出：“印度海军成功的关键是强化对海洋的控制能力，维护自身使用海洋的权益和能力，剥夺敌人利用海洋实行扩张的任何机会，只要牢牢控制印度洋，印度就有机会在国际社会中发挥有效功用。”[④] 1984年，拉吉夫·甘地（Rajiv Gandhi）就海军军购问题在印度人民院演讲时曾指出：“印度防务要求我们必须牢牢控制通向印度的海上通道……那些从陆路征服印度的人最终被印度社会所同化，而那些从海上侵入我国的人都成为外来的统治者，因此要抵御海上的入侵。我们印度人如果要掌握自己的命运，就必须完全控制周边海域，控制从阿拉伯海到孟加拉湾直至印度洋的数千公里的海域。”[⑤] 前印度海军参谋长普拉卡什提出：“印度的战略边境可从波斯湾沿非洲东海岸往南，横

① 文富德：《印度经济改革的成绩与问题》，《南亚研究季刊》2012年第1期。

② 郑励：《印度的海洋战略及印美在印度洋的合作与矛盾》，《南亚研究季刊》2005年第1期。

③ 时宏远：《印度的印度洋安全战略》，《平原大学学报》2006年第3期。

④ S. N. Kolhi, *Sea power and the Indian Ocean：with special reference to India*, New Delhi：Tata McGraw-Hill, 1978, p. 26

⑤ Marcus B. Zinger, *The Development of Indian Naval Strategy Since 1971*, p. 348.

跨至马六甲海峡并向南延伸至印度洋。”印度前国防部部长费尔南德斯更是直言不讳：“从阿拉伯海的北面到南中国海，都是印度的利益范围。”所有这些言论，直接或间接地表述了印度对海洋利益的追求。①

近年来印度已经形成一套完整的海洋战略思想体系。2004 年 6 月，印度出台《印度海军作战学说》（*Indian Maritime Doctrine*），提出“远洋进取”（Ocean Extension）理念，强调印度海军应实现由“黄水”近岸防御型海军向“蓝水”远洋进攻型海军的转变，在积极发展航空母舰和核潜艇等先进技术兵器的同时，打造一支力量强大且均衡的现代“蓝水”海军；在掌控印度洋的基础上，贯彻东进太平洋、西出大西洋、南下非洲的战略构想，逐步将印度海上利益边界扩展到西起红海，东到南中国海，南达非洲的广阔海域。② 2007 年 5 月印度发表的《印度海洋军事战略》（*India's Maritime Military Strategy*）中对其海洋战略作了这样的阐述：“一国的海洋战略包括经济、贸易、政治、军事和科学技术等各个层面的内容，并在国家大战略的总体构架中有所反映。一个国家的海洋战略可以被定义为一国以其周边海域为基础，在海洋发展的总体规划指导下，通过协调处理各种海事活动，实现国际利益最大化。”③ 可以说，全面控制印度洋海域，并在此基础上向相邻海域延展其利益边界，是印度海洋战略的核心要义。具体而言，主要有以下几方面举措。

1. 建立一支强大的远洋蓝水海军

印度认为强大的海军是“树立大国形象的标杆”④，印度前外长贾斯旺·辛格在《印度的防务》中明确指出印度洋对印度安全的极端重要性：“我们只需要考一下 17 世纪和 18 世纪的一个重要失误，就可正确评价印度洋和通向印度的海路的重要性。”这个失误导致外国势力到达印度洋沿岸，最初是为了贸易，发展到后来就是为了征服。并认为，如当时“只要有一支海军就能阻挡

① 马加里、徐俊：《印度的海洋观及其海洋战略》，《亚非纵横》2009 年第 2 期。

② http：//www，indiadefence. com/nanvaldoct. htm.

③ Admiral Sureesh Mehta，*Freedom to Use the Seas*：*IndiapsMar2itimeMilitaryStrategy*，NewDelhi，Integrated Headquarters Ministry of Defense（Navy），2007May，p. 3.

④ David Scott，“India's Drive for A ‘Blue Water Navy’”，*Journal of Military and Strategic Studies*，Vol. 10，Issue 2，（2007 - 2008），p. 39.

并抵抗这种海上入侵，海军本身就足以阻止印度被进入”①。

在海军发展战略上，建设以航母、驱逐舰、核潜艇等大中型舰艇为骨干的多层次海上力量，最终建成一支具有世界领先的远洋舰队；确保海军具备“第二次核报复”打击能力和远距离“力量投送”能力，全面控制印度洋，进入太平洋。在海军的战略任务上，主张控制与威慑并举，并加紧从“区域性威慑与控制”向远洋战略转变；主张建立对印度洋周边国家的绝对军事优势，遏制这些国家向印度洋扩展，又要对印度洋外部的海军大国实施威慑战略，争取达成海上力量均势，限制它们在印度洋上的行动自由。对于海军力量建设，印度海军参谋长苏里什·梅赫塔表示：“到 2022 年，我们计划拥有 160 艘战舰，其中包括 3 艘航母，含潜艇在内的 60 艘作战舰（major combatant），将近 400 架不同类型的战机。”② 印度海军拥有 55000 人，其中有 5000 名海军航空兵和 2000 名海军陆战队（MARCOS），是世界第五大海军。印度海军目前拥有超过 155 艘船舰，包括“维拉特”号航空母舰、INSViraat 等喷气式战斗机。近年印度开始发展海上力量，除了积极向外国购买多艘船舰外，也开发国产潜艇及航空母舰，计划打造一支“蓝水海军”。③

印度对航母情有独钟。印度军事分析家认为，为了在辽阔的印度洋海域占据霸主地位印度至少需要 5 艘航母、15 艘核潜艇和上百架海上巡逻战斗机，但印度要实现这一目标还有相当的距离。④ 进入 20 世纪 90 年代，印度加紧实施“印度洋控制战略”，将发展航母视为战略核心任务。1997 年“维克兰特”号（Vikrant）航母退役，为了在新航母服役前维持海军的远洋作战能力，印度于 2001 年开始对“维拉特”号（Viraat）进行为期 2 年的现代化改装，使其服役年限延长至 2012 年之后。在对现役航母实施改造的同时，印度海军亦采取引进和自主研制双管齐下的方式，扩充远洋防务能力。可以说，印度海洋

① 贾斯旺·辛格：《印度的防务》，麦克米兰印度有限公司，1999，第 211 页。

② Walter C. Ladwig III，“Delhi's Pacific Ambition：Naval Power，‘Look East’，and India's Emerging Influence in the Asia-Pacific”，p. 91.

③ globalsecurity. org，“India Navy”，http：//www. globalsecurity. org/military/world/india/navy - intro. htm.

④ 江亚平：《印度欲圆海洋大国梦不惜重金从俄购买航母等军备》，中国网，http：//www. china. com. cn/chinese/junshi/487971. htm。

战略的发展极为倚重航母，其海军高层毫不掩饰地表示将以 3 艘航母为基础打造 3 支航母战斗群称雄印度洋。[①] 一旦印度的海上扩军计划得以实现，印度将从数量上成为全球仅次于美国的第二航母大国，海上作战能力也将跨上一个新台阶。[②] 2012 年 1 月，印度宣布已从俄罗斯租用移交一艘核攻击潜艇（更名为 INS Chakra II），耗资近 10 亿美元，从而使印度成为除 5 个核大国之外唯一拥有海基核打击力量的国家。印度同时也在自行发展核动力潜艇[③]。

2. 通过政治外交提升在印度洋地区的地位

步入 21 世纪以来，印度积极致力于在印度洋充分发挥区域性影响力。印度正在实施一系列旨在改善战略形势的相关政策，其中既包括灵活的外交政策和互惠的经济政策，又有军事援助和干预，通过这些举措，印度正在与印度洋沿岸国家及主要外部力量编织关系网。印度海军参谋长阿伦·普拉卡什曾说："无论我们喜欢与否，确保印度洋地区战略稳定的责任将会落在印度的肩上。为了应对各种挑战，印度不仅需要提升经济实力和海军能力，更重要的是要利用高超的外交技巧发展与印度洋国家的友好关系。印度首先要保持对地缘政治变化的敏感性，并能迅速而又坚定地做出反应。"[④] 尤其是与中国关系也很好的斯里兰卡、孟加拉国、马尔代夫等国都是印度主要的拉拢对象。一个比较典型的例子就是 2012 年 2 月 7 日马尔代夫发生政变时印度的反应。当时马尔代夫前总统纳希德被迫下台，印度不到 24 小时就承认了瓦希德政府，防止瓦希德政府"倒向中国"，结果纳希德为了迎合印度称"世界上再没人比我更爱印度了"[⑤]。此外，印度极力影响、干预塞舌尔、毛里求斯等战略地位重要的印度洋小国与中国的合作。

印度外交部长认为，印度必须具备"更大的战略空间"及"战略自主性"，并建立安全缓冲机制。观察人士指出："印度为了在从伊朗……至缅甸

---

① 张威：《印度海洋战略析论》，《东南亚南亚研究》2009 年第 4 期。

② 曹永胜、罗建等：《南亚大象——印度军事战略发展与现状》，解放军出版社，2002，第 219 页。

③ "India leases Russian nuclear submarine," *BBC News*, January 24, 2012, http://www.bbc.co.uk/news/world-asia-india-16696834.

④ C. Uday Bhaskar, "China and India in the Indian Ocean Region: Neither Conflict nor Cooperation Preordained", p. 317.

⑤ 《印欲阻马尔代夫新政府"倒向中国"》，http://finance.sina.com.cn/roll/20120217/142911401344.shtml。

和越南的广阔地区发挥影响力，正在采用创造性手段精心调制外交‘鸡尾酒’，包括贸易协定、直接投资、联合军演、能源合作和基础设施建设等一系列手段。”印度在沿海岸线全线发挥其影响力，力图在更广阔的范围内获取经济或安全利益，维持印度洋多道“门户”的“安全”。印度还有意激活1997年成立但一直运行效果不佳的“环印度洋经济合作圈”，使之能真正带来效益，在促进各国经济发展的同时又能加强印度洋国家的团结。①

3. 控制海上战略要地和交通线

印度把海上战略要地与交通线视为海权的基本要素之一，可以说，谁控制了印度洋的交通线，谁就在战略上取得了主动。② 2007年印度海军发表的《印度海洋军事战略》中根据不同的重要性划分了首要利益区与次要利益区。首要利益区包括：①阿拉伯海及孟加拉湾。这些区域覆盖了印度大部分的专属经济区、岛屿领土及其延伸。②进出印度洋的咽喉要道。主要是马六甲海峡、霍尔木兹海峡、曼德海峡以及好望角。③诸多印度洋岛国。④波斯湾，即印度石油进口的主要来源。⑤印度洋上重要的国际航道。次要利益区包括：南印度洋地区，红海，南中国海，东太平洋地区。其中，控制进出印度洋的马六甲海峡（the Strait of Malacca）、曼德海峡（the Strait of Bab-el-Mandeb）和霍尔木兹海峡（the Strait of Hormuz）、保克海峡（the Strait of Palk）、苏伊士运河（the Canal of Suez）、好望角（the Cape of Good Hope）以及阿加莱加群岛（Agalega Island）等战略要地，被印度视为掌控印度洋的最有效的战略支点。例如安达曼-尼科巴群岛，该岛距离印度本土700多海里，战略地位十分重要。不仅靠近东南亚国家，更靠近主要的海上运输线，同时也扼守从南中国海通过马六甲海峡进入印度洋的“北纬10°航道”。从20世纪90年代中期开始，印度在安达曼岛上为安达曼-尼科巴群岛海陆空三军司令部建设军事设施。2001年，印度在此成立了首个三军联合作战司令部——安达曼-尼科巴群岛联合司令部，专门负责该地区的防务。此外，印度还在马达加斯加和毛里求斯开通了监听站。印度从俄罗斯购买戈尔什科夫号航母、T-90坦克、苏-30战斗机，从

① 时宏远：《印度对中国进入印度洋的认知与反应》，《南亚研究》2012年第4期。

② Sureesh Mehta, Freedom to Use the Seas: India's Maritime Military Strategy, p. 60.

以色列购买“费尔康”和“巴拉克”防空系统，购买潜艇、导弹驱逐舰、护卫舰等大型主战军舰以及海洋监测卫星和海上监视装备，就是为了扩大对印度洋海岸和海上的监视范围，以确保其对印度洋海上战略要地和交通线的控制，从而确保其在印度洋的绝对支配地位。

4. 遏止区外大国对印度洋地区事务的介入

域外大国对印度洋的关注和介入无疑大大增加了印度洋力量格局变化的复杂性，但印度对外部势力干预印度洋地区的担忧主要源自中国和美国。美国控制印度洋的企图，与印度一直坚持把外部军事力量从印度洋排挤出去的海洋安全战略目标刚好相反，使印度的安全和利益受到挑战，这是印度所不能接受的。① 印度还在某种程度上对美国在印度洋海域——阿拉伯海和波斯湾——的大规模军事存在感到担忧。印度《海军作战条令》指出：“阿富汗战争的后续发展已迫使我们更加关注因这场战争而延伸至印度西海岸的威胁。美国和西方不断增强的军事存在……等因素，都有可能对印度洋地区的总体安全环境形成长期影响。”对于中国，由于历史和现实等种种原因，印度一直将中国视为其称霸南亚和印度洋的主要障碍。印度国防部部长费尔南德斯曾公开宣称“中国是印度最大的威胁”，“来自中国的威胁比来自巴基斯坦更大”。中国虽然不是印度洋沿岸国家，但是印度洋是中国通向南亚、中东、西亚、欧洲、非洲和大洋洲的重要通道。随着中国经济的快速发展，中国对海外资源和通道的需求迅速增加，中国在印度洋地区的利益诉求和影响都在不断攀升，印度对此感到非常不安。印度极力在环印度洋构建“印度圈”，遏止区外大国染指印度洋。

二　印度的印度洋战略演进

20 世纪 90 年代以来，印度海军确立了相应的“沿海防御 - 区域控制 - 远洋进攻”的发展思路，提出发展一支大型远洋舰队，逐步实现从“区域性威慑和控制”向“远洋进攻”的战略转移。②

① 时宏远：《印度的印度洋安全战略》，《平原大学学报》2006 年第 3 期。

② 曹永胜、罗建等：《南亚大象——印度军事战略发展与现状》，解放军出版社，2002，第 216 页。

建国至20世纪60年代末，印巴之间的冲突频发牵制了印度主要的精力。印度洋成了美苏两大阵营在地缘战略上展开激烈争夺的舞台，印度无暇也无力投向海洋。印度在当时采取“有限进攻和两线扩张”的军事战略，陆空军成为重点发展对象，海军的建设则没有投入足够的重视，作用和地位仅处于三军之末，出现了重陆轻海的倾向。当时海上防务仅限于“近海防御”，印度海军的活动范围只限于印度半岛的东西海岸——阿拉伯海和孟加拉湾，以配合陆军和空军作战。[①]

从20世纪70年代起，印度洋地区的形势发生了变化。英国出于经济上的困难和战略上的困境，被迫从印度洋地区撤军，印度洋地区出现力量真空，印度开始看到机会。[②] 印度决心填补这一“真空”，把印度洋划入自己的势力范围。1973年，印度在群岛建立了海军前沿基地，以作为对进出孟加拉湾船只的侦察站和警戒中心。同时，印度还根据《联合国海洋法公约》获得了大片蕴藏多种自然资源的专属经济区。

20世纪80年代以后，印度防务专家指出，国家安全的形式已由公开化转为隐蔽的海上争夺，只有成为强大的海权国家，才能使自己在经济上和国防上迅速发展起来。印度开始全面推行“印度洋控制战略”，重点发展远洋海军。为完成对印度洋的控制，印度防务专家以印度洋为核心，将印度洋的控制区域划分为三个层次：首先是“完全控制区”，包括孟加拉湾、印度西部和南部海岸1000公里以内的印度洋区域和阿拉伯海的部分海域。对于这一区域，保卫国家海防、专属经济区和所辖岛屿的安全是第一要务，同时也可以对邻近国家取得完全制海权。其次是“中等控制区”，包括“完全控制区”以外500～1000海里的海域。和平时期，印度海军可以在这一地区部署一定数量的巡逻警戒兵力。战时，则可以迟滞敌对国的进攻。最后是“软控制区”，包括相距较远但战略地位甚为重要的要点和交通要道。[③] 80年代末，印度海军已经拥有5.5万人、130余艘各类作战舰艇、2艘航空母舰、180余架作战飞机的世界中等规模的海军，开始具备对印度洋的控制能力。[④]

---

① 张晓林、屈玉涛：《印度海军战略的演进》，《学习时报》2007年10月10日。

② 曹永胜、罗建等：《南亚大象——印度军事战略发展与现状》，解放军出版社，2002，第206页。

③ S. N. Kolhi, Sea power and the Indian Ocean: with special reference to India, pp. 56－58.

④ 张晓林、屈玉涛：《印度海军战略的演进》，《学习时报》2007年10月10日。

到20世纪90年代，世界战略形势发生了巨大的变化。印度扩大了对海军的经费投入，开始建设“蓝水海军”。印度已经不满足于作为地区国家的存在，开始把“称霸南亚、控制印度洋、争当世界一流国家”当作印度的国家战略目标，其海军战略也凸显进攻性，进入“远洋延伸”战略时期。印度这一时期调整海军战略的原因主要包含三个方面的考量。首先，海洋在印度经济建设中的地位日益上升，印度只有建立一支强大的“蓝水海军”，才能维护印度向海洋发展的经济利益，将来才有可能建成海上强国。其次，印度面临的“海上威胁日益严重”。巴基斯坦正试图建立“一支强大的海军力量”，以便在战时封锁、攻击印度沿海或海上的重要经济、军事目标，切断印度的海上运输线。以此同时，世界超级大国以及日本、印度尼西亚、澳大利亚等国也在觊觎印度洋上的利益，将来也有可能与印度在海上发生利益冲突。所以，印度认为，只有尽快建立一支“世界级”的海军，才能应对来自海洋方面的“威胁”。最后，实现国家战略目标的必然要求使然。正如印度防务专家所说“21世纪世界的命运将在印度洋上见分晓”，“主宰印度国防全盘战略的是海洋”，“印度海上战略的长期目标应该是成为海权国，从而独立地在安危攸关的海上捍卫本国的利益，从而执牛耳于印度洋地区”。①

进入20世纪以后，印度的战略重心更加明显地倾向海洋，强力推进“西挺东进”战略，力图掌控从波斯湾到马六甲海峡以东的广大地区。在21世纪印度海军不但要保卫印度漫长的海岸线、岛屿领土及专属经济区，还要控制邻近国家的海域，保持对印度洋地区国家的绝对军事优势；对在印度洋地区驻有军事力量的区外大国，力求通过核威慑等手段，阻止其向印度洋地区渗透；同时要具备控制苏伊士运河、霍尔木兹海峡、马六甲海峡等战略要地的能力。②

2012年，印度出台了一份标题为《不结盟2.0：印度21世纪外交和战略政策》的重要报告，这份报告可谓冷战结束以来印度最全面、深入阐述其外交和战略政策的报告。“虽然不是政府文件，但有强大的官方背景。”③ 报告再

① 张晓林、屈玉涛：《印度海军战略的演进》，《学习时报》2007年10月10日。

② 刘中民：《印度洋与南亚、西亚沿海的海洋战略角逐》，《海洋世纪》2008年第12期。

③ 毛四维：《印度“不结盟2.0”反对联美制华》，《联合早报》2012年3月30日。

次明确海军大国是印度的目标，并指出，大力发展海军，确保有能力实施对印度洋的控制。这是所谓“非对称战略”的核心。报告强调，在海洋能力方面目前印度占优势，但中国很快在赶上来。中国目前精力集中于控制黄海、台湾海峡、东中国海和南中国海，印度洋对其重要性则居第二位。美国、日本、印尼、澳大利亚和越南的海洋战略行动都有助于阻缓（如果不是阻止）中国向印度洋投放海军力量。印度需要利用这一机会加强自己的海军建设。印度的地区外交也应为此服务，要与上述“制衡”力量发展更紧密的关系，包括与这些国家达成安全合作协定和定期开展海军演习。①

2012 年 3 月 16 日，印度称其 2013 年军费开支将在 2012 年增长 12% 的基础上增加 17%，达 19340.7 亿卢比（约合 400 亿美元）。目前有与法国达索航空公司 126 架“阵风”战斗机的购买合同，该交易估计价值为 120 亿美元。

综上可见，印度的海军战略思想日渐成熟，已经实现了由“近海防御”到“区域控制”向“远洋延伸”的转变。

三　印度的印度洋战略发展趋势

自尼赫鲁时代以来，印度极力争当“有声有色”的世界大国而发展远洋海军，进而构建积极进取的海洋战略，扩展印度的海上利益疆界是印度的必然选择。与此同时，印度洋地区的地缘格局也在不断构建之中，印度的印度洋战略的发展趋势进一步凸显。

（一）印度将继续强化在印度洋地区的海陆空三军实力

印度岛屿领土主要由东面的安达曼 - 尼克巴群岛（Andaman and Nicobar archipelago）和西面的拉克沙岛屿（Lakshadweep）组成，这些岛屿在地理上远离印度次大陆，被视为印度的安全脆弱地带，尤其是安达曼 - 尼科巴群岛。②安 - 尼群岛位于孟加拉湾东南部，总面积约 8325 平方公里，由大小 572 个岛

---

① 毛四维：《印度“不结盟 2.0”反对联美制华》，《联合早报》2012 年 3 月 30 日。

② Gurpreet S Khurana, *Maritime Forces in pursuit of National Security: Policy Imperatives for India*, (Institute for Defence Studies and Analyses, New Delhi, 2008), p. 5.

屿组成。该群岛距离印度大陆约800公里，是印度的东方门户，扼守从南中国海通过马六甲海峡进入印度洋的“北纬10°航道”，可以称得上是太平洋到印度洋的咽喉，战略地位十分突出。为能更有效地向亚太地区拓展其军事势力，并在必要时以武力阻止中国等其他军事强国的海军通过马六甲海峡或巽他海峡进入印度洋，印度逐渐加强其在安-尼群岛的军事存在。① 事实上，早在2001年，印度政府和军方意识到安-尼群岛的重要性，并于当年在安-尼群岛上成立了印度首个三军联合作战司令部——安-尼群岛联合司令部，专门负责安-尼群岛地区的防务，其总部就设在安达曼岛东部的布莱尔港。2012年5月，印度空军的C-130J“大力神”军用运输机首次降落在安-尼群岛上的卡尔尼科巴空军基地。这说明印军在安-尼群岛上的机场等军用设施建设已达到较高水平，可以起降各型军用飞机，具备了从印度本土远距离快速投送部队的能力。印度今后必然会继续加强在印度洋地区的海陆空三军实力。

（二）海上东扩步伐加剧

尼赫鲁在《印度的发现》一书中对于印度崛起的目标就有明确的构想，几十年来印度一直朝着这个目标努力。他这样写道：“在将来，太平洋将要代替大西洋而成为全世界的神经中枢。印度虽然并非一个直接的太平洋国家，却不可避免地将在那里发挥重要的影响。在印度洋地区，从东南亚一直到中亚细亚，印度也将要发展成为经济和政治活动的中心。”②

在世纪之交，印度公开表示“从阿拉伯海的北面到南中国海都是印度的利益范围”，企图将其海上活动范围向东拓展到南中国海乃至整个西太平洋地区。印度主张国家利益所及之处就是印度的战略疆界，东南亚则被定义为“延伸的周边地区”。③ 为扩大海上霸权，印度甚至提出了“东方海洋战略”。目前，印度正在迫不及待地推行其面向东方、进军南中国海的“东进”战略，

---

① 《印度向印度洋基地大举增兵扼守马六甲防中国》，人民网，http：//military. people. com. cn/GB/18032231. html。

② 〔印〕贾瓦哈拉尔·尼赫鲁：《印度的发现》，齐文译，世界知识出版社，1956，第712页。

③ 〔印〕贾斯旺·辛格：《印度的防务》，麦克米兰印度有限公司，1999，第373页。

未来，印度海上东扩步伐加剧。

近年来，印度一方面以所谓维护航行自由、与有关争议国联合开发南海等名义，涉足中国南海；另一方面不断与东盟成员国及韩国、日本在南中国海举行联合军事演习。2000 年 10 月和 11 月，印度海军分别与韩国、越南在南中国海举行了联合军事演习。英国《简氏防务周刊》对此发表评论："进入南中国海是一个大胆举措。印度正在走出它的传统势力范围，到新的地区进行尝试。"①

东南亚国家历来奉行"大国平衡战略"，尤其新加坡、越南、印尼、缅甸等东盟国家纷纷看好印度的军事影响力，与印度在联合军演、军售、人员培训等领域的合作呈现蓬勃发展之势。印度在东南亚地区的军事影响力正在逐年增加。印度耗资 1 亿美元援建连接缅甸实兑港与印度的加尔各答的公路，并计划在缅甸南端的大威修建深水港和配套交通设施，该地位于安达曼海，一旦完工将对印度海军具有重要的战略价值。② 2012 年 2 月，缅甸海军也派出战舰参与印度海军牵头的 14 国海军联合演习，该演习是由印度海军牵头的例行演练，在孟加拉湾举行。

（三）加强与美国、日本的合作

"冷战"结束后的 10 年间，美印关系相对冷淡，"冷战"结束后，美国和印度都不断调整自己的国际战略，两国关系有所发展。近年来，出于现实利益的相互需要，印美关系迅速升温。布什政府明确表示"要帮助印度成为 21 世纪世界上的一个主要大国"。③ 奥巴马总统甚至在演讲中公开表示："我们与印度快速发展和深化的友好关系将会造福全世界。印度民众应该知道他们没有比美国民众更好的朋友和伙伴了。"④ 事实上，美国在印度洋的原则是不允许任

① 曹永胜、罗建等：《南亚大象——印度军事战略发展与现状》，解放军出版社，2002，第 227 页。

② Dilip Ghosh, "China's 'String of pearls' encircling India", *The Northlines*, January 2, 2010, http://www.thenorthlines.com/newsdet.aspx? q = 28671.

③ Daniel Twining, "America's Grand Design in Asia," *The Washington Quarterly*, Vol. 30, No. 3, Summer 2007, p. 82.

④ K. Alan Kronstadt and Paul K. Kerr, "India-U. S. Relations", *Report for Members and Committees of Congress*, October 2010, p. 2.

何国家单独控制某个大洋从而成为美国的对手。印度与美国是存在重大的分歧与矛盾的，但是在近期以及未来相当长的一段时间内，为了对付日益严重的国际恐怖主义、伊斯兰极端组织、保护印度洋海上运输线以及牵制正在崛起的中国等现实需要，印美会继续强化双方在印度洋事务上的合作。

与日本的情况也一样，日印关系当前正处在近几十年中最好的阶段。2000年日本就与印度建立了全球性伙伴关系，2006年日本外相麻生太郎提出“自由繁荣之弧”的价值观外交路线。日本认为能源安全是其经济、政治和社会稳定的生命线。而印度扼守着日本石油运输线最重要的印度洋航道。印度欲将影响扩大到太平洋，而日本也积极将势力范围扩大到印度洋，未来印日双方相互借重的程度也将继续提升。2010年，印度与美、日两国在冲绳附近海域进行演习。此后，印日两国的军事交流相当密切，双方从低层次的日常训练等到高层次的战略磋商，内容日益丰富。

（四）中国因素凸显

印度对任何域外国家在印度洋的影响都是排斥的，印度最为关注的区外其他海洋大国是中国。印度的安全战略包括海洋战略深深打上了中国因素的烙印，未来随着中印“双崛起”时代的到来，中印关系将面临深度磨合，利益摩擦有可能加剧，印度海洋战略的中国因素会更加凸显。在印度看来，中国海军在印度洋的一系列活动，展示中国已经具有远洋作战的能力。近年来，为抗衡中国在印度洋的影响力，印度积极加强在印度洋的防御力度，试图把海军力量投射至太平洋，扩大海上防御纵深，以抵消中国在靠近南亚次大陆的部署给印度带来的所谓“威胁”。印度领导人经常在国际场合强调中国崛起带来的挑战或威胁，进而凸显印度的战略作用。印度媒体甚至公开宣称，印度到中国“后院”南海就是为了应对中国在印度洋的“珍珠链战略”，直言不讳地表示“如果印度洋不是印度的海洋，那么南海也就不是中国的南海”，“既然中国在印度周边发挥了如此多的影响力，印度有权利加强和越南、日本的经济、军事合作”。

在这种背景下，印度战略思想家和国防机构都对中国在印度洋的存在保持高度关注和异常警惕。国外有些别有用心的媒体声称中国正透过资助等各种方式取得军舰海外停泊基地，主要包括巴基斯坦、孟加拉国、缅甸、柬埔寨以及泰国等国家的有关港口或机场，据此杜撰了中国的“珍珠链战略”，其本身是子虚乌有的，但是印度国内许多人认同所谓“珍珠链战略”，反映出印度对中国的疑虑。有的印度学者甚至抛出了破解中国“珍珠链战略”的方略，包括封锁航道或截留中国商船以打击中国海外贸易、介入南中国海事务、与美国签署情报共享协定、共享海上侦察情报等。[①] 中印关系虽然在不断改善，但两国始终缺乏战略互信，中印关系充满复杂性、不确定性。印度谋求在南亚和印度洋地区拥有排他性的主导地位的既定战略方针是不会改变的，可以预见，随着印度自身力量的壮大，印度在处理对华关系时会体现出更加强硬的姿态，在印度洋问题上印度的“中国因素”未来会更加凸显。

（五）建立印度主导下的印度洋地区多边机制，充当地区利益的代言人

印度与南亚国家及印度洋沿岸的许多国家都有着天然的种族、文化和感情联系。毛里求斯、塞舌尔和马尔代夫等国都有相当多的印度人，这些国家也自然而然地在经济、技术和安全方面有求于印度。印度凭借自己广大的国土面积、众多的人口和丰富的资源，成为印度洋地区的大国，再加上印度与沿岸诸国在地理上和历史上天然的联系，对印度洋地区的归属感和主人感明显超过其他大国，不允许其他大国控制这一广阔的海域。[②] 印度认为它理所应当在印度洋地区扮演领导者角色并发挥支配作用，而且要力图排挤他国在印度洋的存在，形成自己主导印度洋的局面。它希望通过与印度洋及附近海域国家的广泛接触，配合以武力控制印度洋地区的战略，建立印度主导下的印度洋地区多边机制，充当地区利益的代言人。

2008 年，印度主办了“印度洋海军论坛”，出席的国家包括澳大利亚、埃及、法国、斯里兰卡、南非等。目前“印度洋海军论坛”已有 33 个会员国，主旨是通过合作建立印度洋安保机制。印度通过“印度洋海军论坛”扮演作

---

① Iskander Rehman：“China's String of Pearls and India's En-during Tactical Advantage”，IDSA Comment，June 8，2010.

② 郑励：《印度的海洋战略及印美在印度洋的合作与矛盾》，《南亚研究季刊》2005 年第 1 期。

为印度洋沿岸国家利益代表者的角色。如印度海军司令苏里什·梅赫塔曾说："印度洋许多国家海军都希望印度能促进地区海上安全。因此，印度发起一个参与广泛的论坛，就共同利益展开讨论并提出问题，这是明智举动。"

四 结语

从历史文化、经济发展、资源需求和战略安全等各个角度看来，印度洋对印度都有着至关重要的影响。印度深信印度的安危和明日的伟大系于印度洋，印度要求其他国家认可它在印度洋的特殊角色，并相信这种认可将直接有助于确立它在国际社会的大国地位。因此印度将坚定不移地实施印度洋控制战略。印度的印度洋战略演进、发展的过程反映其立足南亚、面向印度洋、争做世界大国的战略图谋。在此过程中，印度的印度洋战略还将"东扩"到更广阔的领域，对中国也将产生重要影响。印度和美国、西方将会加强合作，与此同时积极改善和拓展与印度洋地区国家的关系，并致力主导相关的多边合作。印度洋的地缘格局也将重新构建，域外力量统治印度洋的传统格局将被打破。印度未来崛起，成为一个海洋大国，是不可阻挡的历史趋势，但目前的印度距实现这一目标还存在很大的差距。印度洋安全局势的复杂化客观上仍然为中美等国提供了更多参与的机会。

战略研究：地缘政治与国际关系

Strategy Studies：Geopolitics and International Relations

B.7

印度洋与英美霸权的衰落

——基于中国视角的经验总结

张文木*

摘　要：

英国独控印度洋的时期也是英国扩张达到高峰继而转向衰落的时期，尽管其衰落的速度——因为有印度殖民地资源的支撑——要比今天的美国慢得多。进入21世纪的美国在中亚失败后，转入衰落的现象再次说明：建立在“心脏地带”之上的麦金德的地缘政治理论是有缺陷的，具体表现是它存在理论上的合理性与实践上的不可行性的悖论。这种悖论本文称之为“麦金德悖论”。产生这种悖论的原因是没有一个沿着这条路线扩张的国家有足够的国力达到目的。英国之后，麦金德理论的这种悖论——可能是历史没有提供足够多的教训——不仅没有引起人们的警觉，相反，它

* 张文木，北京航空航天大学战略问题研究中心教授。

在包括美国、苏联在内的后发强国中还得到激赏并被大规模地推向实践，其结果也无一例外地深陷其中并由此转向衰落。“麦金德悖论”反映了霸权国家自身不可克服的内在矛盾，有相当的经验教训值得吸取。

关键词：

霸权　麦金德　地缘政治　悖论

19 世纪末，哈尔福德·麦金德（Halford J. Mackinder）的地缘政治学说在英国流行。但历史的经验却是几千年来所有的西方霸权在进入印度洋后便开始衰落。这个现象值得关注。

一　世界扩张理论与实践之间存在着“麦金德悖论”

1919 年，麦金德将其地缘政治学说的基础部分即“枢纽地区”的内容提炼为更富有冲击力的“心脏地带”的概念，并以简洁的短句作如下概括：

> 谁统治东欧，谁就能主宰心脏地带；
> 谁统治心脏地带，谁就能主宰世界岛；
> 谁统治世界岛，谁就能主宰全世界。[①]

麦金德这一经典表述，可以说是其地缘政治理论的经典概括。其中心观点是中东地区作为世界霸权必须控制的“中枢地带”，如果我们进一步将印度洋作为其中的海权地带，我们由此可以推导出谁控制印度洋，谁就能控制全世界的结论。

然而，就在英美霸主拜在麦金德理论的脚下的时候，他们的国家却栽倒在印度洋。这真是历史的讽刺！

“英国的海上霸业是在拿破仑战争时期全部完成的。”[②] 而英国实现海洋霸

① 麦金德：《历史的地理枢纽·引言》，商务印书馆，1985，第 13 页。

② 潘尼迦：《印度和印度洋——略论海权对印度历史的影响》，德隆等译，世界知识出版社，1965，第 68 页。

权的关键是对其“心脏地带”即印度洋的控制。19世纪初，英国乘拿破仑在欧洲大陆征战的时机，在印度洋大举扩张且大获其利：1798年英国攻占锡兰（斯里兰卡），1806年占领荷兰人在好望角的据点，1814年从法国人手中夺回毛里求斯，1826年从荷兰那里获得马六甲。1824年占领新加坡，这“可说是替英国在印度洋上的霸业安下了一块基石”[①]。印度驻新中国首任大使卡瓦拉姆·潘尼迦（Kavalam Madhava Panikkar）评价说：“英国，维也纳条约以来印度洋上唯一的强国，现在牢牢掌握了印度洋各处的战略要冲；得此海上凭借，它在印度的江山是坐稳了。从此英国就这样统治了整个印度洋。”[②] 此后的印度洋，潘尼迦认为：“这就比别处更像是英国的一个内湖了。偌大的印度洋面，其他欧洲国家一点好处也沾不上手，就是在海洋附近的地方，亦复如此。”[③]

拿破仑·波拿巴（Napoléon Bonaparte）在圣赫勒拿岛流放期间，看到英国利用欧洲战争在印度洋的收获，对当年放弃征服埃及追悔莫及。他认为应该留在东方，征服阿拉伯、印度，成为东方皇帝而不是西方的皇帝。他说：“如果我占领了阿克尔，我就可以进攻印度。谁统治埃及，谁就能够统治印度。”关于英国人在印度的统治，他说，如果他带着一小队人到印度去，就能把英国人赶跑。[④]

印度洋处于麦金德学说中“心脏地带”，英国前首相丘吉尔（Winston Leonard Spencer Churchill，1874—1965）把印度称为“英王皇冠上的那颗真正最为光亮而珍贵的宝石”[⑤]。根据葡萄牙人和荷兰人退出印度洋的经验，英国人明白，如果没有对印度次大陆的全面占领，英国已拥有的对印度洋的制海权是得不到持久巩固的。1757年，英国人发动普拉西战役，印度战败，英国占领孟加拉。拿破仑战争后，英国在清除所有印度洋上的对手之后，便将目光瞄向整个印度次大陆。1857年，英国镇压了印度民族大起义并由此形成对印度

① 潘尼迦：《印度和印度洋——略论海权对印度历史的影响》，德隆等译，世界知识出版社，1965，第68页。

② 潘尼迦：《印度和印度洋——略论海权对印度历史的影响》，德隆等译，世界知识出版社，1965，第68页。

③ 潘尼迦：《印度和印度洋——略论海权对印度历史的影响》，德隆等译，世界知识出版社，1965，第69页。

④〔苏联〕叶·维·塔尔列：《拿破仑传》，任田升等译，商务印书馆，1976，第382页。

⑤ 转引自Jawaharlal Nehru：*The Discovery of India*，Teen Murti House，1999，p. 438。

的绝对统治。1858 年，英国取消东印度公司，改由英女王直接统治印度。

潘尼迦认为："自从 1805 年法国舰队在特腊法耳加[①]被歼之后，在整个 19 世纪，英国是世界上唯一拥有制海权的国家，这是英国当之无愧称得起威镇四海的世纪。"[②] 如果不算 1757 年普拉西战役后英国在印度洋上形成相对优势的时间，我们仅从拿破仑失败后的 1815 年的维也纳会议算起直至第二次世界大战结束的 1945 年英国开始退出世界霸主地位，英国对印度洋拥有绝对制海权的时间大约有一个半世纪之久，此间英国对印度洋的绝对制海权成为英国世界海权从而建立世界霸权的关键支柱，它是如此坚固以至英国在这一百多年间能够相继挫败俄国人、德国人乃至日本人向印度洋发起的全面进攻。而这样的"战绩"，美国至今也难以企及。

近代历史表明，只有一流国家才能获得对印度洋的制海权，而只有最终占领印度大陆的国家才能获得对印度洋的绝对制海权。从这个意义上说，印度洋是实现世界海权的"心脏地带"。比较此前的葡萄牙、西班牙、法国以及后来的美国等霸权国家，可以说英国是控制印度洋时间最长的帝国，其巅峰时期，印度洋俨然成为"英国的内湖"。理查德·米尔豪斯·尼克松（Richard Milhous Nixon）看得明白，他说："英国不仅控制了海湾，而且还控制了从印度洋各个地区来到海湾的通道。印度洋各个地区包括新加坡、马来亚、缅甸、印度、锡兰、亚丁、苏伊士、肯尼亚、南非、澳大利亚、迪戈加西亚和印度洋的其他岛屿，这些地方在以前某个时候全是英国属地。波斯湾和波斯湾外面的印度洋都是'英国的内湖'。"[③]

英国之所以能够做到这一点，是因为英国对印度的百年占领；换言之，正是英国对印度的百年占领，才得以拥有其在印度洋上建立绝对制海权所需要的巨量的物资支持；同理，不能在印度洋内就地获得这巨量的物质资源支持，也

---

① 又译"特拉法尔加"，19 世纪初英国舰队与法国、西班牙混合舰队在西班牙特拉法尔加角（Cape Trafalgar）附近海战。1805 年秋，第三次反法同盟形成，拿破仑决定进军奥地利，于同年 9 月 14 日命令泊于加迪斯港，由法国海军上将维尔纳夫指挥法、西混合舰队驶入地中海，进攻那不勒斯，以牵制同盟国在意大利的军队。10 月 21 日，法、西混合舰队与纳尔逊指挥的英国舰队遭遇。法、西混合舰队战败，维尔纳夫被俘，英舰未有损失，但纳尔逊受伤。这次海战使英国取得了延续一个多世纪的海上霸权。

② 潘尼迦：《印度和印度洋——略论海权对印度历史的影响》，德隆等译，世界知识出版社，1965，第 69 页。

③ 尼克松：《真正的战争》，常铮译，新华出版社，1980，第 92 ~ 93 页。

是今天美国这样的海洋强国不能对印度洋形成“英国式”控制的原因。

但是，历史的辩证法是无情的。对印度洋的占领使大英帝国的扩张和随之而来的繁荣达到顶峰，接踵而至的就是英国转入——尽管速度很慢——衰落。第一次世界大战使英国的世界霸权受到重创，此后印度出现民族独立运动。第二次世界大战中，英国先经德、意、日法西斯在世界范围的合击，后又遭美、苏合谋及印度本土的民族独立运动的多重打击，最终被逐出印度洋。1956 年苏伊士运河危机，是英国向印度洋的最后告别。① 似乎是历史的讽刺，就在麦金德对英国海洋实践做出如此经典的理论总结且因此誉满全球的时候，他却看到了帝国的黄昏。好在眼不见为净：1947 年 3 月 6 日麦金德去世，同年 8 月 15 日印度和巴基斯坦分治，印度独立。

可能是历史没有在较短的时间内提供足够多的教训，麦金德的“心脏地带”理论与英国实践上存在的上述悖论现象不仅没有引起后人的警觉，相反，它在包括美国在内的后发强势国家中还得到激赏并被大规模地推向实践。如第二次世界大战期间的希特勒联手苏联击败欧洲，又回头与苏联冲突以争夺东欧和小亚细亚的政策；② 第二次世界大战后美国乔治·凯南（George Frost Kennan）的遏制理论③以及以“艾森豪威尔主义”④ 命名的与苏联抢占中东的

① 关于这段历史，可参阅《世界霸权与印度洋——关于大国世界地缘战略的历史分析》，载张文木《世界地缘政治中的中国国家安全利益分析》，山东人民出版社，2004，第 104～126 页。

② 1940 年 11 月 25 日，莫洛托夫邀请德国驻苏联大使舒伦堡，表示“苏联准备接受里宾特洛甫在柏林提出的德、意、日、苏四国关于实行政治合作和经济互助的公约”，其重要条件是要求德方“承认总方向面对波斯湾的巴统和巴库以南的地区为苏联领土意向的中心点”。沈志华主编《苏联历史档案选编》第 16 卷，社会科学文献出版社，2002，第 166 页。

③ 乔治·福斯特·凯南（George F. Kennan，1904—2005），美国“遏制”政策提议人。1946 年 2 月 22 日，时任美国驻苏联使馆代办的乔治·凯南向国务院发回长达 5542 个英语单词的明码电报，这封电报被认为是导致美苏冷战的先声。在电报中凯南对苏联的内外政策进行了深入的分析，提出了对付苏联的长期战略。1947 年 7 月 7 日，美国前驻苏使馆代办凯南化名“X”，在同年 7 月出版的《外交季刊》上发表《苏联行为的根源》一文，明确提出“遏制（containment）战略”并被美国政府所采纳。

④ 1957 年 1 月 5 日，美国总统艾森豪威尔向国会提出《对中东政策特别咨文》。主要内容是：由国会授权总统动用 2 亿美元给中东国家以经济和军事援助；总统有权应这些国家的请求提供武力援助，只要这些国家面临“国际共产主义控制的任何国家的武装侵略”。特别咨文的基本原则被称为“艾森豪威尔主义”，成为美国在中东地区扩张势力的重要纲领，此后美国竭力利用英法两国地位削弱的时机“填补”中东地区出现的“力量真空”。

政策；苏联勃列日涅夫时期在对“心脏地带”的两翼战略布局完成后向阿富汗实行最后一击的政策；特别是21世纪初小布什上台后直击阿富汗和伊拉克的政策，都有明显的麦氏“心脏地带”的烙印，这些政策的结果也无一例外地使实施它们的国家的国力因此透支并走向衰落。

第一次世界大战前后，列强之间多为市场争夺，第二次世界大战前后，列强转入对资源的争夺。这时世界地缘政治发生的重大变化是资源政治与地缘政治在时间和空间上合二为一并以前者为矛盾的主要方面。在这新的地缘政治视野中，麦金德“心脏地带”理论被注入资源政治的内容，而作为世界现代工业动力基础的矿物资源分布相对比较集中的印度洋沿岸地带与麦金德的“心脏地带”又恰巧重合。这样，印度洋在世界地缘政治体系中的关键意义在战后进一步得到大国政治家的高度重视。曾在20世纪70年代初任美国总统的理查德·米尔豪斯·尼克松，更将麦金德“心脏地带”的理论注入资源政治的内容并使前者服从于后者。苏联出兵阿富汗不久，尼克松出版《真正的战争》，其中对阿富汗地缘政治位势的分析可视作美国中东中亚政策最到位的注脚。他写道：“波斯湾的战略重要意义今天集中于两个因素：它的位置和它的石油。军事力量和经济力量现在都有赖于石油。这个基本事实在20世纪最后这几十年里使波斯湾成了全球风暴的风眼。”① 1988年，尼克松出版《1999：不战而胜》，再次强调美国必须在“心脏地带”遏制俄国人的极端重要性。他说：“我在1979年苏联入侵阿富汗后不久出版的《真正的战争》一书中把波斯湾称为西方的‘石油咽喉’。我曾写道，如果有朝一日苏联控制了波斯湾地区的石油资源，克里姆林宫就可以通过威胁扼杀以石油为动力的西方经济，来对西方进行讹诈。今天的情况仍然如此——至少在本世纪剩余的年月里，这种情况仍然将继续下去。”②

尼克松可能是罗斯福之后美国人中对麦金德地缘政治学理解最为深刻，同时也是在其误区中陷得最深的政治家：他认识并创造性地发展了麦金德的“心脏地带”学说，并使美元与黄金脱钩后迅速与石油挂钩，成为“石油美元”，他要求美国政府从国家生死存亡的高度牢牢控制“心脏地带”的主导

① 尼克松：《真正的战争》，常铮译，新华出版社，1980，第88～89页。

② 尼克松：《1999：不战而胜》，王观声等译，世界知识出版社，1997，第127页。

权。可能是由于此时的美国继承大英帝国遗产不久，还没有更多的世界治理的经验，这使得尼克松——如果再往前说还有凯南的“遏制理论”——在将地缘政治理论推向深入的同时，反而使美国更深地陷进“麦金德悖论”的泥淖之中。尼克松呼吁美国政府：

> 今天，美国是唯一有能力在波斯湾保护西方利益的国家。亲西方的波斯湾国家都不够强大，无法承担这项工作。我们的欧洲盟国也都无力或没有决心来完成这项任务。因此，我们必须站起来解决这一至关重要的问题，但是迄今为止，我们还未这样做。①
>
> ……
>
> 在外交战线上，我们一定不能够允许莫斯科在谈判桌上赢得在战场上得不到的东西。阿富汗不是一个像文化交流计划那样的小问题，不应该在首脑会晤中为了缓和气氛而把它放弃掉。它是一场重要冲突，将决定谁在美苏争夺中获胜。②

但是，理论上的推进并没有给美国带来外交实践上的进步。美国对印度洋的控制远没有达到当年英国那样的水平，但为了控制印度洋透支国力的速度却远超过当年的英国。

不错，与19世纪的英国一样，美国曾在中亚地区成功地阻止了苏联对阿富汗的占领，但美国没有由此形成当年英国那样对印度洋的有效和持久的控制。如果说，勃列日涅夫出兵阿富汗是苏联利用当时美国的颓势实现19世纪英俄冲突中没有实现的向印度洋冲刺的战略目标，那么，1991年和2001年布什父子俩③也是利用当时苏联的颓势及其解体后出现的机遇，试图在“心脏地带”实现“英国式”（即陆地占领）推进。美国在1999年的科索沃战争中拿下印度洋西侧的巴尔干半岛——这与当年苏联利用越南拿下印度洋东侧的中南

① 尼克松：《1999：不战而胜》，王观声等译，世界知识出版社，1997，第131页。

② 尼克松：《1999：不战而胜》，王观声等译，世界知识出版社，1997，第158页。

③ 即美国第41任总统乔治·布什（1989～1993）及其长子美国第43任总统乔治·沃克·布什（2001～2009）。

半岛而后进军阿富汗的路径相似——并以此为小布什2001年发动阿富汗战争、实现对中亚的军事占领做了铺垫。老布什通过帮助科威特收复国土实现了军事力量在海湾地区的“英国式”部署，这为小布什在任期内大规模挥师中亚做了前沿铺垫。但不出意料的结果是，美国在伊拉克被搞得灰头土脸，随之而来的便是2008年美国的金融危机和从伊拉克的撤军。

二 “麦金德悖论”及其产生原因的历史分析

英国和美国当然还有俄国在中亚的多次失败的教训说明：麦金德的地缘政治理论是有缺陷的，其集中表现是其理论上的合理性与实践上的不可行性之间存在着严重的悖论。我们不妨将这种现象称之为“麦金德悖论”。

造成这种悖论的原因，从实践上分析是世界上没有一个国家的国力，尤其是海权国家的国力可以支持其从本土扩张至麦金德“心脏地带”的战略目标，在理论上分析更是在国家战略能力和目标之间缺乏资源和运用资源经验的维度。“巧妇难为无米之炊”的古训，在不成熟的理论家或政治家那里得不到应有的重视。他们缺乏的并不是理论逻辑训练而是运用国家资源的经验积累，因此他们设计的目标往往超出资源许可范围，其结果无一不是陷在理论目标的合理性与其实践的不可行的悖论中不能自拔并最终走向失败。

资源的绝对有限性与发展的绝对无限性的矛盾，以及由此引导出的国家力量的绝对有限性和国家发展需求的绝对无限性的矛盾，是人类及其赖以生存的国家发展自始至终面临的基本矛盾。前一种矛盾决定了国家间的斗争贯穿人类发展进程的始终，不管这种斗争采取什么形式，它是人类文明进步的基本动力；后一种矛盾使国家在抗力接近的条件下有了强弱转化的空间。国际关系好比小孩子手中玩耍的橡皮圈，不管他翻出多少花样，它的伸展总有其资源允许的底线和极限。超越了极限，国家就会由强转衰；过了底线，国家主权就会受到伤害。如果橡皮圈的某一边被拉断，则意味着沿此扩张的国家因力量不支而失败，轻则导致国际体系的局部重组，重则会导致整个国际体系的崩盘。

国家为获利而扩张，也为过度扩张并由此透支财力而衰亡。造成这种规律性现象的原因是扩张规模如此之大以至需要更多的财力来巩固已有的扩张利益。这从扩张中获利到失利之间的关节点，对世界霸权国家来说，就是麦金德所说的“心脏地带”。20 世纪 60 年代，美国曾将其战线拉得太长，透支了国力并使国家出现衰迹，这才有了尼克松的调整及其后的中兴。苏联勃列日涅夫时期将战线拉向全世界，到戈尔巴乔夫时期来不及调整反而导致苏联解体。国家扩张的原则是不能将国力“拉断”，这是极限；国力收缩的原则是不能缩得受到入侵，这是底线。只要找出这两点之间合理的比例关系，建立其上的理论和实践之间才能避免上述悖论。而要做到这一点，在一般情况下，仅凭书本上的逻辑知识是不够的，它还需要实施政策的经验。但从历史所呈现给我们后人的经验看，迄今为止，还没有一个大国的扩张能越过麦金德的“心脏地带”；也就是说，每当世界霸权国家的扩张橡皮圈拉到这一地区，其扩张就开始出现逆转并陷入“悖论”怪圈之中。

从某种意义上说，战略哲学就是在战略力量使用上拿捏分寸的学问。关于此，早在 250 年前的卢梭就有经典的论述，他在《社会契约论》一书中说：“征服一个国家要比治理一个国家容易得多。有一根足够长的杠杆，人们只消用一个手指头便能够摇动全世界，可是要担负起全世界来，却非得有赫居里士[①]的肩膀不可了。”[②] 据说拿破仑是卢梭的信徒，但拿破仑没把握好卢梭哲学的精髓，在其事业巅峰时入侵俄罗斯，要担负只有赫居里士才能担负的重担，结果失败了。第二次世界大战前罗斯福明白卢梭哲学的要义，他与斯大林合作，保证了美国在第二次世界大战后步入世界舞台中心。此后的大多数美国领导人的战略认识日益远离哲学境界，步拿破仑的后尘，要接过赫居里士肩上的重担，到处透支国家力量，最终导致它今天的衰落。与英国相比，美国，尤其是第二次世界大战以后成为世界霸权的美国，是外交理论最缺经验维度，因而最容易陷入“麦金德悖论”并更快衰落的国家。

美国接手英国世界霸权后不仅没有英国那样的物质条件，而且还没有当时英国所处的历史条件。由于有印度殖民地巨量资源的支撑，英国占领印度洋后出现的衰落的速度要比今天的美国慢得多。况且英国独控印度洋时，印度、埃

① 赫居里士（Hercule），亦译赫丘利。罗马神话中的大力神，即希腊神话中的赫拉克勒斯（Hercles）。
② 〔法〕让·雅克·卢梭：《社会契约论》，何兆武译，商务印书馆，2003，第 125 页。

及和中国的国运均处颓势，其国家内部也是动荡不止（比如印度民族冲突、中国的太平天国运动等），外部冲突加剧（比如中国和英国的两次鸦片战争、印度反抗英国殖民统治的大起义、埃及和奥斯曼帝国的埃土战争等），而英国正处鼎盛时期。1856 年，在克里米亚成功阻挡俄国南下争夺地中海后，英国即挥师印度洋和太平洋，向同期的中国和印度这两个东方最大的国家同时开战并取得胜利，由此形成对印度洋的绝对控制权。第二次世界大战结束后，美国罗斯福总统为了打倒欧洲的世界霸权，释放出民族自决运动的浪潮。这场运动冲垮了欧洲殖民势力并建立起一系列独立的主权国家。但令美国人意料不到的是，经验老辣的英国人在被迫向美国移交霸权时，不动声色地大幅提升了美国掌控这个“心脏地带”的难度：英国借力打力，在印度洋地区释放出南亚最大的主权国家印度；在印度的东西两翼即亚洲和非洲还暗助中国①和埃及消耗美国。这样，美国独控“心脏地带”目标反成了消耗美国从而导致美国衰落的原因。

美国人在 20 世纪五六十年代投入了朝鲜战争和越南战争，这是美国试图通过陆战实现对这两个国家“英国式”占领的初试。虽然其扩张还没到“心脏地带”，而且美国还出动了远比 19 世纪英国更多的兵力，但结果却败得让美国人至今也不堪回首。一句话，20 世纪下半叶，美国从英国手中接收过来的世界已失去了海洋国家赢得大陆战争的有利条件；而印度、巴基斯坦、朝鲜等国家拥有核打击能力后，情形就更是如此。

第二次世界大战后民族国家纷纷独立，这时的美国已无力对这些国家发动任何一场能实现“英国式”占领的陆地战争，而没有陆地的占领，就不可能有 19 世纪英国那样的对关键海域的绝对制海权及由此建立的海洋霸权；而没有“英国式”的绝对制海权，美国就不会获得稳定的海外资源回流及由此带

① 1949 年 10 月 6 日，英国领事格拉汉奉命以“备忘录”的形式告知周恩来：“英国政府仔细研究了中英关系的漫长历史，提议通过领事代表立即建立‘非正式的关系’。”10 月 17 日，杜鲁门与艾奇逊谈话时说：“英国人在这件事情上对我们做得不太地道。”［参阅《柯乐博致艾奇逊》（1949 年 10 月 11 日）、《艾奇逊和杜鲁门谈话备忘录》（1949 年 10 月 17 日），陶文钊主编《美国对华政策文件集 1949～1972》（第 1 卷上），世界知识出版社，2003，第 157、160 页］英国于 1954 年 6 月 17 日与中国建立代办级外交关系。英国的对华承认态度对一些欧洲国家及英联邦国家产生影响。1949 年底和 1950 年先后有缅甸、巴基斯坦、锡兰、阿富汗、印度、印度尼西亚、越南等亚洲国家和挪威、丹麦、芬兰、瑞典、瑞士、列支敦士登等欧洲国家率先承认了中华人民共和国。

来的国内政治的稳定。第二次世界大战结束之初的美国人明白这样的逻辑关系，它缺乏的只是在现实中连接这些逻辑环节的能力和经验。

近代以来的历史经验表明，绝对的制陆权来自绝对的制海权，而绝对的制海权同样也来自绝对的制陆权；而没有陆战的胜利，海战的效果就会大打折扣。“从近三百年的历史来看，任何强国，只要掌握住绝对制海权，又有力量打得起陆战，就可以控制印度帝国，独占其贸易，剥削其无穷资源。”[①] 潘尼迦的话可谓英国控制印度洋的经验之谈，而这样的经验似乎对后来的美国人，甚至对美国之后的可能的世界霸权国家来说，都成了天边那渐行渐远的彩云。

潘尼迦说的这些道理，美国人也不是不知道，更不是不愿去做，而是做不到。朝鲜战争后，美国人换了思路，试图通过地区集体结盟的形式替代“英国式”的直接占领：1950 年 10 月 17 日，美国同泰国签订《军事援助协定》。1951 年 8 月 30 日，美国与菲律宾签订《共同防御条约》；9 月 1 日，美国与澳大利亚、新西兰签订《澳新美安全条约》；9 月 4 日至 8 日，美国、英国、法国等 48 个国家在没有中国、苏联等战胜国参加的情况下单方面与日本签署了《对日和约》（即《旧金山和约》），与此同时，美日也签订了《日美安全条约》。1953 年 8 月 8 日，美国与韩国签订《美韩共同防御条约》。1953 年 7 月 27 日，《朝鲜停战协定》签订后，美国对中国的封锁链条从单边扩大到广泛的多边集体条约，从中国东部延伸到中国西部。1954 年 9 月 8 日，美国联合英国、法国、澳大利亚、新西兰、菲律宾、泰国和巴基斯坦签订《东南亚集体防务条约》；1954 年 12 月 2 日，美国与台湾当局签订《共同防御条约》；1955 年 2 月，美国拼凑起所谓“巴格达条约组织”。当这些所谓“集体安全”链条建立起来后，令美国感到尴尬的是，面对一个个嗷嗷待哺的盟国，美国用于“维修”这一串串防务链条的代价不比直接占领更少，其效果对美国外交来说——比如 1955 年的万隆会议——更是添乱。这又迫使美国重新回到“英国式”直接占领的思路，为此美国挑起越南战争并再次陷入其中不能自拔。尼克松上台后大幅收缩战线，暂时放弃了遏制中国的目标，压缩了美国为这些盟

---

① 潘尼迦：《印度和印度洋——略论海权对印度历史的影响》，德隆等译，世界知识出版社，1965，第 81 页。

国承担的义务，这才使美国渡过了战争失败带来的国家危机。

在古巴危机中对苏联的胜利曾骄纵了美国挥师越南的万丈雄心；苏联的解体和美国在海湾战争中的胜利，再次燃起20世纪五六十年代美国政治普遍存在的“凯南式”冲动，21世纪初的美国人再次考虑如何才能扩大由这些胜利带来的红利。这时他们的目光再次转向麦金德的甚至更早先的克劳塞维茨的经典陆权学说，认为如果没有对中东的直接陆地军事控制，中东石油利益对美国只能是若即若离并令人不安的雨后彩虹。

小布什上任前夕，时任美国陆军学院院长的罗伯特·斯格尔思（Robert H. Scales）明白直言，不管美国军事技术如何进步，它终究替代不了陆军占领的军事效果。他告诫：“在21世纪，我们国家军事战略的两根支柱将继续是前方存在和力量的投送。”① 而“持续存在”的前提就是前沿的陆军部署即“直接控制陆地”。在总结美国面临的各种挑战后，斯格尔思写道：

> 虽然上述军事挑战的根源不同，种类不同，对美国利益的威胁程度也不同，但它们都有一个共同点：在每一种挑战中，战略胜利最终将要求直接控制陆地、人民和资源。与发展中国家对抗时，战争目的很可能是领土的控制。在与第三世界的对抗中，则很可能是人口的控制。镇压恐怖分子和其他非政府挑战者，将要求剥夺他们的政治、心理和物质支持。②
>
> ……
>
> 战争是意志的考验。最有把握使敌人意志崩溃的办法是控制他的领土。如果没有实际占领，战争只能仅仅是远距离的惩罚，是任何一个想要抵抗的国家都能无限期忍受的东西。③

---

① 罗伯特·斯格尔思：《未来战争——美国陆军军事学院最新理论》（*Future Warfare: The Lastest Thoery About 21th Century War by U. S. Army War College*），薛国安、张金度译，国防大学出版社，2001，第114页。

② 罗伯特·斯格尔思：《未来战争——美国陆军军事学院最新理论》（*Future Warfare: The Lastest Thoery About 21th Century War by U. S. Army War College*），薛国安、张金度译，国防大学出版社，2001，第36页。

③ 罗伯特·斯格尔思：《未来战争——美国陆军军事学院最新理论》（*Future Warfare: The Lastest Thoery About 21th Century War by U. S. Army War College*），薛国安、张金度译，国防大学出版社，2001，第84页。

最后，罗伯特·斯格尔思似乎是在为即将上任美国国防部部长的拉姆斯菲尔德做政策规划①，他提醒美国政府：

> 如果在下个世纪很长的时间里，我们还要像一个军事大国那样有发展能力，我们必须极大地改进夺取和控制地面的能力。我们必须将速度和灵活性建造在我们的战争系统之中，使得在通过大片地域时能不受阻碍地机动。我们必须像我们现在精确和灵活地把炸弹投掷在远距离目标上一样，能将战斗部队精确和灵活地部署在关键地点。
>
> 如果我们有能力将部队部署在广大地区，而且还能在敌人最脆弱和最虚弱时迅速地集中这些部队，那么我们就能在敌人自己的控制区域内将其打败。②

我们真的不知道时任美国国防部部长的拉姆斯菲尔德是否了解到罗伯特·斯格尔思的意见，但从其在 2001 年、2003 年发动的阿富汗和伊拉克战争分析，美国在这两场战争中的作战目标已与海湾战争和科索沃战争有了本质的不同，即从海空打击转变为地面的纵深占领。读了罗伯特·斯格尔思的书后就会发现拉氏指挥的美军在阿富汗和伊拉克的作战样式与斯格尔思的观点，尤其是与其“领土占有”的观点有相当的契合。

斯格尔思的军事观点是否正确呢？可以说，它在理论上和逻辑上是绝对正确的，但由于缺乏资源供给或资源运用的经验，其实践结果让美国很是难堪：拉姆斯菲尔德在伊拉克和阿富汗失败了。与此前的朝鲜战争继而越南战争中的麦克阿瑟和麦克纳马拉辞职的结果一样，拉氏在 2006 年辞职，此后美国陆军便从伊拉克的领土上退了出来。

逻辑正确的理论却在实践上不可行，继英国之后美国再次遭遇“麦金德悖论”的尴尬。

---

① 罗伯特·斯格尔思曾在美国国防部历任作战与计划副参谋长办公室下属的战略计划和政策处处长、陆军参谋部助理主任、作战与计划副参谋长办公室下属的“沙漠风暴”行动专门研究小组主任和陆军部作战战备和动员司令部主任。

② 罗伯特·斯格尔思：《未来战争——美国陆军军事学院最新理论》（*Future Warfare*; *The Lastest Thoery About 21th Century War by U. S. Army War College*），薛国安、张金度译，国防大学出版社，2001，第 83 页。

三 “麦金德悖论”反映了霸权国家不可克服的内在矛盾

“战争的伟力之最深厚的根源，存在于民众之中。”① 事实上，霸权国家推行世界扩张政策的真正阻力来自世界被压迫的民族和人民，而技术，尤其是高技术可以解决一部分矛盾，但解决不了一切矛盾，尤其是压迫者与被压迫者的矛盾；而当推行扩张政策的国家开始与世界人民为敌的时候，这个矛盾基本就是无解。从经验上看，英美海权国家的扩张在达到印度洋之前，它们与扩张地区的矛盾依其国力尚有调整的余地，但当它们进入印度洋及其北岸地区后，其一路所获的利益已使其与世界人民为敌。正因如此，尼克松才说印度洋地区是“全球风暴的风眼”②。

深陷在技术拜物教的美国人大多不承认这个道理，他们认为一切皆可以技术解决。一旦军事技术有了什么新突破，他们就开始想入非非，其战略制定也就容易脱离实际，其战略目标常常大到不与一切人为敌则不能罢休的地步。这时，美国从世界扩张带来的利益就日益不足以弥补其为巩固原有扩张成果所付出的代价。千夫所指，无疾而死，这样的战略是没有不失败的。

地缘政治，本质上反映的还是人地关系，也就是我们常说的“一方土地养一方人”的道理。人当然是在特定社会结构中的人，因此，特定的社会结构是影响地缘政治表现水平的深层次的内容，而地理环境则不过是不同社会结构的物质载体。同一地理环境，配之以不同的社会人群，其表现出的人地关系及由此产生的攻击或抵抗能量是完全不同的。

那么，麦金德的“心脏地带”是一种什么样的社会结构呢?

我们知道，麦金德的地缘政治理论是现代工业文明条件下的认识成果，但位于麦金德理论的“中枢”或“心脏”地带的中亚地区的社会结构还处于前工业化时代，整个社会细胞由社会化程度很低的松散部落群构成；与其相应，

---

① 毛泽东：《论持久战》，载《毛泽东选集》第2卷，人民出版社，1991，第511页。

② 尼克松：《真正的战争》，常铮译，新华出版社，1980，第88~89页。

建立其上的政治结构多呈蜂窝状，局部的破坏不仅不影响它的整体，它自身还会迅速繁衍加以修补。这样的中亚地缘环境对现代工业国家的扩张而言就有了“百慕大三角”的特征。与当年英国在中亚的遭遇一样，美国目前在中亚真正的“敌人”既不是塔利班，也不是伊朗，而是中亚蜂窝状的社会结构：局部损失不影响整体，而且还能很快使这种损失得到自我修复。这样的社会结构就像一块大海绵，有多少外来资源都能被它吸干。这种蜂窝状社会包围却又不依赖大城市，是一种“农村包围城市”式的存在。部落居民不依赖城市商品生存，它们之间互不隶属，在任何地方都能战斗：一把铁铲、撒一些种子就能生长出粮食；有粮食就有人繁衍，“野火烧不尽，春风吹又生”：只要有人繁衍，就有战士，有战士，反侵略的战斗就不会终止。生活在这样的社会结构中的人群紧紧地镶嵌在当地以高原山地为主的地缘政治环境中，如果不能像对待印第安人那样将其全部灭绝，是很难用现代工业社会中产生的军事手段加以对付的。这就可以解释麦金德的“心脏地带”何以反成了埋葬世界征服者的“坟场”的原因。曾经横行世界的英国在19世纪三次侵入阿富汗，都败了；20世纪末期的苏联和21世纪初期的美国也是一样。尽管如此，吃尽了苦头的世界霸权国家及其地缘政治理论至今仍没有对此加以深刻解释，致使它们的扩张如飞蛾扑火前赴后继，深陷中亚并使其国家或快或慢地走向衰落。

这是一种被马克思称为“亚细亚”① 的社会结构，它不仅是中亚国家的基础，也曾是整个东方国家的基础。英国人在海上打败中国，可在中国三元里却败在中国老百姓手中。美国曾打败了已进入工业化时代的日本和德国，却打不败朝鲜和越南；曾拿下已进入现代工业水平的南斯拉夫，却至今也控制不了中亚。当他们轻率地进入中亚后，就仿佛来到中国黄河岸边，跳得越起劲，陷得就越快越深。

那么，美国人难道不明白世界扩张给它带来的上述困境吗？倒也不是，明白人在美国还是有的。曾任陆军部长助理并参加过巴黎和会的沃尔特·李普曼（Walter Lippmann）就是美国人在第二次世界大战后最不冷静时期的最冷静的

① “大体说来，亚细亚的、古代的、封建的和近代资产阶级的生产方式可以看作社会经济形态演进的几个时代。”马克思《政治经济学批判·序言》，《马克思恩格斯选集》第2卷，人民出版社，1972，第83页。

战略思想家。1947年凯南在《外交季刊》上发表那篇著名的论文《苏联行为的根源》后不久，李普曼就在《纽约先驱论坛》上陆续发表文章批评凯南的“遏制”政策。李普曼认为，美国的政治、经济和军事力量不适宜执行凯南的“遏制战略”。他认为，在美国现行宪法制度下，国务院不可能从国会取得“一张从国库领钱的空白支票和使用武装力量的绝对权力”，因而也无法做到“随时在全球不断转移的地点上使用‘对抗力量’”。而且，美国的经济是“没有规划组织和不受控制的”，国务院也不可能“规划和指挥进出口贸易”来推行“遏制政策”。在军事方面，李普曼也认为，“没有理由确信美国能够在一切个别的地点都集结‘坚定的对抗力量’。欧亚大陆是一块很大的地方，而美国军事力量尽管很大，但有一定的局限性，如果要使它得到有效的使用的话，就应该对这种局限性心中有数。我们生活在像岛屿一样的大陆上。我们同冲突地区之间远隔重洋。我们的人口相对较少，在战时就得把较大比例的人口用于生产、运输和维修那些构成我们军事力量的复杂的武器和机械。同俄国相比，美国缺乏足够的步兵后备队。我们的海军控制着海洋，我们拥有重要的进攻武器。但在欧亚大陆的内陆地区，像我们在希腊山区所领教的，可能有很多‘个别地点’，在那里只能使用步兵作为‘对抗力量’”，而美国却没有足够的能够占领这些地区的步兵力量，“美国军事力量的优点在于它的机动性，它的速度，它的射程和它的进攻威力。因此它并不是执行遏制外交政策的有效工具。它只能服务于一种以决战和解决问题为目标的政策”，而不适合服务于在这些地区实行长期陆军占领为目标的政策。①

李普曼进一步设想，如果美国一定要执行凯南设计的遏制政策，既然它不能依靠自己的步兵力量，那它只有采用扶持代理人及其联盟的政策，但这样的代价并不比直接出兵占领的代价低。李普曼说：如果美国没有力量直接出兵，那它就“只能依靠招募、津贴和支持一支由卫星国、附庸、仆从和傀儡所组成的杂牌军。因此，遏制政策的工具是处于苏联外围的那些无组织的、内部分裂的、软弱的或者混乱的民族、部族和派系联合体”。为了维持这个联合体，

① Water Lippman：*The Cold War*，转引自《战后世界历史长编》第1编第3分册，上海人民出版社，1977，第69～70页。

“美国就得对它打算去组织、去保护、去领导和去利用的这个联合体的全体成员的事务，进行不断的、复杂的干涉。我们海外的外交代表就得具有几乎万无一失的才能，能够正确而迅速地判断哪些人和哪些政党是可靠的遏制分子”，以及“谁应被任命，谁应受津贴，谁应给他涂脂抹粉，谁应得到青睐，谁应充当我们的仆从和我们的盟友”。这样，杜鲁门主义实际上“不可避免地意味着（美国）不断干涉所有那些号称在‘遏制’苏联的国家”。[①] 但是，与苏联毗邻而又受美国控制的“卫星国和傀儡政府并不是用来建立攻不破的藩篱的好材料”。“它们显然是软弱的。而一个软弱的联盟并非一笔资产。它是一笔债务”。[②] 最后，李普曼得出结论：美国力量是有限的，有限力量只能配之以有限目标，如按凯南的全球“遏制”战略制定政策，结果是“在俄国人远没有受挫之前，美国人自己倒很可能被 X 先生[③]的政策所挫败了”。[④] 在约翰逊政府时期，他批评说：“事实上，他（约翰逊）的战争目标无限大：它担保整个亚洲的和平。这样的无限大目标，战争不可能以有限的手段去打赢。由于我们目标无限，我们必然会‘被击败’（defeated）。”

恩格斯说：“任何民族当它还在压迫别的民族时，不能成为自由的民族。”[⑤] 同样的道理，当一个民族还在压迫其他民族时，这个民族也不会成为一个头脑清楚的民族。一个民族的自由程度反映着它对客观世界所达到的认识高度。

英国曾是一个受欧洲大陆封建国家压迫和欺辱的岛国，也因此成为最有希望的岛国。当时欧洲中世纪许多先进的思想在英国落根并使之成为欧洲反封建教会势力的大本营。1846 年，英国发生了开辟世界近代史的资产阶级革命，它带动了法国等欧洲资产阶级运动的发展，加速了欧洲封建制度的衰落。18

---

① Water Lippman：*The Cold War*，转引自《战后世界历史长编》第 1 编第 3 分册，上海人民出版社，1977，第 70～71 页。

② Water Lippman：*The Cold War*，转引自《战后世界历史长编》第 1 编第 3 分册，上海人民出版社，1977，第 72 页。

③ “X 先生”，即凯南发表《苏联行为的根源》一文所用的笔名。

④ Water Lippman：*The Cold War*，转引自《战后世界历史长编》第 1 编第 3 分册，上海人民出版社，1977，第 78 页。

⑤ 马克思、恩格斯：《论波兰》，《马克思恩格斯选集》第 1 卷，人民出版社，1972，第 288 页。

世纪英国完成了工业革命，巨大的生产力的出现改变了英国人的生存状态，市场和利润成了社会活动的中心，国家成了为资本开辟市场的机器，由此，向世界扩张，不断开辟新市场，就成了保持国家稳定的基本手段。这使得世界的不稳定就成了英国稳定的前提。英国的世界扩张产生了殖民地制度，殖民地制度让英国从世界得到丰厚的利润，同时也使英国与世界各民族的矛盾更加不可调和，以至战争成了促进英国工业发展的基本手段。当时有评论说英国“把大大超过其税务收入的钱用于战争，这样一来它就把具有决定性优势的舰只和兵力投入同法国及其同盟国的战争，而没有这种优势，它先前所投入的人力物力便都付诸东流”①。战争使英国扩张为帝国，到 19 世纪末一般英国人都形成了这样的观念，即“英国分明是命中注定要统治其他国家的人民，英国是‘日不落帝国’”②；“帝国的感情是每一个英国人生而有之的。这是我们的世袭财产的一部分，和我们同生共死”③。19 世纪 60 年代，印度已完全成为英国的殖民地，与此同时，英国自身的寄生性也更强了，“它越来越依赖世界的贡赋来维持其生存”④。高额利润需要高成本的战争。德国铁血宰相俾斯麦看出这一点，1868 年他在给友人的信中认为英国的殖民政策的“代价太大”⑤。

英国的这种扩张“多动症”是由其自身内在矛盾造成的。19 世纪末英国与欧洲主要国家的殖民地争夺范围已扩至全球，并为此于 20 世纪初发生了第一次世界大战。此后英国迅速衰落，其霸权地位在第二次世界大战后为美国取代。英国历史学家帕姆·杜德说：“英国收支亏空的问题并不是从第二次世界大战之后才开始的，而是在第二次世界大战以前十年发展起来的。”⑥ 当时对

① 转引自〔美〕保罗·肯尼迪（Paol Kennedy）《大国的兴衰——1500～2000 年的经济变迁与军事冲突》，王保存等译，求实出版社，1988，第 96～97 页。

② 帕姆·杜德（R. Palme Dutt）：《英国和英帝国危机》（*The Crisis of Britain and the British Empire*），苏仲颜等译，世界知识出版社，1954，第 8～9 页。

③ 帕姆·杜德（R. Palme Dutt）：《英国和英帝国危机》（*The Crisis of Britain and the British Empire*），苏仲颜等译，世界知识出版社，1954，第 8 页。

④ 帕姆·杜德（R. Palme Dutt）：《英国和英帝国危机》（*The Crisis of Britain and the British Empire*），苏仲颜等译，世界知识出版社，1954，第 68 页。

⑤ 帕姆·杜德（R. Palme Dutt）：《英国和英帝国危机》（*The Crisis of Britain and the British Empire*），苏仲颜等译，世界知识出版社，1954，第 60 页。

⑥ 帕姆·杜德（R. Palme Dutt）：《英国和英帝国危机》（*The Crisis of Britain and the British Empire*），苏仲颜等译，世界知识出版社，1954，第 68 页。

外战争是造成英国财政亏空的主要原因。

在地缘政治实践方面，美国是英国后来却没有居上的学生。第二次世界大战后，进入资本主义垄断阶段的美国人从一个受欧洲压迫的民族转变为压迫世界的民族，此后的美国便沿着当年英国称霸世界的路径，将其整个生存都建立在对世界资源，尤其是对中东石油资源的变相掠夺的基础之上。

与英国不同的只是，在敛财方面，美国更具金融寡头垄断的特征，因而其外交更具扩张和自毁合一的特性。

美国军火部门曾在两次世界大战和随后的冷战中立下汗马功劳并因此在美国政治中——通过其代理人——具有相当的发言权①。尼克松为了使美国摆脱越战困境，让美元与黄金脱钩。从此美元——不同于当年英镑依托英国生产力和世界市场增值的方式——跳过劳动产品和实体经济而直接与世界资源（主要是其中的大宗消费品即能源）挂钩并以此为后盾。这大大刺激了美国能源部门的扩张，这种扩张又迅速得到军工和金融部门的呼应和支持，从而形成“军工—能源—金融”三位一体的经济推动复合体。在军工、能源部门的支持下金融与劳动产品脱钩，其结果是在美国体外接了一个非全球扩张而不能生存且不能由政府控制的国家“心脏起搏器”。其工作流程是：军事扩张推动军工和能源的国际垄断和扩张，能源的国际垄断和扩张又带动金融的国际垄断和扩张，由此建立美元在世界上的强势地位又从世界范围给美国带回巨大的利润以弥补财政收入，由此产生社会繁荣和稳定。如此反过来逆推也就是：美国社会

---

① “实际上，美国军工企业在华盛顿极有影响。根据 Open Secrets. org 近期报告，2006 年，国会 151 名议员在军工企业中的投资，总计达到 1. 955 亿美元。主要的军工企业都参与到 2008 年大选中。洛克希德·马丁公司捐赠了 261 万美元的竞选经费，其中 49% 捐赠给民主党，51% 捐赠给共和党；波音捐赠 222. 6 万美元竞选经费，58% 捐给了民主党；通用动力向两党捐赠了 600 万美元。在 2008 年，诺思 – 格鲁曼公司和美国雷神公司，分别花了 2000 万美元和 600 万美元的公关费用，以影响国会决策。特别值得一提的是，雷神副主席林恩——另一位保守主义者，还被奥巴马提名为国防部副部长。2009 年 2 月 11 日，美国参院以 93 票赞成、4 票反对的结果，批准了奥巴马对林恩的任命。”引自易强《美国沉没》，人民日报出版社，2009，第 218 页。

“发动两次伊拉克战争的布什父子都有深厚的财团支持背景，小布什的再次当选更是与他强力支持军工财团密切相关。2005 年他计划军费支出 4160 亿美元，而庞大的军费开支是军工财团利润的来源。至于由各州选出的国会参众两院议员，他们的当选也和相关的支持密不可分。”引自杜文君《美国战争经济论》，中国财政经济出版社，2009，第 154 页。

的繁荣和稳定依靠美元在世界的垄断地位，美元的垄断地位依靠能源垄断地位及由此保证世界能源交易以美元结算。由于美国生存不以国家实体经济为基础，这迫使美国必须死保世界大宗资源消费品即能源交易以美元结算，而能达此目的的主要手段只能是战争。在这三者中，只要有一个断环，尤其是军事扩张的断环，美国就会出现“多米诺”反应，直至国内社会动荡。2007～2009年间，美国提出从伊拉克撤军，其间美国国防支出占美国联邦财政总支出的20%左右，而同期军费支出却占国防支出96%左右。[①] 这个比例大体反映了美国近十年的财政与国防以及国防与对外战争的关系。在这里，国防支出基本没有“浪费”，都用于军费了。这反映了对外战争与国家财政的关系：财政依赖华尔街金融，金融依赖军工部门和能源部门的国际垄断地位的扩张，而这一切则必须以对外战争拉动，战争胜利再反哺财政。战争成了国家财政增长的“推土机”，而成本越来越高的战争又进一步透支了国家财政，如此恶性循环。英美国家兴衰经验表明，当它们的战争“推土机”开到麦金德的“心脏地带”时，其战争成本就达到国家财政不能承受的极限，这时的战争收益已远不能弥补战争造成的财政透支，随之而来的就是国家的衰落。时至20世纪80年代，遏制战略的创始人凯南已认识到上述问题的严重性，他在一次讲演中向美国发出强烈的警告：

> 这种军事化不仅对我们的外交政策，而且对我们的整个社会都有严重影响。它造成国民经济的畸形发展，这一点我和许多人都越看越清楚了。每年我们都把国民收入的很大一部分用于生产并出口武器装备，保持庞大的武装力量和设施。这么搞的结果对我国的经济生产实力不会有好处，只不过使我们每年都不能把成百亿美元用作生产投资。这些年来，我们已被迫使自己习惯于这种情况。这个习惯已经达到我曾大胆称之为真正民族乖僻的程度。我们现在已经不可能在不出现严重后遗症的情况下把它甩掉。

---

① 2007年、2008年、2009年，美国联邦财政支出总计分别为27287亿美元、29826亿美元、35177亿美元，其中国防支出分别为5513亿美元、6160亿美元、6610亿美元，国防部军费支出分别为5285亿美元、5946亿美元、6367亿美元。资料来源：世界经济年鉴编辑委员会编《世界经济年鉴2010/2011》总第26卷，第191、194页。

除了数以百万计的穿军服的人以外，还有成百万的人们已经习惯于从庞大的军事工业体系中谋得生计。数以千计的企业靠军工维持，更不用说那些工会和社区了。军工已经成了使我国经济极其不稳定的那些预算赤字的根源。在军需品的生产者和销售者与华盛顿购买者之间已经建立起复杂而极其有害的联系。换一句话说，由于我们在和平时期维持庞大的军事机构并向其他国家出售大批军火，成千上万的既得利益者业已形成，也就是说，我们在冷战中造成一个庞大的既得利益集团。我们已经使自己依赖于这种可憎的行径。而且如今我们对它的依赖程度已经很深，以致可以毫无偏见地说：假如没有俄国人和他们那莫须有的邪恶作为我们黩武有理的根据，我们还会想出另一些敌手来代替他们。①

值得注意的是，与当年工业帝国主义的英国以战争扩大市场、以市场扩大推动国内生产的路子不同，而与高利贷帝国主义的法国相似，这些由战争开辟的巨额海外收益并没有进入美国的生产领域而是进入了消费领域，由此刺激了美国服务产业而非实体经济，使美国服务业的比重在美国生产结构中反客为主。据统计，目前在美国经济中，服务业在 GDP 中所占比重达 70% 左右，狭义上的制造业在美国 GDP 中所占比重由 20 世纪 90 年代中期的 17% 强降至目前的 12% 左右。② 这使得美国由以往的实体经济为主体的社会结构不自觉地滑入一个以消费为主业的寄生性的社会结构，并且“没能找到一个合理的办法把维持庞大的武装力量所需要的工业和财政支持跟社会上其他事业联系起来”③。结果与古罗马灭亡的原因相似，大量或真实或虚拟的财富涌入美国的同时，也窒息了美国的实体经济和美国人的劳动精神。在罗马“一切生产劳动都是奴隶的事，不配自由人的罗马人来做”④，而在当今的美国大量的“自

① 〔美〕乔治·凯南：《美国外交》（增订本），葵阳、南木、李活译，世界知识出版社，1989，第 136～137 页。

② 世界经济年鉴编辑委员会编《世界经济年鉴 2010/2011》总第 26 卷，第 191 页。

③ 〔美〕乔治·凯南：《美国外交》（增订本），葵阳、南木、李活译，世界知识出版社，1989，第 140 页。

④ 恩格斯：《家庭、私有制和国家的起源》，《马克思恩格斯选集》第 4 卷，人民出版社，1972，第 146 页。

由人”却无工作可做，没有实体经济生产，美国只能听由金融家任意摆布，而金融家与吸血虫一样，需要的不是国家，而是供其吸血的附体。英国学者帕姆·杜德说：“注射美元也救治不了这一病症，因为它没有触到病根。相反，倒使病情加重了，因为它人为地促进和保存了这一疾病的特有的征象——寄生的依存性，扩大了较为强大的美帝国主义的侵略和统治，准备了战争的根源，阻止了健康的恢复。”① 早在第一次世界大战期间列宁就点出了西方帝国主义国家的“死穴”，他在《帝国主义是资本主义的最高阶段》一书中说：

> 资本主义的一般特性，就是资本的占有同资本在生产中的运用相分离，货币资本同工业资本或生产资本相分离，全靠货币资本的收入为生的食利者同企业家和一切直接参与运用资本的人相分离。帝国主义，或者说金融资本的统治，是资本主义的最高阶段，这时候，这种分离达到了极大的程度。金融资本对其他一切形式的资本的优势，表明食利者和金融寡头占有统治地位，表明少数拥有金融“实力”的国家比其余一切国家都突出。②

与昨天的欧洲国家相比，列宁所指出的这些特征在今天的美国身上表现得更为典型。正是从这个意义上列宁说：“帝国主义是过渡的资本主义，或者更确切些说，是垂死的资本主义。”③

自列宁之后的世界资本主义已失去了自我扬弃（改造）的能力，近百年来，它只是在维持既有的存在方式：不断经历着同一种危机，面临着同一种矛盾，用同一种高代价的方式即危机加战争的方式解决矛盾。其间，只有技术更新和危机的重复，而没有存在方式的更新，其结果是它对世界的创新速度远赶

① 帕姆·杜德（R. Palme Dutt）：《英国和英帝国危机》（*The Crisis of Britain and the British Empire*），苏仲颜等译，世界知识出版社，1954，第14页。

② 列宁：《帝国主义是资本主义的最高阶段》，《列宁选集》第2卷，人民出版社，1960，第780页。

③ 列宁：《帝国主义是资本主义的最高阶段》，《列宁选集》第2卷，人民出版社，1960，第843页。当然列宁这么说不能被庸俗地曲解成资本主义马上就要灭亡了。与理解马克思“资本主义私有制的丧钟就要响了”的思想一样，理解列宁关于帝国主义诸如“垂死的”“寄生的”“腐朽的”等概念，应先从黑格尔“扬弃”概念入手。发展，本质上是包含“扬弃”的历史运动。若从“扬弃”的视角观察，列宁所说的“帝国主义是资本主义的最高阶段”论断还是相当深刻的。

不上其破坏的规模。目前的美国人民——用凯南的比喻就是——已“变成随军谋生的一大帮子流浪者，就像前几个世纪在欧洲尾随军队蹒跚的那些无业游民那样，指望在衣食相对富足的部队后面捡点儿洋落儿”①；至于在财政上离不开华尔街经济接济的美国政府，面对一个险象环生的世界，目前除了使用拳头，便一筹莫展。

四　经验与教训

第二次世界大战后，尤其是尼克松将美元与黄金脱钩后，美国国内经济结构的上述变化影响到美国决策系统的变化，这时，决定美国外交政策的就不再是白宫政治家集团，而是为国家提供巨大财政资源的聚集于华尔街的能源、军火和金融财团。华尔街的利益需求而非国家民族利益的需求便成了美国政策的出发点。由此产生的必然逻辑是：美国军火、能源和金融财团存在的前提是不断扩大的战争，不断扩大战争的结果是持续增加对手，对手增加的结果是以几何级的速度消耗美国的国力并使美国以同比的速度衰落。

现在的美国已被它追求的世界霸权的目标折磨得病入膏肓，它那非扩张就不能存在的社会结构使美国在“麦金德悖论”面前，明知不可为而必须为之。由此便可以解释美国第二次世界大战后出现政治家上台为华尔街利润奔走，下台后又为白宫失误而后悔不迭的现象。

凯南是美国遏制战略从而冷战理论的开创人，当他看到美国被遏制战略拖垮后，在其晚年便对克林顿和奥尔布赖特的北约东扩政策持批评态度。在一次讲演中，凯南“以一个上了年纪的人”的身份告诫年青的一代：“我们的国力还是有限的；为争取自由我们必须付出代价。我们要承认世界上有些问题我们是没有本领解决的，我们深深卷入其中既无益也于事无补；地球其他地区的难题只好在没有我们插手的情况下让人家自己去解决。”他认为美国的外交政策应尽量“谦虚一些，作为一个国家，我们要更现实地承认我们的局限性，在

① 〔美〕乔治·凯南：《美国外交》（增订本），葵阳、南木、李活译，世界知识出版社，1989，第142页。

卷入远离我国海岸的复杂局面时要比最近几十年表现得克制一些。我请大家记住：各民族之间相处也像个人之间相处那样，身教重于言教。而今天美利坚合众国向全世界作出的榜样较之它能够做到也应当做到的相差太远了”。[①] 凯南这一思想显然不容于美国的决策层（实则不容于华尔街）。越到晚年，他的这一思想越清晰。1999 年，凯南接受采访时，批评美国政府四处充当教师爷的做法“不过脑子，虚荣，讨人嫌”，并表示，美国人要避免对别国指手画脚，特别是对中国和俄罗斯。[②] 2005 年，也就在凯南去世当年的 9 月 24 日，奥尔布赖特在艾奥瓦州出席一个研讨会时发表措词严厉的声明，抨击布什的伊拉克政策，指出美国 2003 年入侵伊拉克“不仅没有赢得朋友，伊拉克战争毒化了美国与中东地区和伊斯兰世界许多国家的关系”。在伊拉克问题上，美国“现在没有好的选择，坏日子也许还在前头”[③]。2010 年 10 月 12 日，美国前国务卿赖斯承认，布什政府在“9·11”事件后犯了若干错误，她在新近出版的回忆录中，却对发动伊拉克战争决议缄默不评[④]。2011 年 2 月 25 日，曾积极支持美军参与阿富汗、伊拉克战争的美国国防部长盖茨离任前夕在美国西点军校演讲时警告说：未来任何国防部部长如果建议总统向亚洲、中东或非洲大规模派遣地面部队，“借用麦克阿瑟（General MacArthur）将军的委婉说法，‘都应该检查他的脑子是否正常’”[⑤]。

事实上，造成美国政治家上任后脑子不正常的并非他们的智力，而是他们必须服务的那个由“军工—能源—金融”三位一体集合而成的华尔街财团及由这个财团绑架了的美国政府。吃人的嘴软，拿人的手短。国家缺乏实体生产，美国政府只有屈服于可以为它提供大量海外利润的财团，并不得不为华尔街的利益采取世界扩张政策并受“麦金德悖论”的折磨。

---

① 〔美〕乔治·凯南：《美国外交》（增订本），葵阳、南木、李活译，世界知识出版社，1989，第 142 页。

② 《乔治·凯南曾被誉为美国“最睿智”的人》，http：//news. xinhuanet. com/world/2005 – 03/21/content_ 2724794. htm。

③ 《奥尔布赖特炮轰布什伊政策，坏日子也许还在前头》，http：//cn. news. yahoo. com/050925/1057/2f6ba. html。

④ 《美前国务卿承认布什政府“9·11”后曾数次“犯错”》，http：//www. chinanews. com. cn/gj/2010/10 – 14/2588427. shtml。

⑤ 《美国不想再当世界警察》，http：//www. zaobao. com/wencui/2011/03/ft110307c. shtml。

五　基于中国视角的经验总结

马克思说过："一个工业民族，当它一般地达到它的历史高峰的时候，也就达到了它的生产高峰。实际上，一个民族的工业高峰是在它还不是以既得利益为要务，而是以争取利益为要务的时候。在这一点上，美国人胜过英国人。"[①] 光阴荏苒，历史的天空已是斗转星移。今天的美国已从"以争取利益为要务"的国家异化为"以既得利益为要务"的国家，其曾经有过的"工业高峰"已异化为"军火工业"的高峰。与此相应，今天的中国已走上"以争取利益为要务"的舞台，在这一点上，今天正处在"生产高峰"并即将由此进入"历史高峰"的中国已胜过了美国。当年英国的历史高峰已成为往事，今天美国的历史高峰不久也会成为只存在于好莱坞大片中的传说。今天对中国最为重要的是善于总结它们的经验和教训，为中国未来的可持续发展做好准备。

"往者不可谏，来者犹可追。"[②] 英美国家兴衰经验总结起来，大体有以下三点值得中国注意并引以为戒：

第一，大国崛起于地区性守成，消亡于世界性扩张。守成可以保持国家目标与国家财力之间的平衡，这种平衡是国家可持续发展的基本保证；而扩张则会导致目标迫使国力透支，透支反过来又会迫使国家继续扩张以弥补国力的不足，结果因目标过大而使国力进一步透支，直到衰落。1972 年尼克松收缩战线，毛泽东在尼克松访华结束后在一个批示中告诫全党："深挖洞，广积粮，不称霸。"[③] 毛泽东意在警示未来中国不要重犯美国式的国家目标与国家资源不匹配而导致国家衰落的错误。

第二，霸权主义是国家政治的死地。国际博弈遵循几何学"两边之和大于第三边"的原理；用国际政治专业术语说，就是一个国家不能和两个大国

---

① 参阅马克思《〈政治经济学批判〉导言》，《马克思恩格斯选集》第 2 卷，人民出版社，1972，第 89 页。

② 《论语·微子》。

③ 《毛泽东军事文集》第 6 卷，军事科学出版社、中央文献出版社，1993，第 408 页。

同时发生冲突。经验表明，世界上没有一个大国有力量可以与两个以上——遑论世界多数——的大国对抗。古罗马人开始只是为了自卫，先与北方的高卢人打仗，后又与南方迦太基人发生战争，取得辉煌胜利后继续向整个地中海国家进攻，结果导致罗马帝国整个灭亡；19 世纪初，拿破仑与英国作战，取得辉煌的胜利，继而于 1912 年轻率深入俄国，其后三年便遭到失败；20 世纪 40 年代，德国希特勒开始跟英国作对，赢得西欧，1941 年正在得意之际挥师直奔俄国，其后又是三年便遭到失败；同期的日本开始与中国开战，初期取胜，1941 年底又与美国开战，其后还是三年失败；20 世纪 50 年代在朝鲜战场上，美国与中国和苏联对阵，美国三年便败；60 年代在越南战场上，美国还是与中国和苏联作对，结果时间是长了些，但也是败得没有面子。勃列日涅夫时期的苏联与中美作对，结果苏联很快败阵并于戈尔巴乔夫时期解体。自苏联解体后美国外交早已超过这个限度，小布什曾点名向多个所谓“邪恶轴心”国家叫板，如果有一点历史知识的人，都会知道这是老虎吃天，只能是耗尽虎力后一无所获。

第三，失去实体经济的大国必然导致世界扩张，世界扩张必须要与世界为敌，与世界为敌必然导致国家透支并由此衰落。因此，发展实体经济就可使国家立于不败之地，而发展实体经济就不能脱离国内的劳动者，特别是其中工农业劳动者。资本是劳动的克星，在资本破坏劳动的进程中，目前资本主义国家已使自己陷入首鼠两端的困境：先是对本国劳动者的剥削以实现资本增值，结果导致国内革命；为了避免国内革命，资本便向外部扩张，通过外部剥削实现资本增值，以缓和国内矛盾，结果又激化了资本中心与资本外围的矛盾，导致“9·11”事件。这个模式搞不下去时，资本又将增值的压力返回国内，引起国内劳动向资本的反抗，人民发起“占领华尔街”运动。

这些西方大国在其世界治理过程中留下的几乎是血写的教训，对于已建立起社会主义市场经济的中国，要引以为戒，未来中国要在实践中形成既能高效利用资本又能有效驾驭资本、有效保障国家劳动者主体地位的政治管理机制，并以此为人类文明做出较大的贡献。

专题报告

Special Reports

B.8

印度洋区域合作组织与中国印度洋战略

朱　立*

摘　要:

伴随环印度洋地区政治经济格局的变化，印度洋地区国家在国际政治舞台上的地位与作用显著提升。环印联盟的成立标志着在印度洋地区国家寻求建立新的印度洋地区主义潮流，日益凸显的印度洋地缘政治地位，成为环印联盟加快发展的最重要动力。环印联盟在国际政治战略上的意义远大于实质，其核心是确立了印度洋地区的地缘政治利益，环印联盟成为平衡印度洋地区政治、军事和经济实力的最重要筹码。环印联盟及其次区域国际组织正在建构和改变该地区的多层次合作关系，加强与印度洋地区国际组织的合作是实施中国印度洋战略的必然选择。

关键词:

国际合作组织　环印联盟　经济一体化

* 朱立，云南财经大学印度洋地区研究中心教授、博士。

在当今国际政治舞台上，国际组织在推动国际合作和地区发展中发挥着不可替代的作用。环印度洋地区已经建立了多个国际合作组织，这些国际组织的建立和发展推动了该地区的稳定与繁荣。在世界发展极向印度洋地区转移的今天，印度洋区域国际合作组织将发挥越来越重要的作用。

一　国际组织成为推动区域发展的最重要力量

1648 年召开的威斯特伐利亚大会是国际关系史上的一个转折点，它开创了通过国际会议解决战争问题和协调国家关系的先例。《国际组织年鉴》将国际组织界定为由两个以上的国家组成的一种国家联盟或国家联合体，该联盟是由其成员国政府通过符合国际法的协议而成立的，并且具有常设体系或一套机构，其宗旨是依靠成员国间的合作来谋求符合共同利益的目标。[①] Jack C. Plano 和 Roy Olton 认为，国际组织是指跨越国界并提供制度框架的正式机构，目的在于加强成员之间在安全、经济、社会和相关领域的合作。[②] 国家通过将部分主权让渡成立国际组织，超越主权的职能性世界“政府”是国际组织的实质。国际组织通常有三种分类：一般性国际组织和专门性国际组织，区域性国际组织（封闭型）和全球性国际组织（开放型），政府间国际组织和非政府间国际组织等。

国际组织的建立和发展，全面推动了国际合作与协同发展，国际组织逐渐成为一种积极、有效的全球治理方式。“二战”后，国际社会制订的涉及各个领域的国际公约或多边条约几乎都是由国际组织完成的。因此，在当今社会，国际组织已经成为各国处理国际关系、加强国际政治经济合作、维护地区安全、推动全球治理等问题的重要机制。我国学者刘杰认为：“绝大多数国际机制都依托国际组织来显示其存在，作为国际机制基本内涵的各种原则、规则、程序也都因国际组织而得到执行，作为国际机制实践结果的国际秩序也因国际组织的存在和积极活动才有实现的可能。”[③] 国际组织是国际机制的基本载体

---

① Yearbook of International Organization 1990/ 1991 (28th edition) : 16 - 45.

② Jack C. Plano and Roy Olton, *The International Relations Dictionary*, Kalamazoo, Mich. : New Issues, 1979, p. 288.

③ 刘杰：《秩序重构：经济全球化时代的国际机制》，高等教育出版社，1999，第 122 页。

或组织形式，从而国际组织具有论坛功能、协调功能、沟通功能、规范与管理功能、资源配置功能等“机制化功能”。[①]

随着经济全球一体化趋势的增强和国际关系上相互协作与依赖程度的深化与细化，国际组织在20世纪得到了快速发展，以至于有专家认为20世纪是国际组织的世纪。根据UIA的统计，截至2012年，全球共有政府间国际组织（IGO）5000个，其中最具代表性的是联合国、世界银行、国际货币基金组织等，而国际货币基金组织（IMF）、世界银行（WB）和世界贸易组织（WTO）被誉为支撑当今世界经济的三大支柱。在国际组织的发展过程中，发达国家和地区性大国往往是国际组织的主要发起者、参与者和主导者。根据学者王玲的研究，在2003年世界各国参与“政府间国际组织”的平均数为30个，其中法国和英国是参与国际组织最多的国家，印度是发展中国家参与国际组织最活跃的成员。[②]

二　环印度洋地区的主要国际组织

（一）环印度洋地区合作联盟

1997年3月5～7日，环印度洋地区14国外长聚会毛里求斯首都路易港，通过了《联盟章程》和《行动计划》，宣告环印度洋地区合作联盟（The Indian Ocean Rim Association for Regional Cooperation，IOR－ARC，“环印联盟”）正式成立。截至2012年，联盟共有南非、印度、澳大利亚、印度尼西亚、马来西亚、孟加拉国、泰国、新加坡、肯尼亚、毛里求斯、塞舌尔、阿曼、莫桑比克、斯里兰卡、坦桑尼亚、马达加斯加、阿联酋、也门、伊朗19个成员国；有中国、日本、埃及、英国、法国和美国6个对话伙伴国，有环印度洋旅游组织和印度洋研究组织2个观察员组织。

环印联盟的宗旨是，遵循尊重国家主权、领土完整、政治独立、不干涉内

① 刘杰：《秩序重构：经济全球化时代的国际机制》，高等教育出版社，1999，第128页。

② 王玲：《世界各国参与国际组织的比较研究》，《世界经济与政治》2006年第11期。

部事务、和平共处、平等互利与协商一致等原则，不卷入双边等有争议的问题，推动区域内贸易和投资自由化，促进地区经贸往来和科技交流，扩大人力资源开发、基础设施建设等方面的合作，加强成员国在国际经济事务中的协调。① 环印联盟是一个以经济合作为主导的国际组织，也是目前唯一的环印度洋地区经济合作组织。

除环印度洋地区合作联盟外，环印度洋地区还存在东南亚国家联盟（ASEAN）、南亚区域合作联盟（SAARC）、海湾阿拉伯国家合作委员会（GCC）、东非共同体（EAC）、东部和南部非洲共同市场（COMESA）、印度洋委员会（IOC）、非洲联盟（AU）等多个国际合作组织。各组织独立存在，而各国在各种国际组织中又交互存在。在地区发展和国际事务中，区域内的各国际组织发挥着不同的作用。

（二）东南亚国家联盟

东南亚国家联盟（Association of Southeast Asian Nations，ASEAN）成立于1967年8月8日。它属于政府间、区域性、一般性的国际组织。东盟现有成员国10个，包括印度尼西亚、马来西亚、菲律宾、新加坡、泰国、文莱、越南、老挝、缅甸、柬埔寨，人口约5.91亿人。东盟对话国有美国、日本、澳大利亚、新西兰、加拿大、欧盟、韩国、中国、俄罗斯和印度10国，主要就重大国际政治和经济问题交换意见。

2008年12月，《东盟宪章》正式生效。《东盟宪章》明确了ASEAN的目标。重点是维护和促进地区和平、安全和稳定，维护东南亚的无核武器区地位，杜绝大规模杀伤性武器；加强政治、安全、经济和社会文化合作，建立一个稳定、繁荣、极具竞争力和一体化的共同市场和制造基地，缩小东盟内部发展鸿沟；加强民主，促进良政与法律，促进和保护人权与基本自由；在一个开放、透明和包容的地区架构内，发展与域外伙伴的关系与合作，维护东盟的主导力量、中心地位和积极作用。

---

① 环印度洋地区合作联盟。http：//www.fmprc.gov.cn/mfa_chn/gjhdq_603914/gjhdqzz_609676/lhg_609942/.

（三）南亚区域合作联盟

1985 年 12 月，印度、孟加拉国、尼泊尔、不丹、马尔代夫、巴基斯坦、斯里兰卡 7 国首脑在达卡通过《南亚区域合作宣言》和《南亚区域合作联盟宪章》，宣告南盟正式成立（South Asian Association for Regional Cooperation，SAARC）。南盟现有成员国 8 个（含阿富汗），观察员 9 个，包括中国、日本、韩国、缅甸、美国、欧盟、澳大利亚、伊朗和毛里求斯。

南盟的宗旨是，促进南亚各国人民的福祉并改善其生活质量；加快区域内经济增长、社会进步和文化发展，为每个人提供过上体面生活和实现全部潜能的机会；促进和加强南亚国家集体自力更生；促进相互信任和理解及对彼此问题的了解；促进在经济、社会、文化、技术和科学领域的积极合作和相互支持；加强与其他发展中国家的合作；在国际论坛上就共同关心的问题加强彼此合作；与具有类似目标和宗旨的国际及地区组织进行合作。①

《南盟宪章》规定了南盟成员应遵循的基本原则：①各级机构应在协商一致的基础上做出决定；②不审议双边和有争议的问题；③联盟框架内的合作应在尊重主权平等、领土完整、政治独立、不干涉别国内政和互惠互利的基础上进行；④联盟合作不应取代双边和多边合作，而是对其进行补充；⑤联盟合作不应与双边和多边义务相抵触。② 南盟的最高权力属于各国元首和政府首脑参加的峰会。

（四）海湾阿拉伯国家合作委员会

1981 年 5 月 25 日，6 个海湾阿拉伯国家（阿拉伯联合酋长国、阿曼苏丹国、巴林国、卡塔尔国、科威特国、沙特阿拉伯王国）的元首在阿拉伯联合酋长国开会，宣布成立海湾阿拉伯国家合作委员会（Gulf Cooperation Council or Cooperation Council for the Arab States of the Gulf，简称海合会，GCC），并签

① 中华人民共和国外交部网站，南亚区域合作联盟。http：//www. fmprc. gov. cn/mfa_ chn/gjhdq_ 603914/gjhdqzz_ 609676/lhg_ 610302/.

② 中华人民共和国外交部网站，南亚区域合作联盟。http：//www. fmprc. gov. cn/mfa_ chn/gjhdq_ 603914/gjhdqzz_ 609676/lhg_ 610302/.

署了合作委员会章程。

海合会的宗旨是，加强成员国之间在一切领域内的协调、合作和一体化；加强和密切成员国人民间的联系、交往与合作；推动6国发展工业、农业、科学技术，建立科学研究中心，兴建联合项目，鼓励私营企业间的经贸合作。海合会6国均奉行中立、不结盟外交政策，举措温和、务实。面对当前新的国际局势，6国越来越依靠以GCC为整体参与国际和地区事务，开展多元外交，注重大国间的平衡。在重大国际、地区问题上采取统一立场，发挥GCC集体作用，体现6国对外政策的统一性和整体性。①

（五）东非共同体

东非共同体（East African Community，EAC）最早成立于1967年，成员国有肯尼亚、坦桑尼亚和乌干达3国，后因成员国之间产生政治分歧和经济摩擦，东非共同体于1977年解体。1993年11月，肯、坦、乌3国开始恢复合作。1999年11月30日，3国共同签署了《东非共同体条约》，决定恢复东非共同体。2001年1月15日，3国在坦桑尼亚阿鲁沙举行东非共同体正式成立仪式。2007年6月，卢旺达、布隆迪为EAC成员。2009年11月20日，东共体5国共同签署了《东非共同体共同市场协议》，2010年7月1日，东共体正式启动该协议。

EAC的宗旨是加强成员国在经济、社会、文化、政治、科技、外交等领域的合作，协调产业发展战略，共同发展基础设施，实现成员国经济和社会可持续发展，逐步建立关税同盟、共同市场、货币联盟，并最终实现政治联盟。②

（六）东部和南部非洲共同市场

东部和南部非洲共同市场（The Common Market for Eastern and Southern

---

① 海湾阿拉伯国家合作委员会。http：//www. fmprc. gov. cn/mfa_ chn/gjhdq_ 603914/gjhdqzz_ 609676/lhg_ 610422/.

② 中华人民共和国外交部网站，东非共同体。http：//www. fmprc. gov. cn/mfa_ chn/gjhdq_ 603914/gjhdqzz_ 609676/lhg_ 610686/.

Africa，COMESA，“科迈萨”）成立于1994年12月，前身为东部和南部非洲优惠贸易区（Preferential Trade Area for Eastern and Southern Africa，PTA）。截至2012年7月，科迈萨有成员国19个：布隆迪、科摩罗、肯尼亚、利比亚、塞舌尔、马达加斯加、刚果民主共和国、吉布提、埃及、埃塞俄比亚、厄立特里亚、马拉维、毛里求斯、卢旺达、苏丹、斯威士兰、乌干达、赞比亚、津巴布韦。目前，科迈萨区内生产总值（GDP）超过3600亿美元，人口超过4亿人。

东部和南部非洲共同市场的宗旨是，废除成员国之间关税和非关税壁垒，实现商品和服务的自由流通；协调成员国关税政策，分阶段实现共同对外关税；在贸易、金融、交通运输、工业、农业、能源、法律等领域进行合作；对外债问题采取统一立场，协调各国经济结构调整方案；建立货币联盟，发行共同货币。①

环印度洋区域的主要国际组织见表1。

表1　环印度洋区域的主要国际组织

国际组织名称	成立时间	性质	成员国	合作组织发育程度
环印度洋地区合作联盟（IOR－ARC）	1997年	经济合作	19	不成熟
东南亚国家联盟（ASEAN）	1967年	政治、经济、文化	10	基本成熟
南亚区域合作联盟（SAARC）	1985年	经济、社会发展	8	基本成熟
海湾阿拉伯国家合作委员会（GCC）	1981年	所有领域的合作	6	基本成熟
东非共同体（EAC）	2001年	经济、政治	5	不成熟
东部和南部非洲共同市场（COMESA）	1994年	共同市场	19	快速发展

（七）环印度洋地区国家参与区域国际组织状况

关于印度洋区域（Indian Ocean Region，IOR）的界限划定，在学术上长期争论未定。1971年的联合国决议案中，将IOR界定为自然依赖的岛屿与洋面，沿海与内陆的国家和空域。这个界定范围非常广泛，涵盖了波斯湾、红海

① 东部和南部非洲共同市场。http：//www.fmprc.gov.cn/mfa_ chn/gjhdq_ 603914/gjhdqzz_ 609676/lhg_ 610710/.

区域国家和运输需经印度洋的内陆国。John Agnew（2000）认为区域不是一个简单的空间边界，而是一个具有内部实质关系的复杂组合。印度学者 Gulshan Sachdeva（2004）将 IOR 界定为 44 个国家，区域人口占世界的 37%，经济占 8%，面积占 24%。Christian Bouchard（2004）认为，如果从地缘政治角度分析，印度洋地区包括与印度洋地区有地缘政治关系的 56 个国家（即还包括中亚印度洋内陆国家）。

本文所指的印度洋地区（IOR）主要是指边界直接与印度洋相接的国家，总共包括 38 个国家，其中 28 个为印度洋和环印度洋周边国家，10 个为红海和波斯湾沿岸国家。伴随国际组织在国际关系舞台上所扮演角色的日趋重要，环印度洋地区也成立了多个国际组织，大多数国家都参与了区域国际组织，形成了以地缘政治、地缘经济关系为核心纽带的国家间合作格局，如东盟、南盟等（见表 2）。

表 2　环印度洋地区国家参加区域国际组织状况

国家＼国际组织	EAC	COMESA	GCC	SAARC	ASEAN	IOR－ARC
澳大利亚						×
印度				×		×
巴基斯坦				×		
孟加拉国				×		×
斯里兰卡				×		×
马尔代夫				×		
泰国					×	×
马来西亚					×	×
新加坡					×	×
缅甸					×	
印度尼西亚					×	×
东帝汶						
南非		×				×
莫桑比克						×
坦桑尼亚	×					×
肯尼亚	×	×				×
索马里						
吉布提		×				
厄立特里亚		×				
苏丹		×				

续表

国家＼国际组织	EAC	COMESA	GCC	SAARC	ASEAN	IOR - ARC
埃及		×				
毛里求斯		×				×
科摩罗						
塞舌尔		×				×
马达加斯加		×				×
留尼汪(法)						
马约特岛(法)						
沙特阿拉伯			×			
也门						×
阿曼			×			×
阿拉伯联合酋长国			×			×
卡塔尔			×			
巴林			×			
科威特			×			
伊朗						×
伊拉克						
约旦						
以色列						

三　环印联盟与印度洋地区发展

东盟、南盟等均是以紧密的地缘政治为基础构建的次区域国际组织，环印联盟的成立，标志着环印度洋地区国家寻求区域紧密合作，开展更大范围的国家间协同的开始。无论是环印度洋地区国家，还是域外国家，环印联盟作为推动地区发展的重要力量被寄予众多厚望。

（一）环印联盟的发展

苏联的解体，促使印度反省之前的外交政策。20 世纪 90 年代中期，印度的外交政策主要集中在促进与印度的近邻国家的关系，强化印度在这一区域的大国地位，区域大国的渴求和经济自由化促使印度竭力支持组建环印度洋联盟区域组织。与此同时，当南非从种族隔离状态解脱出来后，作为印度洋区域国家的南非寻求增强自身在印度洋区域的社会经济合作，也成为环印联盟建立的积极倡导者。澳大利亚为了积极扩展市场向西发展，也成为其促成区域联盟的动机。因此，在这一时期环印度洋地区合作联盟也就应运而生，从环印联盟的19个成员国构成来看，环印联盟主要是针对印度洋和沿岸的国家而设立的地区国际组织。

环印联盟成员国面积总和为2024万平方公里，占世界陆地总面积的13.5%；人口约20亿人，占世界人口总数的29.7%；国内生产总值占世界国内生产总值的9.55%，贸易总额占世界贸易总额的11.97%。辽阔的地域和日益突出的国际地缘政治地位为环印度洋地区国家勾画了无限的发展前景与空间。

后期由于联盟成员国出席会议的人数减少，印度、澳大利亚和南非等国家对环印联盟的兴趣减弱。1999年第二届部长会议后，澳大利亚对于联盟未能切实推进贸易自由化而非常失望。南非更感兴趣与自身更密切的南部非洲发展共同体和非洲联盟发展。虽然印度对环印联盟仍然兴趣盎然，但也发现环印联盟既不能协助其维护区域和平也不能促进其贸易和投资。① 毛里求斯、也门（因为需要开放的市场）和伊朗（打破被国际孤立的状态）等国由于各自需求的不同，仍然热心环印联盟的发展。然而，由于环印联盟国家太分散、经济与社会发展状况各异，在环印联盟中成员国之间的合作大多成了双边合作，而不是区域内的多边协作。

（二）环印联盟的特点

环印联盟的成立首先从制度上确立了印度洋地区作为一个独立、关联区域的存在，其本质是加强区域内国家的关系和促进区域经济融入世界体系；其次，在组织上为加强该区域间国家的合作搭建了平台，成为这一区域的重要国际组织。

---

① Kelegama S.，“Indian Ocean Regionalism：is there a future?”，*Economic and Political*，*Weekly*，22 June 2002.

1. 组织的性质

环印联盟在设立上主要参照亚太经合组织，是一个以经济为主导的合作组织，旨在推进区域经济一体化发展。其宗旨是不卷入双边等有争议的问题，推动区域内贸易和投资自由化，促进地区经贸往来和科技交流，扩大人力资源开发、基础设施建设等方面的合作，加强成员国在国际经济事务中的协调。长期以来，环印度洋地区一直存在各种冲突与矛盾，环印联盟定位于经济一体化发展，不涉及政治、军事等复杂敏感问题，各国找到了以经济合作促进区域发展的共识。

2. 组织规模

环印联盟覆盖亚洲、非洲和大洋洲三大洲，是印度洋区域覆盖面积最广、参与国家最多的区域国际组织，也是目前最能代表印度洋地区的国际组织。在环印度洋的 28 个国家中，有 19 个国家参加联盟，尤其是区域的主要大国，如印度、南非、澳大利亚等均在联盟内。但由于其横跨三大洲，各国在政治体制、经济发展和宗教文化方面的差异较大，增加了国家间合作的难度。

3. 运行机制

环印联盟的运行机制是实行轮值主席制，现任主席国是印度（2011～2012年），下设部长理事会（最高权力机构，由成员国外长或经济合作部部长组成）、高官委员会、环印度洋商业论坛、环印度洋学术组、贸易和投资工作组和高级别工作组 6 个机构。联盟所作决定须经各成员一致同意。会议最后文件不具法律约束力，但各成员国在政治上和道义上有责任尽力予以实施。环印联盟可以说到目前为止还是一个较为松散的国际组织。

4. 组织绩效

环印联盟虽然以区域经济一体化为目标，强调国家间的经济合作，但从 1997 年成立至今，除了召开定期的部长级会议、开展学术研究外，联盟在推动区域经济一体化发展上仍然未取得明显的成效。相比于东盟、南盟、科迈萨和欧佩克等区域国际组织，环印联盟没有实质性的经济合作项目为依托，该区域的经济一体化发展仍然停留在形式上，各国的经济发展更多依赖于陆地地缘关系更为紧密的国家和次区域。

（三）环印联盟发展中存在的问题

从1997年成立至今，环印联盟经过15年的发展，总的来看成效不甚显著，究其原因，既有联盟自身存在的问题，也有外部难以避免的困难。

1. 环印联盟自身存在的问题

（1）环印联盟合作内容空泛，吸引力不足。环印联盟虽然经过了十多年的发展，但在推动区域内贸易和投资自由化、便利化，以及促进经贸往来和科技交流方面，并未取得明显的成效。虽然联盟明确了区域经济一体化的发展思路，但缺乏切实推进区域经济一体化发展的措施和平台，尤其是缺乏能吸纳各国积极参与并受惠的内容。合作不充分，致使联盟凝聚力不足，吸引力不够。除了印度、塞舌尔和澳大利亚等国高度重视外，其他成员国不甚积极，更多是处于被动的局面。尤其是印度洋东线的东南亚国家，参与度不高。虽然纯粹的经济合作国际组织，避免了政治和冲突等敏感问题，但由于各国利益的诉求点不同，各国的参与度也就不尽相同。

同时，在环印度洋地区存在多个次区域国际组织，如东盟、南盟、非盟、海湾合作组织等，而各印度洋地区国家与各类地区国际组织的关系犬牙交错。从目前印度洋地区国家参与国际组织的情况看，由于地缘政治和利益相关，各国更加依赖于次区域国际组织，而非环印度洋联盟。因此，现阶段，松散的环印联盟在功能和作用上都无法替代次区域国际组织。

（2）区域经济发展不平衡，区域内国家间贸易与投资发展缓慢。首先，环印度洋地区国家经济发展极不平衡。在该地区，既有经济发达国家如新加坡、澳大利亚，也有近年来经济发展速度非常快的国家如印度、南非和印度尼西亚，还有经济极不发达的国家如莫桑比克和坦桑尼亚等。2011年，澳大利亚的人均GDP为60642美元，马达加斯加的人均GDP仅467美元，澳大利亚人均GDP是马达加斯加的130倍，经济发展水平差距十分巨大。按照世界银行对世界经济发展水平的评价指标，环印联盟19个国家中仅澳大利亚、新加坡、阿联酋、也门和塞舌尔5国的人均GDP处于世界平均水平之上，余下的14个国家人均GDP均在世界平均水平之下（见表3）。

表 3　2000～2011 年 IOR－ARC 地区国家人均 GDP

单位：现价美元

国家＼年份	2000	2005	2007	2008	2009	2010	2011
澳大利亚	21766	34149	40672	49379	42101	50746	60642
新加坡	23815	28953	36707	34465	35274	41987	46241
阿拉伯联合酋长国	34395	44385	47757	50727	38960	39625	45653
高水平	25189	33049	37556	39575	36761	38229	41095
阿曼	8775	12721	16360	22968	17280	20791	25221
塞舌尔	7579	11061	11983	11067	9637	11130	11711
世界(平均)	5284	7024	8380	9086	8491	9158	10037
马来西亚	4006	5286	6905	8099	6902	8373	9656
毛里求斯	3861	5054	6182	7600	6922	7584	8797
南非	3020	5235	5930	5613	5738	7272	8070
泰国	1943	2644	3643	3993	3835	4614	4972
中水平	1294	2028	2923	3462	3319	3957	4575
印度尼西亚	773	1258	1859	2172	2273	2952	3495
环印联盟	1045	1607	2138	2349	2291	2674	3030
斯里兰卡	855	1242	1614	2014	2057	2400	2835
印度	450	732	1055	1028	1127	1375	1489
也门	544	811	987	1190	1077	1291	1361
肯尼亚	406	526	727	794	775	795	808
孟加拉国	364	429	475	547	608	675	735
低水平	258	334	413	482	500	532	581
莫桑比克	233	317	368	443	423	394	535
坦桑尼亚	308	375	422	505	506	527	529
马达加斯加岛	252	282	387	481	422	421	467
伊朗	1550	2754	4004	4678	4526	—	—

资料来源：世界银行数据库（其中高水平、中水平、低水平为当年世行标定的高中低国家人均GDP 水平）。

其次，区域内经济合作规模不大，区域内贸易与投资发展缓慢。从环印联盟 19 个国家的贸易统计数据分析，印度、南非和澳大利亚等国家在区域内的贸易规模都不大，如 2011 年印度最大的贸易伙伴是阿拉伯联合酋长国，贸易额超过 700 亿美元，但印阿的贸易主要是石油贸易。环印联盟成员国之间的贸易与投资规模均较小，成员国间的贸易大多集中在印度、澳大利亚、新加坡、印度尼西亚和南非等几个国家之间。在印度、澳大利亚和南非三国的对外贸易总额中，三国面向区域内国家的贸易额占比分别为 27.46%、15.31% 和

18.43%。区域内贸易与投资规模偏小，表明区域内各国在经济的相互合作和相互促进上还处于较低的水平，成员国间的经济依赖程度较低（见图1）。

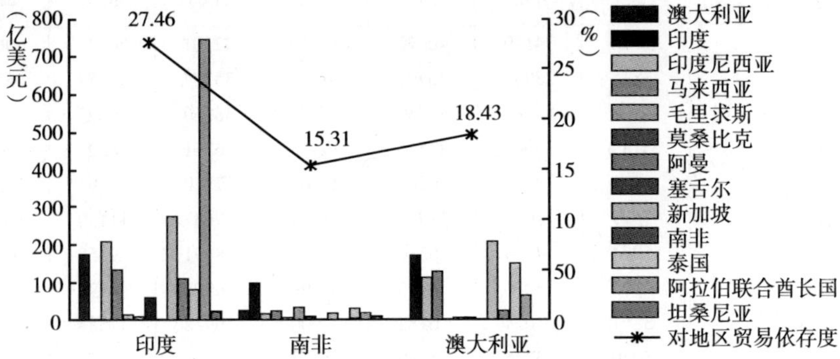

图1　2011年印度、南非、澳大利亚对IOR-ARC贸易与贸易依存度

（3）联盟组织层级不高，动力不足。环印联盟的最高权力机构是部长联席会议，没有国家首脑的参加，联盟的决策层级不高。这可能直接导致在经济一体化推进过程中关于贸易与投资等合作问题的决策上，缺乏快速达成决议的基础，很多问题长期议而不决，如推进环印度洋地区自贸区建设的问题仍然没有提到议事日程上。

2. 环印联盟发展面临的外部困难

（1）地理跨度巨大。环印联盟横跨亚洲、非洲和大洋洲，在如此巨大和分散的区域范围内组建区域经济一体化组织，显然是一项非常艰巨的任务。其难点就在于如何形成区域的凝聚力，如何加强区域国家的交往和协作，实现区域经济的一体化。在区域经济一体化构建中，贸易与投资除了资本与市场的约束外，物流与交通便利是其主要的制约因素。

（2）各国加入环印联盟诉求迥异。环印联盟中有多个地区性大国，它们加入该联盟的原因和目的迥异。这些不同诉求容易造成这个区域组织发展过程中难以达成共识，容易出现分歧。比如，印度就想借助环印联盟的成立，在环印度洋区域发挥更大的主导性，突出在环印度洋区域内的大国地位，从而提升自身国际地位。南非倡导及积极参与环印联盟则主要基于经济上的考虑，其一直渴望与经济迅猛发展的亚洲建立更为紧密的经贸联系，走出传统的南部非洲，而环印联盟的成立正好可以拓展南非与亚洲的合作。澳大利亚积极参与环印联盟事宜，一方面是出于安全的考虑，澳大利亚约 1/4 的海外贸易经过印度洋，因此十分重视印度洋的通道安全；另一方面是面向新兴市场寻求更好的经济发展机会，希望通过建立一个印度洋上的区域合作组织，密切与区域内国家的关系，加强同区域内国家间的经济合作与安全对话，巩固贸易航道安全。

（3）联盟内大国间信任度不高。印度洋作为全球主要海上贸易通道和石油运输航道之一，印度洋的海上安全一直备受关注。而环印联盟中的地区性大国都意欲从中获得更大的主导权。比如，印度一直想把印度洋变成印度的海洋，因此对推进环印联盟各国的海上安全合作非常积极。比如，印度不仅在 2012 年 11 月 2 日在印度古尔冈举行的第十二次环印联盟部长理事会议上，积极推进环印联盟成员国之间的“合作地区主义”①，同时将美国纳入环印联盟中，表现出欲结合区域内外的力量，发挥印度在地区安全中的主动性。而澳大利亚和南非在加入环印联盟上的动机也各不相同，大国间的暗中角力对于联盟的发展十分不利。

（4）民族、文化差异大。环印度洋区域国家众多，人口约 20 亿人，占世界人口总数的 29.7%，民族和文化差异显而易见。这一地区种族文化上的差异，造成思维模式上的差异，对处理环印联盟内事务是巨大的挑战。该地区由于种族文化差异所导致的冲突长期存在，时至今日，这种种族文化冲突依然未平息，如以色列与阿拉伯国家的冲突等。由于种族文化的历史渊源，希望短期内解决种族文化冲突是不现实的。然而，如若不能秉持求同存异、抛弃前嫌、为环印联盟的发展而努力的宗旨，很容易因文化差异而形成误解，无疑会严重制约这个跨三大洲的区域组织的发展。

四　环印度洋经济一体化面临的机会与挑战

无论理论还是实践都表明，在世界经济的发展中，区域经济一体化发展是推进地区各国经济发展的最有效方式之一。区域经济一体化，不但加强了区域

---

① 《环印联盟未来十年的重点是海事安全》，印度中文网，2012 年 11 月 4 日，http：//www.indiacn.com/news/usernews/4819.html。

国家的经济合作，更推动了地区的和平与稳定，增强了国家间的互信与互补。日益凸显的印度洋地缘政治地位，成为环印度洋联盟加快发展的最重要动力。环印联盟成为平衡印度洋地区政治、军事和经济的最重要筹码。从美国新近成为环印联盟对话国可以看出，环印联盟已成为该地区重要的国际事务平台。

（一）印度洋区域经济发展加速

从近10年的数据来看，印度洋地区的经济发展速度非常快，成为世界经济发展最快的国家与地区。印度洋区域内的主要经济发展体是澳大利亚、印度、新加坡、印度尼西亚、南非、马来西亚、泰国和阿联酋8个国家。2011年，8国的GDP总额为56990.8亿美元，占环印联盟GDP总额的93%；其中印度和澳大利亚两国的GDP总和为32197.4亿美元，占环印联盟GDP总额的53%（见表4和图2）。近年来，环印联盟主要国家的经济增速都较快，体现

表4　环印度洋地区联盟19个国家GDP

单位：亿美元

国家＼年份	2000	2005	2007	2008	2009	2010	2011
印度	4746.9	8342.2	12387.0	12241.0	13610.6	16843.2	18479.8
澳大利亚	4168.9	6964.7	8570.6	10615.8	9242.0	11316.2	13717.6
印度尼西亚	1650.2	2858.7	4322.2	5102.4	5395.8	7080.3	8468.3
南非	1328.8	2470.6	2861.7	2738.7	2830.1	3635.2	4082.4
阿拉伯联合酋长国	1043.4	1806.2	2581.5	3148.4	2703.3	2976.5	3602.5
泰国	1227.3	1763.5	2469.8	2725.8	2635.1	3189.1	3456.5
马来西亚	937.9	1379.5	1867.8	2227.4	1929.1	2378.0	2786.7
新加坡	959.2	1235.1	1684.3	1667.9	1759.3	2131.5	2397.0
孟加拉国	471.2	602.8	684.2	795.5	893.6	1003.6	1106.1
阿曼	198.7	309.1	419.0	605.7	468.7	578.5	717.8
斯里兰卡	163.3	244.1	323.5	407.2	420.7	495.7	591.7
肯尼亚	126.9	187.4	272.4	305.2	305.8	322.0	336.2
也门	96.4	167.5	216.6	269.2	251.3	310.4	337.6
坦桑尼亚	101.9	141.4	168.3	207.2	213.7	229.2	237.1
莫桑比克	42.5	65.8	80.3	98.9	96.7	92.1	128.0
毛里求斯	45.8	62.8	77.9	96.4	88.3	97.1	113.1
马达加斯加岛	38.8	50.4	73.4	93.9	84.9	87.2	99.5
塞舌尔	6.1	9.2	10.2	9.6	8.4	9.6	10.1
共　计	17354.1	28660.9	39070.5	43356.3	42937.3	52775.4	60667.9

资料来源：世界银行数据库（由于缺乏2010年、2011年的伊朗国家数据，故此处的统计额不含伊朗的GDP。）

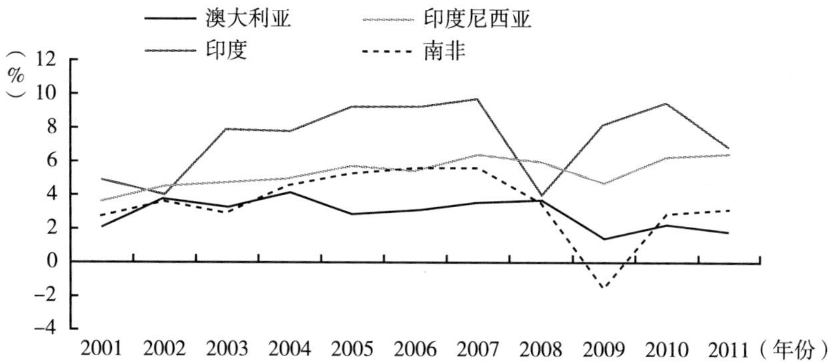

图 2　印度洋地区主要国家的 GDP 增速

了这些国家经济发展的活力和潜力。

印度、澳大利亚、南非和印度尼西亚等国家经济的快速发展，推动了区域经济的发展。按照世界银行的统计数据，南非 2003 年 GDP 的增速达到 6%；印度近年来的 GDP 增速也保持在 10% 左右。作为一个地区的经济发展，除了依靠外部经济的刺激，更需要其内部成员国经济的快速持续发展，环印度洋地区需要大的经济体为区域发展提供充足的资本和市场，以此来凝聚和整合区域经济，从而实现经济的一体化。区域经济一体化发展的动力应主要来自区域内部，而非外部。大国经济的高速成长，是促进印度洋地区区域经济一体化的最根本动力。环印度洋地区大国应成为区域经济发展的增长源和区域经济合作的主要纽带。

（二）构建以次区域为基础的印度洋地区多层次发展格局

由于印度洋地区的国家差异极大，大一统的经济一体化格局难以在短期内形成，现阶段区域内已经明显形成了四个不同的经济圈，即东盟、南盟、海湾国家和东南部非洲。有学者将印度洋区域分为左弧和右弧两个部分，左弧包括南亚、西亚和非洲，右弧包括东盟和大洋洲。① 在环印度洋区域，左右弧的发展速度与节奏不尽相同，在每一个小的次区域内都具有各自的发展规划和节奏。

① Gulshan Sachdea，" Indian Ocean Region：Present Economic Trend and Future Possibilities"，*International Studies*，2004 41：89.

从现有各国经济发展水平差异较大的状况分析，在印度洋地区短期内仍然很难实现区域经济的一体化发展。从全球相关区域发展的经验看，区域经济合作实际所达到的合作成效比经济一体化更为直接和显著，通过贸易互惠、关税同盟和共同市场等步骤来推进区域经济一体化的发展。同时，环印联盟的实践表明，在环印联盟这样一个非常松散的组织里，仅通过官方会议、论坛和学术研究来推动成员国间的合作是不现实的，环印联盟现阶段不可能成为印度洋地区重要国家外部经济政策的中心。环印联盟现阶段的主要任务是促进区域的经济合作，特别是在贸易和投资方面，如贸易便利化、促进外国投资、科学与技术交流、旅游、人力资源开发、基础设施建设等。

从该区域的发展分析，次区域经济合作的快速推进为环印联盟的经济合作创造了较好的外部环境，如东盟、南盟和东南部非洲等次区域的合作发展，加速了环印度洋地区的经济一体化发展。现阶段，可以在依托东盟、南盟和东南部非洲等现有次区域国际组织的基础上，构建环印联盟的三大支撑点，在三个次区域板块的基础上形成基于次区域合作的环印经济一体化架构，以次区域的发展推动环印度洋地区的发展。

（三）以非传统安全为纽带，密切成员国间的战略合作关系

在缺乏政治合作的基础上，经济一体化是很难实现的，在一定程度上政治上的合作是经济一体化发展的基础。长期以来环印联盟坚持以经济一体化为发展目标，但多样性的经济发展体制与较大的发展差异，使经济上的整合举步维艰。成员国间缺乏直接的利益纽带的连接，导致联盟组织约束松散甚至涣散。因此，在经济外寻求成员国间紧密的利益纽带，构建成员国间新的战略关系，是推动环印联盟向更为紧密方向发展的重要选择。

近年来，由于国际政治形势的快速变化，非传统安全问题也成为专业性国际组织关注的重点问题。如亚太经合组织开始介入一些非传统安全和国际热点问题，如反恐、气候变化、粮食安全、能源安全、传染病、防灾减灾、反腐败等。而从2012年在印度举行的环印联盟第十二届部长级会议来看，会议通过的《古尔冈公报》表明，印度洋海事安全成为环印联盟未来10年的合作重点。此举表明，环印联盟开始寻求更为广泛的区域战略合作（非传统安全合

作）和更为紧密的利益约束。如果印度洋地区以印度洋为核心要素，那么海事问题就应该成为印度洋地区的主要问题和利益共同点。

在环印联盟的发展过程中，无论环印联盟带有什么样的经济目标，它都将向维护区域和平和安全的方向发展，否则这一联盟所隐含的理想将不会实现。因此可以相信，在未来的发展中，伴随国际政治环境的变化，环印联盟将拓展合作的内容和领域，提升合作层次，更多地参与地区安全、成员国关系协调等问题。

五　中国的印度洋战略与印度洋地区的发展

（一）大国对印度洋地区发展的影响

1. 区域外大国对印度洋地区的影响力

在印度洋地区，域外大国的影响是区域发展的重要影响力，在一定程度上，这种影响甚至超过了印度洋地区的国家。首先，在全球体制下，印度洋地区国家的国际能力相比于大的世界力量是非常虚弱的，影响力也是极微小的，这就意味着印度洋地区的经济甚至地缘政治都要强烈地依赖于全球体系，也就是国际大国。其次，印度洋区域的外向特征非常明显。由于该地区长期被殖民，印度洋地区国家与一些域外大国的联系相比于它们自身的联系更为重要和密切。

Christian Bouchard（2004）认为，大的外国力量对印度洋地区发挥着主导作用和多层面的影响。外国力量在印度洋地区的主导影响力和力量均衡，是与大的外国力量在该地区的活动和利益密切相关的。同时，外国力量在印度洋地区的多层面影响，是与其在该地区实际的经济、文化、军事和外交重要性相关的。Christian Bouchard 从军事、经济、文化和外交四方面分析了区域外主要大国对印度洋地区的影响力。[①] 军事影响就是硬实力，经济力包括贸易、金融、外国投资和国际援助，软实力包括文化产品和意识形态的控制，政治力包括外交的筹码和通过经济、军事延伸传统外交的能力（见表5）。

① Christian Bouchard. “Emergence of a New Geopolitical Era in Indian Ocean: Characters, Issues and Limitations of the Indianoceanic Order”. Manuscript.

表 5　世界大国力量对印度洋地区的影响力

领域	主要	重要	弱	非常弱或没有影响
军事(硬实力)	美国	英国、法国	中国、俄罗斯	日本、德国
经济(经济力)	美国、日本、欧盟	英国、德国、法国、中国	俄罗斯	
文化(软实力)	美国、英国		法国、中国	俄罗斯、德国日本
外交(政治力)	美国	英国、俄罗斯法国、中国	日本	德国

目前，地区外大国对环印度洋地区的影响和控制还居主导地位，从印度洋地区日益突出的地缘政治地位来分析，主导和平衡该区域的力量仍将来自外部。现阶段，区域内大国无论在政治、军事还是经济上都还不具备主导的实力。对于印度这一地区的最重要国家来说，要推动该区域的稳定与繁荣，如何平衡印－美、印－中在印度洋地区的关系就显得尤为重要。

2. 区域内大国的影响力

环印度洋地区的发展需要充分考虑印度、澳大利亚和南非三个大国在该地区的影响和作用，三个大国在政治、经济、文化和军事上都拥有巨大的区域影响力。从政治、军事、经济和文化的影响力来看，印度的影响力最大，南亚、印度洋西岸一直都是印度的势力范围。尤其是近年来，印度加快海军建设，谋求对印度洋的主宰地位，更加显示印度对“印度之洋”的渴求，2000～2011年，印度年度军费开支占国内 GDP 的比例平均为 2.72%，远高于南非和澳大利亚两国。澳大利亚经济发展程度最高，而军事实力不足；南非的重点是南部非洲和西印度洋岛国。

环印联盟的成立标志着在印度洋地区寻求建立新的印度洋地区主义潮流，环印联盟在国际政治战略上的意义远大于实质，其核心是确立了印度洋地区的地缘政治利益，而非经济利益。统一的印度洋地区主义，为域内大国提供了与国际大国博弈的筹码。尤其是对于希望主导这一地区发展、确保区域利益的大国来讲，环印联盟无疑是其扩张势力、提升国际地位的最好平台。环印联盟将分散的印度洋地区国家整合在一个平台上，确立了合作的方向。

（二）中国积极推动印度洋地区的共同发展

中国在印度洋地区的利益诉求主要包括三个方面：海上运输安全、利益维护与共同发展。中国在印度洋的利益诉求决定了中国在印度洋地区的战略目标。

首先是保障印度洋海上通道的安全。印度洋及其关键的战略要点（苏伊士运河、马六甲海峡）构成了全球最主要的航线之一，无论是东方还是西方国家，印度洋都已经成为“海上生命线”[①]，中国也不例外。印度洋是中国石油进口和对外贸易的最重要海上通道，中国进口石油的80%左右需经印度洋运输。其次，中国必须维护在印度洋及周边的利益。长期以来，中国在外交上一贯奉行独立自主和平共处五项原则，与环印度洋地区国家建立了广泛而紧密的政治、经济合作关系，中国援助和投资了该区域众多的发展中国家，促进了这一地区的稳定与发展，中国拥有大量的海外资产和利益，保护中国利益的不受侵犯是中国主权所在。最后，作为发展中大国，中国有能力和有义务促进印度洋地区的共同发展，中国愿意让世界各国分享中国发展的成果。

1. 提升中国在印度洋地区的综合实力

然而，印度洋并不是平静的海洋。从历史和现状分析，域内和域外的大国都在印度洋地区形成了相当的影响力和控制力，综合实力评价，当前控制印度洋的既不是印度，更不是中国，而是以美国为首的西方利益集团。所谓的“中国威胁论”，其实质是中国经济的快速发展，显著提升了中国对该区域的影响，由美国控制印度洋地区的单极状况正在向多元转变。从现实看，中国影响力的提升并不预示中国在印度洋地区的控制力得到提升，因为控制力来自政治、军事、经济和文化的综合。促进印度洋地区的稳定与繁荣，需要改变印度洋地区“失衡”的控制现状，推动印度洋地区力量从“失衡”到“均衡”的转变。在国际关系中，无论是双边还是多边的外交关系，其实质都是力量的博弈。和谐发展取决于力量的均衡和共识。因此，无论是从地缘政治还是从地缘经济出发，中国均应采取积极的印度洋发展战略，全方位提升中国在印度洋地区的综合实力。

外交上，中国需进一步加强与各国的政治交往，合作互信；军事上，中国应加快发展蓝水海军，培养具有较强远洋战斗力的海上力量；经济上，密切与区域国家的经贸合作，扩大贸易与投资，提高经济依存度；文化软实力方面，

① 宋德星、白俊：《“21世纪之洋”——地缘战略视角下的印度洋》，《南亚研究》2009年第3期。

通过开展公益事业，加强民间交往，促进该地区教育、医疗卫生和文化事业的发展，提高对中华文化的认同度。以增强中国在印度洋地区的综合实力为基础，构建新型的大国外交关系。

2. 深化与次区域国际组织的合作关系

中国与环印度洋地区的主要国际组织均建立了良好的合作关系。中国于2003年作为域外大国率先加入《东南亚友好合作条约》，与东盟建立了面向和平与繁荣的战略伙伴关系，双方建立了较为完善的对话合作机制。2010年1月1日，东盟自贸区建立，中国、韩国和日本以“10+3”模式成为自贸区成员。2005年11月，第十三届南盟峰会同意中国成为观察员。2000年1月，中国成为环印联盟对话伙伴国。2010年6月，中国－海合会建立战略对话机制并在北京举行首轮对话。2004年2月，中国正式向东部和南部非洲共同市场派驻特别代表。

综上，中国积极开展了与环印度洋地区主要国际组织的合作，取得了较为显著的成效，伴随次区域国际组织在国际事务处理、推动地区发展中所发挥的愈加重要的作用，中国需要进一步深化与国际组织的合作，提升合作层级，加强非传统安全领域合作，建立更为紧密的战略伙伴合作关系。

3. 以经贸为纽带，促进地区繁荣发展

近30年来，中国经济的高速增长也惠及众多发展中国家，中国与环印度洋地区国家的经贸合作关系日趋密切，经济依存度不断提高。2011年，中国与东盟的贸易额达3628亿美元，中国是东盟第一大贸易伙伴，东盟是中国第三大贸易伙伴。中国与海合会6国经贸、能源合作发展迅速，2011年，中国与6国贸易额1338亿美元，同比增长44.6%，中国进口原油8541.5万吨，同比增长12.1%。2011年，中国与南盟国家贸易额为974亿美元，同比增长20%。2011年，中国与环印联盟各成员国贸易额为6331.7亿美元，同比增长30%。中国与环印联盟各成员国贸易额在中国对外贸易总额中的比重逐年上升，2009~2011年分别为15.7%、16.4%和17.3%。

中国经济的快速稳定发展，互利互惠的贸易和投资带动了印度洋地区的经济发展，环印度洋地区成为世界经济增长最快的地区之一。可以预见，伴随这一地区投资政策与投资环境的改善，该地区必将迎来新的发展契机，成为世界经济新的增长极。

B.9

中美印在印度洋的博弈态势及我国对策

楼春豪*

摘　要：

印度洋的地缘战略重要性日益凸显，中美印作为最关键的“利益攸关方”将展开激烈博弈。竞争性方面，中美印战略文化、国家实力及地缘位置的不同，决定三国对印度洋的认知也不同。美印都试图主导印度洋的“印度洋观”潜藏结构性冲突，两国实力对比的此消彼长可能加剧主导权之争。中国因素推动了美印关系升温，但美印都不愿公开与中国为敌。合作性方面，中美印作为印度洋三大关键力量，在应对非传统安全威胁、保障海上通道安全、联合开发海洋经济等领域拥有诸多共同利益。中美印在印度洋上将呈现“非盟非敌、相互牵制、竞合并存、矛盾可控”的态势。中国需要加大对印度洋的力量投入，顺势而为、量力而行，以合作化矛盾、以管理控冲突，尝试打造符合各方利益的合理竞争关系。

关键词：

印度洋　中国　美国　印度洋

印度洋是全球第三大洋，是连接大西洋与太平洋的海洋桥梁，西至中东和东非沿岸，东达马六甲海峡，南下澳大利亚，海域广阔、航道繁忙、资源丰富、情势复杂，与国际格局的演变息息相关。虽然长期以来，印度洋在国际地缘政治中的重要性并未引起足够重视，以至于20世纪的大多数时间里，印度洋在国际政治中仅处于从属或者次要的地位。但世易时移，部分源于印度洋自

* 楼春豪，中国现代国际关系研究院南亚东南亚及大洋洲研究所助理研究员，从事印度、尼泊尔、印度洋及南亚区域性问题研究。曾撰写大量内部政策报告，在国内、国际核心期刊发表学术论文约10篇、评论性文章近百篇。

身的地缘特性，如拥有丰富的油气资源、重要的国际海运大通道、动荡复杂的地区政治安全形势，更重要的是中印作为全球大国的崛起、域内外大国竞相谋求和扩大对该地区的影响力，印度洋的地缘重要性引起国际社会日益强烈的关注，印度洋研究俨然成为一门显学。

与印度洋相关的研究议题很多，包括非法走私问题（毒品、军火、人口等）、非传统安全问题（海上恐怖主义、渔业资源争夺、气候变化与海洋环境）、地缘经济问题（能源资源、国际通道、海上航行自由）及地缘政治问题（国家间的竞争与合作）等。鉴于国家仍是国际政治中最重要、最有权势的行为体，探讨国家行为体间的互动博弈，有利于从宏观层面理解上述议题。虽然国际社会对印度洋地区的力量格局仍有分歧，如有的学者认为，“美国、欧盟和北约是西印度洋地区最重要的海上力量”[①]，但其他国家抑或是美国的盟友（如英国、法国、日本），抑或是实力呈下滑态势（如俄罗斯、伊朗），与之相对，美国有望维持其军事霸主地位，而中印也将呈稳步崛起态势。[②] 显然，倘若评估印度洋未来的力量格局，“有充分的理由认为，中美印构成了印度洋地区的战略三角关系”[③]。

影响中美印战略博弈的因素很多，既有时代背景的烙印，也有三国关系的特殊性。印度洋地区正在经历的大变局，构成了三国战略博弈的客观环境，包括传统力量格局的调整、传统与非传统安全威胁的相互交织、海洋经济重要性的增强等。此外，三国之间的战略文化差异、政治理念分歧及实力对比变化，又成为影响三边关系互动的特殊驱动力，是影响三国战略博弈走向的关键因素。受上述因素的影响，中美印在印度洋地区存在潜在冲突，特别是美印两国

① Eric V. Thompson, “US, EU and NATO Military Presence in the Indian Ocean Region: The Implications for Stability and Instability”, in C. Uday Bhaskar and Kamlesh K. Agnihotri (eds.), *Security Challenges along the Indian Ocean Littoral: Indian and US Perspectives*, New Delhi: Matrix Publishers, 2011, p. 33.

② 英属印度洋领地（BIOT）包括查戈斯群岛的约2300个的大小热带岛，含租借给美国使用的迪戈加西亚群岛。法属印度洋诸岛包括留尼汪岛、特罗姆兰岛、印度礁、欧罗巴岛、盖瑟礁、格洛里厄斯群岛、新胡安岛，但与马达加斯加等国存在争议。

③ Sam Bateman, Jane Chan, Euan Graham, “ASEAN and the Indian Ocean: The Key Maritime Links”, *RSIS Policy Paper*, S. Rajaratnam School of International Studies, November 21, 2011, p. 21.

对中国进入印度洋保持高度警惕与担忧，严重影响互信构建。当然，中国海洋战略的重心不在印度洋，海洋军事力量也难以有效投射到印度洋，美印对中国的战略担忧更多地源自“观念冲突”而非“实际矛盾”。与之相反，美国和印度都谋求地区主导权，随着美印的实力对比出现变化，印度对地区主导权的诉求将会增强，美印潜在战略冲突亦有可能同步增强。除了竞争面外，中美印也存在合作基础，三国拥有保障海上通道安全、促进区域合作、打击海上恐怖主义等共同利益。

也就是说，安全互信的缺失催生了三国的竞争乃至对抗，而公共产品的必须又呼吁着三国的协调与合作。这种既有合作也有对抗的双重性，决定了中美印将在印度洋呈现“非盟非敌”的态势，决定了他们的竞争不会失控、合作难以完全顺畅。对于中国来说，作为中美印三角关系中的相对弱者，不应陷入印度洋地区主导权的争夺战，而应着重维护贸易与能源通道战略安全，把握好中美印战略博弈的整体态势，求同存异、趋利避害，争取在三边博弈中赢得主动。

一　印度洋大变局：中美印战略博弈的客观环境

印度洋地区正在经历前所未有的大变局、大调整，且可能成为未来 10 ~ 20 年影响地区局势的大环境。国际社会对印度洋未来演变态势有很多判断，美国史汀生中心在国家情报委员会（NIC）资助下完成的研究报告《崛起的印度洋：海上安全与政策调整》认为，印度洋与世界其他地区的联系日益紧密，地区国家的多元性与碎片化、非传统安全的复杂性与动荡性、中东与南亚的热点问题、中美印等国家行为体的较量，都将长期存在下去。[①] 澳大利亚主要研究印度洋问题的智库“国际趋势”（FDI）2012 年 2 月的研究报告称，2020 年前的印度洋地区形势呈以下几大特点：中美印三国的互动及可能的对立；能源民族主义（energy nationalism）的兴起和对地区能源资源的竞争；“失败国家”及滑

① David Michel and Russell Sticklor, *Indian Ocean Rising: Maritime Security and Policy Challenges*, Stimson Center, July 2012.

向失败的国家增多，损及地区乃至全球安全；海盗问题的恶化，越来越多的国家参与打击海盗行为；人口增长与人员流动引发的社会治理难题；地区军备竞赛；伊斯兰好战运动的扩散及海上恐怖主义。[①] 实际上，印度洋战略地位的提高、域内大国印度的崛起、地区安全形势的动荡复杂，以及印度洋对全球经济的影响上升，构成了影响中美印在印度洋博弈关系的时代背景与客观环境。

（一）印度洋的地缘重要性日益增强，中美印势必加大对该地区的战略投入

关于中美印在印度洋战略博弈的论述，出发点就是印度洋自身地缘重要性的增强，为三国提供了权益博弈的舞台。历史上，印度洋并非国际政治舞台的中心。即使现在被广为转引、奉为圭臬的海权之父马汉“谁掌握了印度洋，谁就控制了亚洲……21 世纪的命运将在印度洋上见分晓”的言论，其可信性也日益受到学术界的质疑，国内外学者都想当然地将之作为马汉的言论，却未能准确提供其出处。[②] 西方世界主导的国际格局变迁基本上以大西洋和太平洋为舞台，荷兰、英国和美国的世界霸权更迭，主要围绕大西洋与太平洋的利益争夺而展开。印度洋地区由于没有足够强大的地区国家，无法跻身国际格局变迁的中心舞台，相反却沦为殖民主义者掠夺财富、进行帝国扩张的区域。15 世纪末，达·伽马绕道好望角抵达印度，发现了通向东方的新航路，从而开启了西方殖民者在印度洋的殖民历史。此后数百年时间里，印度洋沿岸各国先后遭到葡萄牙、荷兰、法国和英国等西方殖民国家不同程度的侵略与掠夺，印度也沦为当时的海权霸主英国的殖民地被称为“大英帝国皇冠上的明珠”，印度洋沦为“英国的内湖”，彻底丧失其原有的地理政治属性。第二次世界大战结束后，印度洋沿岸国家的民族独立运动蓬勃发展，掀起一股反帝反殖浪潮，在

① Future Directions International（Australia），*Indian Ocean：A Sea of Uncertainty*，February 2012. pp. 12－16.

② 据国外学者研究，该言论追根溯源来自意大利人吉多霍罗萨（Guido Gerosa）在《地图集》（1970 年 11 月，第 20 页）上所言，而马汉本人的任何著作都没有此言论。详见 R. Roy-Chaudhury，Sea Power and India's Security，London：Brassey's，1995。根据笔者目前为止的文献回顾，国内外学者在引用此段话时，都已经将之作为“应有之义”引述，而无法准确、直接地说明引自马汉的何本著作。

战争中遭受重创的英国，已无力维系印度洋作为“英国内湖”的地位，于1968年初宣布从“苏伊士以东”撤走。英国撤退不久，美苏两国迅速填补其留下的“权力真空”。美国于1972年从英国手里接过迪戈加西亚的控制权，苏联则通过派遣军舰、入侵阿富汗、介入中东事务等扩大在印度洋的影响力，印度洋被强行纳入美苏冷战的轨道，其在国际政治舞台中的地位得以提升。其间，国内外学术界产生大量与印度洋相关的学术研究成果。“兴起于20世纪60年代末70年代初，繁荣于70～80年代，90年代初冷战结束至今基本处于停滞状态”①。冷战结束后，苏联解体使其在印度洋的势力几乎荡然无存，印度经济改革刚刚起步亦尚未奠定崛起基础，加上沙特等阿拉伯大国被美国逐渐“收编”，美国战略重心回调至大西洋与太平洋，印度洋问题再次淡出美国以及国际社会的视野。

不过，由于国际力量格局重大调整及自身地缘政治重要性凸显，印度洋的地缘战略意义被重新挖掘。西印度洋的中东和北非局势风云变幻，牵动着全世界的能源价格波动和地缘政治斗争；美国的伊拉克战争和阿富汗战争，将国际恐怖主义与反恐怖主义的战线燃烧至环印度洋地区；海盗问题日益严重，威胁着印度洋上繁忙的国际航道安全，而美国对咽喉要道的控制又给其他国家增添了潜在的不安全感；印度作为地区大国的崛起，以及中国对该地区的利益拓展和力量辐射，触发了地区力量格局的变迁。在此背景下，美国学者罗伯特·卡普兰提出“印度洋将成为21世纪全球政治的中心舞台”②，引起了国际社会对印度洋战略地位的重新认识和辩论，“美国的智库和军事教研单位举办了大量关于印度洋安全的研讨会，并发布相关研究报告”，美国海军战争学院也于2009年成立了“印度洋研究小组”。③ 美国学界和军事部门向来引领国际战略

① 常贝贝：《冷战与美国的印度洋政策研究综述》，东北师范大学硕士学位论文，于群教授指导，2009。据其统计，国外学术界共出版著作60余部，论文集10余部，硕士、博士学位论文近20篇，报纸杂志论文300篇（不含论文集中收录的论文和学术会议上发表的论文），曾召开十余次冷战与印度洋问题研究的国际性学术研讨会。

② Robert D Kaplan, “Center Stage for the Twenty-first Century: Power Plays in the Indian Ocean”, *Foreign Affairs*, Volume 88, Issue 2, March/April 2009, p. 13.

③ Walter C. Ladwig III, “A Neo-Nixon Doctrine for the Indian Ocean: Helping States Help Themselves”, *Strategic Analysis*, Volume 36, Issue 3, May/June 2012, p. 385.

研究的思潮，其对印度洋问题的重视也在其他国家和地区引起连锁反应，中国、印度、澳大利亚等国纷纷加强对印度洋问题的研究。目前，国内外学界关于印度洋地缘重要性的论述很多，涉及政治、经济、安全、战略等诸多层面，在此不一一赘述。鉴于印度洋对中美印的国家利益与安全的重要性凸显，三国将纷纷加大对该地区的力量投射，最终使印度洋成为三国战略博弈的重要战场。

（二）印度崛起改变地区力量格局，域外力量统治印度洋的传统格局可能被打破

从印度洋的历史演变来看，其沿岸国家虽然拥有悠久的航海历史，且“直到13世纪中期，印度的海域都控制在印度人手里，没有出现能够挑战印度的国家”①，但纵观印度洋的历史，任何一个印度洋沿岸国家（包括印度）都没有控制整个印度洋的能力与意愿。与其他海域相比，印度洋地区的显著特点是“从来没有一个沿岸国家在它的洋面上行使过独霸的权力……就这一点而论，在世界几个大洋中，印度洋还是独一无二的。在历史上，当印度洋被人控制的时候，它总是被侵入它的大门的外来大国所控制”②。印度洋地区易被外部力量所控制的原因主要有两个。其一是地区国家的多元性与复杂性，难以形成有效合力。即使在今天的印度洋，既有像印度、澳大利亚这样的庞大经济体，也有索马里、科摩罗③这样的小国，既有议会民主制国家，也有君主制、神权制乃至“失败国家”。也就是说，“印度洋沿岸的东南亚、中东和东非作为政治地理区域，是由一些较小的国家组成的，没有一股大的力量把它统一为一个地缘政治实体”④，这种缺乏地区主导力量的地缘属性使得印度洋很容易被域外力量所主导。其二是缺乏能够跻身世界大国之林的地区国家，对内无法

---

① 〔印〕潘尼迦：《印度和印度洋——略论海权对印度历史的影响》，德隆等译，世界知识出版社，1965，第2页。

② 〔美〕A. J. 科特雷尔、R. M. 伯勒尔编《印度洋：在政治、经济、军事上的重要性》，上海人民出版社，1976，第4页。

③ 根据国际货币基金组织的数据，2010年GDP仅为5.64亿美元，位列183个被统计国家中的第177位。

④ 刘新华：《论中印关系中的印度洋问题》，《太平洋学报》2010年第1期，第47页。

凝聚其他地区国家，对外无法抵御外部力量渗透。印度、澳大利亚、沙特、伊朗等国都是地区重要国家，但长期以来难以在国际政治中扮演重要角色。印度拥有成为“有声有色大国”的雄心壮志，但深受“分而治之”毒瘤的影响，与巴基斯坦爆发三次战争，加上其国内混乱的安全形势、僵化的经济体制和低效率的行政体系，导致经济增长缓慢，发展前景一度被普遍看衰。① 1991 年经济改革前，即使印度政府积极推动“不结盟运动”，倡导将印度洋地区建成“国际和平区”，但由于缺乏实力后盾以及无法突破美苏冷战的时代框架，印度的外交政策无法对地区格局产生实质性影响。

但是，当前国际体系变革的速度和烈度都在增强，国际权势加速由西方转向东方，这在印度洋地区也有所体现。美国通过推行“前沿部署”的军事政策，强调在“印度洋、红海和波斯湾部署大量远洋海军力量”，依托迪戈加西亚基地和驻巴林军事基地（美海军第五舰队驻地），维持对印度洋的军事控制。因此，无论从战略还是军事上看，美国都是印度洋地区的主导性力量。但是，在经历伊拉克战争与阿富汗战争、全球金融危机导致军费拮据以及西亚北非动荡的冲击后，美国的综合实力势必受到一定程度的削弱，其在印度洋的地区主导权也受到更多挑战。与之相对，印度洋周边的另外两个重要国家——印度和中国（虽然并非地理上的周边，却是地缘利益的周边）——则保持强势发展态势，综合实力迅速提升。特别是印度的迅速崛起，很可能决定性地改变印度洋地区的传统力量架构。冷战结束后，印度适时启动经济改革，稳步走上崛起道路。2001 年 11 月，美国高盛公司发表题为《构建更美好的全球经济：金砖四国》的报告，首次用“金砖四国”（BRIC）的概念来形容最具发展潜力的四个国家，印度名列其中。② 21 世纪以来，印度经济保持持续快速增长态势，2006/2007 财年，印度 GDP 增速达到创纪录的 9.4%，国内生产总值达到 1.01 万亿美元，成为全球第 12 个国内生产总值突破万亿美元大关的国

① 20 世纪 50 年代初～70 年代末，印度国内生产总值的年均增长率只有 3.5%，被谑称“印度教徒式增长率”（Hindu growth rate）。印度的低速增长持续相当长时间，直到苏联解体使其失去外部支持，随后爆发严重的国际收支危机，被迫进行经济改革。现任总理曼莫汉·辛格当时出任财政部部长，一手策划和推动经济改革，其本人被称为“印度经济改革的设计师”。

② Jim O'Neill, “Building Better Global Economic BRICs”, Goldman Sachs, *Global Economics Paper*, No. 66, November 30, 2001.

家。2011 年以来，受欧债危机、国内投资环境恶化、政府行政效率低下等因素影响，印度经济出现下滑，2012 年的前三季度 GDP 增长率仅为 5.4%，西方舆论出现许多质疑印度崛起前景的声音。但总体来看，印度的崛起前景不容低估，特别是2012 年9 月中旬以来，辛格政府力排重难、坚定推进经济改革，有望使印度经济重新焕发生机。印度战略界也兴奋地指出："印度正处在历史的关键时刻。过去 20 年里，印度的经济和社会经历了无与伦比的变革，首次提供了一种可能：印度能够成为繁荣与平等的社会。鉴于其规模，印度的成功将在国际舞台留下鲜明的印迹，并成为塑造人类未来进程的力量之一。"①

具体到印度洋地区，"如果印度继续保持崛起态势并认识到其海洋身份和海洋利益的话，印度将是首个有望成为世界大国的印度洋地区国家"②。中国外向型经济的发展，使其国家利益与影响力延展到印度洋地区，且此态势料将持续下去。中国即使主观上不谋求打破或大幅修正印度洋的现存权力架构，但其力量的介入将对重构地区力量架构产生客观影响。印战略家拉贾·莫汉指出："虽然中印仍面临许多局限，但它们注定要给印度洋的地缘政治带来持久影响……首先，中印经济规模的增长将重新勾勒印度洋和亚太地区的地缘政治格局。其次，全球化和贸易的逻辑意味着中国和印度越来越依赖海洋，并将在外交和军事层面，下大力气经营好印度洋和太平洋的秩序。"③ 美国卡内基国际和平基金会高级研究员阿什利·泰利斯（Ashley Tellis）在谈及印度洋未来态势时也认为："最大的变化是印度的崛起。任何一片海域，只有域内国家跻身世界大国的行列，这片海域的地缘重要性才得以提高。其次是中国影响力扩

---

① Sunil Khilnani, etc, *Non-Alignment 2.0: A foreign and strategic policy for India in the twenty first century*, February 2012, p. 7。该报告研究小组受到印度国防学院（National Defence College）和政策研究中心（Centre for Policy Research）的支持，成员包括著名战略家、高级官员和退役将领，如前外秘萨仁山（Shyam Saran，相当于外交部常务副部长）、前国防学院院长普拉卡什·梅农（Prakash Menon，中将）等，现任国家安全顾问梅农曾参加课题组的内部研讨会，是近年来印度战略界发布的最有影响力的政策报告之一，受到国际社会广泛关注。

② Ashley J. Tellis, "Indian Ocean and U. S. Grand Strategy", Organized by the National Maritime Foundation, India International Centre, January 17 2012.

③ C. Raja Mohan, "India's New Role in the Indian Ocean", http://www.india-seminar.com/2011/617/617_c_raja_mohan.htm.

展至印度洋。”①

印度洋变得日益重要的最主要原因之一是印度的崛起，而印度也具备获得印度洋地区主导权的地缘优势和潜在实力。从地缘优势方面看，“对国家大战略的制定产生最大影响的因素首推各国的地理环境，地理环境不仅对国家大战略施加许多特殊的限制，而且也会对国家大战略提供许多独特的机遇”②。印度稳居印度洋中心的地缘特性将为其提供实现国际战略的独特优势。印度拥有得天独厚的地理优势，“楔入”印度洋达1600余公里，且是印度洋重要海域（孟加拉湾、阿拉伯海、中印度洋、马六甲海峡、安达曼海峡等）“唯一可行的联结”，从“地理上看，世界上很少有一个国家像印度主导印度洋那样主导一个海洋”。③ 从潜在实力方面看，印度经济快速增长的果实被越来越多地转化成海军力量。印度正逐步改变“重陆空轻海洋”的传统国防思维，努力打造“蓝水海军”。2012/2013财年的国防预算中，海军占国防预算的比例由15%增至19%。目前，印度海军共有5.3万人，包括5000名海军航空兵和2000名海军陆战队队员，另有新组建的、人数不详的、负责保卫海军基地的“海上突击队”，共有14艘潜艇、1艘航母、8艘驱逐舰、12艘护卫舰、24艘轻巡洋舰和6艘巡逻舰，号称全球第五大海军力量。航空母舰是衡量一国海军力量的重要指标，印度海军现役的是维拉特号，从俄罗斯购买的戈尔什科夫元帅号多次延期交付，影响印海军军备扩充计划，但印度到2020年建立一支拥有三艘航空母舰战斗群的目标并未改变。2011年7月，时任海军司令尼玛尔·库马尔·维尔玛在接受“简氏安全评估”采访时称，“到2025年，印度海军将拥有162艘各类舰只，包括三艘航空母舰和若干核潜艇，以及配套的侦察机、无人飞行器、反潜艇直升机、后勤补给舰和码头等”。④ 总之，中印的稳步崛起和美国的相对衰弱，严重冲击印度洋地区“美国独霸”的权势架构，使之朝着中美印“三国演义”，至少是“美印相争”的方向发展。

---

① 2012年12月30日，阿什利·泰利斯（Ashley Tellis）在华就印度洋问题进行调研，在清华－卡内基全球政策中心的座谈会上作此表述。

② 吴征宇：《霸权的逻辑：地理政治与战后美国大战略》，中国人民大学出版社，2010，第55页。

③ R. Misra, *Indian Ocean and India's Security*, Delhi: Mittal Publications, 1986, p. 19.

④ *Jane's Sentinel Security Assessment-India*, March 7, 2012, p. 277.

（三）环印度洋地区热点频发，传统与非传统安全挑战相互交织，地区安全形势不容乐观

西方殖民历史和美苏冷战埋下了众多地区问题的祸根，特别是西方国家“分而治之”、双重标准的外交政策，使得中东和南亚地区长期存在国家间冲突，印巴冲突、巴以矛盾都是典型例子，近年来的中东乱局、叙利亚危机等也都跟西方国家的插手有关。此外，全球化的冲击、政府治理的缺失以及宗教极端主义的兴起等，又加剧了地区安全局势的复杂性，滋生出许多非传统安全威胁。传统与非传统安全威胁互为因果、相互交织，加上地区国家难以形成应对地区安全威胁的共识与集体合力、域外力量打着各种干涉旗号却“败事有余”，最终导致环印度洋地区的安全局势日益复杂。德国黑德尔伯格国际冲突所研究发现，“2011 年，全球388 起冲突中，有142 起发生在印度洋地区，约占36.6%”①。英国《经济学家》杂志形容印度洋是“由世界上最危险的海域组成”②，澳大利亚战略政策研究所的报告则将印度洋称为“麻烦之洋”③。

第一，国家行为体间的固有矛盾依然严重，地区热点难以“降温”。印度洋存在诸多国家冲突热点问题，尤其是中东地区和南亚次大陆。在中东地区，巴勒斯坦问题影响阿拉伯世界与以色列之间的关系。虽然美国对多个阿拉伯国家的外交政策拥有重大影响，但却无法改变普通阿拉伯民众对以色列的看法，阿拉伯国家的政府不敢违背民意，根深蒂固的阿以矛盾短期内难以化解。2012 年7 月，瑞士科学家在巴勒斯坦前领导人阿拉法特的生前遗物中，发现大量的放射性元素钚，可能成为加剧巴以冲突的新矛盾点。此外，2010 年以来，肇始于突尼斯的“茉莉花革命”席卷阿拉伯世界，持续发酵

---

① Heidelberg Institute for International Conflict Research, University of Heidelberg, *Conflict Barometer 2008*, *17th Annual Conflict Analysis*, http://hiik.de/en/konfliktbarometer/index.html.

② Dar Es Salaam, Port Victoria, “Pirates are terrorizing the high seas off Africa's East Coast”, *The Economist*, July 17, 2008, http://www.economist.com/node/11751360.

③ Australian Strategic Policy Institute, Sam Bateman, Anthony Bergin, *Our Western Front: Australia and the Indian Ocean*, March 2010, p. 24.

的“中东波”对阿以关系、逊尼派与什叶派的关系产生巨大影响。阿以关系方面，2011 年 2 月埃及变天不久，两艘伊朗军舰驶经苏伊士运河访问叙利亚，这是伊朗军舰自 1979 年伊斯兰革命以来首次通过苏伊士运河，使得伊朗 - 埃及 - 以色列间的关系趋于复杂。教派冲突方面，在海湾地区的多个国家，统治者和被统治者来自不同的教派，此前深藏的矛盾在“中东波”的冲击下得以爆发。2011 年初，沙特、巴林等国的什叶派民众上街抗议逊尼派统治者，伊朗被指责为幕后黑手，海湾阿拉伯国家合作委员会还谴责伊朗破坏海湾地区安全与稳定。什叶派占统治地位的国家也不能幸免，叙利亚不幸沦为教派冲突的战场，政府与反对派的军事冲突依然激烈。最大的什叶派国家伊朗承受西方和海湾阿拉伯国家的强大压力，西方国家在得到沙特等国的原油增产承诺后，不断加大对伊朗的制裁力度，伊朗则多次在霍尔木兹海峡举行军演以示对抗。在南亚地区，印度与巴基斯坦长期对峙、互为世仇，曾爆发三次武装冲突，1998 年先后进行核试验，进入“核恐怖威慑”时代。进入 21 世纪后，印巴关系被恐怖主义所绑架，经常因恐怖袭击事件而跌入冰谷，2008 年的孟买恐怖袭击导致和平进程中断。2012 年 4 月，巴总统扎尔达里低调访印，此后双边关系持续缓和。当然，冰冻三尺非一日之寒，印巴的建国理念不同，历史积怨难以消除，围绕克什米尔、恐怖主义等问题的分歧短期难以消除，双边关系的正常化绝非易事，南亚局势完全落稳尚待时日。

第二，印度洋不少国家濒临“失败国家”边缘，“有政府而无治理”(government without governance)，而人口年轻化趋势又将对不稳定起到推波助澜的作用。环印度洋地区的多个国家国内局势混乱，政府治理失效、政局持续动荡、经济发展缓慢和宗教极端势力借势坐大，巴基斯坦近年来国运下滑即是典型。“由封建地主阶层和草根阶层组成的社会结构产生了严重弊端。政治上，巴主要政党都是封建性政党，封建主义得以长期笼罩政治舞台。在巴政治生活中，封建思想与独裁主义倾向之间存在着有机联系，封建地主担任政治首脑后，就把国家当作自己的私人财产，视老百姓为仆从。经济上，地主阶层为维系其封建统治，始终支持封建经济的主导地位，以致国家工业基础建设长期滞后，形成单一性的对外依赖型经济，使国民经济极其脆弱。"[①] 今后，巴基斯坦将面临新旧困境交织的局面，包括"印巴安全困境的延续、阿富汗反恐战争导致国家西北边境地区的'塔利班化'趋势、巴美反恐同盟困境的历史再现及弱国家特性的显现"[②]。此外，环印度洋国家国内局势的恶化，波及地区邻国乃至国际海域，因为"陆上恐怖活动高发区与海盗频发海域相邻，这些海域很可能成为海上恐怖主义活动的猖獗之地"[③]，而环印度洋地区恰巧是陆上恐怖活动高发区，这无疑是该地区海盗问题日益严重的重要原因。索马里海盗问题加剧的深层次原因是索马里国内局势的混乱。更为严重的是，上述国家的人口数量将在未来持续快速增长，对社会资源的腐败掠夺和武力抢夺也将同步加剧，就业、教育、社保等社会资源的供需失衡压力增大，有可能加速沦为"失败国家"。印度海军称，"人口失控将在各个方面制约政府治理，经常导致国家垮台，特别是印度洋地区。如果设定高、中、低的风险评估等级，基于地理幅员、水资源、治理水平及社会支持系统等因素，来评判各国能否消化人口增长的压力，印度洋沿岸国家显然处于风险最高的等级"，"人口变迁将使许多印度洋国家处于危险之中"[④]。美国国家情报委员会的报告也认为："到2025年，预计巴基斯坦人口将增长5500万人，埃塞俄比亚增加约4000万人，也门人口增加50%多，且这些国家中年轻人占很大比例。从人口统计学角度看，这样的年龄结构，意味着政治暴力与内乱也就不远了。"[⑤]

第三，印度洋地区的海上恐怖主义、海盗和有组织犯罪等问题日趋严重，且呈现个体化、网络化和高智商化的特征，加大国际社会的治理难度。一些环印度洋国家的内部动荡，催生了形形色色的暴力组织，包括恐怖主义组织、毒品贩卖和军火走私团伙等。现在，"印度洋是人员和货物非法活动的主要媒

① 方金英：《从社会阶层角度解读巴基斯坦的政治生态》，《现代国际关系》2008年第4期，第27～28页。

② 宋德星、夏夜：《论新时期巴基斯坦的主要战略困境》，《南亚研究》2011年第3期，第29页。

③ 中国现代国际关系研究院海上通道安全课题组：《海上通道安全与国际合作》，时事出版社，2005，第193页。

④ Integrated Headquarters Ministry of Defence (Navy), *Freedom to Use the Seas: India's Maritime Military Strategy*, May 2007, p. 36.

⑤ U.S. National Intelligence Council, *Global Trends 2025: A Transformed World*, 2008, pp. 22–23.

介……军火、毒品和人口的贩卖走私在印度洋地区非常明显”①，该海域“涵盖从撒哈拉沙漠到印度尼西亚群岛的整个‘伊斯兰之弧’，既有索马里、也门、伊朗、巴基斯坦这样的‘战争导火索’，又有猖獗的全球恐怖主义、海盗和毒品走私网络”②。特别是西印度洋地区，也门、索马里等国的内部局势动荡，中东地区局势的紧张，威胁该海域的咽喉要道（如霍尔木兹海峡）。在海盗问题上，索马里海盗是近年来印度洋航运安全的最大威胁之一（见图1）。美国等国组建了联合特混舰队151（CTF－151），其单一任务就是在亚丁湾和索马里的印度洋海域开展打击海盗行动，中国、印度等国也向亚丁湾和索马里海域派遣了反海盗舰队。由于国际社会的共同努力，2011年的海盗袭击事件较前几年有所下滑，但打击海盗行为“治标不治本”，只要索马里等国国内局势难以落稳，海盗问题就会长期存在下去。毒品、人口和武器走私方面，印度洋辽阔的海域为有组织犯罪集团提供了天然的庇护场所，增加了各国政府打击犯罪组织的难度（见图2）。“由于三种商品的供需旺盛、环印度洋国家的安全形势不容乐观及官员腐败、海上交通便利等因素，毒品、人口和武器的非法走私问题将在中长期内持续存在。”③在国际航道安全威胁方面，国际航道相对固定和不易替代，零散的组织和个体就能凭借其对该海域的熟悉，从事海盗等暴力破坏活动；在海上恐怖主义方面，环印度洋地区宗教派系林立、矛盾众多，不可避免地滋生宗教极端主义和恐怖主义，并依靠海路发起袭击。此外，主要的国家行为体之间仍缺乏有效、统一、可靠的应对措施，为上述非传统安全威胁提供了可乘之机。鉴于此，在可预见的未来，这些“产生于大陆，却活跃于印度洋”的暴力组织非但难以被消灭，且可能因更多国家滑向“失败国家”而日益壮大，成为影响地区稳定与安全的顽疾。

第四，石油政治、海上通道与海洋经济相结合，印度洋的经济意义日益凸显，堪称全球经济安全的“生命线”。当前世界经济发展的一大特征是海洋经

① Australian Strategic Policy Institute, Sam Bateman, Anthony Bergin, *Our Western Front: Australia and the Indian Ocean*, March 2010, p. 28.

② Robert D Kaplan, "Center Stage for the Twenty-first Century: Power Plays in the Indian Ocean", *Foreign Affairs*, Volume 88, Issue 2, March/April 2009, p. 13.

③ David Michel and Russell Sticklor, *Indian Ocean Rising: Maritime Security and Policy Challenges*, Stimson Center, July 2012, p. 26.

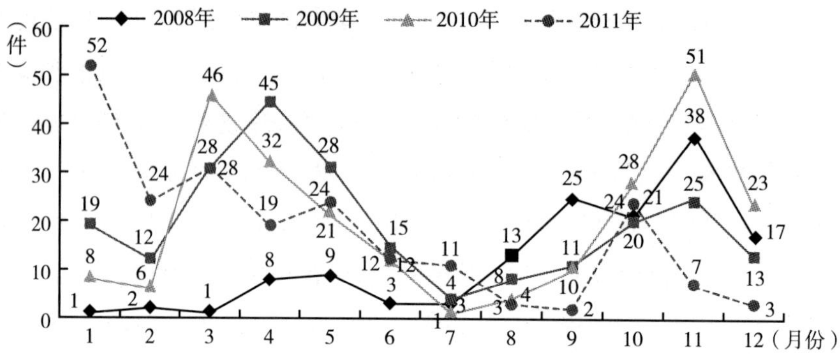

图1　2008～2011年印度洋海域的海盗袭击情况统计

资料来源：Risk Intelligence，转引自美国史汀生中心（Stimson Center）。

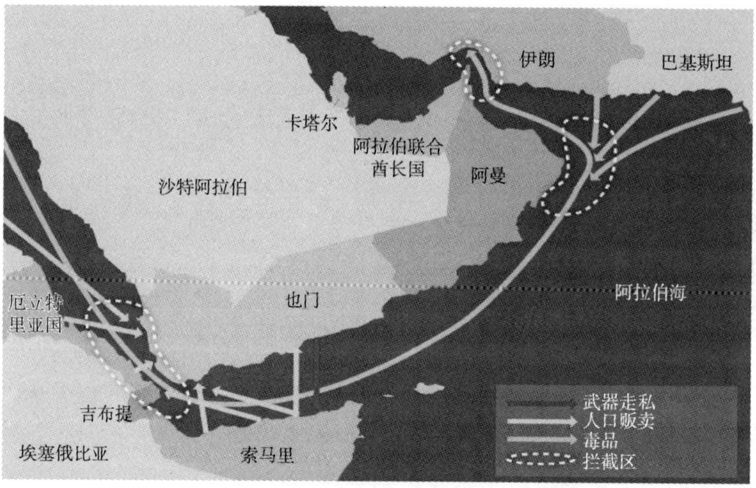

图2　印度洋地区武器、毒品和人口走私路线

资料来源：美国史汀生中心（Stimson Center）。

济的日趋活跃，海洋经济在全球经济中的分量不断提高。此外，海洋经济超越了传统的海运贸易、海洋捕捞和海盐生产等，而扩展至对海洋资源的大规模开发与利用。这一方面提升了印度洋在各国战略中的重要性，另一方面也加剧了主要大国在该地区的资源竞争。

印度洋对全球经济影响最大的，是西印度洋地区丰富的石油资源。中东是全球最大的石油生产与出口基地，“印度洋地区的石油和天然气出口，占全球总额的比例分别超过50%和31%"①。因此，中东局势与国际油价紧密相连，对全球经济形势具有“牵一发而动全身”的影响力。“石油和能源的地缘政治是印度洋地区形势变化的驱动因素，也是域外力量对印度洋地区表现日益浓厚兴趣的原因。对能源的竞争是印度洋未来地缘政治格局的重要因素。”② 美国对印度洋政策的重要支柱是控制中东，而控制中东的本质是控制该地区的油气资源。目前，美国已经成为石油出口国，对中东地区的油气依赖虽然不高，但其盟友日本、欧洲等依然严重依赖中东原油，美国亦希望借助控制中东局势影响全球油价，故始终在该地区保持强有力的军事存在。此外，虽然西印度洋地区是油气资源的重要供给地，但中国、印度、日本和韩国等资源消费国位居东亚和南亚，能源运输需途径印度洋。因此，印度洋不仅是全球的“石油生产中心”，更是石油资源运输的最重要媒介。

此外，密布的国际航道提升了印度洋对全球经济稳定的重要性。“进入后冷战时代，各大力量对战略要地、战略资源、战略通道的争夺并未放弃。相反，区域或全球经贸互补关系的形成，活跃了全球性的物流，使之规模迅速膨胀”，各大国对战略要地和通道的争夺日趋激烈，重要一环就是对国际航道的控制权。③ 印度洋是全球最为繁忙的海域之一，全球2/3的石油运输、过半的集装箱运输都经过印度洋。印度前任驻华大使、现任外秘拉奥琪强调：“印度对海上贸易的依赖程度有望大幅提高，海洋对印度的能源安全至关重要。2020年，印度石油消费预计升至2.45亿吨/年，2050年可能成为全球最大的石油进口国。我们的经济增长有赖于不受限制的石油供应。印度洋对印度的贸易和能源安全都非常重要。”④ 印度国防部称：“印度的海洋利益

---

① Integrated Headquarters Ministry of Defence (Navy), *Freedom to Use the Seas: India's Maritime Military Strategy*, May 2007, p. 37.

② Sam Bateman, Jane Chan, Euan Graham, “ASEAN and the Indian Ocean: The Key Maritime Links”, *RSIS Policy Paper*, S. Rajaratnam School of International Studies, November 2011, p. 8.

③ 中国现代国际关系研究院海上通道安全课题组：《海上通道安全与国际合作》，时事出版社，2005，第4页。

④ Nirupama Rao, “India as a Consensual Stakeholder in the Indian Ocean: Policy Contours”, Speech by Foreign Secretary at the National Maritime Foundation, November 19, 2010.

不仅限于保卫海岸线和岛屿，还包括保护我们在经济专属区的利益，以及确保海上通道的安全自由（无论和平还是战时）。"① 对于中国来说，"除从俄罗斯、哈萨克斯坦和蒙古进口的石油可以通过陆路运输外，其余90%以上的石油进口要依赖海上运输。在海上运输中，除从南美洲的委内瑞拉等国进口石油走太平洋航线外，其他石油运输必须经过印度洋－马六甲海峡－南中国海这一航线"②。此外，诸多重要海峡、航道分布于此，决定了印度洋与国际贸易的安全息息相关，也决定了主要大国势必加大对该地区战略要道的控制。国际航道的相对固定和稀缺，加剧了大国对印度洋"咽喉要道"的争夺，因为"对交通线路的控制使得一国不必依赖他国的善意就能够获得所需资源，向自己期望的地方投送力量，并保持自己与其他国家间的商业性联系。如果一国拥有对那些重要的交通线路的控制，那么它就要受到那些拥有交通线路控制权的国家的重大影响，这也是为什么对交通线路的控制会成为国家对外政策的一个重要目标"③。印度认为："印度洋拥有九条重要的通道，包括霍尔木兹海峡、苏伊士运河与红海、曼德海峡、马六甲海峡、龙目海峡、巽他海峡、六度海峡（安达曼－尼科巴群岛与马六甲海峡）、九度海峡（波斯湾到东亚）及好望角，其中五条是'至关重要'的能源通道。"（见图3）④ 中国学者王历荣论述到，"多佛尔海峡、直布罗陀海峡、苏伊士运河、马六甲海峡和好望角是五把钥匙锁住世界，其中印度洋就抓住了苏伊士运河、马六甲海峡和好望角三把"，"世界第一和第二大能源通道——霍尔木兹海峡和马六甲海峡——分别位于印度洋西东两侧"⑤。鉴于此，主要大国尤其是美印纷纷制定战略、投入资源，谋求对印度洋航道的控制权，而对于中国这样不具备主导权争夺实力但又在印度洋地区拥有巨大利益的国家，则至少要避免国际航道受制于人的困局。

---

① Ministry of Defence (Government of India), Annual Report 2009－2010, p. 8.

② 倪健民：《国家能源安全报告》，人民出版社，2005，第401页。

③ Mackubin T. Owens, "In Defense of Classical Geopolitics", *Naval War College Review*, Volume 52, Issue 4, 1999, p. 63.

④ Integrated Headquarters Ministry of Defence (Navy), *Freedom to Use the Seas: India's Maritime Military Strategy*, May 2007, p. 25.

⑤ 王历荣：《印度洋与中国海上通道安全战略》，《南亚研究》2009年第3期，第47页。

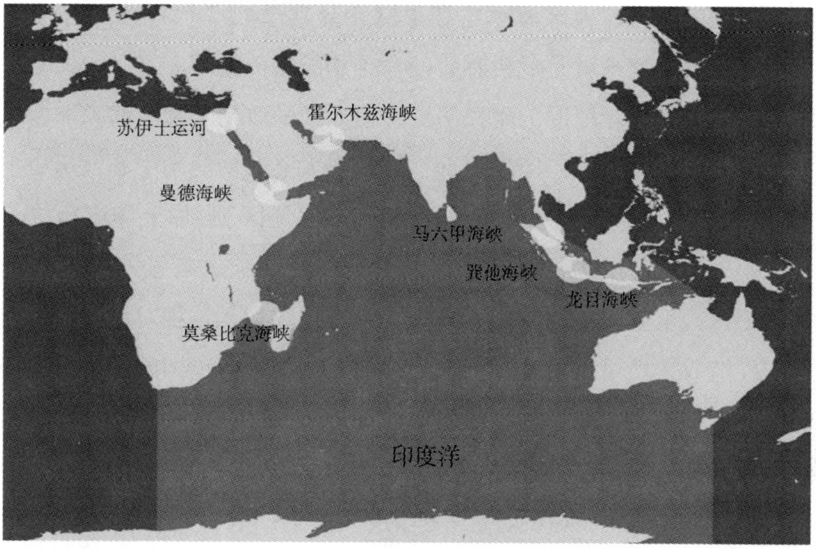

图3　印度洋地区的主要咽喉要道

资料来源：美国史汀生中心（Stimson Center）。

二　中美印的“印度洋观”：深层次的战略文化矛盾

印度洋的上述变局构成了中美印在印度洋互动博弈的大框架，对三国关系的研判必须基于此。此外，国家认知决定国家行为，三国具有不同的战略文化，对印度洋的认知和定位也有所不同，这是影响三国互动博弈的深层次和根本性因素，故而对三国的“印度洋观”的对比剖析显得非常有必要。

（一）印度具有主导印度洋的天然使命感，渴望将印度洋打造成保障国家安全的屏障与支撑国家崛起的依托

“现在关于印度洋的讨论集中在中国的印度洋野心及美国反应，而忽视了地区主导国家——印度——的影响……印度洋的稳定很大程度上取决于印度海上力量的崛起及其应用。一方面，如果印度海上力量无法崛起，印度将被迫再次屈服于域外力量，从而给中美留下巨大战略真空。另一方面，如果印度海

军拥有排他性的实力，地区海军竞赛显然会异常激烈。”[①] 印度对印度洋具有特殊的感情，概括起来就是危机感、使命感和战略依托观。

首先，被海上力量征服的殖民历史，使印度的政治家和战略家非常重视印度洋对国家安全的重要性。印度北部平原是次大陆政治活动中心，历史上主要的 9 个印度政权中，有 7 个集中在印度北部平原地区。[②] 加上印度历史上的主要安全威胁来自北部陆地的外族征服，因此印度传统战略思维“重陆轻海”，南部一些地区甚至如同中国一样搞起闭关锁国的政策。这种对海洋和海权的忽视，给印度造成了严重的安全隐患，最终使其彻底沦为英国的殖民地。印度海权之父潘尼迦[③]对印度的历史进行总结，认为“从 16 世纪起，印度洋就成为争夺制海权的战场，印度的前途不决定于陆地的边境，而决定于从三面围绕印度的广阔海洋”[④]，称“认真研究一下印度历史上的各种力量，就可以毫不怀疑地认识到：谁控制印度洋，谁就掌握了印度。来自海上能够控制其漫长海岸线的权威，用武不多，就可以确保其对印度的统治”，“同中国一样，印度也曾几番遭到来自陆上的外族征服。但是，这两国的例子都说明，这样的征服，固然能引起一时变乱，到头来却总是以征服者被当地文明的同化而告终”，“然而来自海上的控制却不同。对于像印度这样一个由于地理因素几乎全靠海上贸易过日子的国家，这种来自海上的控制，就好比是用手掐住脖子”[⑤]。他因此总结到：“印度有两千英里以上开阔的海岸线，如果印度洋不再是一个受保护的海洋，那么，印度的安全显然极为可虑。”[⑥] 印度开国总理尼赫鲁在其

---

① James R. Holmes，Toshi Yoshihara，“China and the United States in the Indian Ocean：An Emerging Strategic Triangle?”，*Naval War College Review*，Volume 61，Issue 3，Summer 2008，p. 41.

② Stephen Cohen，*India*：*Emerging Power*，Washington：The Brookings Institution，2001，p. 9.

③ 潘尼迦系印度首任驻华大使，是印度海权的主要推动者，对印度的海权理论和政策影响很大。潘尼迦的著作《印度和印度洋——略论海权对印度历史的影响》（India and the Indian Ocean-An Essay on the Influence of Sea Power on Indian History）与马汉经典海权著作《海权对历史的影响》（1890 年）（The Influences of Sea Power Upon History）题目相似，显见其非常推崇马汉的海权思想。

④ 〔印〕潘尼迦：《印度和印度洋——略论海权对印度历史的影响》，德隆等译，世界知识出版社，1965，第 1 ~ 2 页。

⑤ 〔印〕潘尼迦：《印度和印度洋——略论海权对印度历史的影响》，德隆等译，世界知识出版社，1965，第 81 页。

⑥ 〔印〕潘尼迦：《印度和印度洋——略论海权对印度历史的影响》，德隆等译，世界知识出版社，1965，第 1 ~ 2 页。

主政时期虽然未给予海军足够重视，而是更多地关注北部对巴基斯坦和中国的防范，但这只能说明当时印度最紧迫的安全威胁来自北方，而非尼赫鲁本人忽视海权。尼赫鲁曾表示："我们无法承受弱势海权的代价。历史已经告诉我们，谁控制了印度洋，谁就能控制印度的海上贸易，进而控制印度的独立本身。"① 印度独立后的第一代领导人和战略家的这种思想，一直传承至今。2005 年，时任印度海军司令的普拉克什指出："虽然殖民主义时代已经结束，但印度自身命运与印度洋地区发生的一切息息相关。"② 印度近年来发布的若干国防与海军战略报告，都强调印度洋及其沿岸国家的和平攸关印度的国家安全与经济繁荣。此外，除了对传统威胁的关切外，海上恐怖主义问题促使印度更加重视海上安全。2008 年 12 月，恐怖分子经海路在孟买发起被称为印版"9·11"的大规模恐怖袭击，再次印证了印度洋对于印度国家安全的重要性，也促使印度军方和战略界更重视环印度洋地区的安全。印度前海军司令尼玛尔·维尔玛强调："印度绝不会容忍任何国家或个体在周边海域胡作非为。"③

其次，印度独特的地理位置催生其主导印度洋的使命感，该国的许多战略思想家都将印度洋视为"印度之洋"。南亚次大陆的地缘特性催生了印度的地区主导思维。南亚次大陆与外界相对隔绝，东北部有喜马拉雅山脉阻隔，东、西、南三面被孟加拉湾、印度洋和阿拉伯海所环绕，西北部的兴都库什山脉也仅留下开伯尔山口与中亚相连，形成了相对封闭的地理单元。而在这相对封闭的地理环境内，印度在各方面都处于绝对的中心地位，并转化成其战略思维中的"印度中心论"。由于印度深度插入印度洋，其在陆地上的中心论就很自然地转化成海洋上的主导论。此外，英殖民者对印度洋的统治，给印度留下了主导印度洋的思维遗产。印度的战略精英将自己视为英帝国的继承者，认为既然英帝国将印度洋打造成其内湖，则印度也应将印度洋作为印度的海洋。潘尼迦指出，"对别的国家来说，印度洋不过是许多重要海区之一，但对印度来说，

① S. Menon, "Maritime Imperatives of Indian Foreign Policy", Speech at National Maritime Foundation, September 11 2009.

② Arun Prakash, "Shaping India's Maritime Strategy-Opportunities and Challenges", Speech at National Defence College, November 2005, at http://www.indiannavy.gov.in/cns_ add2.htm.

③ "Messing in Our Waters Will Not Be Tolerated: Navy Chief", *Times of India*, January 31, 2011.

它确是唯一最重要的海区"[①]，并提出了"钢圈理论"："如果在适当的地方布置下海空军基地，打造一个环绕印度的钢圈，又在圈内建立一支力量强大足以保卫内海的海军。那么，对于印度的安全与昌盛大有关系的海洋就可以受到保护，变为一个安全区。"[②] 因此，正如有的学者指出的："新德里将印度洋视为其后院，很自然地认为印度应该扮演该地区的领导者——这是世界上唯一以一个国家的名字命名的地区……在许多印度人看来，印度的安全范围应该从马六甲海峡到霍尔木兹海峡，从非洲东海岸到澳大利亚西海岸。有的印度人强调重点在北印度洋，但另一些人则强调应该延展到南极洲。"[③] 隶属美国太平洋舰队的亚太安全研究中心（APCSS）教授唐纳德·柏林（Donald Berlin）称："印度认为其最终将成为印度洋地区的主导性影响力。在许多印度人眼里，印度的安全边疆应该从马六甲海峡延展到霍尔木兹海峡，从非洲东海岸绵延至澳大利亚西海岸。"[④]

1998 年印人党上台后，改变了此前多届政府将注意力集中在防范巴基斯坦的政策，更加重视和谋求在印度洋发挥更大作用。此后，印度提出了诸多加快海军建设、谋求主导印度洋的政策，其"加强海权地位的步伐在 20 世纪 90 年代末更加坚定……提出由近海防御的'褐色海军'转向强势的'蓝水舰队'"[⑤]，印度海军也甩掉了独立后几十年间都被称为"印军中的'灰姑娘'"的名号。[⑥] 2004 年，印度发布首份海洋战略文件《印度海洋学说》，明确了印度的"海洋使命"，"寻求保障印度在印度洋的绝对利益，堪称'门罗主义'的翻版"。[⑦]

---

① 〔印〕潘尼迦：《印度和印度洋——略论海权对印度历史的影响》，德隆等译，世界知识出版社，1965，第 82 页。

② 〔印〕潘尼迦：《印度和印度洋——略论海权对印度历史的影响》，德隆等译，世界知识出版社，1965，第 9 页。

③ Donald L. Berlin, "India In The Indian Ocean", *Naval War College Review*, Volume 59, Issue 2, Spring 2006, p. 60.

④ Sudha Ramachandran, "India's Quiet Sea Power", http: //www. atimes. com/atimes/South_ Asia/IH02Df01. html.

⑤ David Scott, "India's Drive for A ' Blue Water' Navy", *Journal of Military and Strategic Studies*, Volume 10, Issue 2, Winter 2007 - 08, p. 1.

⑥ David Brewster, "An Indian Sphere of Influence in the Indian Ocean?", *Security Challenges*, Volume 6, Issue 3, Spring 2010, pp. 2 - 3.

⑦ "The Indian Navy's Monroe Doctrine?", IDC Analysis, April 11, 2004, http: //www. indiadefence. com/doctrine. htm.

2004 年 10 月出台的《陆军学说》指出："考虑到自身规模及其在印度洋的战略地位，印度期待发挥主导角色，保障印度洋地区的和平与稳定。"① 2006 年的《印度海军展望》强调："印度海军决意打造一支能实现三维作战、掌握高科技的网络化部队，有能力保障我们在公海上的海洋利益，并能远程投送军力。"② 2007 年的《印度海上军事战略——自由驾驭海洋》较为系统地阐述了印度的印度洋战略，称"印度海军的合法职责是保障印度洋的'良好秩序'"。③ 2012 年 2 月，由印度权威战略人士撰写的报告《不结盟 2.0：21 世纪的印度外交和战略对策》称，"印度应将海权强国作为国家战略目标"④。2012 年，印度总理辛格、国防部部长安东尼，在多个场合发表声明强调印度应承担保护印度洋安全的责任与使命。2012 年 11 月初在印度古尔冈举行的环印度洋地区合作联盟第十二次部长理事会上，印度外长库尔希德更是强调要主导推动印度洋的地区安全，将海事安全作为未来 10 年的工作重点。⑤ 显然，无论是官方还是战略界，"印度想当然地认为印度洋是印度的领地"⑥。

最后，印度将印度洋纳入其崛起进程，将之作为自身崛起的战略依托和制衡他国的手段。印度是一个承载着大国使命的国家，尼赫鲁在印度独立初期就强调："印度是不能在世界上扮演二等角色的。要么就做一个有声有色的大国，要么就销声匿迹。中间地位不能引动我。"⑦ 现在，经过几代人的努力，印度已经成为踏上快速崛起道路的新兴大国，经济改革释放的增长活力、独特民主制度带来的强大韧性及外交政策的左右逢源，很大程度上改变了其独立后给世界留下的贫穷与落后的形象，使之成为国际力量格局中举足轻重的新兴力量。当然，印度崛起不会一蹴而就，必将经历"地区大国 - 亚洲大国 - 世界

① Indian Headquarters Army Training Command, *Indian Army Doctrine*, October 2004, p. 6.

② Integrated Headquarters Ministry of Defence (Navy), *The Indian Navy's Vision Document*, May 2006, p. 2.

③ Integrated Headquarters Ministry of Defence (Navy), *Freedom to Use the Seas: India's Maritime Military Strategy*, May 2007, p. IV.

④ Sunil Khilnani, etc, *Non-Alignment 2.0: A Foreign and Strategic Policy for India in the Twenty First Century*, February 2012, p. 38.

⑤ 廖政军：《环印度洋地区合作联盟聚焦海事安全》，《人民日报》2012 年 11 月 3 日，第 3 版。

⑥ David Scott, "India's 'Grand Strategy' for the Indian Ocean: Mahanian Visions", *Asia-Pacific Review*, Volume 13, No. 2, 2006, p. 117.

⑦ V. P. Dutt, *India's Foreign Policy*, New Delhi: Vikas Publishing House Pvt Ltd., 1985, p. 1.

大国”的三部曲，而印度洋将和南亚地区一样，成为印度重点经营的战略大后方。“毫无疑问，印度在印度洋地区拓展战略空间的雄心与其希望被认可为世界大国的抱负相联系，许多人认为势力范围是大国地位的应有之义。崛起的印度希望在南亚和印度洋建立地区霸权，正如拿破仑时代之后的所有崛起大国，进而崛起为亚洲乃至世界的大国。”① 不过，印度与南亚邻国关系复杂，多个国家对印度持有戒心，印度在北部陆地拓展影响的努力面临很大制约，“能相对自由地投射力量的唯一方向是印度洋”②。正如印前外交官拉吉夫·斯克里（Rajiv Sikri）指出的：“如果印度渴望成为世界大国，拓展战略影响力的唯一方向是海洋。在其他任何方向，印度都将面临巨大的制约。”③ 与此同时，印度也希望更好地利用其位居印度洋中心的优势，将之转化成遏制与平衡其他国家的战略手段。潘尼迦曾指出：“印度发展海权的目标应该是使印度成为海权国……执牛耳于印度洋地区。”④ 事实上，印度许多对华持质疑与担忧的战略家，都将中国在该地区的影响力作为首要安全挑战，主张在印度洋地区拥有对华军事优势，以便对中国在陆地边境的军事优势构成牵制，更好地实施针对中国的“不对称战略”⑤，一些学者甚至鼓吹用“钻石链战略”（necklace of diamonds）对付“珍珠链战略”。⑥

（二）美国寻求对印度洋的绝对主导和控制，谋求继续巩固在印度洋的主导地位

“冷战”期间，印度洋是美苏冷战的重要战场，两国在环印度洋的南亚、中

---

① Manjeet Singh Pardesi，“Deducing India's Grand Strategy of Regional Hegemony from Historical and Conceptual Perspectives”，*RSIS Working Papers*，No. 76，April 2005，p. 55.

② Sunil Khilnani，etc，*Non-Alignment 2. 0：A Foreign and Strategic Policy for India in the Twenty First Century*，February 2012，p. 38.

③ Rajiv Sikri，*Challenge and Strategy：Rethinking India's Foreign Policy*，New Delhi：Sage Publications Pvt. Ltd，2009，p. 250.

④ 〔印〕潘尼迦：《印度和印度洋——略论海权对印度历史的影响》，德隆等译，世界知识出版社，1965，第92页。

⑤ Sunil Khilnani，etc，*Non-Alignment 2. 0：A Foreign and Strategic Policy for India in the Twenty First Century*，February 2012，p. 41.

⑥ C. Raja Mohan，“India's New Role in the Indian Ocean”，http：//www. india－seminar. com/2011/617/617_ c_ raja_ mohan. htm.

东和非洲扶持各自的盟友或代理人，美国适时地从英国手中租借印度洋战略要地迪戈加西亚的控制权，将之打造成军事上控制印度洋的前沿阵地。冷战结束后，美国并未撤离印度洋，相反仍将之视为维系美国霸权的重要支柱。近年来，美国的实力虽然相对有所下滑，但其谋求“美国治下的和平”的霸主雄心并未消减，这从其在全球各地采取军事行动、建立军事基地和牵制中俄等国的政策中可见一斑。

美国对印度洋主导权的认知，一方面，美国高度重视海权在维系霸权过程中的作用，将之视为影响和控制对手的重要手段。海洋是国家间贸易活动的主要载体，蕴藏着丰富的资源能源，任何国家的发展都离不开海洋。美国作为海权鼻祖马汉的母国，深受马汉“海权立国、海权强国”思维的影响，其崛起为世界霸权的进程也带有深深的海权烙印。因此，美国一直将海权及其附带的全球投送能力作为其维持全球霸权的重要支柱之一。中国学者吴征宇对美国的霸权思维进行深入分析后认为：“在 21 世纪继续保持对海洋的绝对控制仍将是美国大战略的一个核心要素，这种控制同时也在相当程度上赋予美国在世界范围内实施其影响力（尤其是其他大国）的重要手段。”① 另一方面，美国认为其应扮演海上公共产品的提供者。美国认为其霸权地位的延续很大程度上有赖于公共产品的提供，因此一直承担为盟友提供安全保障、一定范围内提供国际公共产品的责任（虽然不时存在双重标准的问题），如自由航线、自由贸易的权利等。美国迄今仍拥有最强的海上军事力量，海军是美国进行快速反应、承担国际责任、提供公共产品的重要力量。无论是印度洋海啸，还是索马里海盗，美国海军都是最早做出反应的军事力量。

印度洋的地缘意义使其在美国的海权战略中具有不可替代的地位。美国海军于 1986 年 2 月提出了控制全球 16 个咽喉航道的计划，其中 7 个就在印度洋地区；② 1999 年 8 月，美国能源部列出了“世界石油 6 大运输咽喉”，其中 4 个在印度洋地区；③ 美国国防部前副部长道格拉斯 · 费斯也曾指出：“印度洋

① 吴征宇：《霸权的逻辑：地理政治与战后美国大战略》，中国人民大学出版社，2010，第 213 页。

② 这 16 个咽喉航道是马六甲海峡、望加锡海峡、朝鲜海峡、苏伊士运河、曼德海峡、波斯湾、霍尔木兹海峡、巽他海峡、直布罗陀海峡、斯卡格拉克海峡、卡特加特海峡、格陵兰 - 冰岛联合王国海峡、巴拿马运河、佛罗里达海峡、阿拉斯加湾、非洲以南北美航道。

③ 这 6 大“世界石油运输咽喉”分别是霍尔木兹海峡、马六甲海峡、曼德海峡、苏伊士运河、博斯布鲁斯海峡和巴拿马运河。

对美国有重要战略价值，故其在这一地区的海外军事基地数量仅次于欧洲和亚太，美军将全面控制印度洋上具有战略意义的航道、海峡和海域。”[①] 总体来看，美国在印度洋的战略利益主要有四点，即：确保印度洋作为国际商业通道的安全畅通；控制中东地区的石油；防止美国的敌对国家主导印度洋；应对非传统安全威胁。[②] 因此，美国追求对海权的绝对控制，不仅局限于其盟友较多的大西洋或太平洋，还包括有关全球通道安全的印度洋，特别是对中东地区和印度洋“咽喉要道”的绝对控制。罗伯特·卡普兰曾指出：“除了继续在太平洋保持主导外，美国显然试图成为南亚举足轻重的力量。”[③]

这种战略思维折射到美国的海洋政策上。美国“‘不可抗拒’地给予印度洋以充分的重视，企图将印度洋地区打造成美国力量投射基地，平衡地区力量以防止任何一个地区性的政治、军事力量对美国在欧亚大陆的主导地位构成挑战”，并“紧紧握住印度洋要塞及控制印度洋海上航线的深远意图就是将美国在大西洋、太平洋的制海权合为一体，完善美国在世界海洋上的主导链条，维护美国在世界海洋上的霸主地位”[④]。2007 年年底，美国发布题为《21 世纪海权合作战略》的报告，强调“在阿拉伯湾/印度洋地区继续部署可信的战斗力，保护美国的关键利益，向美国朋友和盟友展示对地区安全的承诺，并威慑与制服潜在敌人和竞争对手”，且强调“我们不会允许对手阻挠重要海上通道、破坏全球供应链的企图”[⑤]。也就是说，美国已经将其“两洋战略”由大西洋和太平洋调整为印度洋和太平洋，印度洋在美国海军乃至全球战略的重要性得以提升，美国寻求在印度洋维持其绝对的主导权（至少是军事层面），维系对中东能源中心和印度洋国际航道的强大影响力，作为对中印等潜在挑战者的战略威慑手段，最终服务其全球霸权的战略目标。

---

① 转引自白玲《印度海权及其对中国海上安全的影响》，谢晓娟教授指导，辽宁大学硕士学位论文，2009。

② 时宏远：《美国的印度洋政策及对中国的影响》，《国际问题研究》2012 年第 4 期，第 69 ~ 72 页。

③ Robert D. Kaplan, *Monsoon: The Indian Ocean and the Future of American Power*, New York: Random House, 2010, p. 9.

④ 葛红亮：《冷战后美国的印度洋战略研究》，暨南大学硕士学位论文，鞠海龙指导，2010。

⑤ U. S. Department of the Navy, US Marine Corps, US Coast Guard, *A Cooperative Strategy for 21st Century Seapower*, October 2007, p. 9.

（三）中国高度关注印度洋对自身国家安全的影响，不具备主导印度洋的意图与实力，但其在印度洋的政策经常引起外界质疑

国际上关于印度洋的讨论，连篇累牍地论及中国的印度洋战略，美国国防部率先抛出“珍珠链战略”的论调质疑中国在印度洋地区的力量存在。不过，这种担忧与指责更多地源自对中国的误解或刻意曲解，折射出西方舆论对中国崛起速度和规模的担忧。

首先，中国具有倡导和平海洋的历史传统。即使在历史上最强盛的时刻，中国也没有采取进攻性的海权政策，而是以促进贸易、加强交流为主要目的，郑和七下西洋即是明证。现在，虽然很多中国学者都呼吁打造强大海上力量、跻身世界海权强国之列，但也都强调中国的海权之路与西方不同，其基本目标是通过自身能力建设和国际合作，建设“和谐海洋”。① 中美最大的不同点是，中国追求“强而不霸”，而美国谋求“单极霸权”，“中国21世纪的世界大目标，就是建立‘无霸世界’”②。美国抛出“珍珠链战略”质疑中国与环印度洋国家发展关系，这种言论在西方国家和印度都有很大市场，但其很大程度上反映的是美国的思维逻辑，与中国倡导“和谐海洋”的理念相违背。此外，迄今尚无证据证明中国海军拥有“珍珠链战略”，也无证据表明中国在印度洋沿岸岛屿设立军事基地、监听站等，“珍珠链战略”因其“过于草率”而受到越来越多的质疑。③ 虽然国外一些学者经常援引复旦大学沈丁立教授有关“中国应建立海外军事基地”的说法，但他们却忽视了三大预设前提，即：东道

① 参见张文木《论中国海权》，《世界经济与政治》2003年第10期，第8~14页；刘中民：《中国海权发展战略问题的若干思考》，《外交学院学报》2005年第1期，第69~74页；叶自成、慕新海：《对中国海权发展战略的几点思考》，《国际政治研究》2005年第3期，第5~17页；孙璐：《中国海权内涵探讨》，《太平洋学报》2010年第10期，第81~89页。

② 刘明福：《中国梦：中美世纪对决，军人要发言》，（香港）中华书局，2010，第63页。

③ 参见 S. Menon. “Maritime Imperatives of Indian Foreign Policy”, Speech at National Maritime Foundation, September 11 2009; Australian Strategic Policy Institute, Sam Bateman, Anthony Bergin, “Our Western Front: Australia and the Indian Ocean”, March 2010; Daniel J. Kostecka, “Hambantota, Chittagong, and the Maldives-Unlikely Pearls for the Chinese Navy”, China Brief (The Jamestown Foundation), Volume X, Issue 23, November 19, 2010; CAPT David L. O. Hayward (Rtd), “China in the Indian Ocean: A Case of Uncharted Waters”, Future Directions International (Australia), *Strategic Analysis Paper*, July 5, 2010. pl。

国朝野对接受中国驻军有欢迎的共识；对接受国所在地区带来稳定的公共利益；有意接受的国家的周边国家可以否决，且中国应该接受这样的否决。① 显然，这些学者的“援引”是“断章取义”。事实上，在中国海上权力仍远远落后于美国的今天，中国的学者已经给自己敲响“绝不谋求海上（印度洋）霸权”的警钟。北京航空航天大学张文木教授警示，印度洋对维护霸权具有负面作用，称“英国独控印度洋的时期也是其扩张达到高峰继而转向衰落的时期，尽管衰落的速度——因为有印度殖民地资源的支撑——要比今天的美国慢得多。建立在‘心脏地带’之上的麦金德地缘政治理论是有缺陷的，具体表现是它存在着理论上的合理性与实践上的不可行性的悖论。这种悖论称之为‘麦金德悖论’”，“造成这种悖论的原因，从实践上分析是由于世界上没有一个国家的国力，尤其是海权国家的国力可以支持其从本土扩张至麦金德‘心脏地带’的战略目标，在理论上分析更是在国家战略能力和目标之间缺乏资源和运用资源经验的维度”，“今天的美国对印度洋的控制远没有达到当年英国那样的水平，但为了控制印度洋透支国力的速度却远超过当年的英国”②。

其次，中国进入印度洋是其利益自然延伸的结果。改革开放后，中国与外界的联系交流急剧增强，经济对外依赖性明显，是“依赖海洋通道的外向型经济”③，其海洋利益已经毋庸置疑地延展到印度洋。印度战略家拉贾·莫汉承认，“中国的政治经济利益已不再局限于南中国海，而是涵盖整个印度洋区域”④。从目前的地缘政治现实看，印度洋攸关中国的贸易通道、能源通道和战略通道安全，战略地位不容忽视。在贸易通道方面，印度洋是中国与欧美、中东、非洲的主要海上贸易航线，“印度洋－马六甲海峡－南海航线是中国海上贸易航线的咽喉，是我国经济发展的一条‘生命线’”⑤；在能源通道方面，

① 笔者对沈丁立教授的邮件访谈，时间2011年6月18日。

② 张文木：《“麦金德悖论”’与英美霸权的衰落——基于中国视角的经验总结》，《国际关系学院学报》2012年第5期，第1、4、5页。

③ 倪乐熊：《从陆权到海权的历史必然——兼与叶自成教授商榷》，《世界经济与政治》2007年第11期，第27页。

④ C. Raja Mohan, “Sino-Indian Naval Engagement”, *ISAS Brief* (Institute of South Asian Studies, National University of Singapore), No. 103, April 16 2009, p. 3.

⑤ 王历荣：《印度洋与中国海上通道安全战略》，《南亚研究》2009年第3期，第47页。

中东、海湾地区、西非是中国石油主要来源地区和重要的对外贸易通道，中国85%的石油进口要经过印度洋；在战略通道安全方面，由于西太平洋地区受制于美日等军事存在，台湾问题悬而未决，南海局势日趋复杂，印度洋成为中国突破美军太平洋岛链、求解马六甲困局的重要通道和打造“蓝水海军”的试验田。近年来，美国提出亚太再平衡战略，加强在西太平洋的力量部署，加上中国与周边邻国的领海纠纷激化，使得中国在西太平洋的战略压力增大，自然需要通过南向出海大通道建设、进军印度洋，来规避西太平洋的战略压力。“考虑到中国的地理位置及其发展模式，随着中国的不断崛起，印度洋‘能源通道’及‘贸易通道’在中国的整体发展与安全中所占据的位置愈发重要。实际上，印度洋通道的安全与否已开始关乎着中国的整体发展，更关乎着中国的总体安全。中国的安全也从来没有像现在这样离不开印度洋。”① 此外，随着中国自身实力的增长，一批具有国际竞争力的中国企业成长起来，有开拓海外市场的战略诉求，中国政府也适时提出“走出去”战略。环印度洋地区的南亚、东南亚和非洲等地区，发展愿望强烈，市场潜力巨大，是中国企业“走出去”的重要目的地。因此，中国加大对该地区的战略关注是题中应有之义。

再者，中国海洋战略的重心不在印度洋。印度洋对中国国家安全的紧迫性不及西太平洋，钓鱼岛、南海等问题牵涉中国海洋战略的大量精力。“中国海军的首要任务是台湾，中国需要发展地面和潜艇力量，如果台湾领导人‘宣布独立’，就能够封锁台湾，并阻断支援台湾的美军”②，其次是突破美国及其盟友构筑的岛链，以及在与少数邻国的海权争议中赢得主动。通过对中国海权问题研究的述评发现，中国学者最关心的海上安全问题是中美海权冲突、中日海权争端和南海问题，对印度洋问题的关注热度相对较低。③ 军方强硬派学者戴旭也强调：“至少在50年的时间里，中国不应该把发展海军的方向，定在南海以外，在这个时间里，中国集中力量解决台湾问题，解决被占岛礁问题，

---

① 中国现代国际关系研究院海上通道安全课题组：《海上通道安全与国际合作》，时事出版社，2005，第330页。

② Leszek Buszynski，“Emerging Naval Rivalry in East Asia and the Indian Ocean：Implications for Australia”，*Security Challenges*，Volume 5，No. 3，Spring 2009，p. 76.

③ 史春林：《近十年来关于中国海权问题研究述评》，《现代国际关系》2008年第4期，第56～57页。

把自己的海洋国土收回来。……中国海军和国家战略的底线是，不能允许任何国家瓜分中国的海洋，更不会允许台湾‘独立’。”[①] 2012 年的中共十八大报告明确提出，要“坚决维护国家海洋权益，建设海洋强国”[②]，这是在近年来中国海洋权益不断受到侵蚀和挑战的背景下提出的，其主要指代对象是中国近海（黄海、东海、台海和南海）。

三　中美印博弈态势：可控性竞争

目前，国际上关于中美印在印度洋互动博弈的论述，很多都在突出“中国因素”，认为中国进入印度洋开启了大国博弈的游戏，且认为中国将与美印等发生冲突。但是，无论从意图（前文所述的“印度洋观”）还是实力（中国在印度洋的军力明显落后于美印）上看，中国都不应成为中美印战略博弈的焦点。此外，由于中美印在印度洋地区拥有诸多合作议题，三国关系也并非完全的竞争或冲突，而是存在很大的合作可能性与必要性。鉴于此，中美印的博弈态势可能是以“可控性竞争”为特征的“三足鼎立”。

（一）美印潜在的主导权之争不应被低估

美印围绕印度洋主导权的战略分歧由来已久。第二次世界大战结束后，英国抛出“真空论”，希望由美国来填补其撤出印度洋地区后的力量真空，印度予以强烈反对。1966 年 5 月，英迪拉·甘地强调，“英国军队从这个地区撤退不会造成什么真空，即使造成真空，也应当由当地国家而不是由外来国家来填补”，“外来势力的介入不仅将增加紧张局势，而且将加剧也已存在的紧张局势”[③]。1971 年印巴第三次战争，美国第七舰队驶入孟加拉湾，试图帮助巴基斯坦制衡印度，更是引起印度的强烈抗议和担忧。有印度学者称：“美国在迪戈加西亚设立基地并派遣军舰进入孟加拉湾的事件，给印度人留下了无法抹去

① 戴旭：《海图腾：海洋、海权、海军与中国航空母舰》，（香港）零点出版社，2011，第 158 页。

② 胡锦涛：《坚定不移沿着中国特色社会主义道路前进　为全面建成小康社会而奋斗——在中国共产党第十八次全国代表大会上的报告》，人民出版社，2012，第 40 页。

③ 〔印〕克·拉简德拉·辛格：《印度洋的政治》，商务印书馆，1980，第 262 页。

的记忆。”[①] 当然，历史并不代表着未来，美印关系近年来大幅改善，合作水平不断提升。2009 年 11 月辛格总理访美时，将双边关系由“战略伙伴关系”上升到“全球战略伙伴关系”。但是，这种美印走近并不代表两国战略认知的统一和国家利益的一致。美国竭力拉拢印度的出发点，一是为了迎合其平衡中国、打击恐怖主义等现实政策诉求；二是为了开拓印度庞大市场（包括核能、军火等），满足美国企业的扩张需求；三是将印度打造成经济蓬勃发展的民主发展中国家，服务其民主价值观外交，推广美国的发展模式。印度主动靠拢美国，最基本的出发点是借助美国的政治、经济、科技等优势，服务其成长为世界大国的战略目标。虽然在今后一段时间里，印美战略伙伴关系仍将进一步发展，但两国深层次的战略文化无法改变。比如，美国极力劝说印度加入对伊朗的制裁，印度却坚持其外交自主性。“对印度而言，一旦与美国结成同盟，将在国际上破坏其‘不结盟’的形象，造成其在发展中国家中的孤立态势。对美国而言，印度也并非其印度洋战略的唯一合作伙伴。美国的‘联印战略’主要是为美国的全球利益服务的。”[②]

当前，美国依托迪戈加西亚军事基地，继续维持在印度洋地区的军事存在，印度尚无实力与之抗衡。但是，正如前文所述，印度渴望承担其作为印度洋地区大国的应有使命，“虽然现在与美国合作行动，但其长远抱负是获得对整个印度洋地区的海军主导地位”[③]。此外，印度对美国在该地区主导地位的疑虑依然存在。印海军退役少将拉贾·梅农对美国将印度洋定位为“国际公共产品”感到“困扰”，许多印度学者质疑美国为何对印度洋如此关切，因为印度准备自己承担印度洋的防御任务。[④] 正如有的学者指出的：“印度对美国在印度洋的军事存在持某种程度的不安。印度认为，美国和西方国家不断增强

① James R. Holmes, Toshi Yoshihara, “China and the United States in the Indian Ocean: An Emerging Strategic Triangle?”, *Naval War College Review*, Volume 61, No. 3, Summer 2008, p. 13.

② 曾信凯：《中国“印度洋困境”中的美国因素》，《南亚研究》2012 年第 2 期，第 62 页。

③ David Brewster, “An Indian Sphere of Influence in the Indian Ocean?”, *Security Challenges*, Volume 6, No. 3, Spring 2010, p. 19.

④ Center for the National Interest (U. S.) and National Maritime Foundation (India), “Maritime Security Challenges in the Indian Ocean Region: A Workshop Report”, February 23 - 24, 2011, p. 3.

军事存在，肆意发动战争谋求对中东石油和环印度洋沿岸国家的控制与影响，将对印度洋地区的整体安全环境产生深远影响。”① 印度在印度洋的一大战略目标是，“如果战略环境出现重大变化，能够对美军在印度洋的行动构成一定牵制”②。今后，随着经济和军事实力的稳步提升，印度主导印度洋的步伐也将更快、更坚定，“如果印度成功打造强大的海军力量，它可能会像罗斯福时代美国（对美洲的主导权）一样，在政策理念和实践中都将印度洋作为印度的领地……而美国寻求战略伙伴的努力也将归于失败”③。目前，印度海军已经呈现咄咄逼人的发展态势。2012 年 4 月出台的“十二五”规划中，印度强调要发展远洋作战能力。“有迹象显示，印度海军正在重新思考其行动哲学。印度终于打破沉默，明确提出未来几年加快发展军力，拥有将军力投射到印度近海以外地区的远洋作战能力。”④ 总之，由于美国和印度的“印度洋观”具有相当程度的不可协调性，印度崛起将挑战美国的印度洋主导权，而美国的强大军力存在又制约印度崛起步伐，双方围绕主导权的矛盾与竞争不可避免。目前，两国存在短期的战略默契，但从长远来看，印度与美国争夺印度洋主导权的“结构性冲突”风险增大，成为影响印度洋地区安全与稳定的最重要力量。

（二）美印对中国进入印度洋采取质疑与防范的态度

美印对中国在印度洋的利益诉求心怀警觉，“防范中国”某种程度上成为美印在印度洋合作的“潜台词”。印度对中国进入印度洋心存疑虑，“对于许多印度战略家来说，中国已经取代冷战时期的美国，成为最主要的域外力量关切”⑤。其主要原因有，一是宏观上的中印互信缺失。印度的担忧受制于印度对中印关系的总看法，印度近年来大刀阔斧发展军备，很大程度上是出于对中

① Donald L. Berlin, “India in the Indian Ocean”, *Naval War College Review*, Volume 59, No. 2, Spring 2006, p. 64.

② Donald L. Berlin, “India in the Indian Ocean”, *Naval War College Review*, Volume 59, No. 2, Spring 2006, p. 77.

③ James R. Holmes, Toshi Yoshihara, “China and the United States in the Indian Ocean: An Emerging Strategic Triangle?”, p. 57.

④ “12th Defence Plan: Focus on Navy's ‘Expeditionary’ Ops”, *Indian Express*, May 4, 2012.

⑤ CAPT David L. O. Hayward (Rtd), “China in the Indian Ocean: A Case of Uncharted Waters”, *Strategic Analysis Paper*, Future Directions International, July 5, 2010, p. 8.

国军力快速发展的担忧与防范。“与中国的海军竞争是刺激印度在印度洋的战略野心的重要因素。虽然印度海军的直接目标是对抗巴基斯坦，加强对印度经济专属区的控制，但中国向印度洋投放海军力量的潜在可能是印度主要的长期关切。”① 二是两国利益的重合与交叉。中国的海洋利益由太平洋扩展至印度洋，而印度则朝着相反的方向扩展，双方利益重合度增加，同步带来竞争的加剧。印度著名战略家拉贾·莫汉（Raja Mohan）在其新著《搅动海洋：中印在印度洋－太平洋上的竞争》一书中指出：“随着中国和印度的快速崛起，两国的战略利益和影响力也超越本国或地区的地域限制，其海上利益和影响力在印度洋－太平洋出现重叠与交叉，诱发潜在的冲突。”② 三是美日等国的拉拢游说。中国的周边环境非常复杂，东海问题、南海问题、台海问题等非常棘手，制约中国与周边国家和地区的关系。随着中国崛起步伐的加快，美日等国制衡中国的意愿和紧迫性更强，而积极“东进”的印度自然是其可资借用的对象，印度也或明或暗地迎合美日“牵制”中国的战略目标。

印度对中国的担忧，集中反映在其忧虑中国构筑针对印度的“珍珠链战略”，称“中国在印度洋和南亚地区的行为，让人重新想起了对印度的‘中国式遏制’，只不过这次是从海上”③。一些印度学者将“中国因素”和“巴基斯坦因素”并列为印度洋地区的两大潜在军事威胁。④ 许多印度战略家都认为“中印海上对抗不可避免”“中国是印度在印度洋的最大对手”等，并呼吁“印度海军政策规划的重要目标是阻止中国进入印度洋”。⑤ 在无法阻止中国进入印度洋之后，“印海军脱离了其坚持数十年的防御性战略，而是采取竞争的进攻

① David Brewster, “An Indian Sphere of Influence in the Indian Ocean?”, *Security Challenges*, Volume 6, No. 3, Spring 2010, p. 5.

② C. Raja Mohan, *Samudra Manthan: Sino-Indian Rivalry in the Indo-Pacific*, Carnegie Endowment for International Peace, October 2012.

③ Gurpreet S. Khurana, “China's ‘String of Pearls’ in the Indian Ocean and Its Security Implications”, *Strategic Analysis*, Volume 32, No. 1, January 2008, pp. 1 – 39; see also, Amit Kumar, “A New Balance of Power Game in the Indian Ocean: India Gears up to Tackle Chinese Influence in Maldives and Sri Lanka”, *IDSA Comment*, 24 November 2006.

④ Gurpreet S. Khurana, *Maritime Forces in Pursuit of National Security*, New Delhi: Institute for Defence Studies and Analysis, 2008, pp. 33 – 40.

⑤ 刘新华：《论中印关系中的印度洋问题》，《太平洋学报》2010 年第 1 期，第 52 页。

型战略"[1]。虽然印度国内的一些支华派不赞成上述言论，但"中印对抗"言论持续发酵的消极影响难以低估。印度前任驻华大使、现任国家安全顾问梅农曾忧虑地指出："中印两国战略家——虽然不是政府——都在以中印对抗的话语进行争论。如果两国政府基于对抗性的话语行事的话，这些话语可能自我成真。"[2]

今后，中印在印度洋的矛盾仍可能增加。一方面，印度借"东进政策"介入中国与周边国家的海上矛盾。近年来，中国与越菲等国围绕南海问题争议不断，印度则顺势"借船出海"加强在太平洋地区的影响力。2012 年 4 月 6 日，印外长克里希纳称："印度认为南海是全世界的财产……必须免受任何国家的干涉。"[3] 12 月 3 日，印新任海军司令温德拉·库马尔·乔希（Devendra Kumar Joshi）表示，"中国的海军现代化是印度最主要的关切"，"印度海军将保护本国在南海争议区的利益，即使那意味着派遣部队"。[4] 印度或明或暗介入南海问题，客观上制约了中国在东南亚的影响力，增加了解决南海问题的复杂性和难度。因此，"介入南海争端是印度在快速崛起和对中印边界争端形势以及中国崛起战略严重误读背景下做出的战略抉择。尽管由于种种原因，印度的'南海牌'难以产生较大的实际效应，但还是在一定程度上使中国的地缘政治环境变得更加复杂，增加了中国维护南海权益的难度，对中国在东南亚和印度洋的战略利益形成了挑战"[5]。

另一方面，印度通过军事部署调整，加大了印度洋地区针对中国的军力部署。印度以怀疑的视角审视中国与巴基斯坦、斯里兰卡、非洲沿岸国家的关系，在外交、政治和军事等各层面，积极提升在印度洋的存在与影响，以期实现"将中国海军阻挠在印度洋之外，影响南海事务，并对中国大陆和印度洋的咽喉要道拥有军事投放能力"的目标。[6] 2012 年 2 月底，

---

① *Jane's Sentinel Security Assessment-India*, March 7, 2012, p. 276.

② S. Menon, "Maritime Imperatives of Indian Foreign Policy", *Speech at National Maritime Foundation*, September 11 2009.

③ "South China Sea property of world: SM Krishna", *Economic Times*, April 7, 2012.

④ "Rapid Modernization of Chinese Navy Major Concern: Indian Navy Chief", *Indian Express*, December 3, 2012.

⑤ 蒋国学：《南中国海：印度制衡中国的新战略牌》，《南亚研究季刊》2012 年第 2 期，第 13 页。

⑥ Donald L. Berlin, "India in the Indian Ocean", *Naval War College Review*, Volume 59, No. 2, Spring 2006, p. 77.

印战略界发布的《不结盟 2.0》报告，甚至提出通过强化在印度洋的海军优势来牵制中国陆上优势的“围魏救赵”战略。有的印度学者甚至抛出了破解中国“珍珠链战略”的政策，包括封锁航道或截留中国商船以打击中国海外贸易、介入南中国海事务、与美国签署情报共享协定、共享海上侦察情报等。①2012 年 7 月，印度海军启动位于安达曼·尼科巴群岛最南端名为“鹰眼”的新基地，被认为是其强化对印度洋－南海投射军力的重要基地。“该基地是印度重要的海上战略资产，不仅在于其雄视马六甲海峡和六度海峡的重要地缘位置，更重要的是为印度海军提供了军事行动的前沿基地和后勤补给点。”② 此外，印度媒体披露，印海军于 2005 年起就在距东部司令部以南 50 公里的拉姆孔达（Ramkonda）秘密修建大型军事基地。该基地占地 20 平方公里，代号“季风工程”（Project Varsha），预计 2013 年建成，届时将成为印度最大的海军基地。③ 显然，印度海军重心正在由“西部为重”调整为“东西并重”，将主要针对巴基斯坦的海军威胁调整为更加关注来自东方的海上挑战。

美国的对华政策有过起伏，但贯穿始终的是“接触”加“遏制”。在亚太地区，美国构筑第一岛链和第二岛链，将台湾作为“永不沉没的航空母舰”；在南海问题上，美国扶持菲律宾、越南等国与中国对抗，2000 年 4 月与新加坡签署使用樟宜基地的协议。④ 有的中国学者甚至惊呼美国正在构筑对华“C 形包围圈”。⑤ 奥巴马政府提出“亚太再平衡战略”后，美国在政治、经济、战略等多层面加强对华制衡，对中国在印度洋地区影响力的上升也高度警惕。比如，中国向亚丁湾派遣军舰打击海盗，被认为是“不仅展现了中国具有远距离的海上打击能力，而且还让中国的军队熟悉了印度洋的海域环境和其他国

---

① Iskander Rehman, “China's String of Pearls and India's Enduring Tactical Advantage”, *IDSA Comment*, June 8, 2010.

② Abhijit Singh, “The Indian Navy's New ‘Expeditionary’ Outlook”, http: //maritimeindia. org/article/indian – navys – new – expeditionary – outlook.（上网时间：2012 年 12 月 20 日）

③ “India's largest naval base to come up near Vishakapatnam”, http: //daily. bhaskar. com/article/NAT – SCR – indias – largest – naval – base – to – come – up – near – vishakapatnam – 4101163 – NOR. html.

④ 根据协议，樟宜海军基地将为美军第 7 舰队及其他过往船只，包括航母等大型船只，提供后勤补给和维修服务，这大大增强了美军对马六甲海峡和印度洋的快速反应能力。

⑤ 戴旭：《C 型包围：内忧外患下的中国突围》，文汇出版社，2010。

家的海上拦截活动，使北京既提升了能力又博得了声望”。[①] 再比如，中国积极援助斯里兰卡进行战后重建，美国却充满疑虑地表示，“正当西方国家对斯里兰卡人权问题提出批评的时候，中国却大幅加大对斯里兰卡的投资，斯里兰卡在政治和经济上与西方日益疏远”，“美国的决策者似乎低估了斯里兰卡对美国利益的地缘重要性……美国绝不能失去斯里兰卡”。[②] 换句话说，“美国的印度洋政策带有鲜明的主导性、排斥性和干涉性，根本目的是为了主导印度洋，核心是制约中国在印度洋不断扩大的影响，防止对其构成挑战。这是美国在亚太地区围堵中国战略的一部分”。[③]

美国不断加强与印度的战略伙伴关系，试图将其培育成平衡乃至制衡中国的力量。美国认为“随着军事能力的增长，印度将成为印度洋地区‘纯粹的安全提供者’”[④]。美国国家情报委员会编写的《全球趋势 2025：转型中的世界》甚至假设：“一系列微小事件导致中国在阿曼海域袭击两艘印度军舰，并引发美国对中国军舰的打击。中国军舰试图撤出此海域时，被美国摧毁了战斗力。”[⑤] 显然，在美国国家情报委员会预设的情景中，“中国是一方，美印是另一方”。此外，美国还利用国际话语权的主导地位，渲染中印在印度洋的对抗态势。美国国防部最先提出“珍珠链战略”，利用印度对中国的固有不信任，炒作中国构筑针对印度的包围圈。在一份提交给美国政府的政策建议中，美国学者鼓吹“中国与印度的邻国纷纷建立伙伴关系，使印度日益陷入孤立。一旦中印爆发冲突，中国能够利用在该地区援建的港口，对印度发起快速的致命攻击”。[⑥] 国外学者也承认：“印度对中国在印度洋的意图心存担忧，美国似乎

---

① Michael J. Green and Andrew Shearer, “Defining U. S. Indian Ocean Strategy”, *The Washington Quarterly*, Vol. 35, No. 2, Spring 2012, p. 179.

② Committee on Foreign Relations United States Senate, “Sri Lanka: Recharting U. S. Strategy After the War”, December 7, 2009, pp. 3 –4.

③ 时宏远：《美国的印度洋政策及对中国的影响》，《国际问题研究》，2012 年 7 月 13 日，第 79 页。

④ U. S. Department of Defense, *Quadrennial Defense Review Report*, February 2010, p. 60.

⑤ U. S. National Intelligence Council, *Global Trends 2025: A Transformed World*, *2008*, p. 77.

⑥ Nathaniel Barber, Kieran Coe, Victoria Steffes, Jennifer Winter, *China in the Indian Ocean: Impacts, Prospects, Opportunities, Prepared for U. S. Government's Office of South Asia Policy*, Workshop in International Public Affairs, Spring 2011, p. 10.

乐于对此推波助澜。比如，中国海军官员曾向美国人开玩笑，称中国应该承担西太平洋和印度洋的海上安全责任，结果被美国太平洋司令部基廷原原本本地泄露给印度媒体，加剧了印度对中国的担忧。”①

（三）中美印博弈将呈现竞合并存、多元博弈的局面，彼此的防范与竞争不会完全失控，而应对共同威胁的共识也将为三方奠定合作基础

一方面，美印对中国既防范又借用，构筑彼此牵制的战略三角。中美印双边关系的两面性在印度洋地区有所体现。印美既对华质疑与防范，又不愿完全与中国站在对立面。美印战略文化与意图存在分歧，印度的外交自主性和大国自尊心较强，不愿意成为美国防范中国的“马前卒”。“印度在一定程度上可迎合美国平衡中国的战略需求，但应避免自身成为中美关系战术性改善的牺牲品。印度难以确定，如果中国‘威胁’到印度的利益，美国能在多大程度上做出有效反应？历史经验表明，与美国结盟的国家往往面临战略自主性受限的困局。因此，印美关系最好是‘朋友’，而非‘盟友’。”② 印度如此，美国也不例外，美国虽然谋求遏制或拖延中国的崛起步伐，但中美战略依赖性很强，美国在诸多国际事务上都需要中国的合作，至少目前不愿与中国完全摊牌。正如有学者总结的：“美印都不愿建立公开反对中国的联盟，因为双方都不愿牺牲与中国的双边关系，都不愿承担与中国对抗的风险。虽然美印结盟对抗中国的可能仍然存在，但这不是美印的优先选择。”③

事实上，美印在印度洋上非但不愿意与中国完全对抗，甚至希望借助中国来平衡彼此。美国不希望看到印度洋成为“印度的印度洋”，“印度的战略目标是成为印度洋上最强大的海上力量，实现该目标的方式是打造一支强大的海军，该海军有能力持续地在整个印度洋地区执行任务”，而该目标将受到中美

① David Brewster, “An Indian Sphere of Influence in the Indian Ocean?”, *Security Challenges*, Volume 6, Issue 3, Spring 2010, p. 4.

② Sunil Khilnani, etc, *Non-Alignment 2.0: A Foreign and Strategic Policy for India in the Twenty First Century*, February 2012, p. 32.

③ 慕永鹏：《中美印三边关系——形成中的动态平衡体系》，世界知识出版社，2011，第111页。

两国的反对。[①] 因此，美国既提升对印关系，欲将之扶持为平衡中国的力量；同时也同步加强在印度洋的军事力量，甚至适度欢迎中国进入印度洋。美国的政策目的是在中国和印度之间扮演“离岸平衡手”，对中印分而治之以确保美国的“渔翁得利”。对于印度来讲，中国和印度一样都反对外部势力介入本国和周边地区的事务，两国严重依赖印度洋海上通道却都不具备保障通道安全的能力。如果说中国遭遇“马六甲困局”，印度则面临“霍尔木兹困局”。因此，印度虽然对中国进入印度洋有所担忧，但如果其能认识到美国而非中国才是印度洋主导权的控制者和争夺者，则印度有可能借助中国的力量弱化美国在印度洋的主导权。

另一方面，印度洋地区的非传统安全问题不断增多且日益复杂，为中美印提供了合作的可能与必要，有助于防止三国间的竞争无序化。印度洋地区的非传统安全问题更趋多元与棘手，威胁着中美印的共同利益，且超越单个国家独立应对的能力。非传统安全问题日益严重，能源资源、环境、人口等问题已经与军事安全、意识形态和领土争端等问题同等重要。在打击恐怖主义和海盗、帮扶“失败国家”、确保海上通道安全等问题上，中美印有可能更有必要开展合作。因此，中美印在印度洋面临一些共同的安全挑战，能够为彼此合作提供广阔空间。

对于海上通道安全来说，“实际上是两大工程，由传统和非传统安全两个部分组成：一为‘畅通工程’，一为‘安全工程’”。[②] “畅通工程”需要中美印放弃将控制咽喉要道作为牵制他国的手段，特别是在军事上居于绝对主导地位的美国，因为如果通道安全指数最高的美国都不愿放弃控制咽喉要道，中印两国的不安全系数将会增加，导致彼此陷入螺旋上升的安全困境。“安全工程”需要各国海军加强合作，清除威胁通道安全的各种非传统威胁。“过去，对国家安全的威胁主要表现为入侵本土，现在很可能主要表现为海外通道被截

① David Scott, “India's ‘Grand Strategy’ for the Indian Ocean: Mahanian Visions”, *Asia-Pacific Review*, Volume 13, No. 2, 2006, p. 98.

② 中国现代国际关系研究院海上通道安全课题组：《海上通道安全与国际合作》，时事出版社，2005，第6页。

断，对外经济交往与联系被破坏。”[①] 英国海上问题专家莱佛以国家为研究单元，认为威胁海上通道主要因素有三：沿海国家出于国家安全利益试图对自由通道进行控制；沿海国家的国内不稳定；相邻国家就海上重叠区进行争夺。[②] 不过，当前印度洋海上通道安全的最大、最直接的威胁并非来自中美印三大国的博弈，而是来自环印度洋地区“失败国家”的内部动荡，以及海上恐怖主义、海盗、有组织犯罪等非国家行为主体。中美印三国商船都曾被海盗劫持，美国军舰甚至曾在也门海域遭受恐怖袭击。2000 年 10 月 12 日，美国“科尔号”驱逐舰在也门南部亚丁港补充燃料时遭到满载炸药的小船袭击，造成 17 名美国海军陆战队队员死亡，38 人受伤。显然，海上恐怖主义、有组织犯罪、海盗等问题都严重冲击了印度洋海上通道的安全，保障海上通道安全符合中美印共同利益，是各国亟须解决的共同课题。

正如印度国家安全顾问梅农所言，“对印度洋地区能源通道的威胁并非来自主要大国，比如印度、美国、中国或日本。这些国家对保障海上通道运行拥有共同的利益。最直接的威胁来自咽喉要道地区的动荡和麻烦”，“印度海军 2004 年《海洋学说》中警示的恐怖主义、走私、海盗、跨国犯罪和武器扩散等威胁，在近些年都不幸成真了”，“中国和其他国家应该成为问题解决者，而非麻烦制造者”。[③] 这些非传统安全威胁具有跨国性、个体化、分散化的特点，很难依靠单个国家的能力予以解决，很多问题不能仅仅依靠军事手段予以解决。中美印作为影响印度洋局势的最重要的三个国家，其自身利益也与印度洋国际航道的安全紧密相关，自然需要协力维护国际航道的安全。2008 年 12 月，中国决定派遣海军舰艇编队赴亚丁湾打击海盗，即使对华持质疑态度的美国也表示：“我们欢迎包括中国在内的任何国家派遣军舰前来索马里海域打击海盗，并将与中国军舰保持良好的协同合作。”[④]

---

① 马平：《国家利益与军事安全》，《中国军事科学》2005 年第 6 期，第 65 页。

② Michael Leifer, “The Security of Sea Lanes in Southeast Asia”, *Survival*, Volume 25, Issue 1, January/February 1983, p. 16.

③ S. Menon, “Maritime Imperatives of Indian Foreign Policy”, Speech at National Maritime Foundation, September 11 2009.

④ Mark Mcdonald, “China Sends Naval Task Force on Anti-Piracy Mission”, http: //www. nytimes. com/2008/12/26/world/asia/26iht – beijing. 1. 18936740. html.

中美印还可以联合开发海洋经济。丰富的海底资源将全球目光吸聚印度洋，“陆上资源不是无限的。据估计，陆地主要矿产资源可开采年限大多在30~80年，石油、天然气的油页岩只能开采几十年到百余年，煤开采300年后将所剩无几。人类需要新的资源空间，使面向海洋当然成为世界也包括中国缓解资源矛盾的重要考虑”。① 在此背景下，富含油气资源、矿产资源和渔业资源的印度洋地区受到格外关注。据报道：“印度洋地区的国家拥有全球已探明石油储量的55%、天然气的35%、黄金的40%、铀的60%和钻石的80%。该地区还拥有大量工业所需的原材料，比如钛、锂、矾土、锡、镍锰等。”② 此外，“在印度洋，渔业生产从1950年的86.1万吨猛增至2010年的1130万吨。而且，联合国粮农组织（FAO）判断，虽然世界其他海洋接近渔业枯竭，但印度洋一些海域的渔业资源可以持续挖掘”，③ 从这个角度看，印度洋已经超越“全球石油中心”的地位，成为“全球资源中心”。

在此轮探索海洋资源的过程中，大多数印度洋沿岸国家不具备大规模开采海洋资源的能力，拥有海洋资源开采技术的中美印三国有望就共同开发事宜开展合作。2003年6月，中国国家海洋局和印度海洋开发部签署《两国海洋科技谅解备忘录》，建立一个由中印各5名代表组成的海洋合作联合委员会，在海底资源勘探与开发技术、极地科学、海洋能源、天然气水合物勘探与开发技术、海洋资源评估、海藻养殖及加工、卫星海洋学等领域开展合作，结束两国之间没有海洋合作的历史。④ 早在1979年5月，中国国家海洋局与美国国家海洋和大气管理局就共同签订了《中美海洋与渔业科技合作议定书》，建立了稳定的合作关系及合作机制，在海洋在气候变化中的作用、海洋与海岸带综合管理、海洋资料与信息共享、海洋生物资源和极地科学5个方面开展了广泛且富有成效的合作。2012年5月3~4日，第四轮中美战略与经济对话在北京举

① 中国现代国际关系研究院海上通道安全课题组：《海上通道安全与国际合作》，时事出版社，2005，第15页。

② Walter C. Ladwig III, “A Neo-Nixon Doctrine for the Indian Ocean: Helping States Help Themselves”, *Strategic Analysis*, Volume 36, No. 3, May-June 2012, p. 385.

③ David Michel and Russell Sticklor, *Indian Ocean Rising: Maritime Security and Policy Challenges*, Stimson Center, July 2012, p. 17.

④ 新华社：《中印签订谅解备忘录　启动海洋科技领域合作》，2003年6月23日。

行，两国职能部门签署了《2011～2015 年中美海洋与渔业科技合作框架计划》，加强对中美海洋领域合作的战略规划与引导。[①] 目前，中国与美印在海洋经济领域的合作还主要集中在海洋管理、气候变化、渔业等，今后有望扩展至海洋经济的综合应用，并延展到印度洋地区，为中美印在印度洋的博弈提供合作基础。

四　对策思考

中美印是印度洋上最为重要的“利益攸关方”，印度洋关乎中美印的重要利益，三方关系的互动又反过来决定印度洋地区的稳定与繁荣。中美印战略文化、国家实力及地缘位置的不同，决定三国对印度洋的认知也不同。中国崛起进程延续，其利益和影响力不可避免地扩展到印度洋，但其意图却在有意无意间被许多人所夸大和误读。中国因素是美印走近的重要因素，但美印任何一方都不愿公开与中国为敌，且美印都将主导印度洋作为国家战略目标，两国实力对比的缩小可能加剧主导权之争。应对非传统安全威胁、保障海上通道安全、联合开发海洋经济等共同利益，为中美印三国提供了合作空间。总体上，三国在印度洋上将呈现彼此借用又相互竞争的关系，且随着现实环境、具体的变化而不断动态调整，呈现“非盟非敌、相互牵制、竞合并存、矛盾可控”的态势。中国需要重视印度洋对国家利益与安全的重要意义，加大对该地区的力量投射，但需要避免引起美印的担忧乃至反弹。中国需要寻求推动美印共同扩大合作领域，妥善处理竞争，控制冲突风险，尝试打造符合各方利益的理性竞争模式。

首先，承认印度在印度洋的独特地位，构建有序的地区权力架构。国家冲突的实质是围绕权力与利益的争夺，能否就各自的地位安排与利益分配达成妥协，决定了大国间竞争和冲突的可能性。正如前文所论述，未来，中美印在印度洋的力量对比将发生重大变化，妥善处理“现存霸权”（美国）与“修正国家”或“潜在挑战者”（中印）的关系是实现印度洋安全的最重要保障。

① 国家海洋局：《中美确定未来海洋与渔业科技合作重点领域和方向》，2012 年 5 月 4 日。

今后一段时间的力量调整态势是，印度崛起速度较快，特别是海军建设步伐坚定而迅速，且拥有“控制印度洋”的地缘资本与战略意图，很可能成为影响印度洋安全的最重要力量；美国的霸权地位将维持相当长时间，且不会轻易放弃在印度洋的主导地位，但其实力的相对衰退将是确凿的事实，需要向印度逐步移交地区主导权；中国不具有控制印度洋的意愿与能力，难以跃升为印度洋大变局的主导力量，其印度洋政策的核心目标是确保能源和贸易通道安全。从长远来看，中印作为东方文明古国和新兴大国有许多共性，而美国则更可能是中国最大的战略对手，美国千方百计地试图遏制中国崛起。因此，根据各自的力量兴衰及外交理念，“印度有限主导权、中美重要利益攸关方”的地区权力架构，或者说“帮扶印度、牵制美国”的政策，或许对中国最为有利，也顺应地区态势发展。中国需要将印度洋战略放在中美、中印关系的大框架下，承认印度对印度洋地区的有限主导权（而非绝对主导权），不必过快、过急地扩大在印度洋的影响力（尤其是军事实力），而应加强与两国在反恐、反海盗、救灾、海底资源开发等领域的合作，稳步推动“和谐印度洋”理念的宣传与落实。

其次，积极参与印度洋的地区合作与对话机制，增强与美印的相互依赖度。国际机制为大国博弈提供了规范渠道，对舒缓大国间竞争发挥了重要作用，是维系国家安全的一大支柱。目前，印度洋地区的主要安全机制有印度洋海军论坛（IONS），印度将其作为印度洋主导力量的地位机制化，但由于担心外部力量与其争夺主导权，没有邀请中国和美国等国参与，影响了印度洋地区合作机制的权威性与效率。实际上，印度洋安全局势的日益复杂性客观上需要中美等国的更多参与，脱离大国参与的机制较难持续发展，目前印度洋海军论坛就基本上靠印度推动运行。因此，中国应积极推动地区合作机制的建设与改革，打造中美印共同参与的地区合作机制，以便更好地消除误解、协调立场。从宏观上看，不需要刻意推动新的机制，而应立足已有的两大机制，即印度洋海军论坛和环印度洋地区合作联盟（IOR-ARC，中美都是其对话伙伴国）。前者主要负责安全事务，包括打击海盗、联合反恐、海上通道联合巡逻等；后者着重强调经济与科技合作，如印度洋海洋管理、印度洋资源开发、海洋科学研究等。“环印度洋地区合作联盟的一些子机构已取得一定成就，如贸易投资工作组、环印度洋商务论坛、环印度洋学术网络等。”① 下一步，中国应联手美国，侧重提升这两大机制的包容度与开放性。从微观上看，中美印可以根据印度洋地区各个地理区域的安全形势特点，设立次区域安全合作机制或围绕特定议题的功能性合作机制。如中美印可牵头设立“亚丁湾海域打击海盗合作组织”，专责协调打击海盗。

再次，明确核心利益红线，统筹两洋战略。海洋对中国国家安全的重要性日益显现，而从近年来的国际局势看，印度洋与太平洋呈现更多的联动趋势。印度有学者就提出“印太战略”（Indo-Pacific），认为其与印度“东向政策”的推进“十分契合”。② 不过，印度海洋战略的重心在印度洋而非太平洋，“印度虽然关注太平洋和南海局势，但不可能在这些海域开展任何积极的部署行动”。③ 与之相对，中国的核心利益在太平洋和南海，与印度之间不存在直接的矛盾和冲突。美国则不同，防范与遏制将是其对华长期战略的关键内容，其在太平洋地区的“岛链战略”始终阻挠中国海洋利益的有效拓展。因此，中国可以统筹印度洋与太平洋的战略利益，尝试与印度进行“海权互置”，寻求与印度达成“划洋而治”的战略共识，以承认印度在印度洋的主导地位，换取其承认中国在南海的主权和在西太平洋的主导地位。倘若中国能与印度达成海权互置和战略保证，则既可以规避美国的岛链制衡，也能换得印度洋通道安全，集中精力应对南海和西太平洋的矛盾。在此过程中，中国应该向印度明确阐述在南海、台湾等问题上的立场，反对外部势力介入南海问题和钓鱼岛争端。当然，考虑到中印关系的复杂性，要有效地实施此项战略难度很大。但是，鉴于美印不是铁板一块，印度渴望谋求在印度洋而非太平洋的主导地位，中国“统筹两洋、携印制美”的策略并非完全不可能。

最后，加强对战略支撑国的经营，切实提升在印度洋的力量存在。中国与环印度洋地区的诸多国家关系良好，积极参与巴基斯坦、斯里兰卡等国的基础

---

① Australian Strategic Policy Institute, Sam Bateman, Anthony Bergin, *Our Western Front: Australia and the Indian Ocean*, March 2010, p. 47.

② Shyam Saran, "Mapping the Indo-Pacific", *Indian Express*, October 29, 2011.

③ Ajai Shukla, "Navy chief says Indian Ocean is priority, not South China Sea", *Business Standard*, August 8, 2012.

设施建设，稳步发展与西印度洋岛国的关系，与海湾国家的关系也呈稳步发展态势。即使一些对中国在印度洋的活动强烈怀疑的国家，也都希望与中国发展关系。此外，中国海军通过参与亚丁湾的联合护航，积累了一定的远洋力量投射的经验。因此，中国具备加大在印度洋的力量存在的客观条件。当然，中国尚不具备在印度洋建立前沿基地的实力，更不应有建立进攻性军事前沿基地的意图。即使需要设立海外军事基地，其目的也应侧重为中国的护航舰队提供补给等后勤保障，或者承担联合国维和任务等非战斗性功能。未来，中国可以尝试以经济开路，加强对重点国家（巴基斯坦、斯里兰卡等）的经营，将之打造成中国在印度洋的“固定战略基点”，同时加强海军力量作为“可移动的战略基点”，以便在出现危机时能保障中国的海上通道安全。在此过程中，中国应加大对印度洋地区公共产品的提供，经济和外交行动要谋求互利共赢，不得干涉他国内政，不得在没有联合国授权的情况下采取军事行动，切实塑造负责任大国的角色。

B.10 印度洋与中缅关系

邵建平*

摘　要：

由于特殊的地缘战略地位，缅甸是中国印度洋战略中的关键一环。长期友好的中缅关系为中国通过缅甸实施印度洋战略提供了可能。同时，中缅关系存在的各种问题也是中国通过缅甸推行印度洋战略的不确定性因素，尤其是美国、印度不乐见缅甸顺利地成为中国进入印度洋的战略通道，继而会加强与缅甸的关系以达到制衡中国或延缓中国推进印度洋战略的进度。中国要趋利避害，在夯实中缅关系的同时，大力倡导印度洋海洋多边主义，为印度洋战略的实施最大限度地减少阻力。

关键词：

印度洋　缅甸　中缅关系　地缘战略地位

一　缅甸的地缘战略地位

缅甸国土面积67.7万平方公里，在东南亚国家中仅次于印度尼西亚，是东南亚第二大国家。由于在地理位置上与新兴大国中国和印度毗邻，加之自然资源丰富，开发潜力巨大，因此缅甸在亚太地缘战略格局中的重要性愈发凸显。

（一）缅甸的地缘政治地位

缅甸位于亚洲东南部、中南半岛西部，处在亚洲中心、印度和东南亚的十

* 邵建平，云南大学国际关系学院博士研究生。

字路口，在东经 92°10′~101°1′，北纬 09°32′~28°31′之间。缅甸有 5 个陆上邻国，北部和东北部同中国西藏自治区、云南省相连；西部和印度、孟加拉国相临；东部与泰国、老挝毗连；南临安达曼海，西南接壤孟加拉湾，海岸线长达 2655 公里。

在中南半岛地缘政治格局中，缅甸的地缘政治地位非常重要。一方面，缅甸是中南半岛国家中国土面积最大的国家，其影响一直不可小觑。在历史上，缅甸就是东西方文化交流和贸易的重要通道，既是西南丝绸之路的必经之地，也是海上丝绸之路的重要据点。“二战”期间，从缅甸通往中国云南的滇缅公路成为中国军队的生命线，为抗战的胜利做出了巨大贡献。[①] 在亚洲地缘政治格局的演变过程中，缅甸的地缘政治地位更加凸显。缅甸北接中国，西邻印度，东扼中南半岛，南向印度洋，其周边大国纵横，地缘政治关系复杂，是战略必争之地。[②] 在中国国力不断上升、崛起速度不断加快的背景下，缅甸理所当然被域外患了“敌人缺乏症”的国家看作制衡和防范中国的理想“棋子”。正是出于这样的考虑，2009 年以来，一直对缅甸军人政权持敌视态度的美国、欧盟等西方国家也开始同缅甸加紧接触，并在双边关系上取得了突破和进展。美国解冻与缅甸的关系是美国“重返亚太”战略的一部分，其急于改善和加强与缅甸的关系具有制衡中国、削弱中国对缅甸影响力的战略考量。另一方面，由于与中印毗邻，中印在崛起过程中难免出现一定程度的竞争，缅甸毫无疑问会成为中印竞相拉拢制衡对方的对象。近年来，印度加大东进政策的投入，更多地从军事和战略角度考量东进政策，深化与缅甸在各个方面的合作，尤其是军事合作，其做法不排除借缅甸制衡中国的动机。因此，在亚太国际格局分化重组过程中，缅甸的地缘政治地位更加凸显。

（二）缅甸的地缘经济地位

一个国家或地区的地缘经济地位主要由该国或该地区的地理位置、资源禀赋等因素来决定。不管是地理位置还是资源禀赋，缅甸在亚洲地缘经济中的地

① 李晨阳：《军人政权与缅甸现代化进程研究（1962~2006）》，香港社会科学出版社有限公司，2009，第 79 页。

② 周鑫宇：《美国对缅政策调整述评》，《现代国际关系》2012 年第 2 期，第 63 页。

位都非常高。首先，从其地理位置来看，缅甸不仅是中国与东盟经济合作的窗口，也是东南亚与南亚国家经济合作的前哨。在中国－东盟自贸区建成、大湄公河次区域经济合作不断推进、湄公河－恒河倡议提出的背景下，缅甸在次区域、区域合作中的地位不断凸显，地缘经济地位不断上升。其次，从缅甸的资源禀赋来看，缅甸的能源资源石油、天然气储量丰富，主要分布在缅甸重要盆地伊洛瓦底江两岸和沿海大陆架地区。从缅甸北部亲敦江上游起，向南一直延伸到安达曼海大陆架，长约1100公里，总面积25.2万平方公里（大陆架面积为9.5万平方公里）。在国际能源资源日趋短缺的背景下，缅甸能源资源丰富的优势更加明显。21世纪以来，随着“多边外交”战略的实施和深化，利用自身能源资源富集产生的地缘经济优势打“能源牌”已经成为缅甸在各邻国间，尤其是中国和印度间纵横捭阖的重要手段。

二　缅甸在中国印度洋战略中的作用

（一）中国印度洋战略的利益分析

印度洋是世界第三大洋，面积约7500万平方公里，东起马六甲海峡，西至霍尔木兹海峡，是联系亚洲、非洲和大洋洲的海上战略通道。尽管中国不属于印度洋国家，但作为一个正在崛起的地区性大国，印度洋地区和中国的国家利益具有密切的关系。从目前和将来一段时间来看，中国在印度洋的利益主要是经济安全利益和政治外交利益。

1. 经济安全利益

中国在印度洋地区最重要的国家利益是经济安全利益，由于在现行的国家经济运行中，能源安全，尤其是充足的油气资源供应是经济安全的重要保障。而在世界油气资源储备格局中，印度洋地区占有世界8大油气储备地区中的3个：分别是波斯湾及其沿岸、印度尼西亚沿海和大陆架、澳大利亚西北大陆架，这3个地区的油气储量占世界油气总储量的70%以上。[①] 其中，波斯湾及

① 朱翠萍：《中国的印度洋战略：动因、挑战与应对》，《南亚研究》2012年第3期，第3页。

其沿岸是中国油气资源进口最多的地区，而印度洋是中国从波斯湾地区进口油气资源的必经通道，关乎中国的经济安全。

2003 年，中国首次超过日本成为世界第二大能源消费国，当年中国石油总量的 30% 都来源于进口。随着经济的持续高速发展，中国石油对外依存度也从 2003 年的 30% 增长到 2012 年的 57%。[①] 按照目前的经济发展速度和发展模式，至 2015 年，中国进口原油将达到 3.7 亿吨或 740 万桶，石油的对外依存度将达到 65%。[②] 因此，稳定的原油供应是中国经济持续发展的保障，跨境和海上石油运输航线的安全直接关乎中国的经济安全。确保从中国沿海地区到印度洋海域的航线畅通和安全是中国能源安全的核心关切。

目前，随着中国海军力量的发展，尤其是 2008 年 12 月后数次派遣中国海军护航舰艇编队赴亚丁湾、索马里海域执行护航任务，使西方学者和印度学者认为中国正在印度洋地区构筑“珍珠链战略”，控制印度洋的海上能源通道[③]，中国对印度洋地区其他国家进行军事和经济援助，并在波斯湾口和斯里兰卡东南端分别修建瓜达尔港和汉班托塔港是想构筑围堵印度的战略链条。[④] 其实，中国并非想要也无力控制印度洋海上航线、称霸印度洋，而只是为了印度洋的航线安全，确保自身通过印度洋的海上贸易，尤其是能源进口通道的安全。

据统计，中国每年约有 30% 的海上贸易要通过印度洋地区，贸易额约有 3000 亿美元。[⑤] 从全世界范围来看，超过 80% 的石油运输都要经过印度洋地区。[⑥] 中国约 77% 的石油进口来源于西亚非洲地区，但这些石油绝大部分都要经过印度洋绕过马六甲海峡才能运回国内。因此，确保航线安全是中国印度洋

---

① 《中国的能源政策白皮书（2012）》，中华人民共和国中央政府门户网站，http：//www.gov.cn/jrzg/2012-10/24/content_2250377.htm，2012 年 10 月 24 日。

② 《2015 年石油对外依存度或达 65%》，新华网，http：//news.xinhuanet.com/energy/2011-11/29/c_122348214.htm，2011 年 11 月 29 日。

③ Gurpreet S. Khurana，“China's ‘String of Pearls’ in the Indian Ocean and Its Security Implications”，*Strategic Analysis*，Vol. 32，No. 1，January 2008.

④ Adm. Arun Prakash（Retd），“China's Maritime Challenge in the Indian Ocean”，*Maritime Affairs*，Vol. 7，No. 1 Summer 2011，p. 5.

⑤ Analysis of China's Foreign Trade in First Quarter 2007，Hong Kong Trade Development Council，May 21，2007，http：//www.tdctrade.com/report/indprof/indprof 070507.htm.

⑥ Sergei DeSilva-Ranasinghe，Why the Indian Ocean Matters，The Diplomat，March 02，2011，http：//thediplomat.com/2011/03/02/why-the-indian-ocean-matters/.

战略的最主要的利益。

2. 政治外交利益

中国同印度洋地区的大部分国家都保持着友好合作关系，尤其与缅甸和巴基斯坦的关系是大国与小国关系的典范。其中“全天候战略伙伴关系”被学者誉为中巴“比海深，比山高”的友谊。① 正因为如此，尽管中国从未明确提出过印度洋战略，但有学者认为中国在印度洋的利益可以追溯到20世纪60年代，当时中国为印度洋地区的亚非国家提供经济和军事援助就是为了捍卫自身在印度洋地区利益的表现。② 所以，与印度洋地区国家间的友好合作符合中国的政治外交利益。尤其是在中国崛起背景下，印度洋地区是中国实践“睦邻、安邻、富邻”周边外交政策的重点地区。因此，印度洋地区是中国和平发展的示范区，是中国不称霸的试验田，也是“中国威胁论”的消音器。

（二）缅甸对中国实施印度洋战略的意义

缅甸在地理位置上是一个印度洋国家，而又与中国陆上直接相连。因此，缅甸在中国打通西南大通道、实施印度洋战略、维护自身在印度洋地区的利益中扮演着极其重要的角色，它是中国进入印度洋的最捷径。

1. 缅甸是中国破解“马六甲困局”的最佳通道

（1）中国的“马六甲困局”。马六甲海峡是沟通南中国海和安达曼海之间的一条狭长水道，与巽他海峡和龙目海峡一起被称为“东南亚的门户”。马六甲海峡是扼守太平洋与印度洋之间的咽喉要道，也是东亚地区经济发展的“生命通道”。按船舶通行的繁忙程度及其所载运的货物数量计算，马六甲海峡仅次于英吉利海峡，在全世界114个具有国际意义的通航海峡中居第二位。因此，马六甲海峡有“东方的直布罗陀海峡”之称。目前，马六甲海峡由沿岸三国新加坡、印尼和马来西亚共管，每年通过马六甲海峡的船只超过5万

① Sudha Ramachandran, “India frets as China and Pakistan embrace”, Nov 8, 2003, http://www.atimes.com/atimes/South_Asia/EK08Df06.html.

② Gurpreet S. Khurana, “China's ‘String of Pearls’ in the Indian Ocean and Its Security Implications”, *Strategic Analysis*, Vol. 32, No. 1, January 2008, p. 1.

艘，约有25%的国际贸易商品都得通过马六甲海峡。①

对于中国而言，马六甲海峡是中国最重要的海上石油运输通道，关乎中国的石油安全。中国自1993年起就成为石油净进口国，经过近20年的发展，中国已经成为最大的石油进口国之一。截至2011年，中国石油的对外依存度已经超过美国，成为世界上石油对外依存度最高的国家。而且中国从中东、非洲进口原油的80%是通过马六甲海峡运输的。因此，马六甲海峡成为中国的能源“咽喉要道”。

马六甲海峡对于中国的能源安全、经济安全至关重要，因此中国面临着复杂的“马六甲困局”。第一，印尼、新加坡和马来西亚共同控制着马六甲海峡，中国在海峡的管控方面发言权甚微。由于新加坡、印尼和马来西亚在安全上依赖美国的传统难以改变，尤其是在美国“重返亚太”战略背景下，它们会凭借美国力量制衡中国在东南亚地区的影响力，而马六甲海峡就是美国联合东南亚国家制衡中国的着力点之一。假如在非和平状态下，难以排除新加坡倒向美国一边，对中国过往船只进行截留。因为与马来西亚和印尼相比，新加坡意识到自身的安全环境更加脆弱，更加寄希望于美国军事力量常驻东南亚地区。因此，新加坡是大国平衡外交政策主要倡导者。2009年11月，新加坡内阁资政李光耀在访美发表演讲时就公开宣称“美国如果不能继续参与亚洲事务，以制衡中国的军事和经济力量，很可能导致其世界霸主地位的丧失”，呼吁美国加大参与亚洲事务的力度以制衡中国。第二，尽管中国的海军现代化取得了重大进步，但目前仍然没有能力确保马六甲海峡的畅通无阻。第三，马六甲海峡已经被美国列入其实施全球战略必须控制的16条咽喉水道之一。在中美战略博弈大背景下，美国控制马六甲海峡的野心一直存在。尤其是在中美双方发生战争的情况下，美国很有可能封锁中国的能源咽喉马六甲海峡。因此，“马六甲困局”产生的最主要原因是面临美国的威胁。② 2011年4月，美军太平洋舰队司令法戈决定依据以反恐之名制定的《区域海事安全计划》向马六甲海峡地区派驻海军陆战队和特种部队，防止

① http://en. wikipedia. org/wiki/Strait_ of_ Malacca.

② 李晨阳等：《破解马六甲困局之中国方案分析》，《参考消息》2004年8月5日。

恐怖主义袭击。美国谋求控制马六甲海峡的野心从其《区域海事安全计划》可见一斑。第四，马六甲海峡在和平时期遭受非传统安全威胁的事件时有发生，海盗和恐怖主义袭击威胁着过往船只的安全。而每天通过马六甲海峡约60%的船只都属于中国。

有学者认为中国的“马六甲困局”是一个十足的伪命题，因为“马六甲困局”的成立是建立在以下三个核心假设基础上的：马六甲海峡运输能力已处于饱和状态、和平时期的非传统安全因素可能会导致马六甲海峡断航、非和平时期美国会封锁这一海上交通瓶颈。经过研究，薛力博士认为以上三个假设都不成立。[①] 尽管如此，笔者认为马六甲海峡面临的问题不只是以上三个，中国在海上石油运输通道方面高度依赖马六甲海峡本身就是一个“困局”。马六甲海峡存在的问题包括水道狭窄、海盗、海上恐怖主义、烟雾造成的可见度低、水深渐浅导致的搁浅等，不仅仅只是以上三个假设。因此，本文认为，中国的“马六甲困局”一直存在。

此外，从现实角度来看，海上石油运输对马六甲海峡的高度依赖，海上运输通道的单一始终是中国能源安全的最大隐患。因此“马六甲困局”是否成立其实不重要，构建更多的能源运输通道，减轻对马六甲海峡的依赖仍然非常必要。

（2）缅甸是中国破解“马六甲困局”的最佳战略选择。为了缓解“马六甲困局”，中国学者和各个能源机构曾提出了多个解决方案。主要有建造泛亚石油大陆桥（包括中俄原油管道、中亚－中国油气管道）、开凿克拉运河、修建横穿克拉地峡的输油管道、修建从吉大港到云南昆明的输油管道、建设从巴基斯坦的卡拉奇港到新疆的输油管道、铺设从缅甸实兑（或皎漂港）至云南昆明的输油管道等。其中开凿克拉运河和修建中缅油气管道最引人注目。但开凿克拉地峡运河面临诸多障碍[②]：第一，工期长、耗资大。开凿克拉运河的工期长达10~15年，耗资200亿~280亿美元，泰国政府和中国政府都无力承担如此巨大的工程投入。第二，多边合作修建难以协调。尽管运河未来的主要

---

① 详见薛力《“马六甲困局”内涵辨析与中国的应对》，《世界经济与政治》2010年第10期。

② 参见李晨阳等《破解马六甲困局之中国方案分析》，《参考消息》，2004年8月5日；薛力：《“马六甲困境”内涵辨析和中国的应对》，《世界经济与政治》2010年第10期，第132页。

使用者中日韩三国具有开凿运河的技术和资金，但三国缺乏足够的互信合作开凿运河。而且据估计，运河开通后要140年才能收回成本，这更增加了中日韩合作开凿运河的难度。第三，克拉运河经过的泰国南部穆斯林势力一直谋求独立，由于运河刚好把北大年、那拉提瓦、也拉等五府长期与泰国国土主体隔离，增加了他们独立的可能性。第四，克拉运河的修建遭到新加坡、马来西亚和印尼的反对。运河的开通会对三国的经济造成危害，因为目前通过马六甲海峡中大概30%的船只将改走运河，可能直接导致新加坡的衰退。如果修建运河，势必造成泰国与上述三国的不合，不利于东盟共同体的建设；同时也会对中国与上述三国的关系造成影响。第五，运河的修建仍然不能排除美国的控制和在战时对运河的封锁，因为美国和泰国具有密切的军事合作关系。与克拉运河对比，通过缅甸修建中国通往印度洋的战略通道就成为破解“马六甲困局”的最佳战略选择。尽管有学者认为中缅油气管道的修建对于化解中美冲突导致的“马六甲困局”没有什么效果①，但与其他方案相比，修建中缅油气管道的优势远远大于劣势，也是目前应对“马六甲困局”的最佳战略选择，最具可操作性。中缅油气管道的修建能够大幅降低中国对马六甲海峡的依赖程度。据估计，该管道将把中国对马六甲海峡的能源运输依赖度降低1/3，中国到中东、非洲的能源航程可以缩短1200公里。②

修建中缅油气管道的提议和计划于2004年提出，经过谈判和沟通，2009年3月，中国与缅甸签署了《关于建设中缅原油和天然气管道的政府协议》，计划建设从缅甸实兑港到云南昆明的油气管道。2010年，中缅油气管道正式开工建设，管道的建成将在一定程度上缓解中国对马六甲海峡的依赖程度，降低中国从海上进口原油的风险；有利于实现石油海上运输通道多元化，维护中国能源供应安全。此外，中缅油气管道的修建也是中国通过缅甸走向印度洋通道建设的典范，其本身也为中国走向印度洋提供了战略支撑。

---

① 薛力：《“马六甲困境”内涵辨析和中国的应对》，《世界经济与政治》2010年第10期，第138页。

② 潘寅茹：《中缅天然气管道今年5月开通　中国能源进口渠道多元化》，《第一财经日报》2013年1月23日。

2. 与缅甸的关系将成为中国发展与印度洋地区其他国家关系的典范

过去20多年，中缅两国在政治、经济、文化等各个领域都开展了密切的合作。2011年，中缅关系升级为“全面战略合作伙伴关系”。尽管有西方学者和媒体嫉妒中缅关系的发展，存在酸葡萄心理，把缅甸喻为中国的附庸、卫星国，但中缅关系是正常的国家间关系，两国关系深入发展、相互依赖不断加强主要是得益于两国在地缘上的邻近。总之，1988年以来的中缅关系虽然是不平衡的、不对称的，但两国间的政治经济合作是互惠互利的。缅甸既不是中国战略棋盘上的棋子，也不是中国的经济枢纽，更不是中国的卫星国。① 从长远看，中国要继续深化与缅甸的合作关系，把中缅关系塑造成与印度洋其他国家关系的典范，推进中国在印度洋地区的政治外交利益。

三　中国通过缅甸走向印度洋的优势和劣势

长期友好的中缅关系为中国通过缅甸进入印度洋提供了可能，缅甸是中国走向印度洋的最佳战略通道，但中国通过缅甸走向印度洋具有优势的同时，也面临一定的不利因素。

（一）中国通过缅甸走向印度洋的有利因素

中缅关系的长期友好是中国通过缅甸走向印度洋的有利因素和根本保障。自建交以来，尽管中缅两国外交政策几经调整，但友好合作一直是两国关系的主流。尤其是1988年以来，随着缅甸新军人政权的巩固，中缅两国关系不断深化，合作领域不断拓宽，双边关系成为中国与印度洋地区国家间关系的典范。目前，尽管中缅关系存在着一些问题，但两国友好合作的大局不会变，中国和缅甸都将继续珍视与对方的关系。对于中国来说，缅甸是周边外交政策实施最重要的一环，因此将会继续重视推进与缅甸的

① Poon Kim Shee, The Political Economy of China-Myanmar Relations: Strategic and Economic Dimensions, Ritsumeikan Annual Review of International Studies, The International Studies Association of Ritsumeikan University, 2002, p. 50 – 51, http://www.ritsumei.ac.jp/acd/cg/ir/college/bulletin/e – vol1/1 – 3shee.pdf.

关系。而缅甸的发展、转型也离不开中国，正如缅甸总统登盛2012年9月所说："尽管缅甸目前正处于转型阶段，但仍然继续将中国视为真正的朋友。"①

1. 中缅不断深化的政治外交关系

中缅1950年建交以来，除了在1967~1970年两国发生过不愉快外，两国一直睦邻友好，在国际和地区事务中保持高度一致，双边关系发展平稳。两国老一辈领导人建立起"胞波"情谊，互访频繁。周恩来总理曾9次访缅，吴奈温总理则12次访华。

21世纪以来，中国和缅甸延续了高层频繁互访的传统。缅甸国家元首钦钮总理、梭温总理、丹瑞大将、登盛总统都先后访问过中国。其中登盛总统截至目前已经作为缅甸的国家元首两次访华。温家宝总理和全国人大常委会吴邦国委员长也分别于2010年6月和2012年9月先后访问了缅甸。频繁的高层互访不仅是中缅两国关系友好的表现，也是两国关系持续发展和深化的保障。在登盛总统2011年5月访华期间，中缅签署了《关于建立全面战略合作伙伴关系的联合声明》，把双边关系升级为"全面战略合作伙伴关系"。中缅两国表示将加强在各个领域、各种层次的合作；加强在国际场合的相互协调，将两国全方位合作带上新的起点。两国还重申相互尊重对方的核心利益：中国表示继续"尊重缅甸的独立、主权和领土完整，支持缅方走符合本国国情的发展道路；缅甸则表示继续奉行一个中国政策，承认中华人民共和国政府是代表全中国的唯一合法政府，台湾是中国领土不可分割的一部分，继续支持两岸关系和平发展和中国的和平统一大业"②。

2. 中缅经济合作持续推进

1988年以来，中缅经济合作领域宽泛，双方的合作领域包括贸易、投资、援助等方面。目前，中国是缅甸最大的外资来源国、最大的援助来源国和第一

① Relations with China still strong, says Burma president, Australia Network News, Sep 23, 2012, http://www.abc.net.au/news/2012-09-22/an-burma-china-relationship-wont-change-says-president/4275550? section=australianetworknews.

② 《中国与缅甸关于建立全面战略合作伙伴关系的联合声明》，新华网，2011年5月28日，http://news.xinhuanet.com/world/2011-05/28/c_121467764.htm。

大贸易伙伴。

中缅两国政府对双方经济合作都非常重视。对于中国来说，缅甸是中国企业“走出去”的重要市场；资源丰富的缅甸能够为中国经济建设和经济的可持续发展提供所需要的自然资源，尤其是能源资源；具有重要地缘政治地位的缅甸是中国西南通往国际市场的重要贸易通道。对于缅甸来说，因为在2003～2010 年长期遭受西方国家的经济制裁，因此把推动与中国的经济合作看作自身经济发展、突破西方国家经济封锁、实现经济现代化的必要条件。为此，缅甸早在 1996 年 2 月就成立了由钦纽任主席、12 个主要政府部门部长组成的“缅中经济合作促进委员会”，对中缅经济合作进行指导。

在两国政府高度重视下，中缅经济合作不断取得突破。在贸易领域，1971 年，中缅签署了贸易协定，双方相互给予最惠国待遇；1994 年，两国政府签署了《关于边境贸易的谅解备忘录》；1997 年，两国政府签署了《关于成立经济贸易和技术合作联合工作委员会的协定》。20 世纪 90 年代以来，中缅双边贸易持续增长。尤其是随着边境贸易的发展，到 2002 年，中缅贸易额实现了突破，中国仅次于新加坡和泰国，成为缅甸第三大贸易国。此后，在中国－东盟自由贸易区框架下，中国政府在 2004 年 1 月 1 日和 2006 年 1 月 1 日分别对 110 种和 87 种缅甸出口中国的商品实行免关税优惠政策。2006 年以来中缅贸易增长迅速，2010 年，中国超越泰国成为缅甸的第一大贸易伙伴，双边贸易额达到 44. 44 亿美元。根据缅甸中央统计局最新数据显示，2011/2012 财年，缅中贸易额达到 50. 01 亿美元。① 在中缅贸易中，滇缅边境贸易占有很大的比重。据统计，在 2011～2012 财年，中缅边境贸易额达到 27. 19 亿美元，其中滇缅边境贸易占中缅贸易总额的 70%。② 随着中缅油气管道的建成并运营，油气贸易将在中缅贸易中占据重要地位，能源合作将成为中缅经济合作的重要内容。缅甸对中国的油气出口将确保中国继续保持缅甸第一大贸易国的地位。

---

① 《中国成为缅甸第一大贸易伙伴》，中国自由贸易区服务网，http：//fta. mofcom. gov. cn/article/ftazixun/201207/10536_ 1. html，2012 年 7 月 12 日。

② 《缅中边境贸易额增加》，中华人民共和国驻缅甸联邦共和国大使馆经济商务参赞处，2012 年 4 月 5 日，http：//mm. mofcom. gov. cn/aarticle/zxhz/tjsj/201204/20120408051266. html。

在投资领域，2001 年，中缅两国政府签署了《关于鼓励促进和保护投资协定》。该协定是缅甸政府与外国政府签订的第一个投资保护协定，有力地推动了中国企业到缅甸投资的热情。根据缅甸国家计划与经济发展部提供的数据，截至 2010 年 7 月 31 日，缅甸共批准了 31 个国家在缅 12 个领域的 440 个项目，投资总额达 319 亿美元。其中中国的投资从 2010 年 1 月的 18 亿美元猛增到 123 亿美元（含香港）。① 到 2011 年 2 月，中国对缅投资达到 96 亿美元，超过泰国的 95.6 亿美元，成为缅甸最大的外资来源国。②

1988 年 9 月以来，中国还向缅甸提供了一定的无偿援助和优惠贷款，并免除了缅甸部分到期债务。2003 年，中国向缅甸提供了 2 亿美元的优惠贷款和 625 万美元的物资援助③；2005 年，中国承诺向缅甸提供 1 亿美元的援助④。2006 年 6 月，中国政府公开表示向缅甸提供 2 亿美元的低息特别贷款，用于缅甸政府 5 个部门的计划项目。⑤ 缅甸军政府最高领导人丹瑞于 2010 年 9 月 7 ~ 11 日访问中国期间，中国进出口银行和国家开发银行与缅甸签署了中国向缅甸提供 42 亿美元无息贷款的协议，这笔贷款将用于水电、信息技术、公路和铁路等项目建设，期限为 30 年。⑥ 2010 年 11 月 30 日，中国发展银行与缅甸外国投资银行签署协议，中国向缅甸提供 24 亿美元的贷款用于中缅天然气

① 《中国（含香港）跃居外国对缅甸投资首位》，中华人民共和国驻缅甸联邦共和国大使馆经济商务参赞处，2010 年 10 月 15 日，http://mm.mofcom.gov.cn/aarticle/zxhz/tjsj/201010/20101007188073.html。

② 《截至 2010/2011 财年外国对缅甸投资总额超 360 亿美元》，中华人民共和国驻缅甸联邦共和国大使馆经济商务参赞处，2012 年 5 月 4 日，http://mm.mofcom.gov.cn/aarticle/zxhz/tjsj/201105/20110507531906.html。

③ C. S. Kuppuswamy, "Sino-Myanmar Relations and its Pact on the Region", March 3, 2011, http://www.eurasiareview.com/03032011 - sino - myanmar - relations - and - its - impact - on - the - region/.

④ Japan Focus, 2006, 转引自 C. S. Kuppuswamy, "Sino-Myanmar Relations and its Pact on the Region", March 3, 2011, http://www.eurasiareview.com/03032011 - sino - myanmar - relations - and - its - impact - on - the - region/。

⑤ Genser, Jared. Testimony to U. S. - China Economic and Security Review Commission, August 3, 2006.

⑥ 转引自 C. S. Kuppuswamy, "Sino-Myanmar Relations and its Pact on the Region", March 3, 2011, http://www.eurasiareview.com/03032011 - sino - myanmar - relations - and - its - impact - on - the - region/。

管道的建设。[①]

密切的中缅经济合作既是中国印度洋战略的一部分，同时也是中国深化、夯实与缅甸关系，继而通过缅甸推进印度洋战略的重要保障。

（二）劣势

尽管缅甸因其重要的地缘政治、地缘经济地位成为中国实施印度洋战略的重要的战略通道，中缅关系长期友好也为中国通过缅甸走向印度洋提供了可能。但因中缅关系存在诸多不确定因素，导致中国通过缅甸实施印度洋战略面临诸多挑战和困难。在中缅关系的不确定因素中，既有中缅关系本身的不利因素，也有来自外部因素的挑拨和挑战。

1. 中缅关系本身的不利因素

因为缅甸是一个民族主义极强的国家，一直以来都能独立地成功处理对外关系[②]，因此自独立以来“中立主义”一直是缅甸外交政策的基石。除了1988～1992年为了应对西方国家严厉的经济制裁保持与中国的特殊友好外，缅甸一直把“中立主义”奉为圭臬。正因为如此，吴登盛在其总统就职演讲中指出[③]，自缅甸独立以来，各届政府虽在政治、经济、政策方针、理论问题等方面存在分歧，但在外交政策方面却出奇地一致，奉行的是不偏不倚、独立自主的外交政策，在处理国际关系事务方面一直坚持“和平共处五项基本原则”；“不盲从于任何大国的影响，在国际关系中保持中立，不允许任何国家在缅甸领土设立军事基地，不挑衅或侵略任何国家，不干涉他国内政，从不威胁国际和地区的安全与稳定”。上述方针一直都是缅甸引以为傲的外交方针和政策。因此，尽管友好合作一直是中缅关系的主流，但缅甸不会“盲从于任

① Juliet Shwe Gaung, Massive loan from China to fund gas investment, Myanmartimes, December 13 – 19, 2010, http://www.mmtimes.com/2010/business/553/biz55301.html.

② Poon Kim Shee, The Political Economy of China-Myanmar Relations: Strategic and Economic Dimensions, Ritsumeikan Annual Review of International Studies, The International Studies Association of Ritsumeikan University, 2002, p.51, http://www.ritsumei.ac.jp/acd/cg/ir/college/bulletin/e – vol1/1 – 3shee.pdf.

③ The New Light of Myanmar: President U Thein Sein delivers inaugural address to Pyidaungsu Hluttaw, 31 Mar 2011, http://www.burmanet.org/news/2011/03/31/the – new – light – of – myanmar – president – u – thein – sein – delivers – inaugural – address – to – pyidaungsu – hluttaw/.

何大国”，成为任何国家的附属国。

由于对中国缺乏信任，缅甸并没有把自己的命运完全系在中国上，从其外交政策来看，缅甸过去并非不愿意和美国、欧盟等西方国家建立正常的国家间关系。为了使自己减轻对中国的依赖，缅甸在 2010 年大选后处理大国关系时奉行“等距离外交”，在保持与中印传统友好的同时，积极改善与美国、欧盟等西方国家的关系。

从将来一段时间看，因为缅甸对中国缺乏信任和对中国的担忧，中缅全方位战略合作伙伴关系在重大问题上，尤其是军事合作领域很难取得突破。缅甸领导人也不会乐见中国通过自己的国土走向印度洋，继而引起另外一个邻邦印度的不满。

随着中缅关系的深入发展，“走出去”到缅甸经商和投资的企业和商人不断增多。然而，到缅甸经商的少数中国企业和商人片面追求经济利益，不重视履行社会责任，不注意当地的环境保护问题，甚至不遵守当地法律法规和风俗习惯，他们的行为导致缅甸民间对中国企业和商人的仇视和不满。

2. 缅甸与西方国家关系的解冻和改善

不管是过去的军政府还是现在的文官政府都非常渴求与西方国家关系正常化，因为与西方国家关系正常化才符合缅甸“平衡外交”的政策。2009 年以来，缅甸与西方国家的关系一定程度上得到了解冻。2010 年大选后，缅甸与西方国家关系获得了改善。尽管西方国家指责缅甸大选“欠缺自由和公正，未满足任何国际标准”，但都先后通过与缅甸新政府开展交往与合作等实际行动默认了缅甸新政府的合法性，并逐步放松对缅甸的制裁。2010 年 12 月，美国助理国务卿帮办约瑟夫 · 云在缅甸大选后仅一个多月即访问缅甸。约瑟夫 · 云对缅甸的访问是美国谋求改变对缅政策的重要表现。在此背景下，美国负责亚太事务的多位官员都先后对缅甸进行了访问，两国关系也不断取得进展。2011 年 11 月 30 日，美国国务卿希拉里对缅甸开展了为期 3 天的访问。希拉里是自 1962 年以来，首位到缅甸访问的美国国务卿，也是 50 年来访问缅甸的美国高层官员。2012 年 9 月 25 日，吴登盛首次以缅甸总统的身份借出席联合国大会访问美国，成为 46 年来首位访问美国的缅甸国家元首。吴登盛访问美国成为美缅关系和解的最好注脚。此外，英国政府也于 2011 年 3 月 1 日表示为帮助缅甸的发展，在未来4年内，英国对缅援助资金将增加两倍，到2015年援助总额将增加到2.24亿英镑。

缅甸与西方国家关系的解冻和改善，尤其是与美国关系的改善对中缅关系产生了一定的冲击。在新兴大国与霸权守成国矛盾背景下，美国全面改善与缅甸关系在很大程度上是针对中国的。一方面，通过与缅甸改善关系，美国想要与中国争夺在缅甸的影响力；另一方面，由于缅甸是中国实施印度洋战略的关键所在，而印度洋是美国的传统霸主。在一些学者和政策制定者眼里，印度洋的两个咽喉要道对美国极其重要，一个是马六甲海峡并一直延伸到南中国海海域，另一个是霍尔木兹海峡。他们建议美国政府应该极力阻止美国潜在的对手或敌人中国和伊朗控制这两个要道。① 因此，他们认为美国应该阻止中国主导印度洋，“郑和下西洋的壮举大大提升了中国当时在印度洋的软实力，扩大了中国的影响，而现在美国不能让这种场景再现，不能让中国在印度洋地区占据主导地位。对中国在印度洋的意图和行动，美国要密切关注”②。美国目前也在上演印度20世纪90年代对缅甸的“回头外交”，开始从理想主义回到现实主义，改变政治上孤立、经济上制裁缅甸的政策。美国试图改善与缅甸的关系既是其“重返亚太”战略的一部分，也有主导印度洋、防止中国通过缅甸实施印度洋战略的盘算，具有牵制中国的色彩。

3. 印度不希望中国经过缅甸进入印度洋

对于印度来说，缅甸是其“东向政策”的第一站，是遏制中国崛起的重要依托，是解决其东北部民族问题不可或缺的合作伙伴，还是印度重要的油气来源。对于缅甸来说，印度也是其外交战略的重要依托。1988年9月，缅甸军政府上台执政后，以“亚洲最大的民主国家”自居的印度政府基本断绝了与缅甸军政府的交往，并对缅甸的反政府势力给予帮助和支持。到1993年，印度开始对缅甸施展“回头外交”，调整对缅政策，从理想主

① Michael J. Green and Andrew Shearer, “Defining U. S. Indian Ocean Strategy”, *The Washington Quarterly*, Vol. 35, No. 2, Spring 2012, pp. 177 – 178.

② Toshi Yoshihara and James R. Holmes, “Chinese Soft Power in the Indian Ocean”, *Working Paper*, October 2009, p. 13, 转引自时宏远《美国的印度洋政策及其对中国的影响》，《国际问题研究》2012年第4期，第71页。

义回到了现实主义。经过近20年的发展，印度与缅甸的关系仅次于中缅关系，双方的军事合作水平甚至超过了中缅军事合作。缅甸大选后，印度对缅甸的大选持肯定态度，对缅甸新政府的成立表示欢迎，并给予积极评价。2011年6月，印度外长克里希纳访问缅甸。一直以来，印度都把印度洋视为自己的“内湖”，不希望中国的力量能够到达印度洋地区危及自身的“大国梦”。因此，印度对中国的快速崛起非常敏感，不乏失落与惊恐之心态，故常有防范之心和制衡之意①，难免试图将缅甸作为阻止中国进入印度洋的战略屏障。

从长远看，中国试图控制印度地缘范围内的任何举动都毫无疑问会引起印度的反抗。② 印度加强与缅甸的关系都是为了与中国争夺在缅甸的影响力。有学者认为“印度的缅甸政策的目标是要考量缅甸与中共间的战略关系”③。“印度于1993年后调整对缅政策，对缅甸实施“回头外交”是为了防止缅甸完全倒向中国。”④ 目前，在中印共同崛起和中国谋求通过缅甸实施印度洋战略背景下，印度和中国争夺在缅甸影响力的态势将更加激烈。2012年7月27日，印度总理辛格访问缅甸，成为25年来首位访问缅甸的印度总理。印度此举是为了和中国争夺对缅甸的影响力。印度认为缅甸的地缘战略位置非常重要，中国很可能借助缅甸将自己的影响力扩展到孟加拉湾地区继而危及自己的利益。尼赫鲁大学教授什里坎特·孔达巴里就认为：“中国在印度洋小国大兴援建项目完全是为确保能源和贸易安全，但当石油变得短缺之时，这些深水港可能将用于军事和战略目的，达到包围印度的目的。‘很明显，中国对印度洋的关注并非完全是出于贸易考虑，还可能是21世纪的大战略设计’。”⑤

① 张贵洪、邱昌情：《印度“动向”政策的新思考》，《国际问题研究》2012年第4期，第101页。

② James R. Holmes & Toshi Yoshihara, China's Naval Ambitions in the Indian Ocean, Journal of Strategic Studies, Vol. 31, No. 3, June 2008, p. 369.

③ Andrew Selth, "Burma and the Strategic Competition Between China and India", *The Journal of Strategic Studies*, Vol. 19, No. 2, June 1996, p. 213.

④ C. S. Kuppuswamy, "Sino-Myanmar Relations and its Pact on the Region", March 3, 2011, http://www.eurasiareview.com/03032011-sino-myanmar-relations-and-its-impact-on-the-region/.

⑤ 《外媒：中国坚定蚕食印度后院　解套马六甲困局》，《环球时报》2010年5月21日。

四　对巩固缅甸在中国印度洋战略中地位的思考

经过上文分析，缅甸在中国印度洋战略中的地位举足轻重，是中国走向印度洋破解“马六甲困局”的最佳战略通道。从目前态势来看，尽管中缅关系长期友好为中国通过缅甸走向印度洋提供了可能性，但中缅关系存在的一系列变数加之印度、美国不乐见中国的影响力到达印度洋，使中国经缅甸实施印度洋战略面临诸多挑战。为此，中国应该趋利避害，夯实中缅友好合作关系，积极主动应对面临的各种挑战，实施通过缅甸走向印度洋的战略。具体来说，要继续夯实中缅关系，在通过缅甸实施达到印度洋的“通道建设”过程中要顾及缅甸尤其是当地人的利益，与缅甸尤其是当人共同发展、积极倡导印度洋海洋多边主义，向各方澄清中国印度洋战略的利益诉求。

（一）夯实中缅关系

缅甸是中国实施印度洋战略的最佳通道，中缅全面战略合作伙伴关系的继续深化是中国通过缅甸实施印度洋战略的关键。如上文所述，中缅关系面临一系列的挑战和不确定性，因此继续夯实中缅关系才能确保中国经缅甸实施印度洋战略的顺利展开。具体来说，中国应该从以下几个具体方面入手，推动中缅关系继续深化发展。

1. 继续高度重视缅甸在中国外交战略中的地位

从地缘政治、地缘经济角度来看，在未来很长一段时间，缅甸仍然是我国和平崛起的重要战略依托。中缅战略合作伙伴关系关乎我国经济、政治、安全和战略利益。尤其是在中国的印度洋战略背景下，缅甸对于我国的重要性更加凸显。因此，我国要继续从战略高度重视缅甸在中国外交战略中的地位和作用，借中缅全面战略合作伙伴关系建立之机，全方位提升中缅关系的层次，拓展中缅合作的领域。除了在能源开发等传统领域深化合作之外，要在农业合作开发、建立合资企业、建设跨国铁路和公路、环境保护、教育文化交流等领域加强全方位合作，进而夯实中缅关系的基础。

2. 正视中缅关系中存在的“民间问题”

在缅甸的中国人和到缅甸投资经商的中国企业是中国“睦邻、安邻、富邻”周边外交政策的直接践行者，他们的言行对中国国家形象在缅甸的建构具有直接的作用。然而，在缅甸的部分中国人和到缅甸投资经商的部分企业短视地只注重经济利益、资源利益和能源利益的行为，不重视吸纳当地劳动力、不注重承担当地社会责任、不注意环境保护的行为对中国的国家形象造成了损害。随着越来越多的中国企业和公民到缅甸投资经商，中国公民和缅甸民众之间因价值观念、宗教信仰不同和经济利益纠纷导致的冲突也越来越严重。从长远看，两国民众间的冲突和造成的隔阂对两国关系的不利影响更具持久性。因此，我国要正视中缅关系中存在的“民间问题”，加强对在缅甸的中国人和到缅甸投资企业的管理、培训和教育，让他们认识到自己的言行对建构中缅关系的重要意义。

3. 不能单纯把缅甸作为中国通向印度洋的“通道”

在当代国际关系中，互惠互利是国家间合作可持续发展的基础和关键。中缅关系是一种正常的国家间关系，因此在经过缅甸实施印度洋战略过程中，中国不能单纯地把缅甸作为“通道”，而要在通道建设过程中充分顾及缅甸政府和人民的利益，使缅甸在中国的印度洋战略实施过程中受益。中缅管道备受NGO非议，认为管道的修建损害了缅甸尤其是当地人的利益。因此，要从中缅互利共赢的角度考量中缅油气管道的建设，使管道在保障中国能源安全的同时，也为缅甸经济发展注入活力。同时，要积极澄清国际社会和缅甸民众的误解。其实就中缅油气管道来说，并非只是中国能够受益，缅甸也是管道项目最大的赢家。缅甸不仅持有中缅原油管道49.1%的股份，它每年还可以从管道运营中收取大约10亿美元的税收。[①] 同时，在通道项目修建过程中，施工队要重视当地基础设施建设，带动当地的经济发展。通过上述措施，把中缅油气管道作为中缅“通道”建设的标本，减小未来其他“通道”建设的阻力。

---

① Bo Kong, “The Geopolitics of the Myanmar-China Oil and Gas Pipelines”, NBR Special Report 23, September 2010, p. 57. http://www.nbr.org/publications/specialreport/pdf/preview/SR23_preview.pdf.

（二）倡导印度洋海洋多边主义

中国的印度洋战略遭到印度和美国的反对，两国都对中国通过缅甸走向印度洋持高度警惕。在此背景下，中国应该大力倡导并实施印度洋海洋多边主义。具体来说，在通过缅甸实施印度洋战略时，要充分考虑印度洋地区国家，尤其是缅甸的海洋利益，用共同发展的思维主动加强与印度洋周边国家间的睦邻友好合作关系，倡导“和谐印度洋战略”。在此基础上，进一步加强与缅甸和巴基斯坦的合作，构建更深层次的战略互信，将两国建设成为中国印度洋战略的“大后方”。此外，加强与美国、印度等国家在打击走私、海盗、海上劫持等低敏感领域的合作和互动。据统计，2011 年世界范围内共发生了 439 起海盗抢劫事件和 45 起海上劫持事件，其中 237 起抢劫事件和 28 起的劫持事件都是索马里海盗所为[①]，如此发展趋势，印度洋 2/3 的海域都将处于海盗威胁之下。[②] 因此，中国要以“构建共同价值观、寻找共同利益、促进共同发展”为原则，努力塑造和主动经营一个“和谐、合作、共赢”的印度洋。[③] 通过加强与相关利益方，尤其是美国和印度在海盗治理等方面的合作，不断建构共有利益，尊重美国、印度在印度洋地区的非霸权利益，积极解构美国、印度对中国通过缅甸构筑通向印度洋战略通道的疑虑和压力。

---

① ICC Commercial Crime Services, Piracy Attacks in East and West Africa Dominate World Report, January 19, 2012, http://www.icc-ccs.org/news/711-piracy-attacks-in-east-and-west-africa-dominate-world-report.

② Commander Kamlesh K. Agnihotri, Protection of Trade and Energy Suppliesin the Indian Ocean Region, Maritime Affairs, Vol. 8 No. 1, Summer 2012, p. 17.

③ 朱翠萍：《中国的印度洋战略：动因、挑战与应对》，《南亚研究》2012 年第 3 期，第 12 页。

附　录

Appendix

B.11
印度洋地区大事记

胡文远　王少杰*

2012 年

1 月

5 日　马来西亚首相纳吉布与新加坡总理李显龙率两国代表团在马来西亚布城展开双边第三轮会谈，并达成多项双边合作共识，领域涵盖经贸、能源、通信、交通、教育及文化等，标志两国关系迈入新的里程碑。

8 日　中共中央政治局委员、中央书记处书记、中组部部长李源潮在南非布隆方丹出席了南非非洲人国民大会（非国大）成立百年庆典并会晤了非国大主席、南非总统祖马。

---

* 胡文远，云南财经大学印度洋地区研究中心助教，硕士；王少杰，云南财经大学财政与经济学院 2011 级硕士研究生。

14～16 日 应沙特阿拉伯王国国王兼首相的邀请，中华人民共和国国务院总理温家宝对沙特阿拉伯王国进行了正式访问。温家宝总理与沙特国王和王储兼副首相、内政大臣在诚挚友好的气氛中举行了会见，双方就双边关系和共同关心的国际和地区问题交换了意见并签署了联合声明。

15～16 日 美国政府宣布将与缅甸恢复全面外交关系，并将互派大使。中国外交部发言人刘为民在北京表示，中方乐见美国等西方国家和缅甸加强接触，恢复和发展关系。

18 日 美国和新加坡在华盛顿举行首轮战略伙伴对话，寻求扩大在双边、地区以及全球问题上的合作。双方还探讨了为发展中国家建立联合技术援助培训项目、自由贸易等问题。

30 日 缅甸总统吴登盛率高层代表团抵达新加坡进行国事访问，随行人员包括高官、企业领袖等。这是吴登盛担任总统以来对东南亚国家的首次访问。访问期间两国签署了《新缅技术合作计划谅解备忘录》，新方承诺向缅甸提供多方面技术支持，以协助其经济发展。

2 月

7 日 巴基斯坦总统扎尔达里与到访的负责外交事务的伊朗副总统阿里·赛义德鲁举行会谈。伊朗方面表示将在天然气管线建设方面向巴基斯坦提供援助。双方还决定将两国的贸易总量由目前的 15 亿美元增加到 50 亿美元。

7～17 日 有美国海军陆战队参加的“2012 年金色眼镜蛇军演”在泰国举行。这是亚太地区迄今为止最大规模的多国军事演习。自 1982 年以来，“金色眼镜蛇”联合军演每年举行一次，今年是第 31 次军演。这一军演最初由美泰两国举行，近年来已发展成为多国联合军演。参加这一军演的国家为泰国、美国、新加坡、日本、韩国、印度尼西亚和马来西亚。另有多国受邀参与这一多国军演的策划，其中包括澳大利亚、法国、加拿大、英国、孟加拉国、意大利、印度、尼泊尔、菲律宾和越南。参加这一多国军演的人数达 1.3 万人。

15 日 马来西亚中央银行发布数据称，受外部经济环境不利影响，马来西亚 2011 年国内生产总值增长 5.1%，低于上年 7.2% 的增长水平。

21 日 伊拉克外交部部长兹巴里透露，沙特阿拉伯已任命一名驻伊拉克大使，将自萨达姆入侵科威特以来首次重新建立伊沙全面外交关系。

22 日 应中国全国人大常委会委员长吴邦国的邀请，缅甸联邦议会人民院议长吴瑞曼率缅甸联邦议会人民院代表团抵达北京，开始对中国进行正式友好访问。

25 日 第三届二十国集团议长大会在沙特阿拉伯首都利雅得召开。本届会议将就不同文明对话、能源和金融危机等议题展开讨论。

28 日 中国－印度尼西亚副总理级对话机制第三次会议在京举行。双方就两国关系及重大国际和地区问题友好深入地交换了意见。中国和印尼都是新兴发展中大国，加强两国战略伙伴关系，符合各自根本和长远利益。

3 月

14 日 国际海洋法庭在德国汉堡就孟加拉湾缅孟领海争端作出最终裁决，缅甸政府和孟加拉国政府都表示接受这个裁决。这意味着缅孟两国的领海争端得到解决。1971 年，缅甸和孟加拉国划定陆地边界，但是领海边界一直没有划分。几十年来，两国曾就领海问题进行多轮谈判。2009 年 12 月，缅孟两国同意将这一问题提交国际海洋法庭裁决。

25 日 中国和印尼发布联合声明，强调继续确保落实南海宣言。

28～29 日 金砖国家领导人第四次会晤在印度新德里举行。本次会晤主题是“金砖国家致力于稳定、安全和繁荣的伙伴关系”。中国、俄罗斯、印度、巴西和南非五国领导人联合发布了《德里宣言》，内容包括全球经济形势、宏观经济政策的协调、全球金融架构的稳定、国际货币基金组织和世界银行的改革、多哈回合谈判、可持续发展、千年发展、环保等，几乎涵盖了当前国际上所有的重要问题。与会各方就推进金融、经贸等领域务实合作达成共识。中国国家主席胡锦涛在发言中表示，中国愿同金砖国家加强合作，共同为推动建设持久和平繁荣的世界做出应有贡献。

30 日 沙特阿拉伯国王阿卜杜拉会见了来访的美国国务卿希拉里·克林顿，双方就叙利亚局势等地区热点问题进行了交谈。阿卜杜拉与希拉里·克林顿就双方关心的地区和国际问题交换了看法。

4 月

9 日 据缅甸官方统计，至 2011 年 12 月，外国对缅投资历年累计为

404.24704 亿美元。其中，中国 202.60041 亿美元（中国内地 139.47146 亿美元，香港 63.08495 亿美元，澳门 0.044 亿美元），占总额的 50.12%。

17 日　中国和泰国在北京签署了涉及经贸、农产品、防洪抗旱、铁路发展、自然资源保护等领域的 7 项双边合作文件。中国国务院总理温家宝和泰国总理英拉·西那瓦共同出席了签字仪式。

19 日　国际货币基金组织发布的数据显示，按照购买力平价法计算，印度 2011 年的国内生产总值（GDP）达到 4.46 万亿美元，略超过 4.44 万亿美元的日本，成为继美国和中国之后的世界第三大经济体。

23 日　澳大利亚总理吉拉德首次以总理身份访问新加坡，受到新加坡总理李显龙欢迎。防务和经贸是新澳关系的两大支柱。吉拉德和李显龙会面时，承诺延续允许新加坡空军部队使用澳昆士兰奥基（Oakey）基地的协定。李显龙总理对此表示感激。

29 日　联合国秘书长潘基文抵达仰光开始对缅甸进行为期 3 天的访问。访问期间，潘基文将会见缅甸领导人，并就联合国机构如何向缅甸提供帮助等问题与缅方进行讨论。

5 月

5 日　第 15 届东盟与中日韩（“10 + 3”）财长和央行行长会议在菲律宾马尼拉举行。中国财政部李勇副部长与中国人民银行胡晓炼副行长率由财政部、中国人民银行、外交部、香港金管局代表组成的中国代表团出席了会议。会议讨论了东亚区域宏观经济形势和区域财经合作等议题。

会议认为，东亚经济继续保持稳健增长，但同时也面临欧债危机持续发展、大宗商品价格波动加剧特别是油价持续高位波动、通胀压力上升及短期资本无序流动等挑战。各方将根据各自情况，继续采取适当的政策措施，巩固增长势头，积极推进经济结构改革，大力促进内需和就业。同时，加强区域经贸投资合作和金融安全网建设，推动区域经济持续健康发展。会议结束后发表了《第 15 届“10 + 3”财长和央行行长会联合声明》。

22 日　中共中央政治局常委、国家副主席习近平在北京人民大会堂会见以总书记吴泰乌为团长的缅甸联邦巩固与发展党代表团。

24 日 首届中国－东盟文化部长会议在新加坡开幕，这是中国和东盟落实的第 12 个部长级会议机制。

27 日 印度总理曼莫汉·辛格到访缅甸，这是印度总理 25 年来首次访问这个邻国。印度方面说，访问旨在加强贸易和投资，促进两国边境地区发展。

29 日 第六届东盟国防部长会议在柬埔寨首都金边和平大厦举行。东盟成员国防长将就增进区域安全合作、促进东盟政治安全共同体建设等问题进行讨论。本届东盟国防部长会议主席、柬埔寨副首相兼国防大臣迪班当天说，此次会议以“增强东盟的整合，建设和谐与安全的共同体”为主题，推动和平、发展与合作，推动东盟在 2015 年建成政治与安全共同体。柬埔寨、文莱、印尼、老挝、马来西亚、缅甸、菲律宾、新加坡、泰国、越南国防部长和东盟副秘书长参加会议。会议期间，中国国务委员兼国防部部长梁光烈上将参加了中国与东盟国防部长会晤。

30 日 世界经济论坛东亚峰会在泰国曼谷举行。来自全球 50 个国家和地区的 600 余名与会者围绕“通过互相连通以塑造地区未来”这一主题，就东亚和东南亚地区的经济、政治、金融等问题展开了讨论。

6 月

6～10 日 第 20 届中国昆明进出口商品交易会暨第 5 届南亚国家商品展在昆明市举行。从 1993 年开始的昆明交易会已成功举办了 19 次。云南省与缅甸的边境贸易，占缅甸与邻国边贸的 70%。

8 日 中国水利水电建设股份有限公司在斯里兰卡首都科伦签约莫罗嘎哈堪达大坝项目施工合同。该大坝工程是斯里兰卡目前最大的马哈威力水利枢纽的主要建筑，包括修建大坝、附坝及取水设施等工程，合同工期 48 个月。

13 日 中国国务院副总理李克强在北京中南海紫光阁会见缅甸联邦共和国外交部部长吴温纳貌伦。李克强说，中缅互为重要邻国，有着深厚传统友谊，值得倍加珍惜。在国际地区形势发生深刻复杂变化的形势下，进一步巩固和发展双边关系十分重要。中方愿同缅方一道，立足于维护两国人民根本利益，着眼长远，精心维护好两国友好大局，确保中缅全面战略合作伙伴关系不断向前发展。

21 日 中国和巴西两国政府联合声明在里约热内卢发表，该声明称，中巴双方鼓励伊朗和国际原子能机构深化对话和合作，并强调伊朗在遵守《不扩散核武器条约》有关规定的情况下拥有和平利用核能的权利。

22 日 巴基斯坦人民党总理候选人拉贾·佩尔韦兹·阿什拉夫（Raja Pervaiz Asharf）以 211 票击败了获得 89 票的穆斯林联盟（谢里夫派）候选人阿巴斯（Sardar Mehtab Abbasi Abbasi），当选为巴第 25 任总理。

24 日 埃及最高总统选举委员会主席苏尔坦宣布，穆斯林兄弟会（穆兄会）候选人穆尔西成功赢得总统选举决胜轮，成为前总统穆巴拉克下台后的首任埃及总统。

7 月

6 日 中国和新加坡两国政府授权代表在《中华人民共和国政府和新加坡共和国政府自由贸易协定》下签署了有关双边银行业事项的换文。换文的签署将进一步深化中新两国监管机构的合作，并促进双方银行业的稳步发展。

11 日 美国 22 年来首位驻缅甸大使米德伟飞抵缅甸正式赴任。同日，美国总统奥巴马宣布，放宽对缅甸的经济制裁。

19～20 日 中非合作论坛第五届部长级会议在北京人民大会堂隆重开幕，中国国家主席胡锦涛出席开幕式并发表题为《开创中非新型战略伙伴关系新局面》的讲话。承诺中国将向非洲国家提供 200 亿美元贷款额用于重点支持非洲基础设施、农业、制造业和中小企业发展。为非洲培训 3 万名各类人才，提供政府奖学金名额 18000 个。会议欢迎南非成为论坛新的非方主席国，决定中非合作论坛第六届部长级会议将于 2015 年在南非举行。会议通过了成果文件之一——《中非合作论坛第五届部长级会议——北京宣言》。

21 日 缅甸总统吴登盛自担任总统以来首次访问泰国。吴登盛此次访问泰国的主要议题是经济合作。

22 日 印度选举委员会宣布，印度国大党领导的团结进步联盟候选人、前财政部部长普拉纳布·慕克吉当选印度新总统。慕克吉现年 76 岁，是国大党领导的团结进步联盟的总统候选人，竞选前担任财政部部长。他在印度政府有 40 年任职经验，曾担任过外交部长和国防部长等要职，是名副其实的政坛元老。印度总统5年一任，作为国家元首，统领武装部队，由议会上下院和各邦立法机构选举产生。

25日 泰国接替越南，在未来三年担任中国－东盟协调国。

8月

20日 亚洲开发银行发布了题为《转型中的缅甸：机遇与挑战》的报告。报告预计缅甸未来20年年均经济增长率将达到7%～8%，人均国内生产总值将在2030年增加到目前的3倍，达到2000～3000美元，但缅甸经济依然面临诸多风险。这是亚行自缅甸2011年实施改革以来首次发布有关缅甸经济的报告。

23～26日 第二届中国－东盟（泰国）商品贸易展览会在泰国曼谷举行。其间有来自中国和部分东盟国家的130家企业参展，展览商品主要为机电产品、建材产品、家具用品和食品四个大类，将吸引包括泰国和其他东盟国家在内的数十个国家的15000名客商前来参观。

26～31日 第十六届不结盟运动峰会在伊朗首都德黑兰举行。此次峰会是伊朗伊斯兰革命33年来承办的规模最大的一次国际会议。联合国秘书长潘基文参加了此次不结盟运动峰会，来自100多个不结盟运动成员国的国家元首、政府首脑、高级代表以及观察员国和国际组织的代表出席了峰会。本届峰会是在中东局势动荡、伊朗与西方关系持续紧张的背景下召开的，因此格外引人关注。会后发表《德黑兰宣言》，涉及政治经济危机、巴勒斯坦问题、和平利用核能等11项内容。

30日 伊朗总统内贾德与到访的埃及总统穆尔西举行会晤，这是两国领导人30年来首次会晤，双方一致同意埃及和伊朗互为地区“战略合作伙伴”。

9月

7日 中国全国人大常委会委员长吴邦国、国务院副总理李克强分别在北京会见新加坡总理李显龙。吴邦国在会见时表示，当前，中新关系保持良好发展势头，双方高层交往频繁，经贸合作全面深入，人文交流富有成效。李克强在会见时说，建交以来，中新关系持续发展，平等互利合作不断深入，为两国和本地区经济增长做出了积极贡献。

9～23日 应伊朗伊斯兰议会议长拉里贾尼、缅甸联邦议会人民院议长吴瑞曼、斯里兰卡议会议长恰马尔和斐济总理姆拜尼马拉马的邀请，全国人大常委会委员长吴邦国对伊朗、缅甸、斯里兰卡、斐济四国进行正式友好访问。

11日 中国全国人大常委会委员长吴邦国在德黑兰同伊朗第一副总统拉希米会见时表示，经贸合作是中伊关系发展的物质基础，双方应本着相互尊重、互利共赢的原则，进一步深化双边经贸合作，推动中伊经贸合作稳定健康发展。两国要积极探讨务实合作的新模式新途径，重点推进现有合作项目早见成效。

18日 欧盟－南非峰会在欧盟总部布鲁塞尔举行。欧洲理事会常任主席范龙佩、欧盟委员会主席巴罗佐、南非总统祖马等出席会议。

21日 第九届中国－东盟博览会在广西南宁开幕。缅甸总统吴登盛在开幕式上表示，中国和东盟的友好交往进入第三个十年，各国为中国和东盟友好合作做了大量工作，中国－东盟以经济合作、扩大贸易为中心的关系不断巩固，为双方带来互利共赢。同日，中国国家副主席习近平在南宁分别会见出席博览会的缅甸总统吴登盛、马来西亚副总理毛希丁和菲律宾总统特使内政部部长罗哈斯。

22日 首届新加坡－中国社会管理论坛在新加坡举行。中国中央社会管理综合治理办公室官员，新加坡社会发展、青年及体育部代部长陈振声等约100名中新两国官员出席了论坛。双方围绕城市发展中的社会管理挑战进行了交流，就“包容性增长和收入差距”“创新社会管理与构建和谐社会”两个课题进行了广泛而深入的探讨。

10月

12日 斯里兰卡与马来西亚签订首个油气勘探合作备忘录，从而为两国在这一领域更广泛的投资合作铺平道路。在上述协议签署后，斯马两国有关公司又签署了关于炼油厂、发电厂及基建项目投资合作文件。

16～17日 首届亚洲合作对话峰会在科威特举行。来自32个国家的首脑、领导人或代表，以及部分国际和地区组织领导人出席了会议。中国全国政协副主席孙家正率团参加本次会议。

18 日 中共中央政治局常委、中国国家副主席习近平在人民大会堂会见了孟加拉国民族主义党主席、前总理卡莉达·齐亚。习近平说，中孟建交以来，政治互信不断加深，经贸人文等领域的交流与合作逐步扩大，在国际和地区事务中也保持着良好沟通与配合。当前中孟不断深化双边关系，全面开展互利合作，符合两国和两国人民的根本利益和现实需要。中国共产党愿进一步密切与包括民族主义党在内的孟各主要政党的友好交往，以党际交流合作的新成果为中孟国家关系的发展做出新贡献。

22~26 日 南非贸工部部长 Rob Davies 率领由 68 家南非企业组成的商务代表团出席在北京和上海举行的“南非商品展”，商务部部长陈德铭出席了此次展会。Rob Davies 表示，通过此次商品展南非政府希望进一步加强对中国的商品出口力度，同时吸引更多有实力的中国企业加快投资南非制造业。据悉，此次“南非商品展”的行业类别包括：农产品加工、石油和天然气、可再生能源、基础设施、汽车、信息技术、采矿等。

29 日 根据美国农业部最新报告显示，2012 年 1~10 月，印度累计出口大米 975 万吨，超过泰国成为 2012 年全球最大的大米出口国。2011 年全球大米出口居第一位的泰国出口量 2012 年同期下滑至 650 万吨，居第三位。同期，越南出口大米 700 万吨，巴基斯坦出口 375 万吨，美国出口 350 万吨，分别居第二、第四和第五位。另据报告显示，2012 年全球大米贸易量预计将达 3770 万吨。全球大米总产量预计为 4.65 亿吨，其中印度产量为 1.04 亿吨，保持为全球最大大米生产国；2012 年全球大米总需求预计为 4.68 亿吨，全球大米总库存预计为 1.02 亿吨，比上年下降 350 万吨。

30 日 泰国执政的为泰党召开大会选举新一届执行委员会，新任副总理兼内政部部长乍鲁蓬·琅素旺当选为新的为泰党主席（党首）。

31 日 中国－巴基斯坦第五轮战略对话在北京举行。中国外交部部长杨洁篪会见参加对话的巴基斯坦外交部秘书贾利尔，外交部副部长傅莹同其会谈。

双方积极评价中巴战略合作伙伴关系发展，表示将致力于推动两国各领域互利合作。中方表示，将继续支持巴基斯坦维护国家独立、主权、领土完整的努力，支持巴基斯坦实现社会稳定与经济发展。巴方重申在涉及中国核心和重大利益问题上坚定支持中方，理解和支持中方在南海、钓鱼岛等问题上的立场。双方并就共同关心的国际和地区问题深入交换了意见。

11 月

18 日 埃及开罗中国文化中心在开罗歌剧院举行成立十周年庆祝活动，中国云南文化艺术团为参加活动的中外来宾奉献了精彩艺术表演。中国驻埃及大使宋爱国、埃及国家翻译中心主任凯米利娅等出席了当晚的活动。开罗中国文化中心主任陈冬云表示，中心成立的十年是埃及民众对中国文化关注与了解日益增进的十年，而 2012 年更是该中心的“云南文化”推介年。她希望埃及民众能够通过云南，更深切地感受和了解中国文化的多样性。开罗中国文化中心是中国在海外设立的一个大型文化中心，中心开设旨在宣传、推广中国文化艺术，发展两国政府在语言、文学、教育和科学领域的交流与合作，促进两国双边文化协定和执行计划的实施，以增进两国人民的友谊和文化关系。

18 日 美国总统奥巴马在曼谷与泰国总理英拉·西那瓦举行会谈，双方表示将进一步加强经贸与安全领域合作。奥巴马在会谈后举行的新闻发布会上说，美国目前最重要的任务是加强与亚太地区国家的交往与合作，进一步巩固与盟友的关系。他说，美国承诺与泰国加强安全防务、贸易投资等多个领域的合作。英拉说，泰方已向美方表示有兴趣加入《跨太平洋战略经济伙伴协定》（TPP）谈判，并将启动相关程序加以研判。在防务方面，英拉表示，泰国将加入布什政府 2003 年发起的旨在防止大规模杀伤性武器及相关设备扩散的“防扩散安全倡议”。此外，双方还表示将在打击人口贩卖、恐怖主义等跨国犯罪、人道主义救援、保障妇女权益、应对气候变化、野生动物保护等方面强化协作。

18～20 日 第 21 届东盟峰会在柬埔寨首都金边召开，在为期 3 天的会议上，东盟 10 国与 8 个对话伙伴国领导人就如何推进东亚地区经济一体化、共同应对全球性经济危机和挑战等进行了讨论，并达成了一系列重要成果文件。围绕“东盟：一个共同体，共同的命运”这一主题，东盟 10 国领导人重点就继续加快在 2015 年前实现东盟共同体建设、东盟地区互联互通、落实东盟宪章规定的各项目标、推动全球经济增长乏力背景下东盟经济复苏、增强东盟内部纠纷协调能力，以及落实《南海各方行为宣言》等议题进行了讨论。2012年是东盟成立45周年，距离2015年年底建成东盟共同体这一目标仅剩3年，虽然东盟各国政治、经济等各方面发展水平还不均衡，但是各国领导人在会议上再次重申，2015年建成东盟共同体只是一体化进程的起点，因此有信心实现这一目标。此外，会上还通过了包括《关于执行“东盟人权宣言”的金边宣言》和《在柬埔寨建立东盟排雷中心决议》在内的一系列文件。

19日 美国总统奥巴马在国务卿希拉里·克林顿陪同下抵达仰光，对缅甸作6小时访问。奥巴马在仰光议会大厦会晤缅甸总统吴登盛，持续大约1小时，会晤中，双方表示要加强两国合作，促进双边关系发展。奥巴马还表示，美方希望缅甸继续推进政治和经济改革。奥巴马当天还分别会见了联邦议会人民院议长吴瑞曼和民族院议长吴钦昂敏、全国民主联盟主席昂山素季，在仰光大学发表了演讲。

19日 美国总统奥巴马抵达柬埔寨首都金边，这是奥巴马出访东南亚3国的最后一站，也是奥巴马连任后首次访问柬埔寨。当天晚些时候，奥巴马会见了柬埔寨首相洪森，探讨了安全、加大合作力度以及增加美国对东盟地区的投资等多个问题。

20日 第七届东亚峰会在柬埔寨首都金边召开。与会的东盟10国和8个对话伙伴国以及亚洲开发银行和国际货币基金组织的代表就东亚合作、互联互通、东亚峰会机制未来发展等议题展开讨论。会议由东盟轮值主席国柬埔寨首相洪森主持。东盟10国国家元首或政府首脑、中国国务院总理温家宝、日本首相野田佳彦、韩国总统李明博、澳大利亚总理吉拉德、印度总理辛格、新西兰总理约翰基、美国总统奥巴马和俄罗斯外长拉夫罗夫等出席会议。温家宝在东亚峰会上指出，当前，国际社会对世界经济复苏势头放缓、不稳定不确定因素增多普遍感到忧虑。各方聚会东亚峰会是为了团结与合作。温家宝说，各成员应积极应对国际社会的共同关切，给世界带来信心和希望。本届峰会通过了《金边发展宣言》，倡导金融、能源、教育、灾害管理、公共卫生、互联互通六大领域扩大合作。

28日 斯里兰卡与中国一家空间技术国有企业合作，发射了首颗通信卫星。顶级卫星公司首席执行官威集·佩里斯在科伦坡对路透社记者说，在中国西昌卫星发射中心进行的发射圆满成功。此次联合发射是两国一系列经济、军事合作中最近的一次。斯里兰卡自2009年5月长达近30年的内战结束以来，中国一直是其最大的债权国。中国曾向斯里兰卡政府提供军事装备，以打败泰米尔反叛分子。自此以后，斯里兰卡致力于加强与中国的防务关系。

12月

4日 斯里兰卡驻华使馆商务参赞希拉妮·阿里拉特纳女士表示，中国已成为斯里兰卡的最大投资国。希拉妮女士当天在北京参加了第四届中国对外投资合作洽谈会。她指出，近年来，斯中两国经贸往来不断密切，中国已成为对斯最大投资国。特别是在港口、铁路、宾馆等基础设施建设以及渔业和服装加工等领域，两国间的投资合作不断深入。希拉妮说，斯里兰卡非常欢迎中国投资者，斯里兰卡政府也将为中国政府及个人投资者提供广泛的优惠政策，重点吸引投资的领域是基础设施、渔业、电子、服装、橡胶、电脑软件、旅游休闲等。希拉妮同时希望，通过外洽会这样的平台，可以和更多的中国投资者进行交流，从而进一步推动斯中两国间的经贸合作。

5日 在印度议会下议院进行的投票表决中，由国大党领衔的执政联盟团结进步联盟提交的零售业改革法案以253票赞成、218票反对获得通过。这标志着印全面开放零售业的法律障碍得以扫清，艰难的零售业改革终可进入实施阶段。

20日 新加坡贸易和工业部部长林勋强在印度首都新德里出席东盟－印度部长级会议时说，东盟和印度已就双方自由贸易协定谈判中原本分歧较多的投资和服务贸易部分大致达成一致。东盟和印度开展自贸协定谈判已超过10年，但目前已落实的版本只涵盖货物贸易，完成投资和服务贸易部分的谈判意味着这个自贸协定更完整。如今印度是新加坡第十大贸易伙伴，新加坡则是印度第八大贸易伙伴。升级后的东盟－印度自贸协定将为新加坡企业带来更大的商贸便利。新加坡和印度在2005年签署了全面经济合作协定，双方也在考虑统一货物标准，这样双方在货物进出口环节就可以节省送检费用。

2013 年

1 月

6 日 约旦政府与科威特政府再次签署 4 项合作协议。根据协议要求，科威特阿拉伯经济发展基金会将对约旦提供项目发展资金约 2.6 亿美元。该资金将用于发展教育、水资源、健康、能源等多个领域。此次援助资金也是海湾合作组织框架下科威特对约旦提供 12.5 亿美元援助的一部分。

10 日 缅总统吴登盛致函联邦议会说，政府与克钦族独立军讨论停火及政治对话的大门一直敞开。

21 日 世界银行预计，埃及经济 2012～2013 财年经济增长率为 2.6% 左右，2013～2014 财年的增长率将增长至 3.8%，2014～2015 财年经济增长将继续回升到 4.7% 左右。埃及总理甘迪勒曾对外表示世行将向埃及提供 10 亿美元贷款用于支持埃及的减贫和社会公平发展计划。

23 日 孟加拉国总理谢赫哈西娜历史性访俄，双方签署了 10 亿美元的军购协议和 5 亿美元的核电站贷款协议，孟俄双边关系实现巨大突破。

24 日 2012 年，中国与东盟贸易额创历史新高，突破了 4000 亿美元，增长了 10.2%。中国连续 4 年成为东盟最大的贸易伙伴，东盟继续是中国的第三大贸易伙伴。

31 日 中国驻南非大使田学军在南非行政首都比勒陀利亚举行庆祝中南建交 15 周年招待会。南非各界代表和外国驻南非使节 100 余人出席了招待会。

2 月

1 日 缅甸总统吴登盛发表广播讲话，呼吁缅甸各组织领导人回到谈判桌前，通过和谈实现国内持久和平，并强调要实现政治稳定、国内形势稳定和民族和解，以确保改革努力能够成功。

11 日 由美国和泰国主办的东南亚地区最大规模联合军事演习“金色眼镜蛇”在泰国北部城市清迈举行了开幕式。据介绍，本次军演首次允许缅甸以观察员身份参加。

27 日 新加坡海军与马来西亚海军在新加坡樟宜海军基地进行名为“马来坡拉 2013”（Malapura）的双边军事演习。

27 日 伊拉克交通部部长哈迪·阿迈里宣布，自该日起，伊拉克航空公司将开通伊拉克至科威特航线。至此，中断 23 年多的科阿空中直航全面恢复。哈迪希望此举有助于加强两国兄弟关系、服务于两国人民。

3 月

7 日 经中国国务院批准，中国人民银行与新加坡金融管理局续签中新双边本币互换协议。规模翻倍至 3000 亿美元。

18 日 新加坡作为全球国际贸易与金融中心之一，积极支持人民币离岸市场在亚洲区域的发展，并愿意作为人民币新产品的试点，以协助提高人民币在亚洲区域的流通性，方便企业与投资者筹集人民币资金，以及支持离岸人民币与亚洲货币市场的结合。

21 日 联合国人权事务理事会在日内瓦通过了由美国提出的针对斯里兰卡人权状况的决议。该决议称，斯里兰卡军队在内战期间犯有滥杀平民等战争罪行，应对此进行国际调查。斯里兰卡政府对此表示强烈不满，指责该决议是要侮辱斯里兰卡，充满了政治偏见。

27 日 金砖国家领导人同非洲国家领导人对话会在南非德班举行。中国国家主席习近平、南非总统祖马、巴西总统罗塞夫、俄罗斯总统普京、印度总理辛格共同出席。习近平发表讲话强调，举行金砖国家同非洲领导人对话，体现了双方平等包容、共谋发展的政治意愿。没有非洲的和平与发展，就没有世界的稳定和繁荣。没有非洲的参与，国际事务不可能得到妥善处理。没有非洲的发言权，全球治理体系不可能有生命力。21 世纪必定是非洲崛起的世纪。

4 月

1 日 新加坡总统陈庆炎开始对缅甸进行为期 5 天的访问，这是新加坡元首自两国建交以来第一次访问缅甸，届时将会见缅甸总统吴登盛和反对派领袖昂山素季。访问期间，两国将重点加强经济方面的交流。

4～5日 埃及总统穆罕默德·穆尔西对苏丹展开为期两天的正式访问，这也是其就任总统后首次访问苏丹。访问期间，两国在经贸领域达成多个合作项目，同时就热点地区问题交换了意见。

8日 博鳌亚洲论坛2013年年会傍晚落下帷幕。13位国家元首、政府首脑出席。54场专题讨论，议题立足亚洲、面向世界。1470名代表深入交流，达成重要共识。亚洲和世界和平发展、合作共赢的事业没有终点，只有一个接一个的新起点。

10日 西起印度洋，横跨缅甸和中国大西南的中缅油气管道正值最后攻坚期，中国现有6个海外能源运输线路——俄罗斯线、哈萨克斯坦线、巴基斯坦线、马六甲线、南美线和缅甸线中最重要的是马六甲线。中缅油气管道给予中国巨大的心理保障，在这方面具有重要的战略意义。

5月

5日 中国和印度两国的军队结束了在印控克什米尔拉达克的普桑谷地20天的对峙，双方军队同时向后撤退，结束了紧张局势。

13日 巴基斯坦政党穆斯林联盟以较大优势获胜，谢里夫三度出任总理。谢里夫本人表示，他有决心应对巴基斯坦在国家安全、经济、反腐败等方面的严峻挑战，并进行改革。

20日 奥巴马在白宫会见缅甸总统吴登盛。缅甸已结束军政府统治，奥巴马力图继续推动缅甸实施改革。这是缅甸国家元首近47年来首次访美，是两国关系升温的新迹象。

B.12 印度洋地区统计数据

李 波* 王少杰

表 1 GDP

GDP

单位：百万现价美元

Unit：millons current US $

国 家	Country	2000 年	2001 年	2002 年	2003 年	2004 年	2005 年
澳大利亚	Australia	416887.52	380443.81	397147.34	468410.60	615500.78	696471.96
巴林	Bahrain	7970.69	7928.93	8491.18	9747.60	11235.67	13460.20
孟加拉国	Bangladesh	47124.93	46987.84	47571.13	51913.66	56560.74	60277.56
科摩罗	Comoros	201.90	220.12	251.16	324.47	362.42	387.04
吉布提	Djibouti	551.23	572.42	591.12	622.04	666.07	708.84
埃及	Egypt，Arab Rep.	99838.54	97632.01	87850.68	82923.68	78845.19	89685.72
厄立特里亚	Eritrea	633.60	687.60	675.48	870.23	1109.05	1098.39
印度	India	474691.63	492378.58	522798.46	617572.58	721585.29	834216.94
印度尼西亚	Indonesia	165021.01	160446.95	195660.61	234772.46	256836.88	285868.61
伊朗	Iran，Islamic Rep.	101286.51	115438.39	116420.83	135409.68	163226.58	192014.94
伊拉克	Iraq	25857.11	18936.09	18969.59		25755.09	31316.96

* 李波，云南大学发展研究院 2013 级博士研究生。

续表

国　家	Country	2000 年	2001 年	2002 年	2003 年	2004 年	2005 年
以色列	Israel	124895.15	122940.53	112974.38	118673.28	126571.17	133959.00
约旦	Jordan	8463.89	8980.44	9584.23	10197.76	11411.39	12588.67
肯尼亚	Kenya	12691.28	12986.52	13149.26	14903.63	16096.11	18737.92
科威特	Kuwait	37718.01	34890.77	38138.80	47875.84	59440.51	80797.95
马达加斯加	Madagascar	3877.67	4529.58	4397.25	5474.03	4363.93	5038.58
马来西亚	Malaysia	93789.74	92783.95	100845.53	110202.37	124749.47	137952.93
马尔代夫	Maldives	624.34	788.39	814.48	932.13	1058.78	992.48
毛里求斯	Mauritius	4582.56	4536.54	4767.30	5609.84	6385.69	6283.85
莫桑比克	Mozambique	4248.75	4075.06	4201.33	4666.19	5697.99	6578.52
缅甸	Myanmar						
阿曼	Oman	19867.88	19949.28	20049.41	21542.26	24673.60	30905.07
巴基斯坦	Pakistan	73952.37	72309.74	72306.82	83244.80	97977.77	109600.00
卡塔尔	Qatar	17759.89	17538.46	19363.74	23533.79	31675.27	43040.11
沙特	Saudi Arabia	188441.86	183012.27	188551.20	214572.80	250338.93	315580.05
塞舌尔	Seychelles	614.88	622.26	697.52	705.70	699.80	916.94
新加坡	Singapore	95922.65	91148.43	90582.82	93362.87	109336.48	123506.89
索马里	Somalia						
南非	South Africa	132877.65	118478.98	111100.83	168219.30	219092.94	247064.31
斯里兰卡	Sri Lanka	16330.81	15746.22	17102.62	18881.77	20662.53	24405.79
苏丹	Sudan	12366.14	13362.33	14975.63	17780.30	21684.76	27386.70
坦桑尼亚	Tanzania	10185.79	10383.56	10805.60	11659.13	12825.80	14141.92
泰国	Thailand	122725.25	115536.41	126876.92	142640.08	161339.79	176351.82
东帝汶	Timor Leste	316.20	277.30	284.10	297.80	309.30	454.20
阿拉伯联合酋长国	United Arab Emirates	104337.38	103311.64	109816.20	124346.36	147824.37	180617.02
也门	Yemen, Rep.	9636.34	9854.04	10693.28	11777.77	13873.50	16753.79

续表

国　家	Country	2006 年	2007 年	2008 年	2009 年	2010 年	2011 年
澳大利亚	Australia	749805.33	857056.61	1061583.40	924197.42	1131623.07	1371763.89
巴林	Bahrain	15854.94	18473.10	21902.89	19318.82	22945.46	
孟加拉国	Bangladesh	61901.12	68415.42	79554.35	89359.77	100357.02	110612.12
科摩罗	Comoros	403.18	464.95	530.13	535.34	543.35	610.37
吉布提	Djibouti	768.87	847.92	982.53	1049.05		
埃及	Egypt, Arab Rep.	107484.03	130477.82	162818.18	188984.09	218894.28	229530.57
厄立特里亚	Eritrea	1211.19	1317.98	1380.16	1856.72	2117.01	2608.72
印度	India	949116.79	1238700.30	1224096.60	1361057.17	1684323.72	1847981.85
印度尼西亚	Indonesia	364570.53	432216.74	510244.55	539579.96	708026.84	846832.28
伊朗	Iran, Islamic Rep.	222880.53	286057.93	338187.29	331014.97		
伊拉克	Iraq	45080.07	56989.92	86530.07	64231.33	81112.41	115388.47
以色列	Israel	145479.60	167111.80	201661.65	194866.36	217443.43	242928.73
约旦	Jordan	15056.94	17110.61	21971.84	23820.01	26425.38	28840.20
肯尼亚	Kenya	22504.08	27236.74	30519.17	30580.37	32198.15	33620.68
科威特	Kuwait	101561.15	114721.83	147402.41	105911.34	124348.32	176590.08
马达加斯加	Madagascar	5515.22	7342.92	9394.90	8487.99	8837.04	9911.78
马来西亚	Malaysia	156601.42	186777.26	222744.22	192911.63	237796.91	278671.11
马尔代夫	Maldives	1303.38	1541.98	1891.63	1942.03	2075.50	2050.14
毛里求斯	Mauritius	6507.11	7792.06	9641.06	8825.25	9714.39	11313.45
莫桑比克	Mozambique	7096.13	8030.02	9891.26	9674.14	9209.37	12797.75

续表

国　家	Country	2006 年	2007 年	2008 年	2009 年	2010 年	2011 年
缅甸	Myanmar						
阿曼	Oman	36803.64	41901.17	60566.97	46866.06	57849.16	71781.54
巴基斯坦	Pakistan	127500.00	143171.18	163891.69	161819.03	176869.57	211091.99
卡塔尔	Qatar	60496.70	79546.98	115019.78	97583.51	127332.41	172981.59
沙特	Saudi Arabia	356630.44	384891.14	476304.80	376693.33	450792.00	576824.00
塞舌尔	Seychelles	1019.68	1018.95	962.32	841.33	963.01	1007.19
新加坡	Singapore	139125.05	168434.00	166792.26	175934.88	213154.52	239699.60
索马里	Somalia						
南非	South Africa	261007.04	286171.83	273870.09	283012.42	363523.20	408236.75
斯里兰卡	Sri Lanka	28267.41	32351.18	40715.25	42067.97	49567.52	59172.14
苏丹	Sudan	36393.19	46533.23	58032.06	54633.36	66996.50	55097.39
坦桑尼亚	Tanzania	14331.23	16825.55	20715.09	21368.17	22915.00	23705.30
泰国	Thailand	207088.92	246977.01	272577.82	263505.03	318907.88	345649.29
东帝汶	Timor Leste	445.30	525.10	665.00	788.10	875.10	1054.00
阿拉伯联合酋长国	United Arab Emirates	222105.93	258150.04	314844.67	270334.93	297648.48	360245.07
也门	Yemen, Rep.	19081.65	21656.55	26917.36	25130.09	31042.73	33757.50

资料来源：世界银行 WDI&GDF 数据库。

Source: World Bank WDI&GDF databank.

表 2 GDP 增长率
GDP growth

单位：年百分比
Unit： annual %

国家	Country	2000 年	2001 年	2002 年	2003 年	2004 年	2005 年	2006 年	2007 年	2008 年	2009 年	2010 年	2011 年
澳大利亚	Australia	3.95	2.07	3.90	3.27	4.16	2.96	3.08	3.56	3.83	1.45	2.26	1.85
巴林	Bahrain	5.30	4.60	5.26	7.20	5.60	7.80	6.70	8.34	6.30	3.10	4.50	
孟加拉国	Bangladesh	5.94	5.27	4.42	5.26	6.27	5.96	6.63	6.43	6.19	5.74	6.07	6.66
科摩罗	Comoros	1.42	3.33	4.15	2.47	-0.24	4.23	1.24	0.49	0.97	1.81	2.10	2.23
吉布提	Djibouti	0.42	2.05	2.62	3.20	3.83	3.17	4.80	5.10	5.80	5.00		
埃及	Egypt, Arab Rep.	5.37	3.54	2.37	3.19	4.09	4.47	6.84	7.09	7.16	4.69	5.15	1.80
厄立特里亚	Eritrea	-13.12	21.25	3.01	-2.66	1.46	2.57	-0.96	1.43	-9.79	3.88	2.20	8.72
印度	India	3.98	4.94	3.91	7.94	7.85	9.28	9.26	9.80	3.89	8.24	9.55	6.86
印度尼西亚	Indonesia	4.92	3.64	4.50	4.78	5.03	5.69	5.50	6.35	6.01	4.63	6.20	6.46
伊朗	Iran, Islamic Rep.	5.14	3.67	7.52	7.11	5.08	4.62	5.89	7.82	2.30	1.80		
伊拉克	Iraq	-4.30	-6.60	-7.80	-41.30	46.50	-0.70	6.20	1.50	9.50	4.20	0.84	9.90
以色列	Israel	9.25	-0.22	-0.58	1.51	4.84	4.94	5.59	5.50	4.03	0.84	4.85	4.71
约旦	Jordan	4.24	5.27	5.79	4.18	8.56	8.12	8.11	8.18	7.23	5.48	2.31	2.58
肯尼亚	Kenya	0.60	3.78	0.55	2.93	5.10	5.91	6.33	6.99	1.53	2.64	5.55	4.50
科威特	Kuwait	4.69	0.73	3.00	17.32	10.20	10.60	5.20	4.37	4.97	-5.15	3.41	8.19
马达加斯加	Madagascar	4.76	6.02	-12.67	9.78	5.26	4.60	5.02	6.24	7.13	-4.58	1.57	0.99
马来西亚	Malaysia	8.86	0.52	5.39	5.79	6.78	5.33	5.85	6.48	4.81	-1.64	7.19	5.14

续表

国　家	Country	2000 年	2001 年	2002 年	2003 年	2004 年	2005 年	2006 年	2007 年	2008 年	2009 年	2010 年	2011 年
马尔代夫	Maldives	4.77	3.45	6.04	16.14	10.26	-6.84	19.59	10.56	12.20	-4.74	5.72	7.46
毛里求斯	Mauritius	9.03	2.57	2.11	3.66	5.75	1.24	3.95	5.88	5.52	3.03	4.13	4.11
莫桑比克	Mozambique	1.09	11.90	8.82	6.02	7.88	9.57	6.32	7.28	6.83	6.34	6.80	7.10
缅甸	Myanmar	13.75	11.34	12.03	13.84	13.64							
阿曼	Oman	5.40	7.48	2.57	0.30	3.40	3.99	5.50	6.80	12.80	1.10	4.00	5.50
巴基斯坦	Pakistan	4.26	1.98	3.22	4.85	7.37	7.67	6.18	5.68	1.60	3.60	4.14	2.36
卡塔尔	Qatar		3.33	7.13	3.49	20.84	7.60	18.60	18.00	17.70	12.00	16.60	18.80
沙特	Saudi Arabia	4.86	0.55	0.13	7.66	5.27	5.55	3.16	2.02	4.23	0.10	4.64	6.77
塞舌尔	Seychelles	4.25	-2.27	1.21	-5.89	-2.85	7.47	9.31	9.60	-0.99	0.52	6.71	4.95
新加坡	Singapore	9.04	-1.15	4.20	4.58	9.16	7.37	8.76	8.86	1.70	-0.98	14.76	4.89
索马里	Somalia												
南非	South Africa	4.15	2.74	3.67	2.95	4.55	5.28	5.60	5.55	3.62	-1.54	2.89	3.12
斯里兰卡	Sri Lanka	6.00	-1.55	3.96	5.94	5.45	6.24	7.67	6.80	5.95	3.54	8.02	8.25
苏丹	Sudan	8.38	6.17	5.36	7.14	1.81	6.33	11.29	10.16	6.84	3.96	4.45	-4.90
坦桑尼亚	Tanzania	4.93	6.00	7.16	6.89	7.83	7.37	6.74	7.15	7.44	6.02	7.04	6.32
泰国	Thailand	4.75	2.17	5.32	7.14	6.34	4.60	5.09	5.04	2.48	-2.33	7.81	0.05
东帝汶	Timor Leste	13.66	-12.43	2.42	0.11	4.16	6.22	-3.15	11.62	14.63	12.77	9.47	10.60
阿拉伯联合酋长国	United Arab Emirates	10.85	1.40	2.43	8.80	9.57	4.86	9.91	3.21	3.29	-1.61	1.43	4.90
也门	Yemen, Rep.	6.18	3.80	3.94	3.75	3.97	5.59	3.17	3.34	3.65	3.87	7.70	-10.48

资料来源：世界银行 WDI&GDF 数据库。

Source: World Bank WDI&GDF databank.

表 3 人均 GDP
GDP per capita

单位：现价美元
Unit：current US $

国　家	Country	2000 年	2001 年	2002 年	2003 年	2004 年	2005 年	2006 年	2007 年	2008 年	2009 年	2010 年	2011 年
澳大利亚	Australia	21766. 17	19597. 37	20209. 62	23543. 66	30580. 24	34149. 49	36226. 15	40671. 80	49379. 42	42101. 41	50745. 88	60642. 24
巴林	Bahrain	12489. 47	12340. 56	13224. 70	15062. 02	16725. 72	18570. 73	19539. 99	19955. 10	20813. 14	16517. 77	18184. 20	
孟加拉国	Bangladesh	363. 64	356. 12	354. 30	380. 28	407. 99	428. 75	434. 84	475. 25	546. 85	607. 76	674. 93	735. 00
科摩罗	Comoros	358. 95	381. 11	423. 42	532. 56	579. 06	601. 95	610. 36	685. 16	760. 55	747. 91	739. 51	809. 57
吉布提	Djibouti	753. 12	763. 63	772. 42	797. 86	839. 16	876. 88	933. 46	1010. 09	1148. 31	1202. 92		
埃及	Egypt, Arab Rep.	1475. 84	1417. 26	1251. 89	1159. 80	1082. 37	1208. 65	1422. 34	1695. 80	2078. 80	2370. 71	2698. 37	2780. 95
厄立特里亚	Eritrea	172. 76	180. 35	169. 98	209. 92	256. 82	244. 84	260. 70	274. 66	278. 96	364. 20	402. 96	481. 73
印度	India	450. 42	459. 58	480. 21	558. 44	642. 56	731. 74	820. 30	1055. 14	1027. 91	1126. 95	1375. 39	1488. 52
印度尼西亚	Indonesia	773. 31	742. 11	893. 32	1058. 30	1143. 50	1257. 65	1585. 65	1859. 30	2171. 70	2272. 73	2951. 70	3494. 60
伊朗	Iran, Islamic Rep.	1550. 09	1740. 80	1732. 12	1989. 51	2369. 27	2753. 61	3157. 75	4004. 42	4678. 25	4525. 95		
伊拉克	Iraq	1063. 48	759. 34	741. 64		957. 16	1134. 74	1585. 49	1945. 54	2867. 30	2065. 93	2532. 32	3500. 66
以色列	Israel	19859. 30	19093. 11	17195. 49	17739. 70	18588. 81	19330. 02	20624. 58	23274. 30	27591. 62	26032. 16	28522. 41	31282. 27
约旦	Jordan	1764. 23	1826. 22	1902. 39	1974. 78	2157. 16	2326. 28	2719. 33	3022. 01	3796. 76	4027. 05	4370. 00	4665. 94
肯尼亚	Kenya	406. 07	404. 86	399. 34	440. 87	463. 84	526. 13	615. 86	726. 60	793. 62	774. 93	794. 77	808. 00
科威特	Kuwait	19434. 40	17362. 15	18426. 18	22510. 89	27148. 17	35687. 92	43191. 03	46866. 98	57842. 27	40022. 63	45436. 79	62664. 10
马达加斯加	Madagascar	252. 38	285. 84	269. 13	325. 01	251. 41	281. 71	299. 30	386. 87	480. 65	421. 78	426. 63	465. 01
马来西亚	Malaysia	4005. 56	3871. 71	4113. 57	4397. 51	4874. 84	5285. 50	5890. 31	6904. 60	8099. 20	6902. 18	8372. 83	9656. 25
马尔代夫	Maldives	2284. 97	2838. 07	2885. 49	3251. 62	3638. 57	3361. 59	4353. 01	5079. 99	6149. 01	6229. 67	6570. 43	6405. 05

续表

国　家	Country	2000 年	2001 年	2002 年	2003 年	2004 年	2005 年	2006 年	2007 年	2008 年	2009 年	2010 年	2011 年
毛里求斯	Mauritius	3861. 04	3780. 83	3939. 28	4587. 66	5177. 37	5054. 36	5194. 48	6182. 20	7599. 98	6921. 59	7583. 89	8797. 05
莫桑比克	Mozambique	233. 44	218. 02	218. 82	236. 61	281. 43	316. 73	333. 29	368. 16	442. 90	423. 22	393. 72	534. 81
缅甸	Myanmar												
阿曼	Oman	8774. 93	8752. 87	8706. 26	9221. 99	10374. 31	12720. 70	14776. 90	16360. 06	22968. 46	17280. 10	20790. 84	25220. 62
巴基斯坦	Pakistan	511. 70	490. 04	480. 74	543. 59	628. 63	690. 85	789. 41	870. 63	978. 80	949. 12	1018. 87	1194. 33
卡塔尔	Qatar	30052. 76	28843. 45	31023. 03	36011. 92	44292. 04	52424. 90	61836. 32	67516. 14	82388. 85	61075. 01	72397. 61	92501. 50
沙特	Saudi Arabia	9400. 81	8849. 05	8784. 91	9607. 29	10784. 07	13126. 68	14380. 59	15091. 30	18202. 75	14050. 95	16423. 44	20540. 31
塞舌尔	Seychelles	7578. 85	7663. 14	8333. 55	8523. 01	8482. 42	11060. 80	12052. 93	11983. 02	11066. 72	9637. 47	11129. 81	11711. 47
新加坡	Singapore	23814. 56	22027. 17	21691. 29	22689. 53	26240. 55	28952. 81	31609. 27	36707. 06	34465. 48	35274. 46	41986. 83	46241. 02
索马里	Somalia												
南非	South Africa	3019. 95	2638. 16	2439. 99	3647. 70	4695. 04	5234. 58	5468. 30	5930. 13	5612. 89	5738. 27	7271. 73	8070. 03
斯里兰卡	Sri Lanka	854. 93	837. 70	903. 90	984. 81	1063. 16	1242. 40	1423. 48	1614. 41	2013. 91	2057. 11	2400. 02	2835. 41
苏丹	Sudan	361. 71	381. 76	418. 13	485. 22	578. 20	713. 00	924. 42	1152. 56	1401. 23	1286. 15	1538. 31	1234. 47
坦桑尼亚	Tanzania	307. 99	306. 08	310. 41	326. 27	349. 47	375. 02	369. 69	421. 99	504. 86	505. 80	526. 56	528. 55
泰国	Thailand	1943. 24	1808. 11	1962. 73	2182. 03	2442. 31	2644. 02	3078. 18	3642. 92	3992. 76	3835. 25	4613. 68	4972. 04
东帝汶	Timor Leste	380. 92	325. 27	319. 90	319. 76	317. 55	462. 00	438. 96	501. 99	616. 93	709. 95	765. 95	896. 35
阿拉伯联合酋长国	United Arab Emirates	34395. 15	32803. 18	33740. 90	36562. 15	40410. 79	44384. 75	47634. 33	47756. 56	50727. 21	38959. 81	39624. 70	45653. 09
也门	Yemen, Rep.	543. 71	539. 47	567. 83	606. 49	692. 77	811. 37	896. 35	986. 77	1189. 63	1077. 24	1290. 62	1361. 20

资料来源：世界银行 WDI&GDF 数据库。

Source：World Bank WDI&GDF databank.

表 4　人均 GDP 增长
GDP per capita growth

单位：年增长率
Unit：annual %

国　家	Country	2000 年	2001 年	2002 年	2003 年	2004 年	2005 年	2006 年	2007 年	2008 年	2009 年	2010 年	2011 年
澳大利亚	Australia	2. 72	0. 70	2. 64	2. 01	2. 96	1. 61	1. 57	1. 72	1. 77	-0. 65	0. 66	0. 40
巴林	Bahrain	3. 41	3. 90	5. 33	6. 36	1. 73	-0. 09	-4. 69	-5. 04	-6. 49	-7. 23	-3. 14	
孟加拉国	Bangladesh	4. 00	3. 40	2. 61	3. 52	4. 65	4. 48	5. 31	5. 24	5. 08	4. 63	4. 88	5. 39
科摩罗	Comoros	-1. 22	0. 63	1. 41	-0. 23	-2. 89	1. 46	-1. 45	-2. 18	-1. 70	-0. 86	-0. 54	-0. 38
吉布提	Djibouti	-2. 38	-0. 36	0. 52	1. 30	1. 98	1. 30	2. 85	3. 13	3. 80	3. 02		
埃及	Egypt, Arab Rep.	3. 51	1. 67	0. 49	1. 28	2. 17	2. 56	4. 91	5. 18	5. 27	2. 86	3. 33	0. 05
厄立特里亚	Eritrea	-16. 15	16. 64	-1. 18	-6. 68	-2. 60	-1. 27	-4. 36	-1. 80	-12. 51	0. 81	-0. 83	5. 47
印度	India	2. 23	3. 23	2. 25	6. 27	6. 21	7. 65	7. 66	8. 22	2. 42	6. 73	8. 04	5. 40
印度尼西亚	Indonesia	3. 55	2. 30	3. 15	3. 45	3. 74	4. 44	4. 30	5. 18	4. 89	3. 54	5. 11	5. 38
伊朗	Iran, Islamic Rep.	3. 43	2. 15	6. 08	5. 78	3. 82	3. 37	4. 62	6. 54	1. 09	0. 62		
伊拉克	Iraq	-7. 15	-8. 94	-10. 11	-42. 77	42. 83	-3. 19	3. 08	-1. 48	6. 29	1. 14	-2. 12	6. 80
以色列	Israel	6. 41	-2. 55	-2. 56	-0. 30	3. 01	3. 11	3. 74	3. 64	2. 20	-1. 54	2. 95	2. 79
约旦	Jordan	1. 70	2. 70	3. 26	1. 64	5. 97	5. 69	5. 66	5. 79	4. 92	3. 20	0. 07	0. 36
肯尼亚	Kenya	-1. 95	1. 12	-2. 05	0. 26	2. 39	3. 19	3. 63	4. 30	-1. 03	0. 03	2. 81	1. 74
科威特	Kuwait	0. 19	-2. 72	0. 00	14. 18	7. 04	6. 96	1. 29	0. 26	0. 83	-8. 66	-0. 01	5. 07
马达加斯加	Madagascar	1. 54	2. 79	-15. 31	6. 50	2. 13	1. 51	1. 94	3. 14	4. 03	-7. 32	-1. 33	-1. 86
马来西亚	Malaysia	6. 31	-1. 79	3. 02	3. 49	4. 57	3. 27	3. 91	4. 65	3. 09	-3. 21	5. 49	3. 47

续表

国　家	Country	2000 年	2001 年	2002 年	2003 年	2004 年	2005 年	2006 年	2007 年	2008 年	2009 年	2010 年	2011 年
马尔代夫	Maldives	2.99	1.76	4.36	14.35	8.62	-8.18	17.92	9.06	10.71	-5.99	4.34	6.06
毛里求斯	Mauritius	7.96	1.46	1.24	2.59	4.84	0.44	3.16	5.23	4.84	2.51	3.65	3.70
莫桑比克	Mozambique	-1.49	8.96	5.93	3.22	5.08	6.80	3.72	4.72	4.33	3.89	4.37	4.69
缅甸	Myanmar	12.58	10.44	11.32	13.26	13.08							
阿曼	Oman	5.18	6.77	1.51	-1.12	1.56	1.80	2.91	3.86	9.56	-1.70	1.37	3.14
巴基斯坦	Pakistan	1.91	-0.12	1.27	2.98	5.49	5.78	4.29	3.80	-0.22	1.74	2.29	0.53
卡塔尔	Qatar		0.42	4.37	-1.15	10.43	-6.27	-0.47	-2.02	-0.67	-2.14	5.92	11.73
沙特	Saudi Arabia	2.42	-2.55	-3.52	3.46	1.28	1.92	0.00	-0.80	1.59	-2.30	2.21	4.36
塞舌尔	Seychelles	3.33	-2.36	-1.81	-4.86	-2.50	6.95	7.11	9.04	-3.18	0.13	7.66	5.59
新加坡	Singapore	7.17	-3.78	3.25	6.14	7.80	4.88	5.41	4.42	-3.57	-3.92	12.75	2.72
索马里	Somalia												
南非	South Africa	1.61	0.65	2.25	1.65	3.33	4.09	4.43	4.40	2.48	-2.59	1.51	1.91
斯里兰卡	Sri Lanka	5.74	0.05	3.28	4.55	4.02	5.11	6.51	5.83	5.02	2.36	6.95	7.13
苏丹	Sudan	5.78	3.69	2.97	4.73	-0.53	3.82	8.58	7.42	4.15	1.36	1.88	-7.20
坦桑尼亚	Tanzania	2.35	3.34	4.43	4.12	4.99	4.50	3.83	4.18	4.40	2.97	3.91	3.17
泰国	Thailand	3.51	0.98	4.11	5.95	5.23	3.60	4.19	4.24	1.78	-2.95	7.16	-0.52
东帝汶	Timor Leste	12.74	-14.73	-1.68	-4.54	-0.41	5.24	-6.14	8.25	11.24	9.50	6.36	7.46
阿拉伯联合酋长国	United Arab Emirates	5.87	-2.33	-0.88	4.12	1.87	-5.74	-4.08	-10.97	-10.04	-11.99	-6.30	-0.14
也门	Yemen, Rep.	3.10	0.72	0.81	0.61	0.82	2.41	0.07	0.24	0.53	0.74	4.46	-13.18

资料来源：世界银行 WDI&GDF 数据库。

Source：World Bank WDI&GDF databank.

表 5 总人口

Population, total

单位：亿人

Unit：a hundred million

国 家	Country	2000 年	2001 年	2002 年	2003 年	2004 年	2005 年	2006 年	2007 年	2008 年	2009 年	2010 年	2011 年
澳大利亚	Australia	0. 1915	0. 1941	0. 1965	0. 1990	0. 2013	0. 2039	0. 2070	0. 2107	0. 2150	0. 2195	0. 2230	0. 2262
巴林	Bahrain	0. 0064	0. 0064	0. 0064	0. 0065	0. 0067	0. 0072	0. 0081	0. 0093	0. 0105	0. 0117	0. 0126	0. 0132
孟加拉国	Bangladesh	1. 2959	1. 3194	1. 3427	1. 3651	1. 3863	1. 4059	1. 4235	1. 4396	1. 4548	1. 4703	1. 4869	1. 5049
科摩罗	Comoros	0. 0056	0. 0058	0. 0059	0. 0061	0. 0063	0. 0064	0. 0066	0. 0068	0. 0070	0. 0072	0. 0073	0. 0075
吉布提	Djibouti	0. 0073	0. 0075	0. 0077	0. 0078	0. 0079	0. 0081	0. 0082	0. 0084	0. 0086	0. 0087	0. 0089	0. 0091
埃及	Egypt, Arab Rep.	0. 6765	0. 6889	0. 7017	0. 7150	0. 7284	0. 7420	0. 7557	0. 7694	0. 7832	0. 7972	0. 8112	0. 8254
厄立特里亚	Eritrea	0. 0367	0. 0381	0. 0397	0. 0415	0. 0432	0. 0449	0. 0465	0. 0480	0. 0495	0. 0510	0. 0525	0. 0542
印度	India	10. 5390	10. 7137	10. 8869	11. 0589	11. 2299	11. 4004	11. 5704	11. 7397	11. 9086	12. 0774	12. 2462	12. 4149
印度尼西亚	Indonesia	2. 1340	2. 1620	2. 1903	2. 2184	2. 2461	2. 2730	2. 2992	2. 3246	2. 3495	2. 3741	2. 3987	2. 4233
伊朗	Iran, Islamic Rep.	0. 6534	0. 6631	0. 6721	0. 6806	0. 6889	0. 6973	0. 7058	0. 7144	0. 7229	0. 7314	0. 7397	0. 7480
伊拉克	Iraq	0. 2431	0. 2494	0. 2558	0. 2623	0. 2691	0. 2760	0. 2843	0. 2929	0. 3018	0. 3109	0. 3203	0. 3296
以色列	Israel	0. 0629	0. 0644	0. 0657	0. 0669	0. 0681	0. 0693	0. 0705	0. 0718	0. 0731	0. 0749	0. 0762	0. 0777
约旦	Jordan	0. 0480	0. 0492	0. 0504	0. 0516	0. 0529	0. 0541	0. 0554	0. 0566	0. 0579	0. 0592	0. 0605	0. 0618
肯尼亚	Kenya	0. 3125	0. 3208	0. 3293	0. 3381	0. 3470	0. 3561	0. 3654	0. 3749	0. 3846	0. 3946	0. 4051	0. 4161
科威特	Kuwait	0. 0194	0. 0201	0. 0207	0. 0213	0. 0219	0. 0226	0. 0235	0. 0245	0. 0255	0. 0265	0. 0274	0. 0282
马达加斯加	Madagascar	0. 1536	0. 1585	0. 1634	0. 1684	0. 1736	0. 1789	0. 1843	0. 1898	0. 1955	0. 2012	0. 2071	0. 2132
马来西亚	Malaysia	0. 2341	0. 2396	0. 2452	0. 2506	0. 2559	0. 2610	0. 2659	0. 2705	0. 2750	0. 2795	0. 2840	0. 2886

续表

国 家	Country	2000 年	2001 年	2002 年	2003 年	2004 年	2005 年	2006 年	2007 年	2008 年	2009 年	2010 年	2011 年
马尔代夫	Maldives	0. 0027	0. 0028	0. 0028	0. 0029	0. 0029	0. 0030	0. 0030	0. 0030	0. 0031	0. 0031	0. 0032	0. 0032
毛里求斯	Mauritius	0. 0119	0. 0120	0. 0121	0. 0122	0. 0123	0. 0124	0. 0125	0. 0126	0. 0127	0. 0128	0. 0128	0. 0129
莫桑比克	Mozambique	0. 1820	0. 1869	0. 1920	0. 1972	0. 2025	0. 2077	0. 2129	0. 2181	0. 2233	0. 2286	0. 2339	0. 2393
缅甸	Myanmar	0. 4496	0. 4532	0. 4561	0. 4584	0. 4607	0. 4632	0. 4661	0. 4692	0. 4725	0. 4760	0. 4796	0. 4834
阿曼	Oman	0. 0226	0. 0228	0. 0230	0. 0234	0. 0238	0. 0243	0. 0249	0. 0256	0. 0264	0. 0271	0. 0278	0. 0285
巴基斯坦	Pakistan	1. 4452	1. 4756	1. 5041	1. 5314	1. 5586	1. 5865	1. 6151	1. 6445	1. 6744	1. 7049	1. 7359	1. 7675
卡塔尔	Qatar	0. 0059	0. 0061	0. 0062	0. 0065	0. 0072	0. 0082	0. 0098	0. 0118	0. 0140	0. 0160	0. 0176	0. 0187
沙特	Saudi Arabia	0. 2005	0. 2068	0. 2146	0. 2233	0. 2321	0. 2404	0. 2480	0. 2550	0. 2617	0. 2681	0. 2745	0. 2808
塞舌尔	Seychelles	0. 0008	0. 0008	0. 0008	0. 0008	0. 0008	0. 0008	0. 0008	0. 0009	0. 0009	0. 0009	0. 0009	0. 0009
新加坡	Singapore	0. 0403	0. 0414	0. 0418	0. 0411	0. 0417	0. 0427	0. 0440	0. 0459	0. 0484	0. 0499	0. 0508	0. 0518
索马里	Somalia	0. 0740	0. 0760	0. 0779	0. 0798	0. 0817	0. 0836	0. 0855	0. 0873	0. 0892	0. 0912	0. 0933	0. 0956
南非	South Africa	0. 4400	0. 4491	0. 4553	0. 4612	0. 4666	0. 4720	0. 4773	0. 4826	0. 4879	0. 4932	0. 4999	0. 5059
斯里兰卡	Sri Lanka	0. 1875	0. 1892	0. 1913	0. 1937	0. 1961	0. 1984	0. 2006	0. 2027	0. 2047	0. 2067	0. 2086	0. 2087
苏丹	Sudan	0. 3419	0. 3500	0. 3582	0. 3664	0. 3750	0. 3841	0. 3937	0. 4037	0. 4142	0. 4248	0. 4355	0. 3432
坦桑尼亚	Tanzania	0. 3404	0. 3492	0. 3583	0. 3679	0. 3779	0. 3883	0. 3992	0. 4107	0. 4227	0. 4352	0. 4484	0. 4622
泰国	Thailand	0. 6316	0. 6390	0. 6464	0. 6537	0. 6606	0. 6670	0. 6728	0. 6780	0. 6827	0. 6871	0. 6912	0. 6952
东帝汶	Timor Leste	0. 0083	0. 0085	0. 0089	0. 0093	0. 0097	0. 0098	0. 0101	0. 0105	0. 0108	0. 0111	0. 0114	0. 0118
阿拉伯联合酋长国	United Arab Emirates	0. 0303	0. 0315	0. 0325	0. 0340	0. 0366	0. 0407	0. 0466	0. 0541	0. 0621	0. 0694	0. 0751	0. 0789
也门	Yemen, Rep.	0. 1772	0. 1827	0. 1883	0. 1942	0. 2003	0. 2065	0. 2129	0. 2195	0. 2263	0. 2333	0. 2405	0. 2480

资料来源：世界银行 WDI&GDF 数据库。

Source：World Bank WDI&GDF databank.

表 6 人口增长率
Population growth

单位：%
Unit：%

国家	Country	2000 年	2001 年	2002 年	2003 年	2004 年	2005 年	2006 年	2007 年	2008 年	2009 年	2010 年	2011 年
澳大利亚	Australia	1.202	1.348	1.221	1.234	1.159	1.320	1.475	1.520	2.001	2.086	1.573	1.428
巴林	Bahrain	1.807	0.674	-0.069	0.790	3.730	7.600	11.287	13.181	12.820	10.561	7.592	4.774
孟加拉国	Bangladesh	1.852	1.799	1.744	1.661	1.540	1.400	1.248	1.120	1.051	1.061	1.124	1.204
科摩罗	Comoros	2.631	2.649	2.665	2.678	2.689	2.695	2.698	2.695	2.680	2.653	2.617	2.579
吉布提	Djibouti	2.821	2.386	2.070	1.859	1.792	1.826	1.877	1.897	1.909	1.905	1.889	1.878
埃及	Egypt, Arab Rep.	1.777	1.816	1.850	1.869	1.866	1.847	1.823	1.801	1.780	1.763	1.747	1.730
厄立特里亚	Eritrea	3.544	3.875	4.149	4.226	4.085	3.812	3.498	3.234	3.057	2.996	3.008	3.030
印度	India	1.688	1.645	1.604	1.567	1.535	1.507	1.480	1.453	1.429	1.407	1.387	1.369
印度尼西亚	Indonesia	1.314	1.307	1.297	1.276	1.240	1.193	1.144	1.100	1.065	1.043	1.029	1.018
伊朗	Iran, Islamic Rep.	1.642	1.475	1.347	1.255	1.214	1.210	1.212	1.202	1.188	1.166	1.137	1.109
伊拉克	Iraq	3.068	2.567	2.567	2.567	2.567	2.567	3.024	3.024	3.024	3.024	3.024	2.866
以色列	Israel	2.642	2.357	2.014	1.806	1.768	1.763	1.768	1.776	1.777	2.390	1.827	1.847
约旦	Jordan	2.469	2.471	2.421	2.470	2.411	2.271	2.293	2.232	2.184	2.188	2.207	2.192
肯尼亚	Kenya	2.565	2.598	2.621	2.630	2.618	2.595	2.568	2.551	2.555	2.584	2.627	2.672
科威特	Kuwait	4.401	3.484	2.953	2.715	2.905	3.347	3.789	4.017	4.025	3.771	3.361	2.928
马达加斯加	Madagascar	3.121	3.090	3.061	3.035	3.014	2.997	2.979	2.960	2.938	2.914	2.888	2.862
马来西亚	Malaysia	2.365	2.321	2.272	2.198	2.094	1.973	1.845	1.733	1.653	1.614	1.603	1.600

续表

国　家	Country	2000 年	2001 年	2002 年	2003 年	2004 年	2005 年	2006 年	2007 年	2008 年	2009 年	2010 年	2011 年
马尔代夫	Maldives	1. 711	1. 653	1. 598	1. 546	1. 497	1. 451	1. 406	1. 367	1. 339	1. 326	1. 321	1. 320
毛里求斯	Mauritius	0. 983	1. 090	0. 856	1. 037	0. 861	0. 797	0. 757	0. 613	0. 645	0. 508	0. 461	0. 399
莫桑比克	Mozambique	2. 586	2. 661	2. 684	2. 677	2. 629	2. 554	2. 477	2. 415	2. 363	2. 327	2. 301	2. 278
缅甸	Myanmar	1. 031	0. 811	0. 628	0. 513	0. 493	0. 543	0. 611	0. 664	0. 710	0. 740	0. 757	0. 776
阿曼	Oman	0. 211	0. 661	1. 035	1. 427	1. 798	2. 129	2. 484	2. 794	2. 916	2. 811	2. 559	2. 264
巴基斯坦	Pakistan	2. 282	2. 079	1. 913	1. 801	1. 761	1. 771	1. 792	1. 799	1. 806	1. 806	1. 801	1. 799
卡塔尔	Qatar	3. 633	2. 853	2. 616	4. 591	9. 014	13. 802	17. 535	18. 588	16. 967	13. 495	9. 602	6. 133
沙特	Saudi Arabia	2. 354	3. 125	3. 709	3. 979	3. 862	3. 502	3. 106	2. 802	2. 564	2. 426	2. 355	2. 285
塞舌尔	Seychelles	0. 893	0. 087	3. 030	-1. 081	-0. 363	0. 484	2. 030	0. 511	2. 236	0. 393	-0. 889	-0. 609
新加坡	Singapore	1. 733	2. 697	0. 914	-1. 476	1. 253	2. 351	3. 129	4. 165	5. 322	3. 016	1. 771	2. 086
索马里	Somalia	2. 822	2. 639	2. 526	2. 418	2. 340	2. 286	2. 220	2. 153	2. 138	2. 190	2. 288	2. 393
南非	South Africa	2. 477	1. 830	0. 962	1. 273	1. 182	1. 137	1. 122	1. 097	1. 104	1. 075	1. 352	1. 184
斯里兰卡	Sri Lanka	0. 723	0. 938	1. 116	1. 225	1. 235	1. 176	1. 100	1. 042	0. 989	0. 950	0. 919	1. 040
苏丹	Sudan	2. 425	2. 355	2. 299	2. 284	2. 320	2. 389	2. 465	2. 521	2. 547	2. 535	2. 496	2. 105
坦桑尼亚	Tanzania	2. 501	2. 549	2. 588	2. 632	2. 678	2. 726	2. 775	2. 827	2. 879	2. 931	2. 980	3. 025
泰国	Thailand	1. 189	1. 171	1. 158	1. 119	1. 050	0. 961	0. 863	0. 770	0. 693	0. 640	0. 604	0. 572
东帝汶	Timor Leste	0. 811	2. 667	4. 088	4. 752	4. 483	3. 663	2. 753	2. 115	1. 773	1. 848	2. 880	2. 880
阿拉伯联合酋长国	United Arab Emirates	4. 603	3. 751	3. 287	4. 396	7. 287	10. 656	13. 612	14. 782	13. 819	11. 151	7. 933	4. 925
也门	Yemen, Rep.	2. 947	3. 017	3. 051	3. 074	3. 075	3. 061	3. 050	3. 048	3. 050	3. 054	3. 058	3. 060

资料来源：世界银行 WDI&GDF 数据库。

Source：World Bank WDI&GDF databank.

表 7　农业增加值（百万现价美元）
Agriculture value added（million current US $）

单位：百万美元
Unit：million dollar

国　家	Country	2000 年	2001 年	2002 年	2003 年	2004 年	2005 年
澳大利亚	Australia	13074. 17	13377. 70	15602. 76	13544. 55	18966. 42	20172. 91
巴林	Bahrain						
孟加拉国	Bangladesh	11601. 29	10940. 92	10430. 16	10890. 66	11415. 41	11646. 15
科摩罗	Comoros	98. 03	109. 98	125. 96	164. 01	184. 60	197. 45
吉布提	Djibouti	17. 06	17. 88	18. 53	19. 47	20. 98	22. 28
埃及	Egypt，Arab Rep.	15512. 99	14987. 75	13533. 27	12676. 30	11251. 16	12539. 55
厄立特里亚	Eritrea	88. 94	114. 09	99. 20	102. 95	118. 03	248. 24
印度	India	98406. 68	102033. 47	97542. 53	115848. 41	125838. 98	144056. 02
印度尼西亚	Indonesia	25746. 53	24532. 76	30242. 19	35651. 02	36819. 57	37524. 88
伊朗	Iran，Islamic Rep.	13805. 77	14648. 22	13869. 44	16003. 88	18048. 66	19185. 94
伊拉克	Iraq	1397. 55	1708. 04	1905. 09			
以色列	Israel						
约旦	Jordan	170. 51	175. 35	210. 06	251. 52	285. 02	347. 25
肯尼亚	Kenya	3645. 16	3616. 65	3399. 61	3845. 80	4012. 61	4541. 37
科威特	Kuwait	133. 99	155. 53	197. 11	220. 81		
马达加斯加	Madagascar	1026. 29	1165. 55	1311. 86	1465. 43	1142. 54	1294. 10
马来西亚	Malaysia	8065. 00	7432. 89	9061. 05	10255. 53	11565. 53	11579. 73
马尔代夫	Maldives	54. 70	49. 90	55. 08	55. 77	58. 61	62. 02
毛里求斯	Mauritius	279. 18	295. 09	263. 98	307. 82	357. 47	331. 92
莫桑比克	Mozambique	887. 16	816. 86	1068. 03	1182. 90	1411. 72	1609. 73
缅甸	Myanmar						
阿曼	Oman	388. 45	409. 19	423. 77	428. 87	459. 15	

续表

国　家	Country	2000 年	2001 年	2002 年	2003 年	2004 年	2005 年
巴基斯坦	Pakistan	17851. 83	16236. 71	15724. 11	18086. 32	20231. 91	22160. 75
卡特尔	Qatar						
沙特	Saudi Arabia	9326. 13	9522. 13	9626. 93	9721. 07	9916. 53	10215. 90
塞舌尔	Seychelles	18. 45	18. 67	20. 93	21. 17	20. 99	21. 68
新加坡	Singapore	89. 68	77. 15	63. 07	56. 41	59. 70	63. 89
索马里	Somalia						
南非	South Africa	3955. 57	3785. 26	4196. 29	5240. 62	6113. 29	5881. 44
斯里兰卡	Sri Lanka	2907. 75	2794. 70	2442. 14	2498. 16	2591. 87	2884. 64
苏丹	Sudan	4962. 90	5477. 85	6027. 23	6569. 00	7167. 86	8260. 78
坦桑尼亚	Tanzania	216. 22	257. 31	271. 48	376. 27	399. 11	490. 02
泰国	Thailand	3189. 12	3183. 27	3270. 67	3531. 66	3968. 91	4106. 65
东帝汶	Timor-Leste	81. 50					
阿拉伯联合酋长国	United Arab Emirates	2360. 79	2312. 32	2419. 61	2397. 00	2461. 81	2520. 35
也门	Yemen, Rep.	1326. 72	1390. 94	1426. 70	1516. 63	1627. 41	1767. 13
国　家	Country	2006 年	2007 年	2008 年	2009 年	2010 年	2011 年
澳大利亚	Australia	20557. 80	18716. 34	23904. 29	20410. 17	24096. 75	
巴林	Bahrain						
孟加拉国	Bangladesh	11694. 49	12729. 06	14573. 91	16167. 56	18040. 06	19718. 05
科摩罗	Comoros	182. 14	210. 83	242. 86	247. 91		
吉布提	Djibouti	24. 04	28. 81				
埃及	Egypt, Arab Rep.	14227. 88	17510. 29	20564. 33	24564. 05	29202. 16	30897. 67
厄立特里亚	Eritrea	297. 95	319. 82	231. 54	262. 24		
印度	India	160189. 96	208428. 23	202340. 01	229036. 38	304140. 74	295768. 60
印度尼西亚	Indonesia	47298. 66	59285. 80	73892. 29	82506. 87	108371. 51	142923. 68
伊朗	Iran, Islamic Rep.	23037. 44	28875. 93				
伊拉克	Iraq						

续表

国　家	Country	2006 年	2007 年	2008 年	2009 年	2010 年	2011 年
以色列	Israel						
约旦	Jordan	389.04	433.16	530.86	646.73	789.94	842.65
肯尼亚	Kenya	5357.09	6004.13	6941.83	7307.81	7095.10	6779.37
科威特	Kuwait						
马达加斯加	Madagascar	1385.93	1717.80	2101.01	2295.19		
马来西亚	Malaysia	13749.57	18893.32	22683.58	18363.45	25270.82	
马尔代夫	Maldives	70.27	65.55	67.49	65.56	59.97	
毛里求斯	Mauritius	319.48	308.27	349.42	306.64	313.97	354.87
莫桑比克	Mozambique	1805.23	2043.01	2767.28	2757.78	2647.18	3546.48
缅甸	Myanmar						
阿曼	Oman						
巴基斯坦	Pakistan	24372.40	27819.39	32276.25	33212.43	35512.71	43224.35
卡特尔	Qatar						
沙特	Saudi Arabia	10513.48	10713.45	10969.60	11045.07	11204.27	
塞舌尔	Seychelles	23.24	21.84	19.40	15.37		
新加坡	Singapore	63.68	69.86	71.66	76.34	71.50	76.27
索马里	Somalia						
南非	South Africa	6697.29	8568.75	7942.17	7794.61	8132.93	
斯里兰卡	Sri Lanka	3204.47	3779.64	5447.37	5339.26	6340.81	8101.26
苏丹	Sudan	10366.02	12434.96	14386.95	15233.46	13876.18	14052.57
坦桑尼亚	Tanzania	604.56	735.06	1118.94	991.65	1081.98	5780.32
泰国	Thailand	3954.00	4570.51	5576.37	5563.02	5814.05	42751.92
东帝汶	Timor-Leste						
阿拉伯联合酋长国	United Arab Emirates	2430.50	2513.99	2609.94	2608.85	2611.30	
也门	Yemen, Rep.	1936.20	2248.64	2419.20	2478.62	2390.37	

资料来源：世界银行 WDI&GDF 数据库。

Source: World Bank WDI&GDF databank.

表 8 农业增加值（占 GDP 的百分比）
Agriculture value added (% of GDP)

单位：%
Unit：%

国 家	Country	2000 年	2001 年	2002 年	2003 年	2004 年	2005 年	2006 年	2007 年	2008 年	2009 年	2010 年	2011 年
澳大利亚	Australia	3.51	3.97	4.44	3.27	3.48	3.27	3.09	2.37	2.44	2.37	2.28	
巴林	Bahrain												
孟加拉国	Bangladesh	25.51	24.10	22.73	21.75	21.04	20.14	19.61	19.24	19.01	18.73	18.59	18.43
科摩罗	Comoros	48.55	49.96	50.15	50.55	50.94	51.02	45.18	45.34	45.81	46.31		
吉布提	Djibouti	3.54	3.54	3.58	3.61	3.62	3.53	3.51	3.86				
埃及	Egypt, Arab Rep.	16.74	16.56	16.46	16.34	15.18	14.86	14.07	14.07	13.22	13.68	13.99	13.95
厄立特里亚	Eritrea	15.10	17.90	16.40	12.87	11.58	24.21	26.11	25.38	17.38	14.53		
印度	India	23.35	23.20	20.87	20.97	19.03	18.82	18.29	18.26	17.59	17.76	18.98	17.22
印度尼西亚	Indonesia	15.60	15.29	15.46	15.19	14.34	13.13	12.97	13.72	14.48	15.30	15.34	16.88
伊朗	Iran, Islamic Rep.	13.72	12.83	12.04	11.97	11.23	10.19	10.36	10.22				
伊拉克	Iraq	5.36	8.05	9.00	8.57								
以色列	Israel												
约旦	Jordan	2.35	2.27	2.55	2.83	2.81	3.08	2.95	2.84	2.70	3.05	3.42	3.33
肯尼亚	Kenya	32.36	31.33	29.13	29.03	28.04	27.20	26.75	25.01	25.83	27.18	25.18	23.13
科威特	Kuwait	0.36	0.45	0.52	0.46								
马达加斯加	Madagascar	29.21	27.89	31.68	29.20	28.80	28.29	27.48	25.69	24.81	29.11		
马来西亚	Malaysia	8.60	8.01	8.99	9.31	9.27	8.39	8.78	10.12	10.18	9.52	10.63	

续表

国家	Country	2000 年	2001 年	2002 年	2003 年	2004 年	2005 年	2006 年	2007 年	2008 年	2009 年	2010 年	2011 年
马尔代夫	Maldives	8.76	9.52	10.12	9.58	8.93	9.94	8.78	4.34	3.77	3.76	3.14	
毛里求斯	Mauritius	6.97	7.31	6.29	6.28	6.45	6.04	5.57	4.48	4.09	3.90	3.64	3.52
莫桑比克	Mozambique	24.01	22.51	27.82	28.04	27.41	26.96	27.86	27.71	30.47	31.46	31.85	31.96
缅甸	Myanmar	57.24	57.07	54.53	50.62	48.35	46.69	43.92	43.32	40.28	38.10	36.36	
阿曼	Oman	1.96	2.05	2.11	1.99	1.86							
巴基斯坦	Pakistan	25.93	24.09	23.35	23.36	22.18	21.47	20.36	20.46	20.33	21.56	21.18	21.62
卡特尔	Qatar												
沙特	Saudi Arabia	4.95	5.20	5.11	4.53	3.96	3.24	2.95	2.78	2.30	2.96	2.58	
塞舌尔	Seychelles	3.00	3.00	3.00	3.00	3.00	2.36	2.28	2.14	2.02	1.83		
新加坡	Singapore	0.10	0.09	0.07	0.06	0.06	0.05	0.05	0.04	0.04	0.04	0.04	0.03
索马里	Somalia												
南非	South Africa	3.27	3.51	4.15	3.43	3.11	2.67	2.88	3.37	3.20	3.04	2.48	
斯里兰卡	Sri Lanka	19.90	20.05	14.28	13.23	12.54	11.82	11.34	11.68	13.38	12.69	12.80	13.69
苏丹	Sudan	41.71	42.82	42.09	38.76	35.23	31.98	30.06	28.13	26.25	29.69	23.63	27.25
坦桑尼亚	Tanzania	27.42	26.16	24.66	27.11	21.60	23.98	24.79	22.43	24.71	22.42	21.34	27.11
泰国	Thailand	33.48	32.87	32.46	32.53	33.33	31.76	30.41	29.97	29.71	28.79	28.06	12.37
东帝汶	Timor-Leste	25.77											
阿拉伯联合酋长国	United Arab Emirates	2.26	2.24	2.20	1.93	1.67	1.40	1.09	0.98	0.83	0.97	0.88	
也门	Yemen, Rep.	13.77	14.12	13.34	12.88	11.73	10.55	10.15	10.38	8.99	9.86	7.64	

资料来源：世界银行 WDI&GDF 数据库。

Source: World Bank WDI&GDF databank.

表 9　工业增加值（百万现价美元）

Industry value added（million current US $）

单位：百万美元

Unit：million dollar

国　家	Country	2000 年	2001 年	2002 年	2003 年	2004 年	2005 年
澳大利亚	Australia	100152. 61	88041. 21	90711. 59	109177. 64	142419. 26	165415. 73
巴林	Bahrain						
孟加拉国	Bangladesh	11497. 12	11778. 13	12119. 21	13148. 03	14437. 13	15740. 83
埃及	Egypt，Arab Rep.	30702. 22	30167. 17	28271. 90	27346. 80	27043. 39	30303. 33
印度	India	110352. 11	111451. 21	123663. 66	144915. 96	184673. 23	215454. 74
印度尼西亚	Indonesia	75786. 55	74535. 38	86996. 43	102711. 93	114620. 17	133046. 28
伊朗	Iran，Islamic Rep.	36958. 68	40421. 72	47693. 39	54739. 69	68703. 71	84183. 56
伊拉克	Iraq	21987. 93	16678. 02	15535. 31			
肯尼亚	Kenya	1905. 70	1988. 19	2032. 03	2328. 42	2608. 39	3187. 81
科威特	Kuwait	22315. 57	18851. 32	18741. 65	24420. 80		
马来西亚	Malaysia	45319. 74	42868. 68	45496. 84	51330. 79	60541. 32	68580. 98
马尔代夫	Maldives	93. 88	110. 34	113. 61	128. 84	173. 98	191. 37
毛里求斯	Mauritius	1241. 30	1258. 31	1284. 59	1483. 85	1614. 99	1516. 42
莫桑比克	Mozambique	905. 96	937. 13	888. 68	1101. 26	1411. 94	1513. 07
缅甸	Myanmar						
阿曼	Oman	11373. 51	10826. 76	10715. 72	11610. 40	13596. 92	
巴基斯坦	Pakistan	16059. 24	16184. 52	16066. 08	18506. 30	24613. 27	27979. 04
沙特	Saudi Arabia	101580. 80	93751. 73	97051. 47	116636. 00	144491. 20	199535. 64
新加坡	Singapore	30846. 34	27214. 69	27328. 97	27474. 29	34056. 69	37257. 88
索马里	Somalia						
南非	South Africa	38387. 26	34795. 41	32972. 80	48380. 58	61516. 86	68664. 64
斯里兰卡	Sri Lanka	3986. 20	3735. 33	4790. 56	5367. 06	5913. 22	7367. 64

续表

国　家	Country	2000 年	2001 年	2002 年	2003 年	2004 年	2005 年
苏丹	Sudan	2559.52	2450.94	2944.37	3723.01	5254.09	7319.37
坦桑尼亚	Tanzania	306.35	394.22	434.01	519.79	587.32	639.51
泰国	Thailand	1826.91	1869.51	2122.49	2444.57	2661.50	2937.95
科摩罗	Comoros	23.26	25.79	29.11	41.27	44.21	42.55
吉布提	Djibouti	73.90	79.09	82.74	87.07	96.37	104.71
厄立特里亚	Eritrea	135.35	139.44	139.84	171.41	217.52	224.76
以色列	Israel						
约旦	Jordan	1856.82	1987.44	2234.91	2403.68	2902.42	3253.65
马达加斯加	Madagascar	500.07	609.38	596.84	771.47	632.76	721.43
卡特尔	Qatar						
塞舌尔	Seychelles	178.43	174.77	211.11	193.38	197.44	193.91
东帝汶	Timor-Leste	58.52					
阿拉伯联合酋长国	United Arab Emirates	50621.38	51321.44	52212.94	61080.19	76393.19	100501.84
也门	Yemen, Rep.	4473.79	4181.46	4500.50	5066.18	6265.84	8207.58

国　家	Country	2006 年	2007 年	2008 年	2009 年	2010 年	2011 年
澳大利亚	Australia	186175.50	160345.45	195983.87	183442.63	208946.21	
巴林	Bahrain						
孟加拉国	Bangladesh	16640.01	18771.04	21859.31	24738.91	27617.80	30548.43
埃及	Egypt, Arab Rep.	38860.57	45230.50	58357.00	67012.76	78330.26	81339.47
印度	India	252630.91	331453.80	324644.74	347743.90	421217.35	453694.33
印度尼西亚	Indonesia	171142.38	202273.72	245227.33	257167.44	332407.96	379852.28
伊朗	Iran, Islamic Rep.	97002.05	125701.67				
伊拉克	Iraq						
肯尼亚	Kenya	3704.06	4450.39	5311.26	5162.92	5584.42	5623.63
科威特	Kuwait						
马来西亚	Malaysia	77814.92	88711.85	106758.72	84519.56	105599.51	

续表

国　家	Country	2006 年	2007 年	2008 年	2009 年	2010 年	2011 年
马尔代夫	Maldives	227. 83	293. 55	329. 59	256. 71	277. 41	
毛里求斯	Mauritius	1582. 66	1855. 13	2400. 42	2199. 97	2322. 70	2678. 70
莫桑比克	Mozambique	1711. 99	1908. 04	2148. 58	2070. 72	1944. 02	2685. 19
缅甸	Myanmar						
阿曼	Oman						
巴基斯坦	Pakistan	32174. 33	36558. 10	42533. 07	38089. 00	42650. 05	50521. 38
沙特	Saudi Arabia	230476. 90	252561. 10	334462. 93	222277. 60	269362. 13	
新加坡	Singapore	41558. 38	45842. 70	44893. 26	50619. 47	55564. 16	59832. 42
索马里	Somalia						
南非	South Africa	72347. 85	79358. 27	80879. 55	80156. 26	101177. 51	
斯里兰卡	Sri Lanka	8661. 78	9679. 42	11958. 55	12482. 17	14586. 42	16459. 34
苏丹	Sudan	10059. 92	13787. 04	18653. 85	13345. 96	19404. 23	20512. 36
坦桑尼亚	Tanzania	669. 05	891. 07	1216. 50	1047. 01	1116. 67	5657. 55
泰国	Thailand	2974. 66	3558. 98	4342. 04	4691. 14	5279. 20	150514. 48
科摩罗	Comoros	47. 63	55. 13	63. 51	64. 83		
吉布提	Djibouti	112. 33	126. 18				
厄立特里亚	Eritrea	219. 86	252. 99	357. 67	405. 12		
以色列	Israel						
约旦	Jordan	3827. 05	4818. 42	6662. 11	6797. 64	7104. 41	7879. 28
马达加斯加	Madagascar	814. 00	1087. 28	1370. 12	1261. 71		
卡特尔	Qatar						
塞舌尔	Seychelles	197. 96	207. 01	186. 73	150. 62		
东帝汶	Timor-Leste						
阿拉伯联合酋长国	United Arab Emirates	128612. 39	141441. 80	182864. 27	144320. 22	165268. 08	
也门	Yemen, Rep.	9397. 21	7868. 78	9246. 47	9473. 56	9136. 29	

资料来源：世界银行 WDI&GDF 数据库。

Source: World Bank WDI&GDF databank.

表 10 工业增加值（占 GDP 的百分比）
Industry value added（% of GDP）

单位：%
Unit：%

国 家	Country	2000 年	2001 年	2002 年	2003 年	2004 年	2005 年	2006 年	2007 年	2008 年	2009 年	2010 年	2011 年
澳大利亚	Australia	26.91	26.12	25.81	26.36	26.13	26.77	28.00	20.28	19.98	21.26	19.81	
巴林	Bahrain												
孟加拉国	Bangladesh	25.28	25.94	26.41	26.26	26.60	27.22	27.91	28.38	28.51	28.66	28.46	28.55
埃及	Egypt, Arab Rep.	33.13	33.33	34.39	35.25	36.48	35.92	38.43	36.34	37.53	37.32	37.53	36.72
印度	India	26.19	25.34	26.46	26.24	27.93	28.14	28.85	29.04	28.22	26.97	26.29	26.41
印度尼西亚	Indonesia	45.93	46.45	44.46	43.75	44.63	46.54	46.94	46.80	48.06	47.68	47.05	44.86
伊朗	Iran, Islamic Rep.	36.74	35.39	41.39	40.95	42.74	44.71	43.64	44.47				
伊拉克	Iraq	84.38	78.65	73.37	70.15								
肯尼亚	Kenya	16.92	17.22	17.41	17.58	18.23	19.09	18.50	18.54	19.77	19.20	19.82	19.19
科威特	Kuwait	59.16	54.03	49.14	51.01								
马来西亚	Malaysia	48.32	46.20	45.12	46.58	48.53	49.71	49.69	47.50	47.93	43.81	44.41	
马尔代夫	Maldives	15.04	21.05	20.88	22.14	26.50	30.69	28.46	19.43	18.42	14.74	14.54	
毛里求斯	Mauritius	30.97	31.19	30.60	30.28	29.14	27.58	27.57	26.96	28.09	27.98	26.94	26.58
莫桑比克	Mozambique	24.52	25.82	23.15	26.10	27.42	25.34	26.42	25.88	23.66	23.62	23.39	24.20
缅甸	Myanmar	9.69	10.58	13.01	14.26	16.21	17.51	19.24	20.41	22.67	24.55	26.00	
阿曼	Oman	57.25	54.27	53.45	53.90	55.11							
巴基斯坦	Pakistan	23.33	24.02	23.86	23.91	26.99	27.10	26.87	26.89	26.79	24.73	25.43	25.27

续表

国　家	Country	2000 年	2001 年	2002 年	2003 年	2004 年	2005 年	2006 年	2007 年	2008 年	2009 年	2010 年	2011 年
沙特	Saudi Arabia	53. 91	51. 23	51. 47	54. 36	57. 72	63. 23	64. 63	65. 62	70. 22	59. 65	61. 97	
新加坡	Singapore	34. 55	31. 79	31. 86	31. 13	32. 82	31. 60	31. 29	28. 94	26. 67	28. 33	28. 27	26. 57
索马里	Somalia												
南非	South Africa	31. 78	32. 27	32. 61	31. 68	31. 27	31. 17	31. 16	31. 20	32. 62	31. 30	30. 80	
斯里兰卡	Sri Lanka	27. 28	26. 80	28. 01	28. 42	28. 62	30. 19	30. 64	29. 92	29. 37	29. 67	29. 44	27. 82
苏丹	Sudan	21. 51	19. 16	20. 56	21. 97	25. 83	28. 34	29. 17	31. 18	34. 03	26. 01	33. 04	39. 77
坦桑尼亚	Tanzania	38. 85	40. 08	39. 43	37. 45	31. 79	31. 29	27. 44	27. 19	26. 86	23. 67	22. 02	26. 53
泰国	Thailand	19. 18	19. 30	21. 06	22. 51	22. 35	22. 72	22. 88	23. 33	23. 14	24. 28	25. 48	43. 55
科摩罗	Comoros	11. 52	11. 72	11. 59	12. 72	12. 20	10. 99	11. 81	11. 86	11. 98	12. 11		
吉布提	Djibouti	15. 35	15. 65	15. 99	16. 16	16. 62	16. 61	16. 38	16. 89				
厄立特里亚	Eritrea	22. 97	21. 88	23. 12	21. 44	21. 33	21. 92	19. 27	20. 08	26. 85	22. 44		
以色列	Israel												
约旦	Jordan	25. 55	25. 76	27. 09	27. 05	28. 60	28. 86	28. 98	31. 62	33. 84	32. 08	30. 72	31. 10
马达加斯加	Madagascar	14. 23	14. 58	14. 41	15. 37	15. 95	15. 77	16. 14	16. 26	16. 18	16. 00		
卡特尔	Qatar												
塞舌尔	Seychelles	29. 02	28. 09	30. 27	27. 40	28. 21	21. 15	19. 41	20. 32	19. 40	17. 90		
东帝汶	Timor-Leste	18. 51											
阿拉伯联合酋长国	United Arab Emirates	48. 52	49. 68	47. 55	49. 12	51. 68	55. 64	57. 91	54. 79	58. 08	53. 39	55. 52	
也门	Yemen, Rep.	46. 43	42. 43	42. 09	43. 01	45. 16	48. 99	49. 25	36. 33	34. 35	37. 70	29. 22	

资料来源：世界银行 WDI&GDF 数据库。

Source：World Bank WDI&GDF databank.

表 11　制造业增加值（百万现价美元）
Manufacturing value added (million current US $)

单位：百万美元
Unit：million dollar

国　家	Country	2000 年	2001 年	2002 年	2003 年	2004 年	2005 年
澳大利亚	Australia	49079. 32	42663. 95	42452. 91	51697. 73	67889. 46	72617. 65
巴林	Bahrain						
孟加拉国	Bangladesh	6924. 49	7085. 66	7279. 23	7912. 38	8752. 64	9560. 20
科摩罗	Comoros	9. 15	10. 06	10. 96	14. 16	16. 01	16. 85
吉布提	Djibouti	12. 57	13. 19	13. 68	14. 38	15. 43	16. 31
埃及	Egypt, Arab Rep.	17968. 91	17278. 99	15738. 86	13831. 07	13029. 33	14300. 38
厄立特里亚	Eritrea	65. 75	67. 20	66. 47	79. 19	95. 16	75. 00
印度	India	65753. 74	66114. 79	71500. 54	84556. 14	100867. 97	117831. 39
印度尼西亚	Indonesia	45785. 82	46615. 18	56190. 40	66329. 89	72083. 39	78349. 46
伊朗	Iran, Islamic Rep.	13237. 86	15261. 56	13124. 28	15033. 76	18118. 90	20230. 24
伊拉克	Iraq	236. 27	332. 17	319. 03			
以色列	Israel						
约旦	Jordan	1138. 56	1214. 61	1393. 03	1526. 93	1852. 78	2051. 70
肯尼亚	Kenya	1309. 18	1270. 07	1291. 73	1447. 00	1609. 74	1974. 24
科威特	Kuwait	973. 43	992. 50	1030. 64	1086. 91		
马达加斯加	Madagascar	430. 03	519. 52	517. 72	688. 17	562. 85	639. 95
马来西亚	Malaysia	28946. 84	27219. 47	29493. 68	32982. 11	37896. 58	40837. 52
马尔代夫	Maldives	49. 70	47. 18	47. 72	54. 94	65. 10	62. 52
毛里求斯	Mauritius	941. 00	941. 37	942. 11	1062. 29	1161. 58	1091. 22
莫桑比克	Mozambique	452. 30	504. 18	533. 09	699. 51	909. 10	923. 81
缅甸	Myanmar						
阿曼	Oman	1078. 55	1660. 57	1564. 37	1782. 31	2045. 01	

续表

国　家	Country	2000 年	2001 年	2002 年	2003 年	2004 年	2005 年
巴基斯坦	Pakistan	10104. 88	10445. 41	10439. 27	12385. 76	15676. 32	19166. 04
卡特尔	Qatar						
沙特	Saudi Arabia	18210. 67	18454. 93	19460. 27	23004. 53	25553. 87	29544. 45
塞舌尔	Seychelles	118. 12	111. 79	127. 37	115. 39	117. 27	115. 71
新加坡	Singapore	24012. 51	20343. 30	21589. 81	22115. 70	28581. 38	31629. 89
索马里	Somalia						
南非	South Africa	22926. 65	20548. 64	19374. 24	29600. 05	37767. 59	40743. 45
斯里兰卡	Sri Lanka	2458. 52	2223. 33	3160. 83	3510. 48	3868. 18	4762. 30
苏丹	Sudan	1017. 56	1013. 05	1163. 96	1272. 46	1481. 77	1780. 00
坦桑尼亚	Tanzania	265. 37	335. 67	376. 93	435. 13	448. 66	485. 30
泰国	Thailand	894. 10	869. 91	896. 18	965. 72	1036. 92	1124. 20
东帝汶	Timor-Leste	8. 72					
阿拉伯联合酋长国	United Arab Emirates	9465. 49	13754. 66	14345. 81	15247. 92	17018. 11	19159. 97
也门	Yemen, Rep.	552. 27	596. 41	683. 67	761. 98	1022. 12	1194. 74
国　家	Country	2006 年	2007 年	2008 年	2009 年	2010 年	2011 年
澳大利亚	Australia	74252. 77	81188. 66	98927. 07	80550. 25	98344. 10	
巴林	Bahrain						
孟加拉国	Bangladesh	10262. 46	11754. 71	13671. 59	15471. 70	17360. 32	19443. 92
科摩罗	Comoros	16. 88	19. 54	22. 51	22. 97		
吉布提	Djibouti	17. 26	18. 31				
埃及	Egypt, Arab Rep.	16737. 18	19520. 45	24461. 36	28698. 96	32976. 37	33703. 46
厄立特里亚	Eritrea	72. 49	72. 01	90. 04	101. 98		
印度	India	140657. 43	182565. 74	177786. 32	190333. 05	226787. 02	238621. 74
印度尼西亚	Indonesia	100393. 88	116907. 77	141920. 81	142221. 64	175385. 59	89284. 10
伊朗	Iran, Islamic Rep.	24150. 96	29832. 02				
伊拉克	Iraq						

续表

国　家	Country	2006 年	2007 年	2008 年	2009 年	2010 年	2011 年
以色列	Israel						
约旦	Jordan	2559.63	3236.27	4132.67	4262.33	4431.12	4908.92
肯尼亚	Kenya	2313.11	2329.82	3300.37	3030.60	3211.55	3158.89
科威特	Kuwait						
马达加斯加	Madagascar	723.23	967.40	1214.21	1114.86		
马来西亚	Malaysia	46000.04	51884.92	58297.96	49241.64	62099.49	
马尔代夫	Maldives	72.52	80.53	86.29	75.65	71.96	
毛里求斯	Mauritius	1146.59	1322.39	1656.36	1480.78	1551.57	1802.46
莫桑比克	Mozambique	1037.60	1135.79	1271.83	1191.57	1086.90	1394.80
缅甸	Myanmar						
阿曼	Oman						
巴基斯坦	Pakistan	22926.85	25872.69	31209.66	26318.92	28241.71	29065.12
卡特尔	Qatar						
沙特	Saudi Arabia	33087.32	36421.82	39432.80	39112.80	43852.27	
塞舌尔	Seychelles	118.12	123.53	111.43	89.88		
新加坡	Singapore	35417.38	38415.08	34819.00	38258.64	43632.36	47082.95
索马里	Somalia						
南非	South Africa	40537.55	43118.84	41011.12	38845.72	48103.45	
斯里兰卡	Sri Lanka	5434.66	5934.30	7310.05	7617.56	8924.49	10166.32
苏丹	Sudan	2172.69	2679.17	3189.74	3511.95	3299.16	3460.18
坦桑尼亚	Tanzania	471.35	494.15	548.63	478.65	482.11	2051.10
泰国	Thailand	1114.53	1305.59	1618.29	1844.07	1998.22	
东帝汶	Timor-Leste						
阿拉伯联合酋长国	United Arab Emirates	21449.69	23278.42	27131.65	27323.35	28934.79	
也门	Yemen, Rep.	1480.39	1855.51	1903.84	1950.60	1881.15	

资料来源：世界银行 WDI&GDF 数据库。
Source: World Bank WDI&GDF databank.

表 12　制造业增加值（占 GDP 的百分比）

Manufacturing value added (% of GDP)

单位：%

Unit：%

国　家	Country	2000 年	2001 年	2002 年	2003 年	2004 年	2005 年	2006 年	2007 年	2008 年	2009 年	2010 年	2011 年
澳大利亚	Australia	13.19	12.66	12.08	12.48	12.46	11.75	11.17	10.27	10.08	9.34	9.32	
巴林	Bahrain												
孟加拉国	Bangladesh	15.23	15.61	15.86	15.80	16.13	16.53	17.21	17.77	17.83	17.92	17.89	18.17
科摩罗	Comoros	4.53	4.57	4.36	4.36	4.42	4.35	4.19	4.20	4.25	4.29		
吉布提	Djibouti	2.61	2.61	2.64	2.67	2.66	2.59	2.52	2.45				
埃及	Egypt, Arab Rep.	19.39	19.09	19.15	17.83	17.57	16.95	16.55	15.69	15.73	15.98	15.80	15.21
厄立特里亚	Eritrea	11.16	10.54	10.99	9.90	9.33	7.31	6.35	5.71	6.76	5.65		
印度	India	15.60	15.03	15.30	15.31	15.25	15.39	16.06	15.99	15.45	14.76	14.15	13.89
印度尼西亚	Indonesia	27.75	29.05	28.72	28.25	28.07	27.41	27.54	27.05	27.81	26.37	24.82	10.54
伊朗	Iran, Islamic Rep.	13.16	13.36	11.39	11.25	11.27	10.74	10.87	10.55				
伊拉克	Iraq	0.91	1.57	1.51	1.71								
以色列	Israel												
约旦	Jordan	15.66	15.74	16.89	17.18	18.26	18.20	19.38	21.24	20.99	20.12	19.16	19.38
肯尼亚	Kenya	11.62	11.00	11.07	10.92	11.25	11.82	11.55	11.79	12.28	11.27	11.40	10.78
科威特	Kuwait	2.58	2.84	2.70	2.27								
马达加斯加	Madagascar	12.24	12.43	12.50	13.71	14.19	13.99	14.34	14.47	14.34	14.14		
马来西亚	Malaysia	30.86	29.34	29.25	29.93	30.38	29.60	29.37	27.78	26.17	25.53	26.11	

续表

国 家	Country	2000 年	2001 年	2002 年	2003 年	2004 年	2005 年	2006 年	2007 年	2008 年	2009 年	2010 年	2011 年
马尔代夫	Maldives	7.96	9.00	8.77	9.44	9.92	10.03	9.06	5.33	4.82	4.34	3.77	
毛里求斯	Mauritius	23.48	23.33	22.44	21.68	20.96	19.85	19.97	19.22	19.39	18.83	18.00	17.89
莫桑比克	Mozambique	12.24	13.89	13.89	16.58	17.65	15.47	16.01	15.40	14.01	13.59	13.08	12.57
缅甸	Myanmar	7.16	7.83	9.18	9.80	11.57	12.80	13.99	14.89	16.82	18.10	19.52	
阿曼	Oman	5.43	8.32	7.80	8.27	8.29							
巴基斯坦	Pakistan	14.68	15.50	15.50	16.00	17.19	18.56	19.15	19.03	19.66	17.09	16.84	14.54
卡特尔	Qatar												
沙特	Saudi Arabia	9.66	10.08	10.32	10.72	10.21	9.36	9.28	9.46	8.28	10.50	10.09	
塞舌尔	Seychelles	19.21	17.96	18.26	16.35	16.76	12.62	11.58	12.12	11.58	10.68		
新加坡	Singapore	26.89	23.77	25.17	25.06	27.54	26.83	26.67	24.25	20.68	21.42	22.20	20.91
索马里	Somalia												
南非	South Africa	18.98	19.06	19.16	19.38	19.20	18.49	17.46	16.95	16.54	15.17	14.64	
斯里兰卡	Sri Lanka	16.83	15.95	18.48	18.59	18.72	19.51	19.23	18.50	17.95	18.11	18.01	17.18
苏丹	Sudan	8.55	7.92	8.13	7.51	7.28	6.89	6.30	6.06	5.82	6.84	5.62	6.71
坦桑尼亚	Tanzania	33.66	34.12	34.24	31.35	24.29	23.74	19.33	15.08	12.12	10.82	9.51	9.62
泰国	Thailand	9.39	8.98	8.89	8.89	8.71	8.69	8.57	8.56	8.62	9.54	9.64	
东帝汶	Timor-Leste	2.76											
阿拉伯联合酋长国	United Arab Emirates	9.07	13.31	13.06	12.26	11.51	10.61	9.66	9.02	8.62	10.11	9.72	
也门	Yemen, Rep.	5.73	6.05	6.39	6.47	7.37	7.13	7.76	8.57	7.07	7.76	6.02	

资料来源：世界银行 WDI&GDF 数据库。

Source：World Bank WDI&GDF databank.

表 13　服务业附加值（按当值百万美元计）

Services value added（million current US $）

单位：百万美元

Unit：million dollar

国　家	Country	2000 年	2001 年	2002 年	2003 年	2004 年	2005 年
澳大利亚	Australia	258959. 37	235665. 45	245194. 64	291401. 28	383607. 20	432257. 56
巴林	Bahrain						
孟加拉国	Bangladesh	22371. 74	22684. 80	23336. 98	26025. 72	28413. 32	30433. 14
科摩罗	Comoros	80. 61	84. 35	96. 09	119. 19	133. 61	147. 04
吉布提	Djibouti	390. 40	408. 38	416. 19	432. 25	462. 40	503. 56
埃及	Egypt，Arab Rep.	46450. 87	45357. 87	40402. 99	37561. 57	35842. 73	41515. 16
厄立特里亚	Eritrea	364. 88	383. 83	365. 84	525. 27	684. 07	552. 38
印度	India	212613. 93	226364. 85	246073. 69	291592. 89	350805. 10	406115. 99
印度尼西亚	Indonesia	63487. 93	61378. 81	78421. 99	96409. 51	105397. 14	115297. 45
伊朗	Iran，Islamic Rep.	49827. 61	59145. 56	53671. 65	62929. 70	74011. 59	84929. 55
伊拉克	Iraq	2673. 94	2819. 42	3734. 43			
以色列	Israel						
约旦	Jordan	5241. 46	5552. 10	5805. 04	6232. 14	6960. 64	7671. 23
肯尼亚	Kenya	5712. 16	5938. 86	6238. 58	7073. 89	7688. 10	8967. 84
科威特	Kuwait	15268. 46	15883. 93	19200. 04	23234. 23		
马达加斯加	Madagascar	1987. 14	2403. 75	2232. 49	2781. 45	2191. 86	2558. 35
马来西亚	Malaysia	40405. 00	42482. 37	46287. 63	48616. 05	52642. 63	57792. 22
马尔代夫	Maldives	475. 76	363. 97	375. 34	397. 27	423. 90	370. 22
毛里求斯	Mauritius	2487. 43	2481. 45	2649. 38	3108. 34	3570. 58	3649. 69
莫桑比克	Mozambique	1901. 87	1875. 64	1882. 17	1934. 98	2326. 14	2847. 97
缅甸	Myanmar						
阿曼	Oman	8105. 93	8713. 33	8909. 93	9502. 99	10617. 53	

续表

国 家	Country	2000 年	2001 年	2002 年	2003 年	2004 年	2005 年
巴基斯坦	Pakistan	34936.86	34965.30	35539.57	40822.74	46357.30	53099.59
卡特尔	Qatar						
沙特	Saudi Arabia	77534.93	79738.41	81872.80	88215.73	95931.20	105828.51
塞舌尔	Seychelles	418.01	428.83	465.48	491.15	481.37	701.35
新加坡	Singapore	58356.94	58309.47	58375.31	60734.40	69655.82	80567.18
索马里	Somalia						
南非	South Africa	78440.85	69236.20	63933.50	99080.47	129066.52	145770.74
斯里兰卡	Sri Lanka	7717.91	7405.95	9869.92	11016.55	12157.44	14153.51
苏丹	Sudan	4377.00	4855.31	5349.91	6653.99	7921.94	10247.10
坦桑尼亚	Tanzania	265.89	332.16	395.24	492.02	860.92	914.33
泰国	Thailand	4508.65	4632.48	4683.51	4881.97	5278.32	5885.97
东帝汶	Timor-Leste	176.20					
阿拉伯联合酋长国	United Arab Emirates	51355.21	49677.88	55183.66	60869.16	68969.37	77594.83
也门	Yemen, Rep.	3835.83	4281.64	4766.07	5194.96	5980.26	6779.07

国 家	Country	2006 年	2007 年	2008 年	2009 年	2010 年	2011 年
澳大利亚	Australia	458105.72	611571.80	761172.68	658983.81	821953.74	
巴林	Bahrain		611571.80				
孟加拉国	Bangladesh	31292.29	34647.35	40228.41	45419.74	51395.28	56716.84
科摩罗	Comoros	173.41	198.99	223.76	222.60		
吉布提	Djibouti	549.29	592.28				
埃及	Egypt, Arab Rep.	48034.61	61708.51	76588.05	87980.16	101206.22	109298.41
厄立特里亚	Eritrea	623.40	687.16	742.82	1137.65		
印度	India	462868.38	601632.76	623545.85	712797.10	877052.10	968484.26
印度尼西亚	Indonesia	146129.49	170657.21	191124.93	199681.18	265778.77	324056.33
伊朗	Iran, Islamic Rep.	102231.29	128057.25				
伊拉克	Iraq						

续表

国　家	Country	2006 年	2007 年	2008 年	2009 年	2010 年	2011 年
以色列	Israel						
约旦	Jordan	8989. 52	9988. 38	12493. 10	13745. 08	15228. 46	16612. 73
肯尼亚	Kenya	10966. 09	13551. 25	14618. 58	14419. 37	15499. 04	16904. 34
科威特	Kuwait						
马达加斯加	Madagascar	2842. 84	3882. 13	4998. 46	4327. 52		
马来西亚	Malaysia	65036. 93	79172. 10	93301. 93	90028. 62	106926. 58	
马尔代夫	Maldives	502. 51	1151. 50	1392. 67	1419. 53	1571. 08	
毛里求斯	Mauritius	3838. 00	4716. 95	5794. 64	5356. 84	5984. 16	7043. 38
莫桑比克	Mozambique	2962. 47	3421. 87	4164. 97	3938. 68	3719. 67	4863. 27
缅甸	Myanmar						
阿曼	Oman						
巴基斯坦	Pakistan	63181. 42	71564. 85	83942. 70	82715. 00	89527. 22	106180. 83
卡特尔	Qatar						
沙特	Saudi Arabia	115640. 05	121616. 60	130872. 27	139340. 80	154099. 73	
塞舌尔	Seychelles	798. 48	790. 10	756. 18	675. 34		
新加坡	Singapore	91177. 07	112516. 68	123383. 90	127953. 96	140936. 30	165288. 32
索马里	Somalia						
南非	South Africa	153149. 74	166454. 54	159125. 22	168175. 81	219238. 95	
斯里兰卡	Sri Lanka	16401. 15	18892. 13	23309. 32	24246. 54	28624. 52	34611. 53
苏丹	Sudan	14057. 70	17989. 64	21767. 19	22728. 87	25444. 94	17012. 28
坦桑尼亚	Tanzania	1164. 94	1650. 68	2192. 85	2384. 26	2871. 52	9884. 88
泰国	Thailand	6074. 16	7122. 96	8849. 34	9067. 25	9628. 57	152382. 89
东帝汶	Timor-Leste						
阿拉伯联合酋长国	United Arab Emirates	91063. 04	114189. 25	129370. 46	123405. 86	129769. 10	
也门	Yemen, Rep.	7748. 24	11539. 13	15251. 69	13177. 91	19743. 39	

资料来源：世界银行 WDI&GDF 数据库。

Source：World Bank WDI&GDF databank.

表 14 服务业附加值（占 GDP 的比例）
Services value added (% of GDP)

单位：%
Unit：%

国　家	Country	2000 年	2001 年	2002 年	2003 年	2004 年	2005 年	2006 年	2007 年	2008 年	2009 年	2010 年	2011 年
澳大利亚	Australia	69.58	69.91	69.75	70.37	70.39	69.96	68.90	77.35	77.59	76.37	77.91	
巴林	Bahrain												
孟加拉国	Bangladesh	49.20	49.96	50.86	51.98	52.36	52.63	52.48	52.38	52.48	52.61	52.96	53.01
科摩罗	Comoros	39.93	38.32	38.26	36.73	36.87	37.99	43.01	42.80	42.21	41.58		
吉布提	Djibouti	81.10	80.81	80.43	80.23	79.76	79.86	80.11	79.26				
埃及	Egypt, Arab Rep.	50.13	50.11	49.15	48.41	48.35	49.21	47.50	49.59	49.25	49.00	48.48	49.34
厄立特里亚	Eritrea	61.93	60.22	60.48	65.69	67.09	53.87	54.63	54.54	55.77	63.03		
印度	India	50.46	51.46	52.66	52.79	53.05	53.04	52.86	52.70	54.20	55.27	54.73	56.37
印度尼西亚	Indonesia	38.47	38.25	40.08	41.07	41.04	40.33	40.08	39.48	37.46	37.02	37.62	38.27
伊朗	Iran, Islamic Rep.	49.53	51.78	46.58	47.08	46.04	45.10	45.99	45.31				
伊拉克	Iraq	10.26	13.30	17.64	21.28								
以色列	Israel												
约旦	Jordan	72.11	71.97	70.36	70.12	68.59	68.05	68.07	65.54	63.46	64.87	65.86	65.57
肯尼亚	Kenya	50.72	51.45	53.46	53.40	53.73	53.71	54.76	56.45	54.40	53.62	55.00	57.68
科威特	Kuwait	40.48	45.52	50.34	48.53								
马达加斯加	Madagascar	56.56	57.52	53.91	55.43	55.25	55.93	56.37	58.05	59.02	54.89		
马来西亚	Malaysia	43.08	45.79	45.90	44.12	42.20	41.89	41.53	42.39	41.89	46.67	44.97	

续表

国　家	Country	2000 年	2001 年	2002 年	2003 年	2004 年	2005 年	2006 年	2007 年	2008 年	2009 年	2010 年	2011 年
马尔代夫	Maldives	76.20	69.43	68.99	68.27	64.57	59.37	62.77	76.23	77.81	81.50	82.32	
毛里求斯	Mauritius	62.06	61.50	63.11	63.44	64.42	66.38	66.86	68.56	67.82	68.12	69.42	69.90
莫桑比克	Mozambique	51.47	51.68	49.03	45.86	45.17	47.70	45.72	46.41	45.87	44.93	44.76	43.83
缅甸	Myanmar	33.07	32.35	32.46	35.12	35.44	35.80	36.84	36.27	37.06	37.36	37.64	
阿曼	Oman	40.80	43.68	44.44	44.11	43.03							
巴基斯坦	Pakistan	50.74	51.89	52.78	52.73	50.83	51.43	52.77	52.64	52.88	53.71	53.39	53.11
卡特尔	Qatar												
沙特	Saudi Arabia	41.15	43.57	43.42	41.11	38.32	33.53	32.43	31.60	27.48	37.39	35.45	
塞舌尔	Seychelles	67.98	68.91	66.73	69.60	68.79	76.49	78.31	77.54	78.58	80.27		
新加坡	Singapore	65.35	68.12	68.06	68.81	67.12	68.34	68.66	71.02	73.29	71.62	71.70	73.40
索马里	Somalia												
南非	South Africa	64.94	64.22	63.24	64.88	65.62	66.16	65.96	65.43	64.18	65.66	66.73	
斯里兰卡	Sri Lanka	52.82	53.14	57.71	58.34	58.84	57.99	58.02	58.40	57.25	57.64	57.77	58.49
苏丹	Sudan	36.78	38.03	37.36	39.27	38.94	39.68	40.77	40.69	39.72	44.30	43.33	32.98
坦桑尼亚	Tanzania	33.72	33.77	35.91	35.45	46.60	44.74	47.77	50.37	48.43	53.91	56.64	46.36
泰国	Thailand	47.34	47.83	46.48	44.96	44.32	45.52	46.71	46.70	47.15	46.93	46.47	44.09
东帝汶	Timor-Leste	55.72											
阿拉伯联合酋长国	United Arab Emirates	49.22	48.09	50.25	48.95	46.66	42.96	41.00	44.23	41.09	45.65	43.60	
也门	Yemen, Rep.	39.81	43.45	44.57	44.11	43.11	40.46	40.61	53.28	56.66	52.44	63.14	

资料来源：世界银行 WDI&GDF 数据库。

Source：World Bank WDI&GDF databank.

表 15 货物进口额
Imports of Merchandise

单位：百万现价美元
Unit：millions current US $

国　家	Country	2000 年	2001 年	2002 年	2003 年	2004 年	2005 年
澳大利亚	Australia	71529.00	63888.00	72689.50	89084.40	109384.00	125281.00
巴林	Bahrain	4633.00	4306.00	5013.00	5657.18	7384.56	9393.07
孟加拉国	Bangladesh	8883.00	9013.00	8592.00	10434.00	12036.00	13889.00
科摩罗	Comoros	43.00	51.00	53.00	70.00	85.60	98.69
吉布提	Djibouti	206.50	196.00	197.06	238.23	261.36	277.32
埃及	Egypt，Arab Rep.	14578.36	13375.95	12769.84	12950.00	15950.00	22449.03
厄立特里亚	Eritrea	471.00	423.00	537.93	432.84	480.00	490.00
印度	India	51523.00	50392.00	56517.00	72557.70	99775.40	142870.00
印度尼西亚	Indonesia	43595.00	37534.00	38340.00	42196.00	54876.59	75724.93
伊朗	Iran，Islamic Rep.	13898.00	16709.00	20617.00	24798.00	31976.00	40041.00
伊拉克	Iraq	13384.00	13120.00	9817.00	9934.00	21302.00	23532.00
以色列	Israel	37686.00	35449.00	35517.00	36302.80	42863.70	47141.50
约旦	Jordan	4597.00	4871.00	5076.00	5743.00	8179.47	10497.69
肯尼亚	Kenya	3105.00	3192.00	3244.84	3725.30	4552.74	5846.17
科威特	Kuwait	7157.00	7869.00	9001.00	10987.00	12630.50	15801.18
马达加斯加	Madagascar	1097.10	1117.86	626.70	1304.41	1680.01	1706.33
马来西亚	Malaysia	81963.00	73366.00	79869.00	83300.00	105283.38	114625.00
马尔代夫	Maldives	389.00	393.00	391.72	470.78	641.82	744.87
毛里求斯	Mauritius	2093.00	1986.58	2159.14	2363.38	2770.95	3157.00
莫桑比克	Mozambique	1158.00	1063.00	1543.00	1753.00	2034.67	2408.20
缅甸	Myanmar	2401.00	2877.00	2348.00	2091.00	2196.46	1926.90
阿曼	Oman	5131.00	5933.00	6296.49	6801.04	8795.58	8970.87

续表

国　家	Country	2000 年	2001 年	2002 年	2003 年	2004 年	2005 年
巴基斯坦	Pakistan	10864. 00	10191. 00	11233. 00	13038. 00	17949. 00	25357. 30
卡塔尔	Qatar	3252. 00	3758. 00	4052. 05	4897. 42	6004. 55	10061. 00
沙特	Saudi Arabia	30238. 00	31223. 00	32293. 30	41704. 27	47375. 73	59458. 70
塞舌尔	Seychelles	342. 00	476. 00	420. 43	412. 34	496. 63	674. 90
新加坡	Singapore	134545. 00	116000. 00	116441. 00	136218. 00	173599. 00	200047. 00
索马里	Somalia						
南非	South Africa	29695. 00	28248. 00	29267. 00	39748. 00	53465. 80	62304. 30
斯里兰卡	Sri Lanka	7177. 00	5973. 00	6104. 80	6671. 94	7972. 88	8833. 67
苏丹	Sudan	1553. 00	1958. 00	2446. 00	2882. 00	4075. 00	6756. 80
坦桑尼亚	Tanzania	1524. 00	1712. 00	1660. 29	2125. 16	2726. 28	3287. 06
泰国	Thailand	61924. 00	61962. 00	64645. 00	75824. 30	94409. 80	118177. 58
东帝汶	Timor Leste						
阿拉伯联合酋长国	United Arab Emirates	35008. 85	37293. 40	42652. 42	52073. 79	72082. 00	84654. 00
也门	Yemen, Rep.	2324. 00	2466. 00	2921. 00	3675. 00	3986. 09	5377. 72

国　家	Country	2006 年	2007 年	2008 年	2009 年	2010 年	2011 年
澳大利亚	Australia	139253. 00	165336. 00	200273. 00	165471. 00	201639. 00	243699. 00
巴林	Bahrain	10515. 16	11488. 00	14980. 00	10100. 00	12260. 00	12730. 00
孟加拉国	Bangladesh	16034. 00	18596. 00	23860. 00	21833. 00	27821. 20	36187. 60
科摩罗	Comoros	115. 23	138. 31	179. 62	210. 46	232. 82	276. 73
吉布提	Djibouti	335. 72	473. 23	573. 60	450. 71	363. 76	410. 00
埃及	Egypt, Arab Rep.	27300. 00	37100. 00	48381. 50	44945. 70	52922. 83	58902. 80
厄立特里亚	Eritrea	495. 00	510. 00	600. 00	590. 00	690. 00	900. 00
印度	India	178410. 00	229369. 90	321031. 50	257201. 00	350234. 08	462632. 75
印度尼西亚	Indonesia	80649. 69	93100. 60	127538. 46	93785. 93	135323. 49	176881. 08
伊朗	Iran, Islamic Rep.	40772. 00	44942. 00	57401. 00	50768. 00	65021. 00	62106. 00
伊拉克	Iraq	20892. 00	21516. 00	33000. 00	37000. 00	43915. 30	54000. 00

续表

国家	Country	2006 年	2007 年	2008 年	2009 年	2010 年	2011 年
以色列	Israel	50333.60	59038.60	67655.80	49278.00	61209.00	75471.50
约旦	Jordan	11548.27	13681.27	16995.15	14236.19	15563.56	18301.36
肯尼亚	Kenya	7232.95	8989.26	11127.82	10202.00	12092.93	14782.46
科威特	Kuwait	17242.50	21362.50	24839.59	20341.30	22446.34	25267.56
马达加斯加	Madagascar	1803.65	2635.17	3780.71	3200.53	2526.18	2850.00
马来西亚	Malaysia	131152.47	146982.26	156895.70	123831.88	164622.12	187660.74
马尔代夫	Maldives	926.53	1096.29	1387.50	967.30	1090.86	1465.30
毛里求斯	Mauritius	3626.74	3893.63	4651.46	3732.73	4385.66	5157.99
莫桑比克	Mozambique	2869.28	3049.75	4007.76	3764.21	4600.00	6300.00
缅甸	Myanmar	2564.07	3311.57	4288.00	4392.72	4807.45	8000.00
阿曼	Oman	11038.75	16024.71	23137.32	17936.02	19972.69	23860.00
巴基斯坦	Pakistan	29824.90	32590.00	42328.60	31668.28	37806.88	44011.81
卡塔尔	Qatar	16440.10	23429.16	27900.04	24921.95	23239.84	30000.00
沙特	Saudi Arabia	69799.70	90214.04	115133.87	95552.18	106862.97	131655.20
塞舌尔	Seychelles	757.44	859.17	1086.54	794.00	650.00	750.00
新加坡	Singapore	238710.00	263155.00	319780.00	245785.00	310791.00	365770.00
索马里	Somalia						
南非	South Africa	78714.60	88449.60	101640.00	74053.50	94226.20	121606.00
斯里兰卡	Sri Lanka	10258.20	11300.50	13952.80	10049.20	13511.50	20269.00
苏丹	Sudan	8074.00	8775.00	9351.54	9690.90	10044.77	9230.95
坦桑尼亚	Tanzania	4246.22	5337.06	7700.00	6411.20	7829.80	10723.75
泰国	Thailand	128773.17	139965.68	179224.72	133708.50	182920.96	228498.07
东帝汶	Timor Leste						
阿拉伯联合酋长国	United Arab Emirates	100057.18	132500.00	177000.00	150000.00	165000.00	205000.00
也门	Yemen, Rep.	6073.67	8510.71	10546.16	9184.85	9212.00	8500.00

资料来源：WTO 统计数据库。

Source: WTO Statistics database.

表 16　货物出口额
Emports of Merchandise

单位：百万现价美元
Unit：millions current US $

国　家	Country	2000 年	2001 年	2002 年	2003 年	2004 年	2005 年
澳大利亚	Australia	63870. 00	63387. 00	65033. 00	70377. 00	86564. 51	106097. 17
巴林	Bahrain	6195. 00	5577. 00	5794. 00	6631. 65	7557. 97	10242. 00
孟加拉国	Bangladesh	6389. 00	6080. 00	6149. 00	6990. 00	8305. 00	9297. 00
科摩罗	Comoros	14. 00	17. 00	19. 00	26. 70	18. 63	12. 03
吉布提	Djibouti	31. 60	32. 00	35. 62	37. 25	37. 98	39. 50
埃及	Egypt，Arab Rep.	5275. 99	4824. 51	5545. 90	7407. 77	9661. 40	12912. 02
厄立特里亚	Eritrea	37. 00	19. 00	51. 82	6. 62	11. 31	11. 32
印度	India	42379. 00	43361. 00	49250. 00	58962. 90	76648. 60	99616. 00
印度尼西亚	Indonesia	65403. 00	57361. 00	59166. 00	64108. 00	70766. 61	86996. 06
伊朗	Iran，Islamic Rep.	28739. 00	25689. 00	24440. 00	33750. 00	41697. 00	56252. 00
伊拉克	Iraq	20603. 00	12872. 00	12219. 00	9711. 00	17810. 00	23697. 00
以色列	Israel	31404. 00	29048. 00	29347. 00	31784. 30	38618. 40	42770. 40
约旦	Jordan	1899. 00	2293. 00	2770. 00	3082. 00	3882. 97	4301. 76
肯尼亚	Kenya	1734. 00	1944. 00	2116. 25	2411. 22	2683. 99	3419. 90
科威特	Kuwait	19436. 00	16203. 00	15369. 00	20678. 00	28599. 00	44868. 50
马达加斯加	Madagascar	824. 00	928. 00	486. 00	856. 00	991. 61	854. 64
马来西亚	Malaysia	98229. 00	88005. 00	94058. 00	104705. 26	126510. 61	140980. 00
马尔代夫	Maldives	108. 69	110. 00	132. 00	152. 00	181. 00	161. 60
毛里求斯	Mauritius	1557. 00	1627. 84	1801. 45	1898. 10	1993. 11	2143. 29
莫桑比克	Mozambique	364. 00	703. 00	810. 00	1045. 00	1503. 85	1783. 00
缅甸	Myanmar	1646. 00	2381. 00	3046. 00	2483. 00	2379. 96	3813. 46
阿曼	Oman	11319. 00	11074. 00	11171. 70	11668. 70	13341. 50	18691. 80

续表

国　家	Country	2000 年	2001 年	2002 年	2003 年	2004 年	2005 年
巴基斯坦	Pakistan	9028.00	9238.00	9913.00	11930.00	13379.00	16051.00
卡塔尔	Qatar	11594.00	10871.00	10978.00	13382.00	18684.00	25762.00
沙特	Saudi Arabia	77583.00	68064.00	72453.30	93245.30	125997.00	180711.00
塞舌尔	Seychelles	194.00	216.00	228.00	273.76	290.79	339.72
新加坡	Singapore	137804.00	121751.00	125177.00	159902.00	198637.00	229649.00
索马里	Somalia						
南非	South Africa	29983.00	29258.00	29723.00	36481.60	46145.70	51625.70
斯里兰卡	Sri Lanka	5430.00	4816.00	4699.06	5125.15	5756.90	6346.79
苏丹	Sudan	1807.00	1699.00	1949.00	2542.00	3778.00	4824.00
坦桑尼亚	Tanzania	733.70	851.30	979.60	1216.10	1479.10	1679.10
泰国	Thailand	69057.00	64968.00	68108.00	80323.60	96248.20	110936.42
东帝汶	Timor Leste						
阿拉伯联合酋长国	United Arab Emirates	49835.26	48413.89	52163.00	67135.00	90997.00	117287.13
也门	Yemen, Rep.	4079.00	3374.00	3336.35	3732.86	4072.49	5607.67

国　家	Country	2006 年	2007 年	2008 年	2009 年	2010 年	2011 年
澳大利亚	Australia	123437.40	141358.36	187256.68	154331.06	212634.22	270440.40
巴林	Bahrain	12200.00	13634.00	17316.00	11873.65	14971.25	19650.23
孟加拉国	Bangladesh	11802.24	12453.20	15369.60	15082.82	19194.40	24435.50
科摩罗	Comoros	9.93	13.81	6.52	14.96	20.61	25.17
吉布提	Djibouti	55.17	58.07	68.75	77.37	85.13	95.00
埃及	Egypt, Arab Rep.	16728.10	19224.00	26223.76	23061.60	26437.82	30527.70
厄立特里亚	Eritrea	12.27	13.22	11.00	11.00	12.00	400.00
印度	India	121807.70	150158.60	194828.30	164907.00	226350.00	304585.37
印度尼西亚	Indonesia	103527.00	118013.00	139606.00	119646.00	158074.49	200587.08
伊朗	Iran, Islamic Rep.	77012.00	88733.00	113668.00	78830.00	101316.00	131500.00
伊拉克	Iraq	29360.88	41267.90	61273.30	41928.64	52482.60	83300.00

续表

国　家	Country	2006 年	2007 年	2008 年	2009 年	2010 年	2011 年
以色列	Israel	46789. 40	54091. 40	61337. 49	47935. 00	58413. 03	67796. 33
约旦	Jordan	5204. 35	5725. 34	7937. 53	6375. 11	7028. 33	7963. 48
肯尼亚	Kenya	3501. 66	4080. 80	5000. 95	4463. 44	5169. 11	5755. 53
科威特	Kuwait	56016. 10	62691. 16	87457. 02	54008. 10	67118. 11	103517. 13
马达加斯加	Madagascar	985. 26	1237. 68	1309. 75	1051. 99	1071. 36	1590. 00
马来西亚	Malaysia	160675. 88	176211. 27	199515. 58	157433. 09	198612. 02	226989. 56
马尔代夫	Maldives	225. 20	228. 00	331. 40	169. 00	197. 50	346. 40
毛里求斯	Mauritius	2328. 84	2237. 90	2383. 94	1938. 53	2261. 50	2646. 53
莫桑比克	Mozambique	2381. 14	2412. 08	2653. 26	1853. 00	2900. 00	3600. 00
缅甸	Myanmar	4588. 85	6337. 87	6937. 18	6709. 99	8748. 68	9330. 11
阿曼	Oman	21585. 20	24692. 00	37719. 00	27651. 50	36601. 30	47091. 81
巴基斯坦	Pakistan	16930. 10	17837. 50	20323. 10	17523. 10	21409. 50	25343. 77
卡塔尔	Qatar	34051. 00	42019. 51	67307. 14	48007. 14	74799. 73	114295. 64
沙特	Saudi Arabia	211305. 47	233328. 89	313462. 24	192314. 12	251143. 03	364735. 47
塞舌尔	Seychelles	379. 94	360. 15	430. 32	395. 39	400. 21	483. 09
新加坡	Singapore	271807. 00	299307. 92	338176. 02	269832. 37	351867. 09	409503. 38
索马里	Somalia						
南非	South Africa	58175. 10	69784. 10	80782. 16	61676. 81	80892. 21	96848. 39
斯里兰卡	Sri Lanka	6885. 53	7740. 09	8452. 10	7345. 00	8602. 10	10236. 00
苏丹	Sudan	5657. 00	8879. 25	11670. 52	8257. 00	11404. 00	9694. 05
坦桑尼亚	Tanzania	1917. 60	2226. 60	3121. 08	2982. 41	4324. 30	5097. 70
泰国	Thailand	129721. 71	153867. 44	177777. 63	152422. 24	195314. 20	228821. 78
东帝汶	Timor Leste						
阿拉伯联合酋长国	United Arab Emirates	145587. 47	178630. 36	239212. 53	185000. 00	220000. 00	285000. 00
也门	Yemen, Rep.	6654. 08	6298. 94	7583. 78	6258. 96	8400. 00	11600. 00

资料来源：WTO 统计数据库。

Source: WTO Statistics database.

表 17 货物进出口总额

Imports and Exports of Merchandise

单位：百万现价美元

Unit：millions current US $

国　家	Country	2000 年	2001 年	2002 年	2003 年	2004 年	2005 年
澳大利亚	Australia	135399. 00	127275. 00	137722. 50	159461. 40	195948. 51	231378. 17
巴林	Bahrain	10828. 00	9883. 00	10807. 00	12288. 83	14942. 53	19635. 07
孟加拉国	Bangladesh	15272. 00	15098. 00	14741. 00	17424. 00	20341. 00	23186. 00
科摩罗	Comoros	57. 00	68. 00	72. 00	96. 70	104. 23	110. 71
吉布提	Djibouti	238. 10	228. 00	232. 69	275. 48	299. 34	316. 82
埃及	Egypt, Arab Rep.	19854. 35	18200. 46	18315. 74	20357. 77	25611. 40	35361. 05
厄立特里亚	Eritrea	508. 00	442. 00	589. 75	439. 46	491. 31	501. 32
印度	India	93902. 00	93753. 00	105767. 00	131520. 60	176424. 00	242486. 00
印度尼西亚	Indonesia	108998. 00	94895. 00	97506. 00	106304. 00	125643. 20	162721. 00
伊朗	Iran, Islamic Rep.	42637. 00	42398. 00	45057. 00	58548. 00	73673. 00	96293. 00
伊拉克	Iraq	33987. 00	25992. 00	22036. 00	19645. 00	39112. 00	47229. 00
以色列	Israel	69090. 00	64497. 00	64864. 00	68087. 10	81482. 10	89911. 90
约旦	Jordan	6496. 00	7164. 00	7846. 00	8825. 00	12062. 43	14799. 45
肯尼亚	Kenya	4839. 00	5136. 00	5361. 09	6136. 52	7236. 73	9266. 07
科威特	Kuwait	26593. 00	24072. 00	24370. 00	31665. 00	41229. 50	60669. 68
马达加斯加	Madagascar	1921. 10	2045. 86	1112. 70	2160. 41	2671. 62	2560. 97
马来西亚	Malaysia	180192. 00	161871. 00	173927. 00	188005. 26	231793. 99	255605. 00
马尔代夫	Maldives	497. 69	503. 00	523. 72	622. 78	822. 82	906. 47
毛里求斯	Mauritius	3650. 00	3614. 42	3960. 59	4261. 48	4764. 06	5300. 29
莫桑比克	Mozambique	1522. 00	1766. 00	2353. 00	2798. 00	3538. 52	4191. 19
缅甸	Myanmar	4047. 00	5258. 00	5394. 00	4574. 00	4576. 42	5740. 36
阿曼	Oman	16450. 00	17007. 00	17468. 19	18469. 74	22137. 08	27662. 67

续表

国　家	Country	2000 年	2001 年	2002 年	2003 年	2004 年	2005 年
巴基斯坦	Pakistan	19892.00	19429.00	21146.00	24968.00	31328.00	41408.30
卡塔尔	Qatar	14846.00	14629.00	15030.05	18279.42	24688.55	35823.00
沙特	Saudi Arabia	107821.00	99287.00	104746.60	134949.57	173372.73	240169.70
塞舌尔	Seychelles	536.00	692.00	648.43	686.10	787.43	1014.62
新加坡	Singapore	272349.00	237751.00	241618.00	296120.00	372236.00	429696.00
索马里	Somalia						
南非	South Africa	59678.00	57506.00	58990.00	76229.60	99611.50	113930.00
斯里兰卡	Sri Lanka	12607.00	10789.00	10803.86	11797.09	13729.78	15180.46
苏丹	Sudan	3360.00	3657.00	4395.00	5424.00	7853.00	11580.80
坦桑尼亚	Tanzania	2257.70	2563.30	2639.89	3341.26	4205.38	4966.16
泰国	Thailand	130981.00	126930.00	132753.00	156147.90	190658.00	229114.00
东帝汶	Timor Leste						
阿拉伯联合酋长国	United Arab Emirates	84844.11	85707.28	94815.42	119208.79	163079.00	201941.13
也门	Yemen, Rep.	6403.00	5840.00	6257.35	7407.86	8058.57	10985.39

国　家	Country	2006 年	2007 年	2008 年	2009 年	2010 年	2011 年
澳大利亚	Australia	262690.40	306694.36	387529.68	319802.06	414273.22	514139.40
巴林	Bahrain	22715.16	25122.00	32296.00	21973.65	27231.25	32380.23
孟加拉国	Bangladesh	27836.24	31049.20	39229.60	36915.82	47015.60	60623.10
科摩罗	Comoros	125.16	152.12	186.14	225.42	253.43	301.90
吉布提	Djibouti	390.89	531.30	642.35	528.08	448.89	505.00
埃及	Egypt, Arab Rep.	44028.10	56324.00	74605.26	68007.30	79360.64	89430.50
厄立特里亚	Eritrea	507.27	523.22	611.00	601.00	702.00	1300.00
印度	India	300217.70	379528.50	515859.80	422108.00	576584.08	767218.12
印度尼西亚	Indonesia	184176.69	211113.60	267144.46	213431.93	293397.98	377468.16
伊朗	Iran, Islamic Rep.	117784.00	133675.00	171069.00	129598.00	166337.00	193606.00
伊拉克	Iraq	50252.88	62783.90	94273.30	78928.64	96397.90	137300.00

续表

国　家	Country	2006 年	2007 年	2008 年	2009 年	2010 年	2011 年
以色列	Israel	97123.00	113130.00	128993.29	97213.00	119622.03	143267.83
约旦	Jordan	16752.62	19406.61	24932.68	20611.30	22591.89	26264.84
肯尼亚	Kenya	10734.60	13070.06	16128.77	14665.44	17262.04	20537.99
科威特	Kuwait	73258.60	84053.65	112296.61	74349.40	89564.46	128784.68
马达加斯加	Madagascar	2788.91	3872.85	5090.45	4252.51	3597.53	4440.00
马来西亚	Malaysia	291828.35	323193.53	356411.28	281264.96	363234.14	414650.30
马尔代夫	Maldives	1151.73	1324.29	1718.90	1136.30	1288.36	1811.70
毛里求斯	Mauritius	5955.58	6131.53	7035.40	5671.26	6647.15	7804.52
莫桑比克	Mozambique	5250.41	5461.83	6661.02	5617.21	7500.00	9900.00
缅甸	Myanmar	7152.92	9649.44	11225.18	11102.71	13556.13	17330.11
阿曼	Oman	32623.95	40716.71	60856.32	45587.52	56573.99	70951.81
巴基斯坦	Pakistan	46755.00	50427.50	62651.70	49191.38	59216.38	69355.57
卡塔尔	Qatar	50491.10	65448.67	95207.18	72929.09	98039.56	144295.64
沙特	Saudi Arabia	281105.17	323542.93	428596.11	287866.30	358006.00	496390.67
塞舌尔	Seychelles	1137.38	1219.32	1516.86	1189.39	1050.21	1233.09
新加坡	Singapore	510517.00	562462.92	657956.02	515617.37	662658.09	775273.38
索马里	Somalia						
南非	South Africa	136889.70	158233.70	182422.16	135730.31	175118.41	218454.39
斯里兰卡	Sri Lanka	17143.73	19040.59	22404.90	17394.20	22113.60	30505.00
苏丹	Sudan	13731.00	17654.25	21022.06	17947.90	21448.77	18925.01
坦桑尼亚	Tanzania	6163.82	7563.66	10821.08	9393.61	12154.10	15821.45
泰国	Thailand	258494.88	293833.12	357002.35	286130.74	378235.16	457319.85
东帝汶	Timor Leste						
阿拉伯联合酋长国	United Arab Emirates	245644.66	311130.36	416212.53	335000.00	385000.00	490000.00
也门	Yemen, Rep.	12727.76	14809.65	18129.94	15443.80	17612.00	20100.00

资料来源：WTO 统计数据库。

Source: WTO Statistics database.

表 18　FDI 流出（流量）

Outward foreign direct investment flows

单位：百万现价美元

Unit：US Dollars at current prices and current exchange rates in millions

国　家	Country	2000 年	2001 年	2002 年	2003 年	2004 年	2005 年	2006 年	2007 年	2008 年	2009 年	2010 年	2011 年
澳大利亚	Australia	4221. 29	13675. 11	7496. 63	18363. 59	10701. 97	-31137. 02	25409. 46	16856. 75	33618. 25	16693. 31	12790. 78	19998. 70
巴林	Bahrain	9. 57	215. 96	190. 16	741. 35	1035. 64	1135. 37	980. 05	1669. 15	1620. 48	-1791. 49	334. 04	893. 62
孟加拉国	Bangladesh	2. 00	20. 60	4. 10	6. 20	5. 70	3. 30	3. 60	21. 00	9. 30	29. 30	15. 40	9. 20
科摩罗	Comoros												
吉布提	Djibouti												
埃及	Egypt	51. 20	12. 40	27. 80	20. 70	158. 90	92. 00	148. 40	664. 80	1920. 20	571. 10	1175. 50	625. 50
厄立特里亚	Eritrea												
印度	India	514. 45	1397. 44	1678. 04	1875. 78	2175. 37	2985. 49	14284. 99	19594. 36	19256. 50	15927. 10	13151. 00	14752. 00
印度尼西亚	Indonesia	150. 00	125. 00	181. 77	212. 67	3408. 00	3065. 00	2726. 00	4675. 00	5900. 00	2249. 00	2664. 25	7771. 00
伊朗	Iran	21. 80	-19. 34	55. 48	-341. 86	67. 52	452. 14	385. 51	301. 72	379. 79	355. 67	345. 89	360. 45
伊拉克	Iraq						88. 70	305. 00	8. 00	33. 60	71. 90	124. 90	76. 80
以色列	Israel	2556. 37	609. 55	295. 98	807. 98	3672. 42	1435. 30	11228. 00	4581. 40	5616. 40	692. 85	8566. 54	2998. 40
约旦	Jordan	8. 60	31. 59	13. 82	-3. 67	18. 19	163. 19	-138. 08	48. 10	12. 82	72. 39	28. 45	30. 85
肯尼亚	Kenya	0. 01	0. 01	7. 42	2. 08	4. 42	9. 69	23. 95	36. 04	43. 77	45. 99	1. 58	9. 43
科威特	Kuwait	-303. 18	-242. 27	-76. 67	-4959. 87	2581. 27	5141. 78	8210. 53	9784. 18	9090. 57	8581. 83	5065. 28	8711. 49
马达加斯加	Madagascar		1. 13		-4. 51								
马来西亚	Malaysia	2026. 05	266. 84	1904. 74	1369. 47	2061. 32	3075. 50	6021. 02	11313. 89	14964. 88	7784. 37	13328. 50	15257. 52

续表

国家	Country	2000 年	2001 年	2002 年	2003 年	2004 年	2005 年	2006 年	2007 年	2008 年	2009 年	2010 年	2011 年
马尔代夫	Maldives												
毛里求斯	Mauritius	12.69	2.85	8.58	-5.48	31.67	47.53	10.16	58.03	52.16	37.45	128.70	88.55
莫桑比克	Mozambique	0.24	-0.04	-0.06	-0.17	-0.05	0.22	0.40	-0.30	-0.04	-2.83	0.77	-3.38
缅甸	Myanmar												
阿曼	Oman	-2.00	54.99		153.45	41.61	234.07	275.68	-36.41	585.18	109.23	1011.70	572.17
巴基斯坦	Pakistan	11.00	31.00	28.00	19.00	56.00	45.00	109.00	98.00	49.00	71.00	47.00	62.00
卡塔尔	Qatar	17.75	17.21	-21.04	88.17	437.92	351.91	127.43	5160.25	3657.77	3214.57	1863.17	6027.47
沙特阿拉伯	SaudiArabia	1550.00	45.63	2020.03	473.00	78.74	-350.14	-38.60	-134.80	3497.60	2177.30	3906.80	3442.00
塞舌尔	Seychelles	7.73	8.54	8.73	8.15	7.60	33.41	8.01	17.83	12.96	5.34	6.15	7.92
新加坡	Singapore	6650.27	20027.01	-250.03	3113.57	10960.52	11589.28	18637.07	36897.29	6812.19	17703.69	21214.88	25227.46
索马里	Somalia												
南非	SouthAfrica	270.61	-3177.89	-397.98	565.12	1350.06	930.29	6063.31	2965.92	-3133.68	1151.45	-75.67	-634.89
斯里兰卡	SriLanka	2.00	0.00	11.45	27.31	6.00	38.00	29.00	55.00	61.70	20.00	45.67	50.00
苏丹	Sudan							7.28	10.74	98.21	89.21	66.05	84.49
泰国	Thailand	-19.82	427.44	170.62	614.88	71.73	529.49	967.72	3003.11	4056.63	4172.07	5414.93	10634.22
东帝汶	Timor-Leste												
阿拉伯联合酋长国	United Arab Emirates	423.67	213.70	441.12	991.15	2208.00	3750.30	10891.76	14567.73	15820.30	2722.90	2015.00	2178.00
坦桑尼亚	Tanzania		0.76	0.24	2.26								
也门	Yemen	-8.76	0.60	39.35	61.41	21.48	65.04	55.88	53.79	66.00	66.36	70.32	76.56

资料来源：联合国 UNCTADstat 数据库。

Source：UNCTADstat Databank.

表 19 FDI 流入（流量）
Inward foreign direct investment flows

单位：百万现价美元

Unit：US Dollars at current prices and current exchange rates in millions

国 家	Country	2000 年	2001 年	2002 年	2003 年	2004 年	2005 年	2006 年	2007 年	2008 年	2009 年	2010 年	2011 年
澳大利亚	Australia	15611. 97	11031. 12	15048. 14	9412. 35	42457. 80	-24245. 69	31049. 65	45534. 57	47217. 70	26553. 79	35556. 25	41316. 69
巴林	Bahrain	363. 56	80. 32	217. 02	516. 70	865. 31	1048. 67	2914. 89	1756. 12	1793. 88	257. 18	155. 85	780. 85
孟加拉国	Bangladesh	578. 64	354. 47	335. 50	350. 25	460. 40	845. 26	792. 48	666. 36	1086. 31	700. 16	913. 30	1136. 40
科摩罗	Comoros	0. 09	1. 15	0. 43	0. 79	0. 67	0. 56	0. 83	7. 68	4. 63	13. 78	3. 94	6. 81
吉布提	Djibouti	3. 29	3. 39	3. 43	14. 22	38. 54	22. 20	108. 29	195. 35	228. 95	99. 63	26. 80	78. 00
埃及	Egypt	1235. 40	509. 90	646. 90	237. 40	2157. 40	5375. 60	10042. 80	11578. 10	9494. 60	6711. 60	6385. 60	-482. 70
厄立特里亚	Eritrea	27. 88	12. 10	20. 00	22. 00	-7. 87	-1. 04	0. 45	-0. 11	-0. 23	0. 04	55. 60	18. 50
印度	India	3587. 99	5477. 64	5629. 67	4321. 08	5777. 81	7621. 77	20327. 76	25505. 59	43406. 30	35595. 90	24159. 20	31554. 03
印度尼西亚	Indonesia	-4495. 00	-2926. 00	232. 94	-507. 00	1896. 00	8336. 00	4914. 00	6928. 00	9318. 00	4877. 37	13771. 00	18906. 00
伊朗	Iran (Islamic Republic of)	193. 58	1084. 48	3657. 07	2697. 87	2863. 39	3135. 59	1646. 57	2005. 10	1909. 20	3047. 60	3647. 50	4150. 00
伊拉克	Iraq	-3. 14	-6. 45	-1. 59	1000. 00	300. 00	515. 30	383. 00	972. 00	1855. 70	1598. 30	1396. 20	1616. 70
以色列	Israel	6957. 44	1771. 72	1582. 84	3322. 39	2947. 35	4818. 27	15295. 88	8798. 28	10874. 70	4607. 03	5509. 57	11374. 06
约旦	Jordan	913. 26	273. 62	238. 22	546. 97	936. 81	1984. 49	3544. 01	2622. 14	2826. 26	2413. 10	1650. 85	1469. 01
肯尼亚	Kenya	110. 90	5. 30	27. 62	81. 74	46. 06	21. 21	50. 67	729. 05	95. 58	116. 26	178. 06	335. 25
科威特	Kuwait	16. 30	-111. 52	3. 62	-67. 11	23. 75	233. 90	121. 31	111. 54	-5. 95	1113. 59	318. 68	398. 59
马达加斯加	Madagascar	82. 95	93. 06	61. 11	95. 45	95. 19	86. 02	294. 51	773. 30	1169. 36	1066. 06	860. 39	907. 42
马来西亚	Malaysia	3787. 63	553. 95	3203. 42	2473. 16	4624. 21	4065. 31	6060. 25	8594. 67	7171. 98	1452. 97	9102. 97	11966. 01

续表

国　家	Country	2000 年	2001 年	2002 年	2003 年	2004 年	2005 年	2006 年	2007 年	2008 年	2009 年	2010 年	2011 年
马尔代夫	Maldives	22. 26	20. 50	24. 67	31. 77	52. 93	73. 23	95. 23	126. 47	174. 18	152. 06	211. 80	281. 55
毛里求斯	Mauritius	276. 77	-25. 64	32. 11	62. 08	11. 16	41. 56	105. 30	339. 05	382. 91	247. 84	429. 96	273. 39
莫桑比克	Mozambique	139. 30	255. 42	347. 58	336. 70	244. 70	107. 90	153. 70	427. 40	591. 60	892. 50	989. 04	2093. 47
缅甸	Myanmar	208. 00	192. 00	191. 40	291. 23	251. 00	235. 80	427. 79	714. 82	975. 56	963. 30	450. 20	850. 00
阿曼	Oman	83. 20	5. 20	122. 24	494. 15	228. 87	1539. 66	1596. 88	3331. 60	2951. 89	1508. 45	1141. 74	788. 04
巴基斯坦	Pakistan	309. 00	383. 00	823. 00	534. 00	1113. 00	2201. 00	4273. 00	5590. 00	5438. 00	2338. 00	2022. 00	1327. 00
卡塔尔	Qatar	251. 60	295. 52	623. 92	624. 92	1198. 97	2500. 00	3500. 00	4700. 00	3778. 63	8124. 74	4670. 33	-86. 81
沙特阿拉伯	Saudi Arabia	183. 00	504. 00	453. 00	778. 46	1942. 00	12097. 00	17140. 00	22821. 07	38151. 00	32100. 00	28105. 00	16400. 00
塞舌尔	Seychelles	24. 33	64. 74	47. 72	58. 43	37. 45	85. 88	145. 59	238. 61	129. 84	118. 42	159. 83	143. 88
新加坡	Singapore	15515. 33	17006. 90	6157. 24	17051. 45	24390. 29	18090. 30	36700. 23	46929. 93	11797. 78	24417. 64	48636. 68	64003. 24
索马里	Somalia	0. 27	0. 04	0. 14	-0. 85	-4. 79	24. 00	96. 00	141. 00	87. 00	108. 00	112. 00	102. 00
南非	South Africa	887. 34	6783. 92	1569. 16	733. 67	798. 03	6646. 93	-526. 76	5694. 53	9006. 30	5365. 44	1228. 35	5807. 36
斯里兰卡	Sri Lanka	172. 95	171. 79	196. 50	228. 72	233. 00	272. 00	480. 00	603. 40	752. 20	404. 00	477. 60	300. 00
苏丹	Sudan	392. 20	574. 00	713. 18	1349. 19	1511. 07	2304. 64	3534. 08	2425. 59	2600. 50	1816. 18	2063. 73	1936. 00
泰国	Thailand	3410. 12	5073. 20	3355. 42	5222. 35	5858. 58	8066. 55	9501. 25	11359. 42	8454. 70	4854. 39	9733. 32	9571. 98
东帝汶	Timor-Leste				4. 52		0. 91	8. 48	8. 70	39. 70	49. 93	26. 95	20. 00
阿拉伯联合酋长国	United Arab Emirates	-506. 33	1183. 84	95. 30	4255. 96	10003. 50	10899. 93	12805. 99	14186. 52	13723. 60	4002. 70	5500. 00	7679. 00
坦桑尼亚	Tanzania	282. 00	467. 20	387. 60	308. 20	330. 60	935. 52	403. 04	581. 51	1247. 34	952. 63	1022. 81	1095. 40
也门	Yemen	6. 40	135. 50	101. 70	5. 50	143. 60	-302. 10	1121. 00	917. 30	1554. 60	129. 20	-93. 32	-712. 81

资料来源：联合国 UNCTADstat 数据库。

Source：UNCTADstat Databank.

表 20 税收
Tax revenue

单位：百万现价本币单位
Unit：millons current LCU

国　家	Country	2000 年	2001 年	2002 年	2003 年	2004 年	2005 年
澳大利亚	Australia	152575. 00	175011. 00	177463. 00	194826. 00	209560. 00	229128. 00
巴林	Bahrain	127. 20	138. 50	129. 10	137. 70	208. 50	69. 76
孟加拉国	Bangladesh		192607. 56	210297. 09	242612. 47	270086. 14	304745. 99
科摩罗	Comoros						
吉布提	Djibouti						
埃及	Egypt，Arab Rep.			50802. 00	55736. 00	67146. 00	75759. 60
厄立特里亚	Eritrea						
印度	India	1885270. 00	1870590. 00	2162660. 00	2543460. 00	3049580. 00	3661520. 00
印度尼西亚	Indonesia		190614200. 00	215467500. 00	249404313. 25	283093000. 00	346851118. 55
伊朗	Iran，Islamic Rep.	36812959. 00	42429817. 00	51123100. 00	65439369. 17	85049111. 32	135143004. 83
伊拉克	Iraq						
以色列	Israel	146166. 10	146960. 93	147928. 10	144574. 18	151043. 07	162242. 20
约旦	Jordan	1139. 64	1188. 77	1187. 70	1316. 92	1698. 73	2179. 20
肯尼亚	Kenya	162898. 03	181923. 51	179063. 62	178434. 17	216289. 57	264322. 36
科威特	Kuwait		111. 00	137. 00	189. 00	232. 00	243. 00
马达加斯加	Madagascar	594440. 00	581280. 00	460820. 00	678473. 20	887124. 40	1019900. 00
马来西亚	Malaysia	48709. 00	62741. 04	66859. 00	64891. 00	72051. 00	80593. 00
马尔代夫	Maldives	1013. 80	1046. 60	1091. 70	1268. 70	1647. 20	1722. 80
毛里求斯	Mauritius						
莫桑比克	Mozambique						
缅甸	Myanmar	75727. 00	80094. 00	112564. 00	170569. 00	297104. 00	476945. 00
阿曼	Oman	547. 10	566. 70				

续表

国　家	Country	2000 年	2001 年	2002 年	2003 年	2004 年	2005 年
巴基斯坦	Pakistan	386016.00	422781.00	459127.00	525782.00	580108.00	624266.00
卡特尔	Qatar					29464.80	32975.81
沙特	Saudi Arabia						
塞舌尔	Seychelles	916.30	920.60	999.10	1247.40	1362.50	1380.03
新加坡	Singapore	24606.00	23466.00	21025.00	21173.00	22563.00	24627.00
索马里	Somalia						
南非	South Africa	220906.90	253016.00	283360.00	305424.00	358555.00	421998.00
斯里兰卡	Sri Lanka	182392.00	205839.00	221786.00	231648.00	281552.00	336829.00
苏丹	Sudan						
坦桑尼亚	Tanzania						
泰国	Thailand				914844.58	1032942.52	1223016.05
东帝汶	Timor-Leste						
阿拉伯联合酋长国	United Arab Emirates						
也门	Yemen, Rep.						

国　家	Country	2006 年	2007 年	2008 年	2009 年	2010 年	2011 年
澳大利亚	Australia	245218.00	261978.00	285659.00	277999.00		
巴林	Bahrain	81.14	93.56				
孟加拉国	Bangladesh	339724.59	380310.89	481320.97	528671.03		
科摩罗	Comoros						
吉布提	Djibouti						
埃及	Egypt, Arab Rep.	97778.90	114325.70	137195.30	163222.70	170493.50	
厄立特里亚	Eritrea						
印度	India	4735120.00	5931790.00	6051620.00	6329730.00	7465290.00	
印度尼西亚	Indonesia	409203019.34	490988634.95	645121413.09	640829739.04	699593872.21	
伊朗	Iran, Islamic Rep.	151848968.54	192814785.00	240953673.98	302247053.87		
伊拉克	Iraq						

续表

国　家	Country	2006 年	2007 年	2008 年	2009 年	2010 年	2011 年
以色列	Israel	179216. 15	191528. 45	184271. 65	178258. 07	197718. 51	212728. 99
约旦	Jordan	2621. 33	2995. 20	2758. 10	2879. 90	2985. 90	3062. 20
肯尼亚	Kenya	281940. 26	326185. 42	396385. 59	445166. 93	498637. 04	
科威特	Kuwait	286. 00	354. 00	347. 00	296. 00	324. 00	
马达加斯加	Madagascar	1260800. 00	1573138. 00	2087200. 00			
马来西亚	Malaysia	86630. 34	95168. 39	112897. 30	106504. 41	109515. 19	
马尔代夫	Maldives	2370. 40	2905. 10	3366. 80	2653. 90		
毛里求斯	Mauritius				52729. 10	55483. 73	
莫桑比克	Mozambique						
缅甸	Myanmar						
阿曼	Oman						
巴基斯坦	Pakistan	718671. 00	853270. 00	1009903. 00	1180462. 00	1483046. 00	
卡特尔	Qatar	44436. 11	59786. 60	66811. 01	70928. 26	66745. 27	
沙特	Saudi Arabia						
塞舌尔	Seychelles	1385. 33	1610. 38	2045. 99	2911. 13	3260. 01	
新加坡	Singapore	27940. 00	34961. 00	37679. 00	36584. 00	41807. 10	
索马里	Somalia						
南非	South Africa	501602. 00	582139. 00	635222. 00	611829. 00		
斯里兰卡	Sri Lanka	428379. 00	508947. 00	585621. 00			
苏丹	Sudan						
坦桑尼亚	Tanzania						
泰国	Thailand	1313608. 09	1374438. 47	1493400. 00	1370973. 49	1613942. 20	
东帝汶	Timor-Leste						
阿拉伯联合酋长国	United Arab Emirates						
也门	Yemen, Rep.						

资料来源：世界银行 WDI&GDF 数据库。

Source: World Bank WDI&GDF databank.

权威报告　热点资讯　海量资源

当代中国与世界发展的高端智库平台

皮书数据库 www.pishu.com.cn

皮书数据库是专业的人文社会科学综合学术资源总库，以大型连续性图书——皮书系列为基础，整合国内外相关资讯构建而成。包含七大子库，涵盖两百多个主题，囊括了近十几年间中国与世界经济社会发展报告，覆盖经济、社会、政治、文化、教育、国际问题等多个领域。

皮书数据库以篇章为基本单位，方便用户对皮书内容的阅读需求。用户可进行全文检索，也可对文献题目、内容提要、作者名称、作者单位、关键字等基本信息进行检索，还可对检索到的篇章再作二次筛选，进行在线阅读或下载阅读。智能多维度导航，可使用户根据自己熟知的分类标准进行分类导航筛选，使查找和检索更高效、便捷。

权威的研究报告，独特的调研数据，前沿的热点资讯，皮书数据库已发展成为国内最具影响力的关于中国与世界现实问题研究的成果库和资讯库。

皮书俱乐部会员服务指南

1. 谁能成为皮书俱乐部会员？

- 皮书作者自动成为皮书俱乐部会员；
- 购买皮书产品（纸质图书、电子书、皮书数据库充值卡）的个人用户。

2. 会员可享受的增值服务：

- 免费获赠该纸质图书的电子书；
- 免费获赠皮书数据库100元充值卡；
- 免费定期获赠皮书电子期刊；
- 优先参与各类皮书学术活动；
- 优先享受皮书产品的最新优惠。

（本卡为图书内容的一部分，不购书刮卡，视为盗书）

3. 如何享受皮书俱乐部会员服务？

（1）如何免费获得整本电子书？

购买纸质图书后，将购书信息特别是书后附赠的卡号和密码通过邮件形式发送到pishu@188.com，我们将验证您的信息，通过验证并成功注册后即可获得该本皮书的电子书。

（2）如何获赠皮书数据库100元充值卡？

第1步：刮开附赠卡的密码涂层（左下）；

第2步：登录皮书数据库网站（www.pishu.com.cn），注册成为皮书数据库用户，注册时请提供您的真实信息，以便您获得皮书俱乐部会员服务；

第3步：注册成功后登录，点击进入“会员中心”；

第4步：点击“在线充值”，输入正确的卡号和密码即可使用。

皮书俱乐部会员可享受社会科学文献出版社其他相关免费增值服务

您有任何疑问，均可拨打服务电话：010-59367227　QQ:1924151860

欢迎登录社会科学文献出版社官网(www.ssap.com.cn)和中国皮书网（www.pishu.cn）了解更多信息

法律声明